21世纪经济管理新形态教材·金融学系列

国际金融

郭 强 王卓艺 ◎ 主 编
郭玉侠 姬忠华 李 阳 ◎ 副主编

清华大学出版社
北京

内 容 简 介

本书是一本融入课程思政特色的教材，全面介绍国际金融体系的基本理论与实践，强调金融与全球经济的紧密关系。书中系统梳理了国际收支、外汇市场、国际储备、资本流动、国际融资等内容，探讨了全球金融环境变化对国家经济的影响，重点分析了金融政策、国际金融危机和外汇管理等实际问题。每章均设有复习思考题，帮助学生进行理论与实践的结合，培养分析和解决金融问题的能力。本书通过生动的案例分析，引导学生关注全球经济热点，树立正确的金融价值观和广阔的国际视野。本书适合金融专业及相关领域的本科生、研究生及金融从业人员使用。

图书在版编目（CIP）数据

国际金融 / 郭强，王卓艺主编. -- 北京：清华大学出版社，2025.8.
(21 世纪经济管理新形态教材). --ISBN 978-7-302-70052-4

Ⅰ. F831

中国国家版本馆 CIP 数据核字第 2025B1Q461 号

责任编辑：付潭蛟
封面设计：汉风唐韵
责任校对：宋玉莲
责任印制：宋　林
出版发行：清华大学出版社
　　　　网　　　址：https://www.tup.com.cn，https://www.wqxuetang.com
　　　　地　　　址：北京清华大学学研大厦 A 座　　　　邮　　编：100084
　　　　社 总 机：010-83470000　　　　邮　　购：010-62786544
　　　　投稿与读者服务：010-62776969，c-service@tup.tsinghua.edu.cn
　　　　质 量 反 馈：010-62772015，zhiliang@tup.tsinghua.edu.cn
　　　　课 件 下 载：https://www.tup.com.cn，010-83470332
印 装 者：三河市少明印务有限公司
经　　销：全国新华书店
开　　本：185mm×260mm　　　印 张：18.75　　　字　　数：442 千字
版　　次：2025 年 9 月第 1 版　　　印　　次：2025 年 9 月第 1 次印刷
定　　价：59.00 元

产品编号：105159-01

随着经济全球化的深入发展，国际金融已成为当代经济学和金融学的重要组成部分。国家间的金融联系日益紧密，资本流动速度加快，国际金融市场的稳定与发展对全球经济具有深远影响。在此背景下，系统掌握国际金融理论与实践已成为对金融专业人士、政府经济决策者以及跨国企业管理者的基本要求。本书正是基于这一现实需求，围绕国际金融体系的基本理论、运行机制以及全球金融环境的变化，构建了一套科学合理、理论与实践并重的知识体系，帮助学生深入理解国际金融的核心理论、方法及其在现实经济活动中的应用。本书的主要特色体现在以下几个方面：

（1）理论与实践并重——本书不仅涵盖国际金融的基本理论，还结合当前国际金融市场的发展动态，通过最新数据、政策分析及案例研究，使学生能够更好地理解和运用金融知识。

（2）数据更新，紧跟市场变化——本书对国际金融市场的最新数据进行了整理和分析，确保所用的统计资料、市场趋势及政策信息均与现实情况相符，提高知识的时效性和实用性。

（3）融入课程思政元素——在内容编写过程中，本书积极融入课程思政元素，通过国际金融体系的公平竞争原则、全球经济治理、金融伦理等话题，引导学生树立正确的价值观，培养社会责任感和全球视野。

（4）案例分析增强理解——本书在各章节中穿插了多个国际金融热点事件的案例分析，如 2008 年全球金融危机、2015 年人民币汇率改革、近年来美联储货币政策调整等，旨在帮助学生理解金融理论如何在现实经济中发挥作用。

（5）适用范围广——本书提供了系统的国际金融知识框架，既适用于高校金融、经济及管理类专业的学生，也可作为政府经济部门、金融机构以及企业管理人员的参考书。

本书由黑龙江财经学院的编写团队共同完成。郭强、王卓艺担任主编，并对全书进行了策划和统稿。各章的具体分工是：第 1 章由郭玉侠完成，第 2、3、7 章由姬忠华完成，第 4、9、10 章由李阳完成，第 5、6、11、12 章由王卓艺完成，第 8 章由郭强完成。

本书的编写得到了多位专家学者的支持和指导。在编写过程中，我们参考了国内外众多优秀的国际金融教材及相关研究文献，并吸收了近年来国际金融领域的最新研究成果。感谢本书编写团队的成员，他们在资料整理、案例收集、数据更新等方面付出了大量心血，确保本书能够顺利完成。在本书的编写过程中，我们也参考了多年来教学实践中的反馈和建议，力求使内容更加贴近教学需求。在此，向所有对本书编写给予支持和帮助的同仁、学生及相关人员表示衷心的感谢！

　　由于国际金融领域的发展日新月异，本书难免存在不足之处，欢迎读者提出宝贵意见，以便在后续修订时加以完善。

郭　强

2025 年 1 月

目录

第1章

国 际 收 支

本章学习目标

本章以国际收支账户分析作为切入点，通过系统分析西方国际收支的决定理论，全面深入地探讨国际收支的内在形成机制，并在此基础上提出实现国际收支平衡的调节政策与措施。通过本章学习，要求学生：

1. 了解主要国际收支决定理论和我国的国际收支状况；
2. 掌握国际收支的基本概念；
3. 掌握国际收支平衡表的基本内容、记账原则及其编制方法；
4. 掌握国际收支平衡与失衡及调节方法。

引导案例

中国国际收支格局变化与全球经济环境的影响

近年来，中国的国际收支格局发生了显著变化，受到多重因素的共同影响。数据显示，2023年中国的货物贸易顺差为4395亿美元，较2022年下降约10%。出口增长率为1.8%，低于2022年的7.0%，而进口下降了3.6%。全球需求疲软和中美贸易摩擦对中国外贸产生了负面影响，尤其是在主要贸易伙伴如美国和欧盟需求减少的背景下。

中国的资本账户也呈现波动，2023年外商直接投资（FDI）吸引了约1821亿美元，同比增长5.0%。然而，资本外流也有所增加，特别是在国内利率与全球利率差异扩大、房地产市场不稳定等因素影响下。中国的外汇储备在2023年略有下降，至3.1万亿美元，主要受美元汇率波动及全球市场风险偏好变化影响。

美元汇率波动对中国的国际收支产生了直接影响。2023年美元兑人民币汇率波动较大，从6.3元人民币兑1美元升至7.2元人民币兑1美元。美元升值使中国商品出口竞争力增强，但同时加大了资本流出的压力，影响了外资流入。

全球贸易环境的变化，尤其是贸易保护主义的抬头，对中国外贸产生了深远影响。全球贸易增速预计仅为1.7%，低于疫情前水平。中美贸易摩擦仍在持续，2023年中美贸易额约为6500亿美元，但中国对美出口增速放缓。

与中国不同，美国通过吸引外资弥补巨额贸易逆差。2023年，美国吸引外资约5000亿美元，确保了美元需求强劲，维持了国际收支的相对稳定。

总的来看，全球经济不确定性、美元汇率波动和国际贸易摩擦对中国的外贸和资本流动产生了深远影响。中国需更加灵活地调整政策，保持经济稳定，积极应对国际收支失衡带来的挑战。

资料来源：2023年中国国际收支统计报告. 国家外汇管理局官网. https://www.safe.gov.cn/safe/2024/0329/24186.html.

1.1　国际收支概述

1.1.1　国际收支的含义

"收支"这个概念通常是我们生活中比较熟悉的，许多人会定期记录家庭的收支情况，以确保预算平衡，避免赤字。企业和工厂也有类似的做法，通过清晰地记录和分析资金流动，做到盈亏平衡，并采取相应措施解决可能的财务问题。国际收支（balance of payments，BOP）是这一概念的扩展，它指的是一个国家或地区在一定时期内与其他国家和地区进行的所有国际经济活动的收入与支出。

1. 国际收支概念的初步形成

16 世纪末至 17 世纪初，由于地理大发现的推动，国际贸易迅速发展。为了更好地了解一国对外经济活动的状况，开始有了国际贸易收支的统计需求，从而衍生出"贸易差额"（balance of trade）这一概念。贸易差额反映了在一定时期内一国的进出口商品的差额，标志着国际收支概念进入萌芽阶段。

2. 国际资本流动的影响

随着世界经济的发展，尤其是 20 世纪 20 年代后，国际资本流动逐渐成为国际经济的重要组成部分。单纯的"贸易差额"已无法全面反映各国的国际经济交易，出现了"外汇收支"（balance of foreign exchange）这个新概念。在这一阶段，国际收支不仅包括商品和服务的贸易，还涵盖了资本流动、非贸易交易、借贷活动等与外汇收支相关的所有经济活动。该概念成为许多国家在国际收支统计中广泛采用的狭义定义。

3. 广义国际收支概念的提出

第二次世界大战结束后，国际经济活动的形式和内容发生了深刻变化，原有的狭义国际收支概念逐渐无法全面反映实际的国际经济交易。随着易货贸易、补偿贸易、无偿援助、战争赔款以及国际支付协定中的记账交易等非外汇收支活动的增多，原本只涉及外汇收支的国际收支概念显得越来越局限。为适应经济发展的需求，广义的国际收支概念应运而生，它指的是在一定时期内（通常为一年）一国居民与非居民之间发生的所有经济交易的系统记录。当前，世界上大多数国家都采用这一广义的国际收支定义。

国际收支概念的内涵经历了从单纯的贸易差额到包括资本流动、货币交换，直至涵盖所有国际经济交易的演变。这一概念的变化，不仅反映了世界经济活动的日益复杂，还显示了各国对国际经济事务监控和管理的不断进步。今天的国际收支不仅是衡量一国对外经济活动的综合指标，也是全球经济互联互通的重要体现。

1.1.2　国际收支内涵的理解

国际收支是描述一国经济活动与世界其他经济体之间的经济交易的记录。其概念内涵丰富，主要包括以下三个方面。

（1）国际收支是一个流量概念。国际收支反映的是特定时期内的经济交易流量，通常以一年为报告期，但也可以是季度或月度。这意味着，它记录的是某一时期内的交易进出流量，而非一国的累计经济状况。

（2）国际收支记录的是居民与非居民之间的交易。在国际收支中，居民指的是在一个国家内长期居住并具有经济利益的个体或机构，包括自然人、法人及政府机构。自然人按居住地点和时间来判定，通常在一个国家居住超过一年的人被视为该国居民。法人则根据注册地来决定，例如跨国公司在不同国家的母公司和子公司分别为所在国的居民。非居民则是指所有不符合居民定义的个体或机构，如在一国设立的外国大使馆和国际组织等。

（3）国际收支是以交易为基础的广义概念。国际收支记录了居民与非居民之间的经济交易，主要包括四种类型的交易：①交换，指经济体之间的货物、服务、收入等资源交换；②转移，指一方提供经济价值而无补偿的行为；③移居，指个体从一个经济体迁移至另一个经济体时资产负债关系的变化；④其他推论性交易，例如外国直接投资收益的再投资，这种行为尽管不涉及资金流动，仍须记录在国际收支中。

1.1.3　国际收支平衡表

一国与其他国家发生的所有经济活动，无论是否直接涉及外汇收支，都必须记录在该国的国际收支平衡表中。各国编制国际收支平衡表的主要目的是全面了解本国与外部经济体之间的关系，并借此为经济分析提供依据，从而制定科学合理的对外经济政策。

1. 含义

国际收支平衡表是一个国家或地区在一定时期内（通常为一年或一个季度）与其他国家和地区发生的所有经济交易的记录与汇总的统计报表。它详细列出了一个国家所有的进出口、资本流动、外汇交易以及其他涉及跨国资金流动的经济活动。国际收支平衡表通过对这些交易的分类和统计，提供了关于一国对外经济关系的全面信息，揭示了资金的流入与流出的平衡状况。

2. 编制原则

国际收支平衡表的编制遵循复式记账法（double-entry bookkeeping），这一原则是国际会计核算中的基本准则。复式记账法的核心思想是每一笔经济交易都会涉及两个方面：借方（debit）和贷方（credit），并且它们的数额必须相等，保证在整个平衡表中"借贷必相等"。换句话说，任何经济交易都必须同时以相同数额记录两次，一次计入借方，一次计入贷方。通过这种方式，国际收支平衡表能够准确地反映一国与其他国家之间的所有经济活动。

具体来说，国际收支平衡表中的项目可以分为引起外汇收入或外汇供给的交易和引起外汇支出或外汇需求的交易。前者通常列入贷方，后者则列入借方。以下是几个常见的例子，帮助更好地理解这一编制原则。

（1）进口商品属于借方项目，出口商品属于贷方项目。

（2）非居民为本国居民提供服务或从本国取得的收入，属于借方项目；本国居民为非居民提供服务或从国外取得的收入，属于贷方项目。

（3）本国居民对非居民的单方面转移，属于借方项目；本国居民收到的国外的单方面转移，属于贷方项目。

（4）本国居民获得外国资产属于借方项目，非居民获得本国资产或对本国投资属于贷方项目。

（5）本国居民偿还非居民债务属于借方项目，非居民偿还本国居民债务属于贷方项目。

（6）官方储备增加属于借方项目，官方储备减少属于贷方项目。

3. 主要内容

为了便于全球范围内的汇总与国家间的比较，国际货币基金组织（IMF）自 1948 年发布《国际收支手册》以来，提出了国际收支平衡表的项目分类建议，并根据全球经济形势及核算方法的变化进行了多次修订。当前，大多数 IMF 成员国遵循 1995 年版《国际收支手册》的标准。国际收支平衡表通常包括三个主要部分：经常项目、资本和金融项目、错误与遗漏项目，这些项目构成了衡量一国对外经济交易的基本框架。

（1）经常项目。经常项目反映了一国与其他国家在商品、服务、收入和转移方面的常规经济往来，主要包括四个子项目：

货物项目：包括一般商品、用于加工的货物、货物修理、各种运输工具在港口购买的货物及非货币黄金。

服务项目：包括运输、通信、保险、旅游等服务的收支。

收入项目：涵盖居民与非居民之间的职工报酬和投资收益。

经常转移项目：记录不涉及对价交换的单方面资金或资产转移，例如汇款和政府间的国际合作。

（2）资本和金融项目。资本和金融项目反映了资本流动、金融交易和投资活动，具体包括：

资本项目：主要包括资本转移和非生产、非金融资产的买卖，如专利、版权和技术许可等无形资产。

金融项目：分为直接投资、证券投资和其他投资。直接投资指长期股权投资和企业并购；证券投资包括股票、债券等交易；其他投资涵盖贷款、存款和贸易信贷等。

储备资产：储备资产包括外汇、黄金、特别提款权（SDR）和 IMF 储备头寸等，用于支持货币稳定和应对国际支付压力。这部分记录储备资产的增减变化，而非具体的交易流量。

（3）错误与遗漏项目。错误与遗漏项目用于弥补因数据不全或统计误差导致的差异。国际收支数据来源多样，且某些交易无法完全统计，导致平衡表两边的借贷方总额不一致。错误与遗漏项目通过弥补这一"缺口"，确保国际收支平衡表的准确性。它反

扩展阅读 1.1 国际收支平衡表编制实例

映了统计过程中难以避免的问题，例如非法交易、非正式经济活动和数据错漏等。

1.1.4 国际收支平衡表的分析

国际收支平衡表是记录一国与他国之间经济交易的统计工具，反映资金流动、商品和服务进出口、投资及贷款等活动。分析国际收支平衡表有助于了解一国的经济状况、外汇储备、资本流动及其对国内经济的影响。分析方法主要包括静态分析法、动态分析法和比较分析法。

1. 静态分析法

静态分析法是对某一特定时期（通常为一年或一个季度）的国际收支平衡表进行分析，重点揭示各个项目的变动原因及其对国际收支差额的影响。分析通常从以下几个方面进行。

（1）经常账户差额分析：经常账户包括货物、服务、收入和经常转移四大类。其差额反映了商品和服务的进出口情况。经常账户差额 = 出口总额 − 进口总额。若出现顺差，意味着外汇收入增加；逆差则说明进口超过出口，可能需要借贷或动用外汇储备来弥补。

（2）资本与金融账户差额分析：此账户反映资本流动和金融资产变动，包括直接投资、证券投资和贷款等。资本与金融账户差额 = 资本账户差额 + 金融账户差额。若外资流入，金融账户盈余，通常表明该国经济前景看好；资本流出则可能说明投资环境恶化。

（3）总差额分析：总差额是所有账户差额的总和，包括经常账户差额、资本与金融账户差额、误差与遗漏项。总差额 = 经常账户差额 + 资本与金融账户差额 + 净误差与遗漏。正差额表明顺差，外汇储备可能增加；负差额则表明赤字，需借款或动用储备。

2. 动态分析法

动态分析法侧重于对连续多个时期的国际收支平衡表进行对比，分析国际收支的长期变化趋势。它帮助了解国家在不同时间段内的经济变化，强调趋势和长期影响。通过动态分析，可以判断短期失衡（如经常账户赤字）是否为长期可持续现象。以经济起飞中的国家为例，可能会出现经常账户赤字，因大量进口生产资料或吸引外资，但如果资本流入推动经济增长，赤字可持续。

3. 比较分析法

比较分析法通过对比不同国家或地区的国际收支平衡表，评估一国的国际收支表现，并了解其在全球经济中的地位。跨国比较有助于了解各国的外贸盈余或赤字、外资流入情况等，为全球经济政策的制定提供数据支持。该方法还有助于分析国家是否过度依赖外资融资。例如，一些国家可能长期依赖外资来弥补经常性的账户赤字，这种结构在短期内可行，但长期可能导致外债累积，影响金融稳定。

即测即练题 1.1

案例讨论 1.1　亚洲金融危机（1997—1998 年）——经常账户逆差与资本流动的过度依赖

自学自测　扫描此码

1.2　国际收支调节

国际收支平衡是衡量国家经济表现的重要指标，反映了国际经济活动和发展水平。国际收支调节是根据经济需求，通过政策调整各项收支差额，以逐步实现平衡。国际收支平衡表采用复式记账法编制，确保账目平衡，但这种"平衡"主要是形式上的，实际经济中很难完全平衡。全球经济形势、资本流动、贸易状况等因素使得收支差额变化，导致完全平衡难以实现。因此，国际收支平衡是一个动态、不断调整的过程，各国应通过调控逐步接近这一目标。

1.2.1　国际收支平衡的判断标准

国际收支表的"平衡"基于复式簿记原理，即借方和贷方总是相等。每当跨境交易发生，不论是进口、出口，还是资本流动，相关交易金额都会在借贷双方上体现，确保总额平衡。理论上，这种平衡反映了所有收入和支出的会计对称，但在实际经济中，受到多种因素的影响，尤其是市场需求、货币政策等，自主性交易常常导致赤字或盈余，未必能自动平衡。因此，虽然表面上看似平衡，实质上经济可能存在不平衡。

1. 自主性交易与调节性交易

国际收支中的交易可分为自主性交易和调节性交易。

（1）自主性交易：是由经济主体基于市场需求自发进行的交易，主要包括经常项目和资本与金融项目中的交易。由于这些交易受到市场供需和外汇市场影响，因此很难自动平衡。例如，出口盈余可能导致资本流入，进口赤字则增加外汇支出。当这些交易不平衡时，需要调节性交易来弥补。

（2）调节性交易：是政府或货币当局为弥补自主性交易赤字或盈余失衡所采取的措施。其形式包括外汇市场干预、货币政策调整或债务发行等。调节性交易通过政策干预，保证国际收支的短期平衡。

2. 国际收支的实质性分析

理想状态下，若自主性交易的借贷平衡，则国家的国际收支达到了实质平衡，反映出经济健康且自发。但许多国家的自主性交易难以自然达到平衡，尤其对资本流动依赖性较强的国家，国际收支的不平衡往往揭示经济结构性问题。例如，长期的经常账户赤字可能意味着消费超过了生产，或者资本流入过多增加外债。当赤字无法通过调节性交易弥补时，可能导致货币贬值、进口减少甚至经济衰退。因此，形式上的"平衡"并不一定反映出经济的健康。

3. 资本账户与经常账户的关系

资本账户和经常账户密切相关。经常账户记录货物、服务、收入和转移支付等，资本账户则涉及外资流入和投资。在理想情况下，经常账户赤字应通过资本账户盈余弥补。然而，实际中，某些国家可能因过度依赖外资导致资本账户盈余，但经常账户持续赤字。虽然调节性交易可以暂时解决这一问题，但长期依赖调节性交易可能导致经济不稳定。

4. 短期资本流动的特殊性

短期资本流动包括外汇交易、短期贷款和债务等，具有高流动性和投机性。这类资本流动既可以是自主性交易的一部分，也可能是调节性交易的结果。短期资本流动易受市场变化影响，可能迅速逆转。例如，资本基于乐观预期流入某国资本市场，但若货币政策变化或国际市场波动，资本可能反向流出，形成资本外流。在这种情况下，短期资本流动难以归类为自主性或调节性交易，需根据具体经济背景来判断。

5. 实现可持续平衡的挑战

虽然国际收支表始终在形式上保持平衡，但实际经济中的盈亏并不总是平衡。自主性交易和调节性交易揭示了国际收支平衡的复杂性。国际收支的平衡不仅取决于借贷的账面平衡，还有赖于自主性交易是否能通过市场机制自发调整。如果自主性交易失衡，国际收支可能会反映出经济结构的问题。短期的平衡往往是通过货币当局的干预实现的，而长期的平衡需要通过优化国内经济结构、提升自主性交易的平衡能力来实现。

因此，实现可持续的国际收支平衡，需要注重自主性交易的平衡，加强经济结构的调整与优化，减少对调节性交易的依赖。最终，只有通过深层次的经济改革和政策调整，才能确保长期内国际收支的健康平衡。

1.2.2　国际收支失衡的原因

国际收支均衡指的是一国在一定时期内收支相抵，保持外部经济稳定。政府通常将其作为政策目标，但由于全球经济环境和内部经济结构的复杂性，完全的国际收支均衡较为罕见，国际收支失衡常态化。失衡的原因复杂，既有经济因素如贸易差额、资本流动，也有非经济因素如政治局势、自然灾害等。根据不同的失衡原因，国际收支失衡可分为五种类型：周期性失衡、收入性失衡、货币性失衡、结构性失衡、投机与资本外逃造成的失衡。这些类型的失衡需要采取不同的政策调整，以实现经济的长期均衡与可持续发展。

微课视频 1.2　国际收支失衡的原因

1. 周期性失衡

周期性失衡是由经济周期的波动引起的,经常账户或资本账户的盈余与赤字交替变化。在经济繁荣时期,消费与投资需求旺盛,进口增加,导致经常账户赤字,而资本账户通常会出现盈余,弥补赤字。相反,在衰退期,进口减少,出口增加,经常账户转为盈余,但资本流入减少,资本账户可能转为赤字。这种失衡在全球化的背景下更加明显,因为各国经济互相依赖,其他国家可能受一国经济周期的影响,导致全球范围内的周期性失衡。

2. 收入性失衡

收入性失衡源于国民收入的变化。在经济扩张期,收入上升,消费和投资需求增加,进口需求扩大,经常账户可能出现逆差。反之,经济萧条期,收入下降,进口需求减少,出口竞争力增强,可能导致经常账户盈余。从长期来看,收入性失衡反映了经济发展阶段的差异。初期经济发展时,大量进口设备和技术推动工业化,但由于出口能力不足,易出现国际收支逆差。随着生产力的提升,出口增长,国际收支逐渐趋向平衡。

3. 货币性失衡

货币性失衡是一国货币价值变化(如通货膨胀或紧缩)导致的国际收支失衡。通货膨胀通常会使一国的生产成本上升,出口商品的竞争力下降,而进口商品变得更便宜,增加进口需求,导致经常账户恶化。通货紧缩则提升出口竞争力,促进国际收支改善。此外,货币供应量的变动也会影响资本流动,增加或减少资本账户盈亏。如果货币供应量增加,利率下降,可能导致资本外流,形成资本账户逆差;如果货币紧缩,利率上升,资本流入则可能增加,导致资本账户盈余。

4. 结构性失衡

结构性失衡是由于国际经济结构变化或国内产业结构调整不当引起的。随着全球分工格局的演变,某些国家如果未能及时调整产业结构,可能会因需求变化导致收入减少,从而引发经常账户赤字。例如,依赖资源出口的国家若资源需求下降,将面临收入减少的困境,导致经常账户失衡。需求变化、市场偏好变化等也会导致一国国际收支失衡。国家应关注国际市场变化,调整产业结构,以适应全球经济的变化,保持国际收支平衡。

5. 投机与资本外逃造成的失衡

短期资本流动中的投机资本和资本外逃也常导致国际收支失衡。投机性资本流动通常是由于利率差异和汇率波动带来的资本流动,可能加剧汇率波动和资本外流,进而引发国际收支不平衡。例如,若投机者预期某国货币贬值,会大量抛售该货币,加剧汇率贬值,导致资本外流。而资本外逃则通常发生在政治不稳定或货币贬值预期下,资本从高风险国家转移到低风险国家。这种资本外流加剧了资本账户的逆差,特别是在金融市场脆弱的国家,容易引发经济危机。

此外,偶发性因素如自然灾害、政治动荡等也会导致国际收支的短期失衡。例如,某些国家可能因灾难出口下降,或国际资金流动加剧,造成外汇市场波动。通常,经济结构性因素导致的失衡较为持久,而其他因素引发的失衡则通常是暂时性的。

1.2.3　国际收支失衡对一国经济的影响

国际收支失衡分为顺差和逆差两种形式，每种形式对国家经济均有不同的影响。

1. 顺差的影响

顺差意味着一国的出口收入超过进口支出，带来外汇盈余。其影响可以分为积极和消极两方面。

1）积极影响

增加就业：顺差通常伴随资本流入与出口增长，创造大量就业机会。资本流入可促进基础设施投资，出口增长则带动相关产业如制造业和物流业的就业需求。

扩大内需：顺差增加国民收入，提升居民消费能力，进一步刺激国内需求。企业因出口收入增加，能提高工资和福利，从而推动消费。

创造税收：企业盈利增长带来更多税收，政府可利用这些资金支持社会福利和公共建设。

促进地区经济发展：出口导向型经济推动沿海城市的基础设施建设和服务业发展，带动相关产业链的成长。

2）消极影响

本币升值压力：顺差会推高本币汇率，导致出口商品在国际市场上的价格竞争力下降。例如，20 世纪 80 年代，日本的顺差导致日元升值，抑制了出口增长。

外汇储备过多：顺差会增加外汇储备，过高的储备可能导致资源闲置和管理成本增加，引发国际社会对贸易政策的批评。

通货膨胀压力：国际收支顺差长期存在会导致大量外汇流入，央行为维持汇率稳定往往需要投放本币，造成基础货币扩张和市场流动性过剩，从而引发通货膨胀压力。货币供给增加带动总需求上升，可能推高商品和服务价格；同时，资金易流向房地产、股市等领域，助长资产泡沫并间接推动消费物价上涨。

激化国际矛盾：长期顺差可能引发贸易摩擦，像中国与美国之间的顺差就导致了贸易争端。

顺差有助于经济增长，但也需要平衡措施，如外汇干预、货币和财政政策，以减缓本币升值和通货膨胀带来的压力。

2. 逆差的影响

逆差指进口支出和资本流出超过出口收入和资本流入。它对经济的影响既有负面影响，也有潜在的积极作用。

1）负面影响

本币贬值压力：逆差会加大对外汇的需求，导致本币贬值。贬值推高进口成本，引发通货膨胀，并可能导致资本外逃，增加金融市场的不稳定性。

外汇储备减少：逆差迫使中央银行动用外汇储备来支付国际债务，导致储备减少，影响国家的国际信用。

通货膨胀：本币贬值使得进口商品价格上涨，特别是对能源和原材料依赖较大的国家，物价上涨会进一步削弱居民购买力。

负债压力增加：持续逆差使得外债增加，尤其是外币计价的债务在货币贬值时风险更大，偿债压力增大。

经济增长放缓：为应对逆差，政府可能采取紧缩性财政政策，这可能抑制经济增长，并削弱投资者信心，影响国内生产和投资。

国际信贷环境恶化：长期逆差影响国际信用评级，提高借款成本，难以吸引外资，进一步影响经济发展。

2）积极作用

提升进口竞争力：逆差增加进口，有助于丰富国内市场的产品种类，提高竞争力，推动本国产业的结构升级。

扩展阅读 1.5　美国的长期经常账户逆差：美元循环的独特现象

增强出口竞争力：本币贬值虽然推高进口成本，但也增强了出口商品的价格竞争力，促进出口增长。

推动经济结构调整：逆差暴露出经济结构问题，促使政府和企业进行技术创新和产业升级，减少对单一市场和商品的依赖。

1.2.4　国际收支调节

国际收支调节是指采取政策和机制消除一国国际收支失衡的过程，旨在恢复其与国民经济之间的平衡关系。国际收支作为国民经济的重要变量，与其他经济变量（如汇率、利率、就业率和物价水平）密切相关。当国际收支出现失衡时，可能会导致汇率波动、通货膨胀、失业率上升等问题，对整个经济产生消极影响。因此，各国在追求充分就业、物价稳定和经济增长的同时，也必须关注国际收支的平衡，避免其对经济的长期稳定造成冲击。那么当一国出现国际收支失衡以后，应该如何进行国际收支调节以恢复国际收支平衡呢？

微课视频 1.4　国际收支失衡的调节

1. 国际收支失衡的自动调节

1）国际金本位制度下的国际收支自动调节机制

大卫·休谟的"物价—现金流动机制"，详细地描述了国际金本位下的国际收支自动调节机制，认为在国际间普遍实行金本位制的条件下，一个国家的国际收支可以通过物价的涨落和现金（即黄金）的输出输入自动恢复均衡，如图 1-1 所示。

在信用货币流通的制度下，纸币流通使国际间货币流动失去直接清偿性，国际间的货币交换必须通过汇率来实现，因此"物价—现金流动机制"已不复存在。虽然如此，在出现国际收支失衡时，仍然会存在某些调节机制，具有使国际收支自动恢复均衡的作用。根据起作用的变量不同，可将自动调节机制分为四类：汇率调节机制、利率调节机制、价格调节机制和收入调节机制。

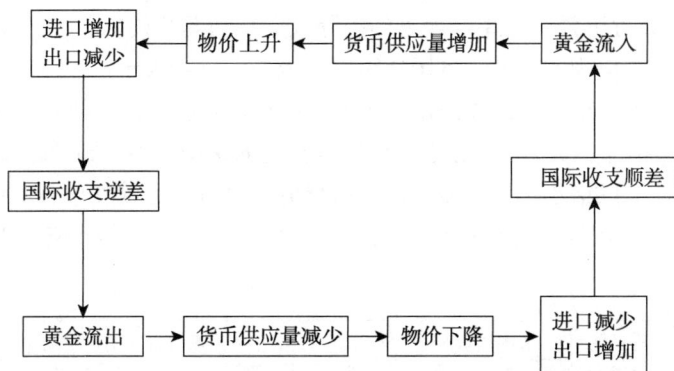

图 1-1　国际金本位制度下的国际收支自动调节

2）纸币流通条件下固定汇率制度下的国际收支自动调节机制

（1）价格机制。当一国的国际收支出现顺差时，国内货币市场货币供给增多，容易引起国内信用膨胀，利率下降，投资与消费相应上升，国内需求量增加，对货币形成一种膨胀式压力，使本国物价与出口商品价格随之上升，从而减弱了本国出口商品的国际竞争能力，出口减少，进口增加，国际收支顺差逐步减少直至平衡。

（2）利率机制。当一国国际收支发生逆差时，该国货币市场货币存量减少，银根趋紧，利率上升。利率的上升表明本国金融资产收益率的上升，从而对本国金融资产的需求相对上升，对外国金融资产的需求随之下降。这些均导致本国资本停止外流，同时外国资本流入本国以谋求较高利润。因此，国际收支逆差由于金融项目的日趋好转从而走向平衡，从而使国际收支逆差得以调整。当一国国际收支发生顺差时，该国货币市场货币存量增加，银根松动，利率水平逐渐下降。利率水平的下降导致资本外流增加，从而使得顺差逐渐减少，国际收支趋于平衡。

（3）收入机制。收入机制是指国际收支逆差时，国民收入水平会下降。国民收入下降会引起社会总需求的下降，进口需求下降，贸易收支得到改善。另外，国民收入的下降不仅能改善贸易收支，国民收入下降也会使对外劳务和金融资产的需求都有不同程度的下降，改善经常项目收入和资本与金融账户收支，从而使国际收支状况得到改善，如图 1-2 所示。

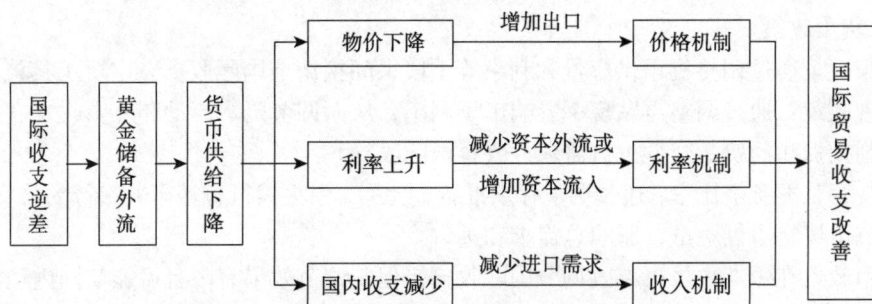

图 1-2　固定汇率制度下的国际收支自动调节机制

3）纸币流通条件下浮动汇率制度下的国际收支自动调节机制

当一国国际收支出现顺差时，本国货币市场上外汇供给大于外汇需求，供求关系的改变导致本币升值，本国出口商品以外币表示的国际市场价格上涨，进口商品价格下降，因此出口减少，进口增加，贸易顺差改善，国际收支趋向平衡。当一国国际收支出现逆差时，本国货币市场上外汇供给小于外汇需求，本币贬值，出口商品的外币表示价格下降，进口商品价格上升，出口增加，进口减少，贸易逆差得到改善，国际收支状况趋向平衡，如图 1-3 所示。

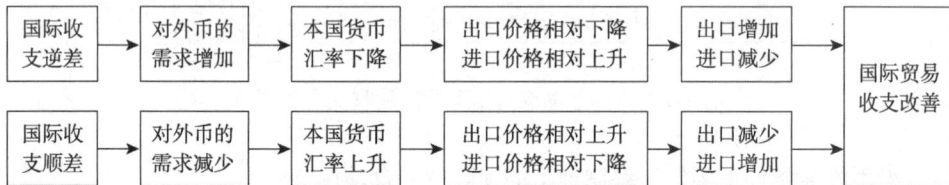

```
┌────────┐   ┌────────┐   ┌────────┐   ┌──────────┐   ┌────────┐
│ 国际收 │ → │ 对外币的│ → │ 本国货币│ → │ 出口价格相对下降│ → │ 出口增加│ ┐
│ 支逆差 │   │ 需求增加│   │ 汇率下降│   │ 进口价格相对上升│   │ 进口减少│ │   ┌────────┐
└────────┘   └────────┘   └────────┘   └──────────┘   └────────┘ ├→ │ 国际贸易│
┌────────┐   ┌────────┐   ┌────────┐   ┌──────────┐   ┌────────┐ │   │ 收支改善│
│ 国际收 │ → │ 对外币的│ → │ 本国货币│ → │ 出口价格相对上升│ → │ 出口减少│ ┘   └────────┘
│ 支顺差 │   │ 需求减少│   │ 汇率上升│   │ 进口价格相对下降│   │ 进口增加│
└────────┘   └────────┘   └────────┘   └──────────┘   └────────┘
```

图 1-3　浮动汇率制度下的国际收支自动调节机制

2. 国际收支失衡的政策调整

为了应对国际收支不平衡，政府可采取以下几种主要政策。

1）外汇缓冲政策

外汇缓冲政策是指政府通过中央银行在外汇市场买卖外汇储备来弥补外汇供求缺口，避免汇率剧烈波动。其操作简便，见效较快，是一种灵活的短期调节工具。通过外汇缓冲，政府可以稳定汇率，维护对外贸易和投资环境的稳定。然而，外汇储备有限，该政策不能长期解决国际收支的深层问题，尤其在长期逆差情况下，可能导致外汇储备枯竭。

2）财政政策

紧缩性财政政策：当国际收支出现逆差时，政府常通过减少财政支出或提高税率来降低社会总需求，减少进口需求。这样有助于改善贸易收支，并稳定物价水平，进一步提升本国产品的国际竞争力。

扩张性财政政策：当国际收支出现顺差时，政府会增加财政支出或降低税率，刺激内需，避免通货紧缩的压力。

财政政策的选择不仅取决于国际收支的状况，还与国内经济形势密切相关。例如，在经济衰退期，即使出现国际收支逆差，政府可能会选择扩张性财政政策，刺激经济增长。

3）货币政策

货币政策通过调整货币供应量和利率等手段来间接调节国际收支。主要工具包括：

贴现政策：通过调整再贴现率影响市场利率，从而调节资本流动和外贸收支。提高利率能抑制投资和消费，减少进口需求，改善国际收支。

改变存款准备金比率：通过调整存款准备金比率，中央银行直接影响银行的放贷能力，从而调节市场货币供应量，影响总需求和进口。

货币政策在短期内虽可有效调节国际收支，但其调节效果有限且可能与国内经济目标冲突。例如，紧缩性货币政策可能抑制经济增长，增加失业；而扩张性货币政策可能导致通货膨胀。因此，货币政策通常需要与财政政策配合使用，以实现更有效的国际收支调节。

4）汇率政策

汇率政策指政府通过调整汇率来改善国际收支状况。在固定汇率制度下，逆差可能通过货币贬值来缓解。本币贬值会使本国产品在国际市场上更具竞争力，促进出口，同时提高进口商品的价格，抑制进口需求，改善国际收支。相反，顺差时，政府可能采取升值政策，减少出口、促进进口。

汇率政策在实施时受到 IMF 的约束，必须在特定条件下进行，如无法通过其他手段有效调节国际收支时，汇率调整应平衡国内经济需求与国际经济规则，避免破坏国际经济秩序。

扩展阅读 1.6　德国的"超级通货膨胀"

5）直接管制

直接管制包括通过行政命令限制国际经济交易，以调节国际收支。这些措施包括：

外汇管制：政府限制外汇流出或流入，调节外汇供求。

贸易管制：如进口配额、征收关税等，直接限制进口商品流入，刺激出口。

扩展阅读1.7　20世纪60年代法国的外汇与贸易管制

直接管制的优点是可以迅速改善国际收支状况，但缺点在于其往往是短期性的，不能从根本上解决国际收支失衡的问题。管制措施通常会遭遇国际社会的反对，并可能引发贸易伙伴的报复，进一步损害国家经济。

综上所述，当一国国际收支出现不平衡时，需根据具体原因采取相应的政策措施，以有效应对问题并恢复平衡。如果不平衡是季节性变化或其他短期因素导致的暂时性问题，可以通过外汇缓冲政策进行调节，通过中央银行的外汇市场操作，弥补短期外汇供求缺口，稳定汇率和国际收支状况。如果不平衡源于国内通货膨胀加剧，形成货币性失衡，则适合采用货币贬值的汇率政策，降低本国商品的出口价格，增强出口竞争力，同时减少进口需求，从而改善国际收支。如果不平衡是因为国内总需求大于总供给，造成收入性失衡，可以通过财政和货币政策，采取紧缩性措施如减少财政支出、提高税率或紧缩信贷，抑制过度需求，降低进口压力。此外，若不平衡由经济结构性问题引起，则需实施经济结构调整，例如优化产业结构，提高出口竞争力，并辅以直接管制措施如贸易限制和关税政策，从根本上解决国际收支问题。这些针对性政策需灵活组合使用，以实现长期经济平衡。

即测即练题1.2

案例讨论1.2　20世纪90年代亚洲金融危机：政策博弈与经济教训

自学自测

扫描此码

1.3 西方国际收支理论

西方国际收支理论是国际经济学中的重要理论，它始终伴随着世界经济形势和经济思想的发展而发展。国际收支调节理论主要是用来说明一国国际收支的失衡原因和调节方法的理论。为了说明一国国际收支的调节过程和调节原因，西方经济学家主要从影响国际收支的内在因素和外部因素进行研究，在一些相关因素中选择最有影响的因素进行说明。在这一节里我们将重点介绍几种国际收支理论。

1.3.1 国际收支平衡理论

国际收支平衡理论是研究一国与其他国家经济往来中资金流动及其对经济影响的理论框架。它以国际收支账户为核心，分析经常账户、资本账户与储备账户之间的关系，以及如何通过政策调节实现国际收支平衡。

1. 核心内容

国际收支账户分为三个主要账户。

经常账户：包括商品和服务贸易、收入（如投资收益）和经常性转移支付。经常账户反映一国的贸易和投资收入状况。

资本账户：涉及资本的跨境流动，包括外商直接投资、证券投资和短期资本流动。

储备账户：由官方储备（如外汇储备）组成，用于平衡经常账户和资本账户的收支差额。

根据国际收支平衡理论，平衡条件是一个国家的国际收支总额为零，即

$$经常账户 + 资本账户 + 储备账户 = 0$$

这意味着，一国的贸易顺差通常伴随着资本外流，而贸易逆差则需要通过资本流入或外汇储备来弥补。

2. 调节国际收支的政策工具

汇率调整：汇率变动是调节国际收支的重要手段。汇率贬值会使出口商品更具竞争力，同时提高进口商品的成本，从而改善贸易收支。反之，汇率升值则抑制出口、增加进口。

贸易政策：通过征收关税、设定进口配额或提供出口补贴，政府可以直接影响进出口规模，从而调整经常账户收支。

资本管制：限制资本账户中的跨境资金流动，如对外资进入或资金外流设限，可以减轻资本流动对国际收支的压力。

货币与财政政策：货币政策通过调整利率和货币供给影响资本流动，财政政策通过影响国内总需求（消费、投资）间接调节国际收支。

3. 理论意义与局限性

国际收支平衡理论为分析一国经济与全球经济的互动提供了重要视角。通过关注资金流动与经济活动的关系，该理论帮助国家制定政策以实现内部和外部经济的均衡。然而，

理论本身存在以下局限性。

一方面在动态调整，国际收支失衡可能需要长期政策调整，而该理论多强调短期措施；另一方面忽视结构性因素，如产业竞争力或全球需求变化，可能导致长期失衡，而这些问题无法通过单纯的汇率或资本管制解决。

国际收支平衡理论是理解全球经济互动的重要工具。它强调一国通过政策手段维持国际收支平衡的重要性，为贸易政策、汇率政策和资本流动管理提供了理论依据。在现代开放经济体系中，该理论仍是分析经济全球化影响和解决国际经济失衡问题的基础。

1.3.2　弹性分析理论

弹性分析理论是国际经济学的一个重要分支，研究汇率变动如何通过影响进出口价格和数量来调整贸易收支，进而改善国际收支状况。该理论诞生于 20 世纪 30 年代，由阿尔费雷德·马歇尔提出，并由琼·罗宾逊和阿巴·勒纳等经济学家发展，适用于纸币流通制度下的国际经济分析，为浮动汇率制度提供了理论基础。

1. 理论的产生与背景

弹性分析理论产生于 20 世纪 30 年代全球经济危机和金本位崩溃时期。当时，各国面临国际收支失衡，传统的固定汇率制度无法有效调节经济。为了应对贸易逆差，许多国家采用货币贬值政策，刺激出口和抑制进口。该理论关注货币贬值如何影响贸易收支，强调了进出口商品供求弹性的作用，纠正了"货币贬值必然改善贸易收支"的片面看法。

2. 理论的前提条件

弹性分析理论建立在以下几个假设上：

静态假设：假定收入、商品价格等经济条件不变，集中分析汇率变动对进出口的影响。

忽略资本流动：仅考虑贸易收支，不考虑资本流动和劳务进出口。

初始平衡：假设国际收支初始为平衡状态。

完全弹性供给：假定进出口商品的供给弹性无限大。

3. 理论的核心内容

弹性分析理论研究汇率变动对进出口商品价格和数量的影响，揭示货币贬值如何调整贸易收支。其理论核心内容包括：

进出口弹性：反映商品需求对价格变化的敏感程度。若弹性大，价格变化对需求的影响显著。

汇率与进出口关系：贬值时，出口商品价格下降，需求增加，进口商品价格上升，需求减少。

马歇尔—勒纳条件：货币贬值改善贸易收支的必要条件是出口和进口商品的价格弹性之和大于 1。

4. 理论的实践与政策含义

汇率贬值的作用：可促进出口、抑制进口，并改善贸易收支，特别是当符合马歇尔—

勒纳条件时。

汇率升值的作用：升值可降低顺差、抑制出口、增加进口，从而平衡国际收支。

5. 理论评述与局限性

理论贡献：该理论强调汇率政策对贸易收支的调节作用，指出供求弹性在政策效果中的决定性作用。

理论局限性：忽视资本流动，完全弹性供给假设不符合现实，忽略短期"J 曲线效应"和其他经济条件的变化。

实践问题：许多商品（如石油）弹性低，汇率调整的效果可能被其他政策（如贸易壁垒）削弱。

6. 理论的现实意义与启示

尽管弹性分析理论存在局限性，但其在汇率政策和国际贸易研究中具有重要意义。它为国际收支失衡的国家提供了理论依据，强调了价格弹性在贸易结构调整中的作用。随着全球经济复杂化，弹性分析理论应与其他理论结合，以全面理解和解决国际收支失衡问题。

1.3.3　吸收分析理论

1. 理论背景

吸收分析理论主要分析收入和支出在国际收支调节中的作用，它把国际收支差额归结为国内总产出与总支出的差额。吸收分析理论也称为支出理论。这一理论形成于 20 世纪 50 年代，是由詹姆斯·米德和西德尼·亚历山大在对弹性理论的激烈争论中提出的。这个理论产生的历史背景首先是西欧国家正在恢复经济，国际收支危机严重。其次是凯恩斯主义已成为西方国家经济学的主流学派。

2. 理论主要内容

吸收分析理论实际上是凯恩斯理论在国际收支上的具体应用。这个理论是以凯恩斯的国民收入方程式为基础的。凯恩斯的国民收入方程式：$Y = C + I + G$。在此方程式中，Y 为国民收入，C 为私人消费，I 为私人投资，G 为政府支出。这个方程原是凯恩斯对封闭型经济进行考察和分析的均衡方程式。

后来，凯恩斯的追随者又从开放型经济进行考察和分析，而把对外贸易也包括在方程式之内，因而，上述均衡方程式便成为

$$Y = C + I + G + (X - M)$$

在此方程式中，X 为出口收入，M 为进口支出。$X - M$ 为贸易收支差额。假定支出（亚历山大称为吸收，吸收理论即因此得名），即 $C + I + G$ 为 A，并把国际收支 B 抽象为贸易收支，则 $Y = C + I + G + (X - M)$ 式变为 $Y = A + B$，变形得 $B = Y - A$。这个式子表明以下含义：

（1）国际收支 = 总收入 – 总吸收。

（2）当总吸收等于总收入时，国际收支平衡；总收入如大于总吸收，是国际收支顺差；

总收入如果小于总吸收，则国际收支逆差。

（3）方程式的左端 B 为果，右端 $Y-A$ 为因。

这一理论认为，国际收支盈余是总吸收相对于总收入不足的表现，而国际收支逆差则是总吸收相对过大的反映。由 $B=Y-A$ 方程式可知，消除国际收支赤字的方法是：增加总收入，或减少总吸收，或二者兼用。

吸收分析理论的重要贡献是，它把国际收支同国内经济联系起来，为实施通过国内经济的调整来调节国际收支的对策奠定了理论基础，因此具有重要的实践意义。这个理论的明显缺陷是，忽视了在国际收支中处于重要地位的国际间资本流动等因素。

1.3.4 货币分析理论

货币分析理论起源于 20 世纪 60 年代末至 70 年代，是现代货币主义在开放经济中的延伸与发展，代表人物包括罗伯特·蒙代尔和哈里·约翰逊。该理论强调货币在国际收支中的核心作用，视国际收支为一种货币现象，并扩展了研究范围，不仅关注贸易收支，还涵盖资本账户，构建了一个全面的分析框架。

1. 理论主要内容

货币分析理论的核心观点是，国际收支不平衡源于货币供给与货币需求的失衡。其理论主要内容包括：

货币供给与需求关系：当货币需求大于供给时，资金流入形成国际收支顺差；反之，供给大于需求时，资金外流导致国际收支逆差。当供给与需求平衡时，国际收支也处于平衡状态。

货币供给来源：包括国内信贷创造的货币供给和国外资本流入带来的货币供给。国内货币供给不足时，资本流入可填补缺口；反之，资本外流会减少国内货币存量。

国际收支调节机制：货币供需的动态调整能自动调节国际收支。顺差时，资金流入增加货币供给，导致价格上升，进口增加、出口减少，最终顺差缩小；逆差时，货币流出减少货币供给，价格下降，出口增加、进口减少，逆差逐步缓解。

政策主张：货币分析理论主张通过调节货币供应量来实现国际收支平衡。措施包括控制国内信贷、调节利率以引导资本流动，必要时调整汇率。

2. 理论评述与局限性

货币分析理论具有重要地位，但也存在局限。

1）理论贡献

现代货币主义的延续：强调货币供需在国际收支中的核心作用，为国际经济学提供了货币视角的理论框架。

全面分析国际收支：与弹性分析理论和吸收分析理论相比，货币分析理论将资本账户纳入考虑，更符合现代国际经济的实际情况。

重视货币因素：认识到国际收支顺差或逆差不仅是贸易或资本流动的问题，还通过货币存量变化影响经济运行。

2）局限性

忽略短期不平衡：该理论更关注长期均衡，忽视了短期内资本外流可能引发的货币危机。

忽视其他经济因素：过分强调货币供需，而忽略了国民收入、进出口结构等因素的影响。

假设前提局限：假定货币市场调整自动且完全，但实际中政策干预（如资本管制、汇率干预）可能导致调整不完全。

3. 在实践中的应用

货币分析理论为 IMF 和各国政府提供了调节国际收支的重要理论依据。

比如，当成员国国际收支失衡时，IMF 通常建议通过削减财政赤字、控制信贷增长等措施调整国际收支，符合货币分析理论的观点。

新兴市场的货币危机，如 1997 年亚洲金融危机，货币供给过度扩张与资本流动失衡是危机的主要原因。货币分析理论为分析此类危机提供了理论框架。

4. 综合应用与启示

货币分析理论通过将货币供需引入国际收支研究，强调货币政策在调节国际收支中的核心作用。然而，理论的局限性也表明，国际收支的不平衡通常受到多种因素的影响，如资本流动、进出口结构等。因此，货币分析理论需要与其他理论（如弹性分析理论和吸收分析理论）结合使用，以更全面地解释和解决国际收支问题。

扩展阅读 1.8　德国的贸易顺差问题

通过研究货币分析理论，政策制定者认识到，国际收支的调节需要多种政策手段的综合应用，包括货币供需平衡、资本流动调节与经济增长协调，以实现经济稳定与可持续发展。

即测即练题 1.3

案例讨论 1.3　20 世纪 80 年代日本的日元升值

自学自测

扫描此码

1.4　中国的国际收支

1.4.1　中国国际收支概述

1. 建国初期到 20 世纪 70 年代

建国初期，我国经济受限于传统的计划经济体制，国际收支管理较为简单，主要依靠"国家外汇收支平衡表"来反映外汇收支情况。由于计划经济体制的影响，该平衡表只记录已实现的外汇交易，无法全面涵盖所有国际经济活动，且未涉及对外资本往来等内容。在这一时期，国际经济交往相对有限，外汇管理侧重于维持基本平衡。虽然国际收支管理较为单一，但为改革开放后的更广泛国际经济活动奠定了基础。

2. 1978 年到 20 世纪 80 年代初

1978 年，十一届三中全会开启改革开放新时期，我国对外经济活动迅速扩大，从引进外资到对外投资，逐渐形成了完整的国际收支概念，资本项目逐渐重要。1980 年，我国恢复在国际货币基金组织（IMF）和世界银行的合法席位，为国际经济合作创造了条件。为适应 IMF 要求，1981 年我国制定并发布了《国际收支统计制度》，并新增资本项目，正式编制国际收支平衡表。这一改革使我国的国际经济管理逐步走向规范化和系统化，为未来的国际合作和经济管理奠定了基础。

3. 20 世纪 90 年代初至今

进入 20 世纪 90 年代，随着社会主义市场经济体制的建立，国际收支的宏观管理成为我国的重要任务。1993 年，我国加强了外汇管理，明确要求分析和预测外汇收支平衡情况，并完善宏观调控体系。1996 年，我国实现了经常项目下的货币可兑换，标志着外汇管理体制的重大改革，并进一步推动了外资引入和国内资本国际化。通过定期编制国际收支平衡表，我国能够更加准确地评估对外经济状况，并提前采取政策措施应对可能的国际收支失衡问题。

总体来看，20 世纪 90 年代的改革和实践使我国逐渐成为国际经济的重要合作伙伴，经济治理能力和国际经济地位不断提升。通过这一系列改革，我国不仅完善了对外经济管理体制，还为融入全球经济体系提供了有利条件。

1.4.2 中国国际收支的特点

中国的宏观经济调控目标包括经济增长、增加就业、稳定物价和国际收支平衡，这四个目标相互关联，协调实现才能促进经济可持续增长。在开放型经济条件下，国内经济与国际收支密切相关。国内经济的失衡通过贸易和资本流动影响国际收支，反之，国际收支失衡也会制约国内经济发展。中国的政策目标是保持国际收支基本平衡，略有盈余。自改革开放以来，中国的国际收支展现出以下特点。

1. 国际收支规模迅速扩大

随着对外开放深化，国际收支总额呈现快速增长。1982 年，中国的国际收支总额为 521 亿美元，到 2022 年已超过 10 万亿美元，反映了中国在全球经济中的重要地位。这一扩大显示了中国对外经济交往的广度和深度，使中国成为全球贸易、投资和资本流动的关键参与者。根据 2023 年数据，中国的国际收支总额已接近 12 万亿美元，进一步凸显了中国在全球经济体系中的关键作用。

2. 贸易收支的主导地位

贸易收支一直是中国国际收支的核心，1982 年贸易收支总额为 380 亿美元，占国际收支总额的 73%；2004 年增长至 11278 亿美元，占比 85%。中国的贸易顺差，尤其自 2004

年起，长期保持高位，为外汇储备积累提供了支持。2023 年 12 月，我国国际收支货物和服务贸易进出口规模 43391 亿美元，同比增长 2%。其中，货物贸易出口 20568 亿美元，进口 16468 亿美元，顺差 4099 亿美元。然而，服务贸易逆差仍然存在，服务贸易出口 2280 亿美元，进口 4076 亿美元，逆差 1796 亿美元。服务贸易主要项目为旅行服务进出口规模 1711 亿美元，运输服务进出口规模 1588 亿美元，其他商业服务进出口规模 1226 亿美元，电信、计算机和信息服务进出口规模 674 亿美元，反映了中国贸易结构从数量型扩张向质量型优化的转变。

3. 资本流动的重要性增加

中国的资本和金融项目在国际收支中的比重逐年增加，显示资本流动规模持续扩大。1982 年，资本与金融项目总额为 67.74 亿美元，到了 2023 年，资本与金融项目总额突破了 3.5 万亿美元。中国不仅是资本输入国，还逐渐成为资本输出国，累计对外投资存量达 2.5 万亿美元，且在"一带一路"倡议推动下，中国的对外投资多元化。资本项目交易规模从 2003 年的 3865 亿美元增长至 2023 年的 3.5 万亿美元，标志着中国资本市场国际化程度的提高。

4. 国际收支顺差与逆差的交替波动

改革开放初期，由于经济发展的限制，中国的国际收支经历了顺差与逆差的交替波动。1982 年和 1983 年出现顺差，1984—1986 年则连续三年出现逆差。自 1990 年代起，随着出口增长和外资流入，国际收支逐渐稳定，仅在 1992 年短暂逆差后，顺差开始持续扩大。2008 年，中国国际收支顺差达到历史新高，并持续保持稳定。2023 年，尽管服务贸易逆差和资本外流存在，货物贸易顺差保持稳定，使中国经济对外抗风险能力增强。2023 年数据表明，中国的国际收支总体仍维持平衡，外汇储备也保持在 3.2 万亿美元以上的较高水平。

1.4.3　中国国际收支统计数据的采集

中国的国际收支统计体系全面反映了国家的对外经济活动，对于宏观经济管理、政策制定以及国际经济地位的评估具有重要意义。随着全球化进程加速，各国对国际收支统计数据的要求不断提高。中国的国际收支统计体系自 1996 年起逐步完善，成为衡量国际经济地位和支持经济决策的重要工具。

1. 中国国际收支统计体系的特点

交易主体申报制：交易主体需要根据交易性质进行申报。这种申报制提高了数据准确性，减少了统计偏差，确保了经济交易的及时反映。

独立完整的统计体系：中国建立了一个独立的统计体系，涵盖了贸易、资本流动、投资、金融交易等多个领域。该体系的设计保证了数据的全面性和准确性，支撑了国际收支平衡表的编制。

与国际接轨：中国借鉴了 IMF 标准，并结合本国实际，设计了与国际标准接轨的统计方法，确保了统计数据的国际可比性。

2. 中国国际收支统计的数据收集框架

中国的国际收支数据收集体系包括以下主要内容：

金融机构逐笔申报：居民通过金融机构进行的涉外交易需要逐笔申报。这一制度保证了每一项交易的完整记录，确保统计数据的准确。

汇总统计：对频繁但金额较小的交易（如现金兑换、信用卡消费等）进行汇总统计，为统计提供补充。

境外资产负债及损益申报：金融机构应申报自身的境外资产、负债及损益，反映其在国际资本流动中的角色。

直接投资企业申报：外商投资企业和中国境外的直接投资企业应定期申报投资者权益、债务状况及分红等信息，为资本项目的国际收支状况提供依据。

证券投资统计：包括境内证券交易所和境外上市的中国企业的证券交易、分红派息等数据。这有助于分析跨境资本流动。

境外账户统计：境内企业和个人在境外开立的账户余额和交易记录需定期申报，为监测跨境资金流动提供重要信息。

3. 统计体系的升级与适应

随着全球经济形势的变化和中国对外开放程度的提高，国际收支统计体系不断升级。例如，跨境电子商务、数字货币等新兴国际经济活动的兴起，促使中国统计部门探索如何将这些新形式纳入统计体系。此外，随着技术进步，统计数据的实时性和透明性也在逐步提升，增强了中国统计体系的国际影响力。

扩展阅读 1.9　人民币国际化与跨境结算的突破

即测即练题 1.4

自学自测　扫描此码

案例讨论 1.4　中国国际收支的变化与挑战：从 2008 年金融危机到 2022 年全球经济复苏

复习思考题

1. 什么是国际收支？国际收支的主要构成有哪些？
2. 如何理解国际收支平衡的概念？在实际中，国际收支是否总是能够保持平衡？
3. 简述国际收支的基本记账规则。为什么国际收支账户总是平衡的？
4. 什么是经常账户、资本账户和储备账户？它们分别反映了哪些经济活动？

5. 经常账户赤字和盈余的含义是什么？它们可能带来哪些经济后果？

6. 如何解释国际收支逆差和顺差的成因？在一个开放经济中，这两种情况对经济会产生什么影响？

7. 政府如何通过财政政策调节国际收支？举例说明紧缩性财政政策如何影响国际收支。

8. 货币政策是如何影响国际收支的？解释货币供应量、利率调整与国际收支的关系。

9. 汇率变化如何影响国际收支？分析汇率贬值与汇率升值对国际收支的不同影响。

10. 外汇缓冲政策在国际收支调节中的作用是什么？有哪些优缺点？

11. 通过改变存款准备金率，中央银行如何影响国际收支？简述该政策的运作机制。

12. 在国际收支失衡的情况下，为什么直接管制措施（如外汇管制、贸易管制）是短期有效的但不能长期解决问题？

13. IMF 在国际收支失衡中的作用是什么？IMF 的干预条件有哪些？

14. 如何理解"资本流动"对国际收支的影响？资本流动的自由化会对国际收支带来怎样的变化？

15. 在经济全球化背景下，国际收支不平衡对一个国家的货币政策和财政政策会带来哪些挑战？

第2章

外汇与外汇汇率

本章学习目标

本章主要介绍外汇的相关知识，包括外汇与汇率的概念、汇率的标价方式、汇率的种类、汇率制度、汇率的决定因素、影响汇率变动的因素、汇率变动的经济效应以及人民币改革发展历程。通过本章学习，要求学生：

1. 了解外汇与汇率的基本概念；
2. 理解汇率的标价方法及主要种类；
3. 掌握即期汇率、远期汇率的基本关系与相关计算；
4. 掌握不同制度下汇率的决定因素与变动因素；
5. 理解汇率制度的分类；
6. 掌握汇率变动的影响因素以及对一国经济的影响。

引导案例

外汇领域改革，服务中国式现代化

今年以来，我国外汇市场运行面临的风险挑战增多。全球经济增长动能减弱，贸易保护主义加剧，主要发达经济体货币政策预期反复调整，国际金融市场波动明显，地缘政治风险上升，不确定、不稳定因素增多。

面对各项风险挑战，我国外汇市场总体经受住了考验，表现出较强韧性。人民币汇率在双向波动中保持基本稳定，外汇市场交易理性有序。国际收支保持基本平衡，经常账户顺差与国内生产总值之比处于合理均衡区间。特别是下半年以来，随着内外部环境改善，我国外汇市场形势逐步趋稳向好，人民币对美元汇率企稳回升，外商直接投资有所改善，外资配置人民币资产的积极性提升，企业对外投资活动更加平稳有序。

展望未来，我国外汇市场稳健运行、国际收支基本平衡仍将是形势发展的主基调。近期，中央政治局会议对经济工作作出重要部署，多部门加力推出一系列增量政策，提振市场信心，推动经济回升向好。我国外汇市场稳定发展的基础更加坚实，国际收支结构也将在改革开放中持续优化。第一，经常账户将在维护国际收支平衡中继续发挥基础性作用。我国加快发展新质生产力，提升产业链供应链韧性，支持全球贸易伙伴共享中国发展机遇，将推动跨境贸易均衡发展。第二，跨境资本流动稳健性有望增强。我国不断深化外商投资和对外投资管理体制改革，推动金融市场双向开放，将促进跨境资本双向均衡流动。第三，外汇市场韧性将继续提升。人民币汇率双向波动、弹性增强，将更好发挥调节宏观经济和国际收支的自动稳定器作用。企业汇率风险管理意识和能力不断提升，更多运用人民币跨境收支，能够更好适应外部环境变化。第四，外汇储备将继续发挥维护国家经济金融稳定的"压舱石"作用。我国外汇储备规模保持基本稳定，按照市场化原则开展多元分散投资。未来将进一步推进专业化投资、科技化运营和市场化机构治理能力建设，保障外汇储备资产安全、流动和保值增值。

资料来源：中国人民银行副行长、国家外汇管理局局长朱鹤新在 2024 金融街论坛年会上的主旨演讲. 国家外汇管理局官网. http://www.safe.gov.cn/safe/2024/1018/25208.html.

2.1　外汇的内涵与作用

2.1.1　外汇的概念

外汇（foreign exchange），即国际汇兑，是国际经济活动得以进行的基本手段，也是国际金融最基本的概念之一。关于外汇，我们可以从动态（dynamic）和静态（static）两个不同的角度理解其含义。

微课视频 2.1　外汇的内涵与作用

1. 动态的外汇

动态的外汇是指把一国货币兑换为另一国货币以清偿国际间债权债务关系的实践活动过程，即"国际汇兑"。从外汇的发展过程看，外汇最早的概念就是指动态外汇。通过银行等金融机构将一国货币兑换成另一国货币的专门性经营活动或行为，就是外汇的"汇兑"过程。相较于静态外汇而言，动态外汇强调外汇的汇兑过程。因而在这种含义下，外汇等同于国际结算活动。

2. 静态的外汇

静态的外汇是指国际间为清偿债权债务关系而进行的汇兑活动所凭借的手段和工具。这里强调的是以外国货币表示的、可用于国际结算的支付手段和各种对外债权。

静态的外汇概念是从动态的汇兑行为中衍生出来并广为运用的，它有广义与狭义之分。

1）广义静态外汇

广义静态外汇是指一切用外国货币表示的、能用于国际结算以及在国际收支逆差时可以动用的一系列金融资产。

我国 2008 年修订的《中华人民共和国外汇管理条例》规定，外汇是指以外币表示的可以用作国际清偿的支付手段和资产：①外币现钞，包括纸币、铸币；②外币支付凭证或者支付工具，包括票据、银行存款凭证、银行卡等；③外币有价证券，包括债券、股票等；④特别提款权；⑤其他外汇资产（主要指各种外币投资收益，如股息、利息、债息、红利等）。

国际货币基金组织（IMF）定义的外汇就属于广义的静态外汇范畴：外汇是货币行政当局（中央银行、货币管理机构、外汇平准基金组织及财政部）以银行存款、国库券、长短期政府债券等形式所持有的在国际收支逆差时可以使用的债权。它强调外汇是一国货币当局所持有的具有专门用途的债权。

2）狭义静态外汇

狭义的外汇，也就是我们通常所说的外汇，是指外国货币或以外国货币表示的、可以直接用于国际结算的支付手段。通常所说的外汇，就是狭义的静态外汇，一般以下列形式存在：①存放在境外的外国货币；②以外币表示的各种支付凭证以及能够直接用于国际结算的、以外币表示的其他可以取得收入的债权凭证，如银行存款凭证、汇票、支票、本票和电汇凭证等。

2.1.2　外汇的基本特征

通常来讲，不是所有的外国货币都能成为外汇。一种外币成为外汇除了发行国本身要有雄厚的经济实力、发达的经济环境以及币值稳定外，还需要三个前提条件。

1. 自由兑换性

自由兑换性即这种外币能自由地兑换成本币。外汇必须是可以为任何目的、在任何情况下，不受任何限制的约束，可以自由兑换成其他支付手段的外币资产。

2. 可接受性

可接受性也称为国际性，即这种外币在国际经济交往中被各国普遍接受和使用。用本国货币表示的信用工具和有价证券不能视为外汇。

3. 可偿性

可偿性即这种外币资产必须是能得到偿付的债权，只有拥有支付能力才能称为外汇。空头支票、被拒付的汇票、不能兑换成其他国家货币的外国钞票均不能视作外汇。同时，在多边结算制度下，在国际上得不到偿还的债权显然不能用作本国对第三国债务的清偿。

我国的人民币现在还不能自由兑换成其他国家货币，因此人民币尽管对其他国家或地区的居民来说是一种外币，但不能称作外汇。

2.1.3　外汇的作用

随着国际贸易自由化、生产经营国际化、金融资本一体化的逐渐深入，全世界各个国家在经济上紧密联系，对国际经济交易活动也越来越重视，使得外汇的作用愈加显现。

1. 促进国际间经济、贸易的发展

外汇作为国际间清偿债权债务的工具，不仅能节省运送现金的费用，降低风险，缩短支付时间，加速资金周转，更重要的是运用这种信用工具，可以扩大国际间的信用交往，拓宽融资渠道，促进国际经贸的发展。

2. 调剂国际间资金余缺

世界经济发展不平衡导致资金配置不平衡，国与国之间产生了调节资金余缺的客观需要。一方面，发达国家资金相对过剩，迫切需要为过剩资金寻求出路。另一方面，发展中

国家资金严重短缺，需要引进资金。而外汇充当国际间的支付手段，可以通过国际信贷和投资等手段调剂资金余缺，促进各国经济的均衡发展。与此同时，经营外汇业务的银行也可以借此形成业务往来连接，扩大银行本身的商业信用，使得国家间资金调剂更加便利。

3. 平衡国际收支

外汇作为一国国际储备中最重要的组成部分，具有平衡对外经济交易即国际收支的作用。当一国或地区对外经济交易活动出现逆差或顺差这种国际收支不平衡的现象时，外汇作为国际间普遍接受的货币资产可以用来清偿债务。

扩展阅读 2.1　常见的货币代码

扩展阅读 2.2　广场协议——日本消失的十年

扩展阅读 2.3 外汇便利化改革领衔 为外贸企业"松绑减负"

即测即练题 2.1

自学自测　　扫描此码

案例讨论 2.1　乔治·索罗斯对英镑的狙击

2.2　外 汇 汇 率

2.2.1　外汇汇率的概念

外汇汇率（foreign exchange rate）又称为外汇汇价，是一个国家的货币折算成另一个国家货币的比率，即两种不同货币之间的折算比率。换句话说，是在两国货币之间，用一国货币所表示的另一国货币的相对价格。在我国，人民币兑换外币的汇率通常在中国银行挂牌对外公布，因此汇率又称"牌价"。

一般来说，在实践中，汇率通常表示到小数点后的第四位，如 7.3769。小数点后的第四位数称为"个数点"。"点"（point）就是汇价点，相当于万分之一，1 点 = 0.0001，以此类推。小数点后的第三位数称为"十点"，小数点后的第二位数称为"百点"，小数点后的第一位数称为"千点"。汇率波动通常在小数点后的第三

微课视频 2.2　外汇汇率（上）

位，即"十点"变动。因此，一旦知道了汇率变动的点数，就可以知道其具体变动的值了。假定美元兑人民币的汇率下降了 60 点，即 1 美元下降了 0.0060 元人民币。反过来，假定汇率由 1 美元兑 7.0120 元人民币变化为 1 美元兑 7.0220 元人民币，则表示美元汇率上涨了 100 个点。需要注意的是，由于日元的币值较小，用日元表示的汇率应精确到小数后第 2 位，小数点后的第 2 位数字称为"个点"，如 USD/JPY 的汇率由 1 美元 = 105.25 日元变为 1 美元 = 105.00 日元，则表明美元兑日元的汇率下降了 25 个基点，或 25 点。

2.2.2 外汇汇率的标价方法

确定两种不同货币之间的比价，先要确定用哪个国家的货币作为标准。人们是以外国货币表示本国货币的价格，还是以本国货币表示外国货币的价格，这就涉及汇率的标价方法问题。目前，在国际上有三种标价方法：直接标价法（direct quotation）、间接标价法（indirect quotation）和美元标价法（US Dollar quotation）。

1. 直接标价法

直接标价法也称"应付标价法"，是以一定单位（1 个外币单位或 100 个、1000 个、10000 个外币单位）的外国货币作为标准，折算为一定数额的本国货币来表示其汇率。

例如，2024 年 12 月 7 日中国外汇交易中心挂牌的人民币兑换欧元汇率为 100 欧元 = 768.55 元人民币。在中国市场，人民币是本币，欧元是外币，符合直接标价法的表现形式，那么这一汇率就是采用直接标价法进行报价的。

通过对这组汇率的拓展延伸，还可以得出：在这一标价法下，外币的数量固定不变，折合本币的数量则随着外币币值和本币币值的变化而变化。外国货币好似"商品"，称为单位货币。本国货币是以本币计价的"购买价格"，称为计价货币。在这种标价法下，外汇汇率的涨落与本币标价额的增减是一致的，更准确地说，本币标价额的增减直接表现了外汇汇率的涨跌。

目前，除英镑、欧元、美元外，世界上绝大多数国家的货币都采用直接标价法。我国国家外汇管理局公布的外汇牌价也采用直接标价法。

2. 间接标价法

间接标价法也称应收标价法，是指用若干数量的外币表示一定单位的本币，或是以一定单位的本币为标准，折算成若干单位外币的一种汇率表示方法。

例如，2024 年 12 月 7 日在纽约外汇市场，1 美元 = 7.2714 元人民币。其中，美元为本币，人民币为外币，满足间接标价法的表现形式，符合间接标价法的报价规律。

在这一方式下，本币好似"商品"，作为单位货币，外币是以外币计价的"购买价格"，称为计价货币。两者对比后的汇率，表示银行买卖一定单位的本币应收或应付多少外汇。在这种标价法下，本币的数量固定不变，折合成外币的数额则随着本币或外币币值的变动而变动。本国货币的数额固定不变，汇率的高低或涨跌都以相对的外国货币数额的变化来表示。一定单位的本币折算出的外币增多，说明外币贬值，本币升值。

一般来说，曾经或者目前在国际经济舞台上占据重要地位的国家采用间接标价法，其货币曾经或目前是世界上最主要的国际货币之一。英国在金本位制度时期及第一次世界大战前后，在国际经济及金融领域一直占据支配地位，其首都伦敦一直是国际金融中心。因此，英镑在很长一段时间内是最主要的国际货币。英镑除了对欧元采用直接标价法外，对其他货币一直采用间接标价法。在第二次世界大战后，由于美元逐渐在国际支付和国际储备中取得统治地位，使美元除对欧元、英镑采用直接标价法外，对其他货币的标价法均改为间接标价法（纽约外汇市场从 1978 年 9 月 1 日开始采用间接标价法）。欧元出现后，它就成为世界上最主要的货币之一，其对其他国家货币的报价也采用间接标价法。

直接标价法虽然与间接标价法基准不同，但站在一个国家的角度看，二者是互为倒数的关系。因此，掌握了一种标价法下的汇率值，就可以套算出另一种标价法的汇率值。为了避免混淆，一般惯例认为，无论在哪一种标价法中，外汇汇率都是指外币对本币的比率。

3. 美元标价法

直接标价法和间接标价法都是针对本国货币和外国货币之间的关系而言的。美元标价法是指以一定单位的美元为标准，折合成若干数额的其他国家货币，即用其他国家的货币表示的美元的价格。事实上，第二次世界大战以后，特别是欧洲货币市场兴起以来，国际金融市场之间外汇交易量迅速增长，为便于国际间外汇业务交易，银行间的报价都以美元为标准来表示各国货币价格，至今已成习惯。例如，从瑞士苏黎世向德国银行询问欧元的汇率，法兰克福经营外汇银行的报价，不是直接报瑞士法郎对欧元的汇率，而是报美元对欧元的汇率。世界各金融中心的国际银行所公布的外汇牌价，都是以美元对其他主要货币的汇率。非美元货币之间的汇率则通过各自对美元的汇率套算，作为报价的基础。这种标价法的特点是，美元的单位始终不变，美元与其他货币的比值是通过其他货币的数额变化体现出来的。

2.2.3　外汇汇率的分类

在实际应用中，外汇汇率可以从不同角度划分为不同种类，下面介绍几种主要的划分方式。

1. 按银行买卖外汇的角度划分

外汇汇率按银行买卖外汇的角度不同，可以分为买入汇率、卖出汇率、中间汇率和现钞汇率。

（1）买入汇率也称买入价，是指银行向同业或客户买入外汇时所使用的汇率，即银行出价。因它多用于出口商与银行间的交易，故又称为"出口汇率"。

（2）卖出汇率也称卖出价，是指银行向同业或客户卖出外汇时所使用的汇率，即银行要价。因它多用于进口商与银行间的交易，故又称为"进口汇率"。

（3）中间汇率也称汇率均价，是指银行买入汇率与卖出汇率之间的平均汇率，即（买入汇率＋卖出汇率）/2。这种汇率一般适用于报刊上汇率的报导、银行间外汇头寸的结算、外汇银行在年度决

微课视频 2.3　外汇汇率
（下）

算时对各种外汇头寸的估价等。

（4）现钞汇率是银行买卖外币现钞时使用的汇率。按照国际惯例，各种外币现钞一般不能在发行国国境以外流通使用，尤其在外汇管制严格的国家内更是这样。银行买入外币现钞后，必须将其运送到发行国境内或运送到某国际金融市场上出售后才能充作流通或支付手段。

外汇买卖一般集中在商业银行等金融机构。它们买卖外汇的目的是追求利润，方法就是贱买贵卖，赚取买卖差价。由此可见，买入、卖出是从银行的立场出发的。买入汇率、卖出汇率相差的幅度一般在 0.1‰～0.5‰，各国不尽相同。外汇买卖差价越小，就说明银行外汇业务的竞争力越强。

影响外汇买卖差价的因素有很多，主要包括：

（1）外汇交易的数量。一般来说，适用于银行柜台上的零售交易的买卖差价比较大，而银行间的批发业务所适用的同业汇率（inter-bank rate），其买卖差价总是要小得多。

（2）金融市场的发达程度。世界上最发达的外汇市场要数伦敦、纽约和东京外汇市场，在这三个市场上进行外汇交易所涉及的买卖差价肯定要比法兰克福、巴黎和新加坡等外汇市场上的小。

（3）交易的货币在国际经济中的地位和重要性。任何货币与美元的交易涉及的买卖差价总是相对要小一些，而任何两种非美元之间的交易涉及的买卖差价则比较大。

（4）货币汇率的易变性和波动性。货币汇率的易变性比较大，其买卖差价相应也较大；反之，如果实证检验表明某两种货币的汇率易变性比较小（如加拿大元兑美元的汇率），其买卖差价相应也会较小。

在外汇市场上挂牌的外汇牌价一般均列有买入汇率和卖出汇率。在直接标价法下，前一个价格，即较低的为买入价；后一个价格，即较高的为卖出价。例如，2024 年 12 月 6 日，中国人民银行外汇交易中心公布的外汇 USD100＝RMB727.01/727.33，是直接标价法。前者 727.01 是银行从客户手中买入 100 美元时向客户付出的人民币数额，后者 727.33 是银行卖出 100 美元时向客户收取的人民币数额，其差价为 0.26 元人民币。而在间接标价法下则相反，较高的价格为买入价，较低的价格为卖出价。例如，2024 年 12 月 6 日，伦敦市场上英镑兑美元的汇率为 GBP1＝USD1.2638/1.2660，则前者 1.2638 是银行卖出美元的价格，为卖出价；后者 1.2660 是银行付出英镑买入美元的价格，为买入价，即买入 1.2660 美元付 1 英镑。

2. 按交易工具划分

外汇汇率按交易工具划分，可分为电汇汇率、信汇汇率和票汇汇率。

1）电汇汇率

电汇汇率（telegraphic transfer rate，T/T rate）是指以电报、电传等解付方式买卖外汇时所使用的汇率。银行卖出外汇后，立即用电报、电传等方式通知国外分支行或代理行付款给收款人。一般说来，电汇汇率较其他汇率高，这主要是因为银行卖出外汇后用电汇方式付款时间缩短，且银行不能利用汇款资金，加之国际电报、电传收费较高。为了避免汇率波动所带来的风险，现在进出口商一般在贸易合同中均规定交付银行同业间的外汇或资金划拨使用电汇方式。外汇市场所公布的外汇牌价也多为电汇汇率。

2）信汇汇率

信汇汇率（mail transfer rate，M/T rate）是指以信函解付方式买卖外汇时所使用的汇率。在信汇方式下，汇出的外汇须在外汇凭证邮寄到国外后，对方银行才能在委托付款行的存款账户内支用。由于委托汇出行可以在这段时间内利用客户的外汇资金，信汇汇率一般低于电汇汇率。信汇方式通常在中国香港和东南亚地区用于邻近国家或地区之间的交易。

3）票汇汇率

票汇汇率（demand draft rate，D/D rate）是指银行买卖外汇票据时所使用的汇率。票据从售出到付款有一段间隔时间，因而票汇汇率自然也就比电汇汇率低。

票汇汇率又可分为即期票汇汇率和远期票汇汇率。即期票汇汇率几乎与信汇汇率持平；远期票汇汇率是以即期票汇汇率为基础，扣除票据远期付款的贴现利息后所得出的汇率，远期票据的付款期限越长，汇率越低。

3. 按交割时限划分

外汇汇率按交割时限划分，可分为即期汇率和远期汇率。交割是指双方各自按照对方的要求，将卖出的货币解入对方指定的账户的处理过程。

1）即期汇率

即期汇率（spot rate）又称现汇汇率，是指外汇买卖双方在成交后的两个营业日内办理交割手续时所使用的汇率。

2）远期汇率

远期汇率（forward rate）又称期汇汇率，是指外汇买卖的双方事先约定，在未来约定的期限办理交割时所使用的汇率。买卖远期外汇的期限一般为1、3、6、9、12个月等。

银行一般都直接报出即期汇率，但对于远期汇率则有两种报价方法，分别是完整汇率报价法和远期差价报价法。

完整汇率报价法，又称直接报价法，是直接将各种不同交割期限的远期买入价、卖出价完整地表示出来。此种报价方法与即期汇率报价方法相同。

例如，某日纽约外汇市场英镑兑美元的汇率：

即期汇率	一个月远期汇率	三个月远期汇率	六个月远期汇率
1.2710/20	1.2735/50	1.2765/95	1.2845/90

这种方法通常用于银行对客户的报价。在银行同业交易中，瑞士、日本等国也采用这种方法。该种方法一目了然，但也有其缺陷，比如改动比较麻烦。因此，在银行同业间往往采用另一种方法，即远期差价报价法。

远期差价报价法，又称掉期率或点数汇率报价法，是指不直接公布远期汇率，而只报出即期汇率和各期的远期差价，然后再根据即期汇率和远期差价来计算远期汇率。某一时点上远期汇率与即期汇率的汇率差称为掉期率或远期差价，这种远期差价又可分为升水和贴水两种。升水表示远期汇率比即期汇率高，或期汇比现汇贵；贴水表示远期汇率比即期汇率低，或期汇比现汇贱。还有一种情况叫作平价，表示远期汇率与即期汇率相同。升贴水的幅度一般用点数来表示。

例如，某日纽约外汇市场英镑兑美元的远期汇率：

即期汇率　　　　　　　1.2710/20

一个月掉期率	25/30
三个月掉期率	55/75
六个月掉期率	135/170

用掉期率来表示远期汇率的方法简明扼要。虽然在即期汇率变动的同时，远期汇率也进行着相应变动，但通常掉期率比较稳定，用掉期率报价比直接报价法要便利。

由于直接标价法和间接标价法的不同，升水和贴水的表示方法也不一样。以下是几道例题。

【例题 1-1】 瑞士市场，即期汇率：USD1 = CHF1.4520/40，一个月远期汇率：USD1 = CHF1.4560/90，问美元升水还是贴水？

【解析】 美元的远期汇率高于即期汇率，美元升水，升水点数为 40/50。

【例题 1-2】 加拿大市场，即期汇率：USD1 = CAD1.0410/20，三个月远期汇率：USD1 = CAD1.0350/70，问瑞士法郎升水还是贴水？

【解析】 美元的远期汇率低于即期汇率，美元贴水，贴水点数为 60/50。

综上，可以总结规律，在直接标价法下：

$$远期汇率 = 即期汇率 + 升水点数$$
$$远期汇率 = 即期汇率 - 贴水点数$$

【例题 1-3】 纽约市场，即期汇率：USD1 = CHF2.1170/80，一个月远期汇率：USD1 = CHF2.1110/30，问瑞士法郎升水还是贴水？

【解析】 瑞士法郎的远期汇率高于即期汇率，瑞士法郎升水，升水点数为 60/50。

【例题 1-4】 伦敦市场，即期汇率：GBP1 = USD1.5305/15，一个月远期汇率：GBP1 = USD1.5325/50，问瑞士法郎升水还是贴水？

【解析】 美元的远期汇率低于即期汇率，美元贴水，贴水点数为 20/35。

综上，可以总结规律，在间接标价法下：

$$远期汇率 = 即期汇率 - 升水点数$$
$$远期汇率 = 即期汇率 + 贴水点数$$

在实际应用中，银行公布升贴水点数时，往往并不直接说明这是升水还是贴水。根据风险与收益的关系，外汇买卖成交后交割的期限越远，银行承担的风险越大，兑换收益也就要求越高。因此，远期外汇的买卖差价总是大于即期外汇的买卖差价。

按照远期点数的排列关系，也可判断出这是升水还是贴水。

例如，纽约外汇市场，英镑兑美元的汇率可公布为

即期汇率	1.2710/20
一个月掉期率	25/30
三个月掉期率	55/75
六个月掉期率	135/170

由于纽约市场采用的是直接标价法，且英镑兑美元一个月的远期差价为 25/30，表示一个月远期美元升水。于是伦敦外汇市场英镑兑美元一个月的远期汇率为

$$1.2710 + 0.0025 = 1.2735$$
$$1.2720 + 0.0030 = 1.2750$$

即 GBP1 = USD1.2735/50

经过计算后可以发现，英镑兑美元即期的买卖差价为 10 点，而一个月远期的买卖差价则扩大为 15 点。这也符合远期外汇的买卖差价总是大于即期外汇的买卖差价，这一规律。

如果我们将上例中的纽约外汇市场改为伦敦外汇市场，其他条件均不变，伦敦外汇市场，英镑兑美元的汇率则可公布为

即期汇率	1.2710/20
一个月掉期率	25/30
三个月掉期率	55/75
六个月掉期率	135/170

在伦敦外汇市场中，本币为英镑，外币变成了美元，因此采用的是间接标价法。英镑兑美元一个月的远期差价依旧为 25/30，表示一个月远期美元升水。于是伦敦外汇市场英镑兑美元一个月的远期汇率为

$$1.2710 + 0.0025 = 1.2735$$

$$1.2720 + 0.0030 = 1.2750$$

即 GBP1 = USD1.2735/50

虽然伦敦和纽约两个外汇市场英镑对美元汇率的标价方法不一样，但计算结果完全一致。于是，在根据即期汇率和远期差价计算远期汇率时，不论采用何种标价法，我们都可以归纳并进一步推导得出：

当远期点数按"小/大"排列时，远期汇率 = 即期汇率 + 远期变动点数；

当远期点数按"大/小"排列时，远期汇率 = 即期汇率 - 远期变动点数。

4. 按制定汇率的方式进行划分

按制定汇率的方式进行划分，可以分为基本汇率和套算汇率。

1）基本汇率

基本汇率又称基准汇率，是指本国货币与关键货币的汇率，而对其他非关键货币则需要用套算方法求得。这是因为世界上的多数国家都有自己的货币，如果制定或报出本国货币与每一种外国货币之间的汇率，既不方便也无必要，因此各国大多报出一种与本国对外贸易关系最紧密的货币（即关键货币）的汇率。本币与关键货币间的汇率称为基本汇率。（关键货币通常是可自由兑换的，并且是在该国国际收支中使用最多、在该国外汇储备中比重最大的货币。）大多数国家都把美元当作关键货币，把本币与美元之间的汇率作为基本汇率。

2）套算汇率

在实际国际外汇市场上，几乎所有的货币都与美元有一个兑换率。正因如此，其他任何两种无直接兑换关系的货币都可以通过美元计算出它们之间的兑换比率，这种计算出来的汇率被称作套算汇率或交叉汇率。简言之，套算汇率是指两种货币通过各自对第三种货币的汇率而算得的汇率。这有两层含义：一是各国在制定基本汇率后，本币对其他外币的汇率就可以通过基本汇率套算出来；二是由于世界外汇市场上主要是按美元标价法公布汇率的，美元以外的其他任何两种无直接兑换关系的货币必须通过其各自与美元的汇率进行套算。

（1）同边相乘法。关键货币在两组汇率中分别为单位货币和报价货币，同边相乘。

【例题 1-5】 GBP/USD = 1.6550/60，AUD/USD = 0.6810/20，求 GBP/AUD。

【解析】

$$\frac{GBP}{AUD} = \frac{GBP}{USD} \times \frac{USD}{AUD} = \frac{USD}{AUD}$$

GBP/USD　　　　　1.6550　　　　　　　　　1.6560

USD/AUD　　　　　1.7320　　　　　　　　　1.7330

1.6550 × 1.7320 = 2.8665

1.6560 × 1.7330 = 2.8698

即 GBP/AUD = 2.8665/98

（2）交叉相除法。

第一种情形：关键货币同为单位货币，交叉相除。

【例题 1-6】 USD/CHF = 1.4580/90，USD/CAD = 1.7320/30，求 CHF/CAD。

【解析】

$$\frac{CHF}{CAD} = \left(\frac{USD}{CAD}\right) \bigg/ \left(\frac{USD}{CHF}\right) = \frac{USD}{CAD} \times \frac{CHF}{USD} = \frac{CHF}{CAD}$$

USD/CAD　　　　　1.7320　　　　　　　　　1.7330

USD/CHF　　　　　1.4580　　　　　　　　　1.4590

1.7320/1.4590 = 1.1871

1.7330/1.4580 = 1.1886

即 CHF/CAD = 1.1871/86

第二种情形：关键货币同为报价货币，交叉相除。

【例题 1-7】 GBP/USD=1.6550/60，GBP/CAD=1.8545/60，求：CAD/USD。

【解析】

$$\frac{CAD}{USD} = \left(\frac{GBP}{USD}\right) \bigg/ \left(\frac{GBP}{CAD}\right) = \frac{GBP}{USD} * \frac{CAD}{GBP} = \frac{CAD}{USD}$$

GBP/USD　　　　　1.6550　　　　　　1.6560

GBP/CAD　　　　　1.8545　　　　　　1.8560

1.6550/1.8545 = 0.8917

1.6560/1.8560 = 0.8929

即 CAD/USD = 0.8917/0.8929

5. 按照外汇管制的程度不同划分

按外汇管制程度不同，分为官方汇率与市场汇率。

1）官方汇率

官方汇率也称法定汇率，是外汇管制较严格的国家授权其外汇管理局制定并公布的本国货币与其他各种货币之间的外汇牌价。这些国家一般没有外汇市场，外汇交易必须按官方汇率进行。官方汇率一经制定往往不能频繁地变动，这虽然保证了汇率的稳定，但使得汇率较缺乏弹性。

2）市场汇率

市场汇率是外汇管制较松的国家在自由外汇市场上进行外汇交易的汇率。它一般存在于市场机制较发达的国家，在这些国家的外汇市场上，外汇交易不受官方限制，市场汇率受外汇供求关系的影响，自发地、经常地流动，官方不能规定市场汇率，而只能通过参与外汇市场活动来干预汇率变化，以避免汇率出现过度频繁或大幅度的波动。

除外汇管制严的国家实行官方汇率、外汇管制松的国家实行市场汇率外，在一些逐步放松外汇管制、建立外汇市场的国家中，可能会出现官方汇率与市场汇率并存的状况，在官方规定的一定范围内使用官方汇率，而在外汇市场上使用由供求关系决定的市场汇率。

6. 按交易对象划分

按交易对象划分，可分为同业汇率和商人汇率。

1）同业汇率

同业汇率是银行同业之间进行外汇交易时所使用的汇率。由于银行同业间的外汇交易一般有最低交易金额的限制，故同业汇率又称为外汇的批发价。同业汇率的买卖差价一般较小。

2）商人汇率

商人汇率是银行与顾客之间进行外汇交易时所使用的汇率，又称为外汇的零售价。商人汇率是根据同业汇率适当增（卖出价）、减（买入价）而形成的，故其买卖差价一般较大。

7. 按外汇买卖的营业时间划分

按外汇买卖的营业时间，可分为开盘汇率和收盘汇率。

1）开盘汇率

开盘汇率又称开盘价，是指外汇银行在每个营业日开始时买卖外汇所使用的汇率。

2）收盘汇率

收盘汇率又称收盘价，是指外汇银行在每个营业日结束时买卖外汇所使用的汇率，通常是外汇市场交易结束前 30 秒或 60 秒的汇率。

一个外汇市场的营业从开始到结束虽然只有几小时，但在汇率急剧波动的情况下，开盘价与收盘价也会相差很大。另外，世界上各个外汇市场的营业时间虽然因时差关系而不一致，但由于各外汇市场之间存在着发达的通信网络和密切的行情联系，一个外汇市场的收盘汇率往往影响另一外汇市场的开盘汇率。

8. 按汇率制度不同划分

按汇率制度不同，可分为固定汇率和浮动汇率。

1）固定汇率

固定汇率是指一国货币对另一国货币的汇率基本固定，且将汇率的波动幅度限制在一个特定的范围内的汇率。在金本位制下和第二次世界大战后的布雷顿森林体系下，世界各国都采用这种汇率。

2）浮动汇率

浮动汇率是指一国货币的对外汇率不予固定，也不规定上下限的波动幅度，而是根据外汇市场的供求状况任其自由涨落的汇率。1973 年布雷顿森林体系崩溃后，主要工业国家都采用这种汇率。

扩展阅读 2.4　黑天鹅事件——瑞郎海啸

9. 按汇率使用范围的不同划分

按汇率使用范围的不同，可分为单一汇率与复汇率。

1）单一汇率

单一汇率是指一个国家的货币对其他国家的货币只有一种汇率，通用于该国所有的经济交往中。

2）复汇率

复汇率是指一种货币（或一个国家）有两种或两种以上汇率，不同的汇率用于不同的国际经贸活动。复汇率是外汇管制的一种产物，目前只有一些发展中国家仍实施复汇率，但根据 IMF 的要求，只能依据需要使用简单的复汇率，严格限制实行复杂的复汇率。

扩展阅读 2.5　巴西雷亚尔贬值事件

10. 按资金性质和用途划分

按外汇资金的用途划分，可分为贸易汇率和金融汇率。

1）贸易汇率

贸易汇率是指用于进出口贸易及其从属费用收支、结算的汇率。

2）金融汇率

金融汇率是指用于国际资本流动和非贸易外汇收支、结算的汇率。

扩展阅读 2.6　央妈一套组合拳，人民币汇率稳了

将汇率分为贸易汇率和金融汇率，是为了将不同用途和性质的外汇区分开来，分别采用不同的汇率调控措施，从而达到鼓励出口、限制进口、控制国际资本流动、改善国际收支的目的。

即测即练题 2.2

自学自测　　扫描此码

案例讨论 2.2　港币保卫战

2.3　汇率的决定与调整

各国货币之间的比价（即汇率），从根本上讲是各种货币价值的体现。也就是说，货币具有的或代表的价值是决定汇率水平的基础。汇率在这一基础上受其他各种因素的影响而变动，形成现实的汇率水平。而在不同的货币制度下，各种货币所具有的或者所代表的价值是不同的，即汇率具有不同的决定因素，并且影响汇率水平变动的因素也不相同。

2.3.1　金本位制下汇率的决定与变动

1. 金本位制概述

金本位制（gold standard system）是从 19 世纪初到 20 世纪初资本主义国家实行的货币制度。1816 年，英国《金本位法》的颁布标志着金本位制最早在英国诞生。此后，德国及其他欧洲国家、美国等也陆续实行了金本位制。金本位制具体包括金铸币本位制、金块本位制和金汇兑本位制三种形式，其中金铸币本位制是典型的金本位制，后两种是削弱了的变形的金本位制。

典型的金本位制具有的基本特点是：各国货币均以黄金铸成，金铸币有一定的质量和成色；有法定的含金量；金币可以自由铸造、流动和输出输入，有无限法偿能力；辅币与银行券可以按其票面价值自由兑换为金币。

2. 汇率的决定因素：铸币平价

在金币本位制下，决定两国货币汇率的基础是铸币平价（mint parity）。所谓铸币平价是两国货币所含纯金量之比，而含金量为铸币的质量乘以其成色。例如，1 英镑的质量曾是 123.27447 格令（grain，金衡制的一种计量单位，1 克 = 15.43232 格令），成色为 22 开（karat，24 为纯金），折成纯金 113.0016 格令（123.27447×22/24）；1 美元的质量曾是 25.8 格令，成色为 90%，折成纯金为 23.22 格令（25.8×90/100）。根据两种货币所含纯金量对比计算，英镑和美元的铸币平价是 4.8665（113.0016/23.22）。也就是说，1 英镑的含金量是 1 美元含金量的 4.8665 倍，或者说 1 英镑的含金量与 4.8665 美元的含金量相同。因此，英镑与美元的基础汇率被定为 GBP1 = USD4.8665。这是建立在两国法定货币的含金量基础上的，不会轻易改动。

3. 汇率变动的因素：供求关系及黄金输送点

铸币平价是决定汇率的基础，但是汇率并不总是等于铸币平价，而是围绕着铸币平价上下波动。其中，影响汇率波动最直接的因素就是供求关系变化。正如商品价格取决于商品的价值，但受供求关系影响围绕价值上下波动一样，在外汇市场上，汇率也是以铸币平价为中心，在外汇供求关系的作用下上下浮动。当某种货币供不应求时，其汇价就会上涨，超过铸币平价；当某种货币供大于求时，其汇价就会下跌，低于铸币平价。

在金本位制下，外汇供求关系变化的主要原因在于国际间债权债务关系的变化，尤其是由国际贸易引起的债权债务清偿。当一国出现贸易顺差增大时，外国对该国货币的需求旺盛，同时本国的外汇供给增加，导致本币汇率上涨；反之，则导致本币汇率下跌。

当然，金本位制下的汇率波动并非无限制的。无论上涨还是下跌都有一个界限，即黄金输送点。由于金本位制度下金币可以自由铸造并输入输出，使得黄金可以作为支付手段用于国际间的债务清偿。当外汇市场上的汇率上涨到一定程度时，本国债务人用本币购买外汇的成本会超过黄金直接输出国境用于支付的成本（主要为运输费等），从而引起黄金输出。引起黄金输出的这一汇率界限被称为"黄金输出点"。当外汇市场上的汇率下跌到一定程度时，本国拥有外汇债权者用外汇兑换本币所得会少于用外汇在国外购买黄金再运回国内所得，从而引起黄金输入，引起黄金输入的这一汇率界限被称为"黄金输入点"。黄金输出点和输入点构成了金本位制下汇率波动的上限、下限。

例如，在铸币平价下决定的英镑与美元的基础汇率为 GBP1 = USD4.8665，假如运送 1 英镑或 4.8665 美元的黄金的费用（包括运输、保险、包装等费用）需要 0.03 美元，那么黄金输出点为 4.8965（4.8665 + 0.03）美元，黄金输入点为 4.8365（4.8665 - 0.03）美元。也就是说，1 英镑兑换到的美元，最多为 4.8965 美元，最少为 4.8365 美元。一旦突破这个平衡区间就会引起黄金在两国间的输出输入，最终把汇率拉到这个水平上来。

2.3.2 纸币本位制下汇率的决定和变动

1. 纸币本位制概述

金本位制崩溃后，各国相继实行了纸币流通制度。因纸币本身不再具有价值，故最初只能以代用货币的方式出现。国家以法令形式赋予它流通和支付职能。纸币流通制度经历了两个阶段：第一个阶段是规定法定含金量时期，即纸币流通条件下的固定汇率制时期；第二个阶段是 1978 年 4 月 1 日以后无法定含金量时期，即纸币流通条件下的浮动汇率制时期。

微课视频 2.5　汇率的决定与调整（下）

2. 固定汇率机制下汇率决定因素：货币平价

在纸币流通条件下的固定汇率制度时期，汇率的决定基础实质上就是布雷顿森林体系下决定汇率的基础。在布雷顿森林体系下，美元与黄金挂钩，其他国家货币与美元挂钩，各国货币不可直接兑换黄金，只能先按照固定汇率兑换美元，再以美元的黄金官价向美国兑换黄金。各国货币汇率的决定基础仍然是两国货币所代表的含金量之比，被称为"货币平价"。这与金本位制下各国

扩展阅读 2.7　国际"金本位"体系下的财政与贸易——分析清末民初中国的币制改革

货币所真实含有的含金量之比,即铸币平价,是有本质区别的。此时各国货币的含金量只是一种虚设的价值,是各国政府以法令形式规定的本国货币所代表的(而不是具有的)含金量。

在这一时期,汇率也有一定的波动幅度。IMF 规定,成员国货币在外汇市场的汇率和金价的波动幅度,需固定在法定比价即货币平价 ±1%的范围内。一旦超过这个范围,各国政府有义务进行干预以维持其货币汇率的稳定。

扩展阅读 2.8　明清货币制度演变

3. 浮动汇率机制下汇率决定因素:货币购买力

随着 20 世纪 70 年代布雷顿森林体系的崩溃,西方主要工业国家放弃了固定汇率制,开始实行浮动汇率制。1976 年,IMF 推行"黄金非货币化"政策。1978 年 4 月 1 日起,各国纸币均不再规定法定含金量。由于各国货币不再规定法定的含金量,确定各国货币之间的比价依据是其所代表的实际价值——各国货币的实际购买力,即纸币可实现的实际价值。若流通中的货币量超过实际需要量,则物价上涨,纸币对内贬值,其实际购买力下降;若流通中的货币量少于实际需要量,则物价下跌,纸币对内升值,其实际购买力上升。

一个国家不同的物价状况反映了其货币对内价值的不同。在纸币制度下,两国货币之间的汇率取决于它们各自在国内所代表的实际价值,也就是说,货币对内价值决定其对外价值。而货币的对内价值又是用其货币购买力来衡量的。因此,货币购买力就成为纸币制度下汇率决定的基础。

即测即练题 2.3

自学自测　　扫描此码

2.4　汇　率　制　度

汇率制度(exchange rate system)又称汇率安排,是指一国货币当局对本国汇率变动的基本方式所做的一系列安排或规定。汇率制度制约着汇率水平的变动。传统上,按照汇率变动的幅度,汇率制度被分为两大类型:固定汇率制和浮动汇率制。

2.4.1　固定汇率制度

固定汇率制度是指政府使用行政或法律手段确定、公布、维持本国货币与某种参考物

（黄金、某国货币或一篮子货币）之间固定比价的汇率制度。在固定汇率制度下，汇率浮动幅度不能超过规定的界限。当汇率的波动幅度超过限度时，官方有义务出面加以干预和维持，因此这种汇率制度具有相对稳定性。

1. 国际金本位制和布雷顿森林体系下的固定汇率制度

从国际货币体系的演进来看，在世界范围内实行固定汇率制度的国际货币体系有两个：国际金本位制和布雷顿森林体系。在这两种货币制度下，汇率取决于金平价（铸币平价和法定平价），各国货币之间的汇率依靠自身的调节机制或货币当局运用各种手段进行干预与控制，汇率在基本固定的或很小的幅度内波动。在国际金本位制下，各国货币之间的固定汇率由各国货币的铸币平价决定；布雷顿森林体系下的固定汇率制也可以说是以美元为中心的固定汇率制，它是美元与黄金挂钩，其他货币与美元挂钩的"双挂钩"制度。

在黄金非货币化后的牙买加体系下，一些国家所采用的固定汇率制度与布雷顿森林体系下的固定汇率制度存在根本性区别：一是不再规定本国货币的含金量；二是规定本国货币与某一外币或一篮子货币的固定比价。此外，从世界范围来看，在布雷顿森林体系下，所有国家货币之间的汇率都是两两固定的。而在现行的货币体系下，一国实行固定汇率制度则主要是将本国货币与某一关键货币（如美元）实行固定比价，而该国货币与其他货币之间，以及关键货币与其他货币之间的汇率都是可能浮动的。

2. 固定汇率制度下的特例——货币局制

货币局制是指在法律中明确规定本国货币与某一外国可兑换货币保持固定的兑换比率，且本国货币的发行受制于该国外汇储备的一种汇率制度。这一制度中的货币当局被称为货币局，而不是中央银行，因而，这一汇率制度就相应地被称为货币局制。最早的货币局制产生于1859年的毛里求斯，最初实行该制度的是英、法等国的海外殖民地。第二次世界大战以后，随着殖民地的纷纷独立，除加勒比地区的多米尼加等六个海岛国家外，原来实行这种制度的国家均建立了自己的中央银行制度。

货币局制下的货币发行必须以一定的（通常为100%）外汇储备为基础。此外，货币当局必须无条件地按照固定汇率接受市场对本国货币所钉住外汇的买卖要求。货币局制作为高度规则化的金融制度，其管理与操作非常简便，运行规则可以为普通公众所监督，十分适用于缺乏中央银行管理经验的小型开放经济体。我国香港特别行政区实行的就是货币局制，即联系汇率制。

3. 维持固定汇率的措施

1）贴现政策

当本币汇率上涨，有超过波动上限的趋势时，该国可以降低再贴现率和再贷款率等基准利率，增加本币供应，抑制其汇率上涨；当本币汇率下降，出现低于波动下限的趋势时，该国可进行反向操作。

2）动用外汇储备

该国货币当局在本币汇率下跌超过波动下限时，就在市场上出售其外汇储备资金，收购本币，以平抑汇率下跌趋势；反之，则向外汇市场抛售本币，收购外币，增加外汇储备，以抑制本币汇率上升趋势。

3）外汇管制

一国外汇储备规模是有限的，一旦遇到本币汇率波动剧烈，又无力大量向市场投放外汇时，就可以借助于外汇管制，如限制外汇的流入与流出等直接管理手段，进而控制本币汇率。

4）货币的法定贬值与升值

（1）固定汇率制度与法定贬值。在纸币流通制度下，当纸币贬值十分严重，旧的黄金平价和汇率已不能维持，并且勉强维持会进一步削弱其出口产品竞争力，消耗其有限的黄金外汇储备时，该国政府就会颁布法令，废除纸币原来已经变得过高的黄金平价和汇率，规定新的、较低的黄金平价和汇率。这种由法律明文规定降低本国货币的黄金平价，提高以本币所表现的外币价格的措施就称为货币的法定贬值。

在固定汇率制度下，法定贬值是能抑制进口、扩大出口的机制。在固定汇率制度下，有些 IMF 的成员国往往在其出口贸易极其不振、国际收支和失业问题严重的时期，实行法定贬值。其目的在于利用法定贬值进行外汇倾销，以扩大出口，限制进口，缓和国际收支失衡和失业加剧等问题，使本国垄断集团获得高额利润。所谓外汇倾销（foreign exchange dumping），就是指在通货膨胀情况下，一国政府利用汇率上涨与物价上涨的不一致，有意提高外币的行市，使其上涨的幅度大于国内物价上涨的幅度，以便以低于世界市场的价格输出商品，削弱竞争对手，争夺销售市场。

（2）固定汇率制度与法定升值。在固定汇率制度下，个别通货膨胀程度较轻、国际收支在一定时期内具有顺差的国家，在其他国家的影响与压力下，用法律明文规定提高本币的黄金平价，降低以本币所表示的外币的价格，就称为货币的法定升值。一国的国际收支发生顺差，则外汇供过于求，引起以本币所表示的外币价格的下跌。在外币汇率跌到官定下限时，该国政府就抛出本币，收购外币，进行干预，以把汇率控制在官定的下限之上。

大量外币的涌入，虽可增加外汇储备，但因兑换外币而在流通领域中投放的本币也必然随之增加，从而加剧该国的通货膨胀。因此，某些具有国际收支顺差的国家，在特定条件下，就采取货币升值的措施，调高本币与外币的兑换比率，以抑制外币的大量流入，缓和本国的通货膨胀。

4. 固定汇率制度的优缺点

1）优点

汇率保持相对的稳定，使国际贸易的成本与利润核算以及国际债权债务的清偿均有可靠的依据，从而可以减少涉外经济主体从事国际贸易的汇率风险，并有利于世界经济与贸易的发展。同时，汇率的稳定在一定程度上抑制了外汇市场的投机活动。

2）缺点

汇率基本不能发挥自动调节国际收支的功能；国内经济目标服从于国际收支目标，当一国国际收支失衡时，就要采取紧缩性或扩张性财政货币政策，从而给国内经济带来失业增加或物价上涨的后果，因此固定汇率制会削弱国内货币政策的自主性，有可能以牺牲内部均衡为代价；在固定汇率制下，易发生输入性通货膨胀。为了稳定汇率，货币当局需要动用黄金与外汇储备，导致大量的黄金与外汇储备流失。

2.4.2 浮动汇率制度

浮动汇率制度是一国货币与他国货币的汇率不固定，由外汇市场的供求状况决定，自发涨落。政府不承担将汇率维持在极小波动幅度的义务。布雷顿森林体系崩溃后，各国纷纷放弃固定汇率制度，实行浮动汇率制度。目前，浮动汇率制度已成为世界大多数国家，尤其是发达国家普遍实行的汇率制度。

1. 按政府是否对外汇市场进行干预分类

按政府是否对外汇市场进行干预分类，可以分为自由浮动和管理浮动。

1）自由浮动

自由浮动又称清洁浮动，是指货币当局不采取任何干预措施，任其随外汇市场供求变化而波动。但这是纯理论上的划分。在实践中，各国政府为了本国的经济利益，在其本币汇率波动幅度过大，可能危及其经济正常发展时，往往会直接或间接地干预外汇市场，以稳定其本币汇率。没有任何一个国家会让其货币汇率完全听任市场决定。

2）管理浮动

管理浮动又称肮脏浮动。当本币汇率波动影响本国经济发展时，政府会采取各种措施加以干预，使其汇率水平有利于本国经济的稳定发展，这就是管理浮动汇率制。需要说明的是，管理浮动汇率制与布雷顿森林体系下的可调整钉住汇率制有本质的区别。相比之下，管理浮动汇率制下汇率的变动更有弹性。

2. 按浮动方式分类

按浮动方式分类，可以分为单独浮动和联合浮动。

1）单独浮动

单独浮动指一国货币不与其他任何国家货币发生固定联系，其汇率根据外汇市场的供求变化自行调整。如美国、英国、日本、加拿大、澳大利亚、西班牙等发达国家及少数发展中国家都实行单独浮动。单独浮动可以较好地反映一国的外汇供求状况及货币管理的变化。

2）联合浮动

联合浮动又称共同浮动或集体浮动，是介于固定汇率制和浮动汇率制之间的一种汇率制度。它是指国家集团成员国约定中心汇率，各成员国货币汇率围绕中心汇率在很小的幅度内浮动，即实行固定汇率制，同时对非成员国货币实行共升或共降的浮动汇率。例如，从 1999 年 1 月 1 日欧元正式启动到 2002 年 2 月 28 日期间，欧元区国家原有货币与欧元同在，其彼此间保持固定汇率制，但与其他货币则实行浮动汇率。

3. 按汇率调整幅度分类

按汇率调整幅度分类，可以分为钉住浮动和弹性浮动。

1）钉住浮动

大多数国家采用钉住浮动的汇率制度。根据钉住目标可分为钉住单一货币浮动和钉住一篮子货币浮动。

（1）钉住单一货币浮动。钉住单一货币浮动是指将本国货币与某一外国货币挂钩。一些国家由于历史、地理等因素，其对外贸易、金融往来主要集中于某一发达国家，或主要使用某一外国货币。为了稳定这种贸易、金融管理模式免受相互间货币汇率频繁变动的不利影响，这些国家通常将本国货币钉住该发达国家货币。

（2）钉住一篮子货币浮动。钉住一篮子货币主要是钉住特别提款权，或者按照本国同主要贸易伙伴国的贸易币种选择和设计的一篮子货币。因而，这种做法使得汇率不受一国操纵。由于组成一篮子的货币汇率有升有降，可以互相抵消，使得钉住国家货币汇率波动幅度减缓，从而减少汇率波动带来的风险（如泰国实行钉住一篮子货币，其中美元占80%）。

扩展阅读 2.9 韩国退出钉住汇率制度的背景与影响

扩展阅读 2.10 "进口替代"的困境：战后台湾的外汇制度改革的缘起

扩展阅读 2.11 拉美国家汇率制度变迁

2）弹性浮动

弹性浮动根据浮动弹性限度可分为有限弹性浮动和较大弹性浮动。

（1）有限弹性浮动又称有限灵活汇率，指一国货币的汇率以一种货币或一组货币为中心而上、下浮动。它不同于前面所介绍的钉住单一货币浮动汇率，该汇率制度一般不存在汇价波动的幅度问题，即使有波动，其幅度也非常小，不超过1%。钉住一组货币浮动是指由某些国家组成集团，在集团内部各成员国之间实行固定汇率并规定波动幅度，对其他国家货币汇率则实行联合浮动的一种汇率制度。

（2）较大弹性浮动又称灵活的汇率，是指一国货币的汇率不受波动幅度的限制，在独立自主的原则下对汇率进行调整。它包括单独浮动汇率制度以及按一组指标调整的汇率制度。后者是指根据国际收支、通货膨胀、贸易条件、外汇储备水平等因素设立一套指标，并根据这套指标的动态变化，及时调整货币的汇率水平。

4. 浮动汇率制度的优缺点

1）优点

一国国际收支失衡可以由汇率的自由波动予以消除而不必以牺牲国内经济为代价，各国不承担维护汇率稳定的义务，这样保证了本国货币政策的自主性；避免了国际性通货膨胀的传播；一国由于无义务维持汇率的稳定，因而就不需像在固定汇率制下那么多的外汇储备，可节约外汇资金。

2）缺点

由于汇率缺乏稳定性，给国际贸易和投资带来更大的不确定性；助长了外汇市场上的投机活动；使一国更具通货膨胀倾向；同时，"以邻为壑"的政策盛行，即各国以货币对外贬值为手段，输出本国失业或以他国经济利益为代价扩大本国就业和产出。

即测即练题 2.4

自学自测 扫描此码

案例讨论 2.3 欧元横空出世对汇率制度的改革

2.5 汇率变动的影响因素及对经济的影响

2.5.1 汇率变动的影响因素

1. 国际收支状况

当一国的国际收支出现顺差时，该国的外汇供给和外国对本国货币的需求就会增加，进而引起外汇的汇率下降或顺差国货币汇率的上升；反之，当一国国际收支出现逆差时，就会增加该国的外汇需求和本国货币的供给，进而导致外汇汇率的上升或逆差国货币汇率的下跌。在国际收支这一影响因素中，经常性收支尤其是贸易收支，对外汇汇率起着决定性的作用。

微课视频 2.6 汇率变动的影响因素及对经济的影响（上）

2. 通货膨胀

通货膨胀是影响汇率变动的一个长期、主要而又有规律性的因素。通货膨胀可以通过以下两个方面对汇率产生影响。

1）商品和服务贸易

一国发生通货膨胀，该国出口商品、服务的国内成本就会提高，进而必然影响其国际价格，削弱该国商品和服务在国际市场的竞争力，影响出口外汇收入。同时，在汇率不变的情况下，该国的进口成本会相对下降，并且能够按已上涨的国内物价出售，由此便使进口利润增加，进而会刺激进口，外汇支出增加。这样，该国的商品、劳务收支会恶化，由此也扩大外汇市场供求的缺口，推动外币汇率上升或本币汇率下降。

2）国际资本流动

一国发生通货膨胀，必然使该国的实际利率降低，投资者为追求较高的利率，就会把资本移向海外，这样一来，资本项目收支进一步恶化。资本的过多外流，导致外汇市场外汇供不应求，外汇汇率上升或本币汇率下跌。

3. 利率差异

利率差异也是影响汇率变动的重要因素。作为资本的价格，利率的高低直接影响金融资产的供求。若一国的利率水平相对提高，将会吸引外国资本流入该国，从而增加对该国货币的需求，该国货币汇率就趋于升值；反之，若一国的利率水平相对降低，将会直接引起国内短期资本流出，从而减少对该国货币的需求，该国货币汇率就趋于贬值。目前，国际资本流动规模远超国际贸易额，因而利率变动对汇率变动的作用就显得更为重要。

需要强调的是，在考查利率变动对汇率的影响时，要注意比较外国利率的情况和本国通货膨胀率的情况。如果本国利率上升，但其幅度不如外国利率的上升幅度，或者其幅度不如国内通货膨胀率的上升幅度，则不能导致本国货币升值。此外，利率在很大程度上属于一国货币政策工具的范畴，具有被动性。因而，利率变动对短期汇率能产生较大的影响，对长期汇率的影响十分有限。

4. 经济增长的差异

在其他条件不变的情况下，一国经济增长率相对较高，其国民收入增加相对也会较快，这样一来会使该国对外国商品和劳务的需求增加，使该国对外汇的需求相对于其可得到的外汇供给来说趋于增加，该国货币汇率下跌。但要注意以下两种特殊情况：

（1）对于出口导向型国家，经济增长主要是由出口增长推动的，经济较快增长伴随着出口的高速增长，此时出口增加往往超过进口增加，这样会出现本国货币汇率不跌反而上升的现象。

（2）如果国内外投资者把该国较高的经济增长率视作经济前景看好、资本收益率提高的反映，则会导致外国对本国投资的增加，如果流入的资本能够抵消经常项目的赤字，该国的货币汇率也可能不跌反升。

5. 中央银行干预

在开放的市场经济下，中央银行介入外汇市场直接进行货币买卖，对汇率的影响是最直接的。通常中央银行干预外汇市场的措施有四种：

（1）直接在市场上买卖外汇；

（2）调整国内财政、货币等政策；

（3）在国际范围内公开发表导向性言论以影响市场心理；

（4）与国际金融组织和有关国家配合或联合，进行直接或间接干预。

6. 预期因素

人们的心理预期有时对汇率的影响极大。这是因为，一旦人们对某种货币的心理预期发生变化，转瞬之间就可能诱发大规模的资金流动，从而引起汇率迅速变化。如果市场上出现预测某国通货膨胀率将相对于别国提高、实际利率将相对于别国降低等不利因素时，该国的货币就会在外汇市场上被大量抛售，其汇率就会下跌；反之，汇率就会上涨。与此同时，人们对某种货币的预期往往会引起市场投机活动，从而影响市场汇率的波动。影响外汇市场交易者心理预期变化的因素很多，主要有一国的经济增长率、国际收支、利率、财政政策、政治局势等。

7. 重大的国内外政治事件

重大的国内外政治事件也是影响汇率变化的因素，汇率对政治事件的反应尤为敏感。政治事件对经济因素会产生直接或间接的影响。国际上的军事行动（如 1991 年的海湾战争、2001 年 9 月 11 日恐怖分子对纽约世贸中心的突发袭击、2003 年 3 月 20 日美英联军发动的对伊拉克的战争、2022 年 2 月 24 日的俄乌冲突）均对美元汇率产生了重大影响。此外，一国首脑人物的政治丑闻、错误言论、中央银行官员的调离、任免，以及一些偶然事件都会对短期汇率走势产生不同的影响。

2.5.2　汇率变动对一国经济的影响

汇率变动会引起货币升值或贬值的变化，不同的变化对经济的影响是不同的。下面以本币贬值为例分析汇率变动对一国经济的影响。

微课视频 2.7　汇率变动的影响因素及对经济的影响（下）

1. 汇率变动对国际资本流动的影响

1）贬值对长期国际资本流动的影响

一般情况下，贬值会鼓励长期资本流入。一国汇率下调，使得同样的国外投资可购得比以前更多的生产资料和服务，从而有利于吸引外商到该国进行投资和追加投资。在既定利润率的条件下，一国货币汇率下跌也使得外商汇回母国的利润减少，因而也可能出现不愿追加投资或抽回资本的情况。一国货币汇率下跌能否真正达到吸引外资的目的，还取决于外商在汇率下跌前后获利大小的比较、贬值后经济状况恶化以及发生货币危机的可能性等因素的影响。

2）贬值对短期资本流动的影响

一般来说，贬值会导致短期资本外逃。短期资本逐利性强，流动性大。尤其是游资，极具投机性。因此，一旦贬值使金融资产的相对价值降低，短期资本就会抽逃。贬值还会造成一种通货膨胀预期，影响实际利率水平，诱发投机性资本外逃。

2. 汇率变动对国内物价的影响

（1）从进口来看，贬值导致进口商品价格上升，若进口的多是原材料、中间产品，而且这些物品价格弹性小，必然导致进口成本的提高，由此引发成本推动型通货膨胀。

（2）从出口来看，贬值会刺激出口，但若贬值的前提是国内经济状况不好，则在短期内会加剧国内市场的供求矛盾，甚至引起出口商品国内价格的高涨，由此也会影响其他相关产品的物价上涨。

（3）从货币发行量来看，如果贬值增加了出口，改善了贸易收支，通常也会导致该国外汇储备的增加，中央银行同时必须投放相同价值的本币，在没有有效的对冲操作的条件下，必然会增大该国通货膨胀的压力。因此，一国如果要想使贬值发生正效应，必须采取相应的货币政策予以配合。

3. 汇率变动对国内利率的影响

（1）贬值会扩大货币供应量，促使利率水平下降。贬值会鼓励出口，增加外汇收入，增加本币投放；同时，贬值也会限制进口，外汇支出减少，货币回笼也会减少。

（2）贬值会使居民手持现金的实际价值下降，导致全社会储蓄水平下降，因此只有增加现金持有额，才能维持原先的实际需要水平；同时，也会促使居民把某些金融资产转换成现金，导致金融资产价格的下降，这样，国内利率水平又会趋于上升。因此，利率下跌究竟是提高还是降低一国的汇率，要视具体情况而定。一般来说，汇率下跌随之而来的多是利率上升。

4. 汇率变动对产业结构、就业水平的影响

（1）贬值会增加出口行业的利润，由此会促进资金等生产要素从非出口厂商和部门转向出口厂商和部门，推动出口行业的发展；同时，也会"牵引"其他相关行业趋于繁荣，增加就业。

（2）贬值会使一部分需求由进口商品转向国内产品，进口替代行业也因此获得发展的机会，就业机会也会进一步被创造出来。

（3）贬值能够吸引更多的外国投资者，改变投资结构，同样会提供更多的就业机会。

不过，贬值能否产生上述就业效应，还必须具备一个条件，即工资基本不变或变动幅度要小于汇率变动的幅度。

5. 汇率变动对国际关系的影响

扩展阅读 2.12　中美贸易摩擦

从国际角度来看，汇率的变动是双向的，本国货币贬值或本国货币汇率下调，就意味着他国货币升值或外汇汇率上升，因而会导致他国国际收支的恶化、经济增长缓慢，从而招致其他国家的不满、抵制甚至报复，掀起货币竞相贬值的风潮或加强贸易保护主义，其结果将会导致国际经贸关系的恶化。因此，一国货币在贬值前，还必须权衡贬值后可能带来的方方面面的影响，最后作出抉择。

即测即练题 2.5

自学自测　扫描此码

案例讨论 2.4　英国脱欧以来的英镑汇率变动分析

2.6　人民币汇率制度改革

人民币是我国的本位货币。人民币汇率是我国人民币与他国或地区的货币进行兑换、折算所依据的比率，它代表着我国人民币的对外经济价值。

2.6.1 现行人民币汇率制度的主要内容

自 2005 年 7 月 21 日起，我国开始实行以市场供求为基础、参考一篮子货币进行调节、有管理的浮动汇率制。它包括三方面内容：①以市场供求为基础的汇率浮动，发挥汇率的价格信号作用；②根据经常项目主要是贸易平衡状况动态调节汇率浮动幅度，发挥"有管理"的优势；③参考一篮子货币，即从一篮子货币的角度看汇率，不片面地关注人民币与某个单一货币的双边汇率。

2008 年 8 月 6 日，我国公布的《中华人民共和国外汇管理条例》中指出："人民币汇率实行以市场供求为基础的、有管理的浮动汇率制度。"

2.6.2 人民币汇率制度改革进程

第一次，1994 年 1 月 1 日双轨变单轨。改革具体内容是人民币官方汇率与外汇调剂价格正式并轨，实行以市场供求为基础、单一的、有管理的浮动汇率制。1996 年 12 月，我国接受《国际货币基金协定》第八条款，实现经常项目下人民币可自由兑换。

第二次，2005 年 7 月 21 日钉住变参考。我国开始实行以市场供求为基础、参考一篮子货币调节、有管理的浮动汇率制度，而且，银行间市场人民币对美元汇率相对中间价的日浮动区间逐步扩大。2006 年 1 月 4 日，中国人民银行引入外汇市场做市商和询价交易制度，改变了中间价的定价方式；2010 年 6 月 19 日，进一步推动人民币汇率形成机制改革，增强人民币汇率弹性。2013 年后，中国人民银行逐步宣布退出外汇市场日常干预。

在此期间，我国逐步扩大人民币浮动区间。①2005 年 7 月 21 日，每日银行间外汇市场美元兑人民币的交易价仍在中国人民银行公布的美元交易中间价上下 0.3% 的幅度内波动。②2007 年 5 月 21 日，将该波动的幅度调整为 0.5%。③2012 年 4 月 16 日，进一步调整波动幅度为 1%。④2014 年 3 月 17 日，将波动幅度调整为 2%，并一直延续到现在。

第三次，2015 年 8 月 11 日调整汇率中间价报价机制。主要内容是做市商参考上日银行间外汇市场收盘汇率，向中国外汇交易中心提供中间价报价，即参考收盘价决定第二天的中间价。此次改革优化了人民币汇率中间价的形成机制，提升了中间价市场化程度和基准地位。

由于我国推动人民币汇率市场化改革的重大成绩，IMF 于 2015 年 12 月 1 日批准人民币加入特别提款权（SDR）。该事件对我国的金融改革和人民币汇率走势产生了重要影响，人民币成为与美元、欧元、英镑和日元并列的第五种 SDR 篮子货币，对人民币国际化产生了积极影响。

2015 年 12 月 11 日，中国人民银行推出了"收盘价+篮子货币"新中间价定价机制，中国外汇交易中心同时发布 CFETS 人民币汇率指数，加大了参考一篮子货币的力度，以更好地保持人民币对一篮子货币汇率基本稳定。

2016 年 2 月，中国人民银行首次公开了人民币汇率中间价的报价机制——"收盘汇率 + 一篮子货币汇率变化"定价规则具体内容，即当日中间价 = 前日中间价 + [（前日收盘价 − 前日中间价）+（24 小时货币篮子稳定的理论中间价 − 前日中间价）] /2。同上述公式等价的另一种表达式是：当日中间价=（前日收盘价+24小时货币篮子稳定的理论中间价）/2。中国人民银行公布该定价机制提高了人民币汇率形成机制的规则性、透明度和市场化水平。

2017年2月20日，中国人民银行对人民币中间价定价机制进行了微调，主要有两方面：第一，调整人民币货币篮子数量和权重，CFETS篮子中的货币数量增加至24种；第二，缩减一篮子货币汇率的计算时段，参考一篮子货币时间由24小时缩短为15小时。调整的目的是更好地反映市场变化和防止日内投机，即"中间价模型和收盘价价差"。

2017年5月26日，中国人民银行在人民币兑美元汇率中间价报价模型中引入逆周期因子，适度对冲市场情绪的顺周期波动，缓解外汇市场可能存在的"羊群效应"。当时的背景是人民币对美元面临持续的贬值压力。引入"逆周期因子"有效缓解了市场的顺周期行为，稳定了市场预期。简单来说，"逆周期因子"有助于在人民币单向升/贬值时减缓升/贬值速度和幅度。

自从引入逆周期因子，人民币兑美元汇率在随后的6—9月中显著升值，人民币贬值压力得到有效缓解。然而，自2017年12月下旬，人民币兑美元不断升值并突破了6.50。面对人民币快速升值的压力，中国人民银行在2018年1月9日再次调整人民币兑美元中间价机制——退出逆周期因子调节。

由于受到美国加息和中美贸易摩擦的影响，人民币在随后的几个月里持续贬值。中国人民银行在2018年8月24日宣布重启逆周期因子。人民币兑美元汇率中间价报价模型由原来的"收盘价+一篮子货币汇率变化"调整为"收盘价+一篮子货币汇率变化+逆周期因子"。

2017年7月至2018年7月，中国人民银行每月的外汇占款变化很小，说明中国人民银行已经淡出了直接的外汇市场干预。与此同时，美元兑人民币汇率最高达到6.90，最低达到6.27，一年最大波幅10%。

2019年，人民币汇率跌宕起伏。中美贸易摩擦成为牵引汇率震荡的首要影响因素。2019年初，国民经济开局平稳，中美贸易形势有所缓和，人民币兑美元汇率升值至6.70；随着贸易形势变化，8月人民币兑美元汇率贬值至7.10附近。

2020年初，中美签署第一阶段贸易协定，市场乐观情绪一度推动人民币兑美元汇率升值至6.90附近，5月国际形势变化又推动人民币汇率小幅贬值。随着中国率先有效控制新冠疫情，经济增长表现出强劲韧性，人民币兑美元汇率又升至6.95附近。总体上，自2019年至2020年上半年，人民币兑美元汇率中间价在361个交易日中，173个交易日升值、187个交易日贬值。2020年1—7月小幅贬值0.1%，衡量人民币对一篮子货币的CFETS人民币汇率指数与上年末基本持平。人民币在实现双向浮动的同时，保持了基本稳定。2020年以来，人民币兑美元汇率年化波动率为4.5%，与国际主要货币基本相当，汇率作为宏观经济和国际收支自动稳定器的作用进一步增强。

2021年，人民币汇率在合理均衡水平上保持基本稳定，全年表现相对稳健。2021年末，人民币兑美元汇率中间价为6.3757元/美元，较2020年末升值2.3%，境内市场（CNY）和境外市场（CNH）即期交易价累计升值2.7%和2.2%。境内外市场维持窄幅价差，日均价差58个基点，低于2020年全年日均价差（94个基点）。

2022 年 9 月 15 日，离岸人民币兑美元汇率最低触及 7.0171；在岸人民币兑美元汇率跌破 6.99 关口，距离破"7"近在咫尺。随着外汇存款"降准"效应消散，人民币汇率顺势跌破"7"这一关口。近年来，国际经济形势不确定性增强，人民币汇率波动弹性变大已是常态。而且，近期人民币相对走弱，主要限于与美元的汇兑之间，但对一篮子货币依然维持强势。

2.6.3 人民币可兑换

1. 人民币可兑换的影响

实现人民币的全面可兑换，事关我国经济改革与发展的方向与深化，意义重大。这种重大意义表现为对国家经济有积极的促进作用和消极的不利影响两个方面。

实现人民币全面可兑换对国家经济发展有利的影响主要表现在如下方面。

（1）可以促进社会资源的合理配置。货币可兑换尤其是资本项目的可兑换，可以便利国际资本和资产的自由流动和转移，为合理利用和有效配置国内外的经济资源提供了相应的条件。同时，实现人民币全面可兑换可以扩大我国引进外资规模，可以培育外汇市场和形成合理汇率，这样更有利于资源的合理配置。此外，资本项目开放，国家可以节省先前在管制情况下必须付出的审批成本，并相应地提高资源利用的效率。

（2）有利于吸引国外资本。取消对资本流动的限制，资本的流出流入更为自由，自然会更有利于资本的引进；同时，可以增强外国投资者的信心，激励外资流入。

（3）可以推动我国金融市场的发育与完善。从简单的意义来讲，进行货币兑换就会引起资本流动。货币全面可兑换自然会进一步推动国内外汇市场及其他各类金融市场的深入发展。同时，当资本可以自由流出流入时，国内金融机构将同时面临来自国内和国际两个金融市场上外资金融机构的竞争，必将促进国内金融机构更新经营理念、创新金融业务、降低经营成本、提高工作效率，从而有助于推动我国金融市场更加完善。此外，实现人民币的全面可兑换，有利于我国居民在国际范围内进行资产组合与管理，分散风险。

（4）可以推动人民币国际化的进程。实现人民币全面可兑换是实现我国 1994 年制定的外汇体制改革目标的体现，而使人民币成为国际货币应该是我国经济改革和对外开放的更长远目标。一国货币依次成为为国际社会所知晓或认可的可兑换货币、自由外汇、国际货币乃至关键货币要满足诸多不同的标准和条件，需要一个相对长的发展过程，人民币的国际化也不会例外。人民币国际化对于提高我国在国际社会中的信誉与作用、对于促进中国及世界经济的深入发展具有重要意义，实现人民币全面可兑换无疑将为最终实现人民币的国际化奠定更为良好和扎实的基础。

（5）可以推动我国对外贸易的发展，增强我国的综合国力，提升我国在国际社会中的信誉与地位，推进我国经济体制改革和对外开放的深化等。

当然，实现人民币全面可兑换，也会给我国经济带来一些不利影响。这些不利影响主要表现在如下方面。

（1）资本有可能大量外流。在对资本项目的交易实行限制的条件下，资本流入一般很方便，而资本流出会受到严格控制。而在实现人民币全面可兑换后，短期资本流出的可能性将增加，在国内金融环境恶化时尤甚，而资本大量外流会导致本国国际收支出现逆差和贸易条件恶化。

（2）国内金融市场容易发生动荡，会给国家金融和经济带来不稳定性。人民币全面可兑换后，以直接投资为主要形式的长期资本流动比重可能会下降，而以间接投资即证券投资为主要形式的短期资本流动比例可能会上升。短期资本频繁迅速流动，会给国内金融市场带来不稳定的影响。同时，存在着人民币汇率风险。随着人民币资本项目的放开，更多的国际资本会流入中国，这将造成人民币升值的压力，在这种情况下，若国家为维持出口部门的竞争力而干预外汇市场以保持名义汇率稳定，就会导致吸引外汇储备而形成的货币投放量增加，以及通货膨胀压力的持续积累。这样，实际汇率将由于国内更高的通货膨胀水平而上升。若流入的外国资本利用效率不高，出口部门缺乏竞争力，持续的实际汇率升值必定会使国内的资源由贸易部门转向非贸易部门，从而引起贸易状况的恶化，出现外贸逆差，导致资本大量外流，而且市场也很容易产生对本币进一步贬值的预期。随着资本外流加剧，这时中央银行继续支撑名义汇率就会引起国际储备的巨额损失。如果干预失败，无法维持原钉住汇率，则会造成人民币大幅贬值，从而影响国家的经济发展。

（3）容易遭受国际投机资本的冲击。人民币资本项目放开后，一个严重的隐患就是容易受到国际投机资本的冲击。目前，中国引进外资的形式以外商直接投资为主，开放资本项目之后，外商投资于中国有价证券的比例会上升，使国内证券市场与外国证券市场的联动性增强，国际证券市场上的价格波动会引起国内证券市场上更大的波动。现阶段，中国证券市场行为不规范、监管措施不力、公开信息披露不健全、各种资产定价信息不全面，因此通过投机获取非正常利润的可能性较大，一旦放开证券投资市场，很容易受到操纵。如果短期资本快速且大量地流入或流出，会造成我国证券市场价格的大起大落。在取消资本流动限制后，一旦本国经济出现问题，国际投机资本认为有利可图，就可能对本国货币发动攻击，从而使本国经济遭受沉重打击。

（4）可能会引起国际收支状况恶化。资本项目放开后，外资大量流入可能导致实际汇率升值，削弱本国出口竞争能力，恶化经常项目收支状况，进而影响国内经济健康发展。此外，实现人民币全面可兑换相应会加大中央银行管理金融的难度，会影响中央银行货币政策实施的效果，这也是不利于国家经济发展的因素。

实现人民币全面可兑换会对我国的经济发展产生正、负两个方面的影响。最大的负面影响是将给经济发展带来不稳定因素，甚至会导致经济危机；最大的正面影响是会使国家经济的市场化程度增强，更密切地与世界经济发展融为一体，更广泛地利用国内与国外两种资源和两个市场，更有效地发挥我国市场、资源和劳动力的比较优势，更有利于促进我国社会生产力的发展和社会的进步，从长远和根本上提高全体人民的生活水平与质量。权衡利弊，人民币全面可兑换对我国带来的正面影响要远大于负面影响。

2. 人民币可兑换的条件

实现人民币可兑换，特别是实现人民币资本项目下的可兑换，需要具备相应的诸多方面的条件。

1）要有良好的经济运行体系或环境

良好的经济运行环境包括微观经济基础和宏观经济环境两个方面：各个微观经济主体市场运营机制较为完善、技术先进、管理科学、运行效率高；宏观经济管理得当、国民经济结构合理、经济比例协调、经济发展均衡持续、国际收支基本平衡、综合国力较强、外汇储备相对充足。良好的经济体系是人民币可兑换的坚实基础和根本保证。实现人民币全面可兑换最为关键的条件是，强大的国家经济实力和强有力的宏观经济调控能力，为此，必须深入进行经济体制改革，大力推进我国经济的市场化进程。

2）要有健全的宏观经济政策

健全的宏观经济政策中，最重要的是强有力的财政政策和货币政策。如果财政、货币政策不当或失误，导致国际收支严重失衡，会给宏观经济的稳定，特别是价格稳定带来严重的不利影响，造成通货膨胀和国际收支恶化相互作用的恶性循环，人民币自由兑换就不易获得成效。因此，对内的财政收支平衡和对外的国际收支平衡是人民币全面可兑换取得成功的前提条件。

3）要有完善的国内金融体系

国内金融体系的稳健、高效是减少外部冲击的重要条件，也是实现资本项目下人民币可兑换的必要条件。要建立完善的银行体系；拥有较为完善的金融立法；中央银行要能够独立执行货币政策，具有强有力的监管职能与能力，能够驾驭各种复杂的金融局势；银行、证券、保险、信托、租赁等各类金融业要能够相对成熟和合规经营；商业银行要实行企业化、市场化的管理与经营，对中央银行的指令和政策能够做出灵敏的反应；等等。

4）要有利率和汇率的市场化形成机制，保持利率和汇率水平相对稳定与合理

合理的灵活的利率与汇率制度、相对稳定的利率与汇率水平始终是保证人民币全面可兑换得以实施和获取成功的重要条件。

5）要有发展良好的国内货币市场、资本市场和外汇市场

良好的市场环境，不仅是形成合理利率与汇率的重要基础，更是资本跨境流动、人民币可兑换得以实现的广阔空间。

一国实现货币的全面可兑换需要满足诸多经济与社会条件，除了应具备相应的综合国力这一基本条件外，其他条件中最重要的应属中央银行调控宏观经济的能力。当然，一国在放开货币可兑换的过程中乃至全面可兑换实现之后，都会遇到政策实施和策略安排问题。

3. 人民币可兑换的实施策略

我国能否放开资本项目，实现人民币的全面可兑换，关键取决于是否具备了上述宏观和微观方面的诸多条件。对一个发展中国家和新兴市场国家而言，具备这些条件是需要时间的，因此实现人民币全面可兑换应是循序渐进的过程，在这个过程中需要制定合理可行的大政方针和步骤安排。每个国家都应根据货币可兑换的条件要求和本国的实际情况制定符合本国国情的货币可兑换的策略与程序。中国应该借鉴有关国家的相关经验或通常做法，在审慎稳健的基础上积极推进人民币全面可兑换的进程。积极推进仍要讲究相关策略与放开顺序。按国际上一般惯例和成功做法，实现人民币资本项目下可兑换应遵循先入后出、先长后短、先交后汇、灵活调整的顺序与策略，逐步从有较为严格限制的可兑换，过渡到较为

宽松限制直至基本取消限制，实现人民币的完全或全面可兑换。具体说就是应先放开资本流入项目、后放开资本流出项目；先放开中长期资本项目、后放开短期资本项目；先交易自由化、后汇兑自由化；先易后难；适时调整，积极推进，以期早日实现外汇体制改革的目标。

2.6.4　人民币国际化进程

人民币国际化是指人民币逐步走向国际社会，最终成为在世界范围内计价、结算、储备、支付的货币之一，即成为世界货币或国际货币。

1. 人民币区域化

货币区域化是货币国际化的重要内容。货币区域化是指一国货币在境外一个地理区域内行使自由兑换、交易、流通、储备等职能。人民币区域化所包括的区域为中国香港、中国澳门、中国台湾地区以及与我国相邻的周边国家。实现人民币的区域化，比实现国际化更有现实意义，也是实现国际化的必经之路。随着我国综合国力的不断增强和对外开放的深入发展，人民币已经走出了国门，并在与我国接壤的周边国家和地区计价与使用，但这只是迈向区域化和国际化的第一步，实现区域化还有很长的路要走。

2. 跨境贸易人民币结算

人民币"走出去"是国际国内经济金融形势发展的客观需求，《中华人民共和国国民经济和社会发展第十二个五年规划纲要》明确指出，"扩大人民币跨境使用，逐步实现人民币资本项目可兑换"。跨境贸易"人民币结算"加速了人民币区域化乃至国际化进程。为促进贸易和投资便利化，帮助我国企业规避美元等国际结算货币的汇率风险，积极应对国际金融危机，2009 年 7 月开始我国在上海市和广东省广州、深圳、珠海及东莞等地先行开展跨境贸易人民币结算试点。自 2009 年 7 月我国开展跨境贸易"人民币结算"试点以来，东盟、巴西及一些新兴市场国家"人民币结算"业务增长迅速。2010 年 6 月，中国人民银行扩大了跨境贸易人民币结算试点。中国人民银行等六部门联合下发《关于扩大跨境贸易人民币结算试点有关问题的通知》，将试点范围扩大至北京等 18 个省（自治区、直辖市）。新政策明确，对出口贸易用人民币结算的企业，可享受出口货物退（免）税政策。

3. 人民币离岸金融市场

因其特殊的地位和优势，中国香港曾被学者们称为人民币国际化低风险的试验田。自 2004 年以来，香港离岸人民币市场进入稳步发展期，尤其是在 2009 年全球金融危机后，得到了越来越多的政策支持。香港银行可在港办理人民币存款、兑换、银行卡和汇款等个人人民币业务；与中国人民银行签署人民币货币互换协议；签订人民币业务清算协议；香港人民币业务的清算行和参加行在得到中国人民银行核准后可进入内地银行间债券市场进行债券交易；在港发行人民币国债……自 2008 年以来，中国人民银行先后与韩国银行、澳大利亚储备银行、俄罗斯联邦中央银行等 30 多个国家货币当局签署了货币互换协议，总金额超 4 万亿元人民币。2012 年 3 月，一只规模为 10 亿元的人民币债券在伦敦发行，曾被外界广泛视为伦敦人民币离岸市场起步的重要标志。欧洲主要金融中心激烈争抢人民币交易，争夺海外人民币结算中心地位。这表明人民币国际化又迈出了坚实而重要的一步。

4. "一带一路"和人民币国际化

"一带一路"倡议是打造人类命运共同体的伟大实践，并将逐步构建起以互利共赢为核心的国际新格局。其中，深化金融合作既是"一带一路"资金融通的重要支撑，也是开创国际货币体系新格局的重要途径。如果货币金融合作能够以相关国家诉求为主，促进当地经济发展，那么区域内经济发展水平的整体提高将可以使相关国家共享发展红利，实现我国与"一带一路"共建与国家（地区）的共同繁荣和进步。具体看，对相关国家而言，"一带一路"货币金融合作可助其实现货币稳定；对我国而言，"一带一路"货币金融合作则可有力推动人民币国际化，形成国际竞争新优势。而这些都需要一个发达完善的金融市场作为基础，尤其是需要一个多层次、一体化并具备风险管理功能的外汇市场。

即测即练题 2.6

自学自测　扫描此码

复习思考题

1. 详细阐述外汇的主要特征有哪些？外汇汇率又是什么，它通常有哪些标价方法？
2. 汇率的决定因素有哪些？结合具体实例进行说明。
3. 在金本位制下，汇率的决定机制是怎样的？这种制度下汇率的变动与哪些因素密切相关？简要分析。
4. 回顾金本位制时期，汇率是如何被决定的？并且在该制度下，汇率的变动通常会受到哪些因素的影响？举例说明。
5. 纸币本位制时代，汇率的决定和变动机制发生了变化，简述在这种制度下汇率是如何被决定的。
6. 在纸币本位制下，汇率的变动受到哪些因素的影响？详细阐述并举例说明。
7. 有哪些基本因素能够影响汇率的变动？逐一进行解释。
8. 汇率的变动会对一国的国际收支产生重要影响，具体表现在哪些方面？结合相关理论进行分析。
9. 汇率变动会对国内物价水平产生影响，这种影响是如何发生的？详细说明。
10. 汇率的变动对一国经济增长有着深远的影响，具体有哪些影响？从不同角度进行分析。

11. 汇率变动对就业的具体影响有哪些?

12. 汇率变动对贸易收支有着怎样的影响机制?结合实际情况进行说明。

13. 汇率的变动会引起资本的流动,这种影响具体体现在哪些方面?详细解释。

14. 企业在国际经济活动中会受到汇率变动的影响,具体表现在哪些方面?举例分析。

15. 深入分析汇率变动对经济活动的影响有哪些?

第3章

外汇市场和外汇交易

本章学习目标

本章主要阐述外汇市场的含义、构成及特征，介绍外汇交易的种类、主要交易方式及相关计算。通过本章学习，要求学生：

1. 了解外汇市场的基本概念，掌握外汇市场的分类和交易主体；
2. 了解即期外汇市场的基本概念及交易程序；
3. 理解远期外汇市场的基本概念，掌握远期交易如升（贴）水额、套期保值的计算应用；
4. 理解套利与套汇的基本概念，掌握套利与套汇的计算应用；
5. 理解外汇期货交易与外汇期权交易的基本概念，掌握外汇期权交易的计算应用。

引导案例

日元2024年"过山车"行情之后将如何走？

新华财经东京2024年12月11日电（记者欧阳迪娜）与不少分析人士年初的判断迥异，2024年日元并未"触底反弹"，而是再次走出"过山车"行情（图3-1）。

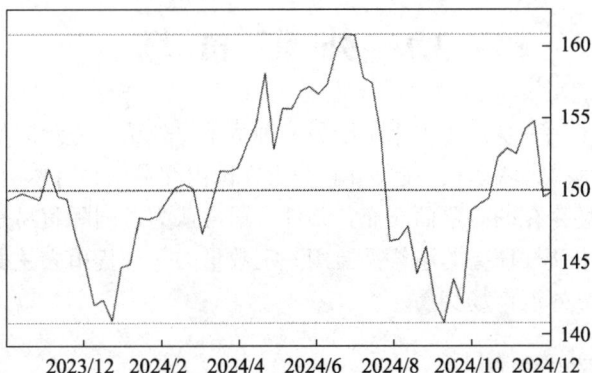

图3-1 日元汇率走势

自2023年11月美联储释放暂停加息信号开始，日元对美元汇率显露出回升态势。一些分析人士相信，日元贬值"到头了"。

然而上升势头仅仅持续月余，日元就再次进入贬值通道，其间随着日本央行加息预期或美联储降息预期变化有短暂波动。

3月，日本央行取消负利率"靴子落地"不仅未改日元贬值颓势，日元汇率还仿佛脱掉

"紧箍咒"一般连破新低。7 月，日元对美元汇率一度跌至 161∶1，大幅低于过去两年低点。

而后，随着美国经济降温疑云盘旋和美元指数持续走低，日元对美元贬值行情遭到逆转，一路升至 9 月的 139∶1。9 月之后，日元对美元又随着美元指数转强跌回 150∶1 区间。

纵观 2024 年，日元对美元汇率经历了从 1 月到 7 月的 140∶1 到 161∶1；又经历了 7月到 9 月的 161∶1 到 139∶1，可谓是剧烈震荡。2025 年日元会呈现怎样的行情？当前两大因素最受市场关注：一是日本央行何时进一步加息，二是美国经济继续走强还是风云突变。

东京短期金融市场研究所等机构依据掉期市场交易数据所作的分析认为，目前约 80%的市场参与者预计日本央行将在 2025 年 1 月前实施追加加息，且 1 月加息的观点正在上升。

经济数据向好使得早期加息存在可能性。从经济数据看，东京都区部 11 月除去生鲜食品的消费者物价指数（核心 CPI）同比上涨 2.2%，涨幅较 10 月加快；10 月扣除通胀影响的实际工资同比持平，三个月来首次摆脱负增长。同时，汇率走势也是重要考量因素，目前日元对美元汇率在 150∶1 左右，如果日元出现急剧贬值，可能促使日本央行提前采取行动。

然而，日本政治因素也可能影响决策。日本央行行长植田和男前不久在接受媒体采访时表示，虽然从经济数据来看加息时机正在接近，但需要避免过于仓促的决策，要谨慎评估经济和物价形势，并关注 2025 年春季劳资谈判的走势。同时，他也指出，在通胀率维持在 2%以上的情况下，"日元进一步贬值将是一个重大风险"。

此外，外部环境的不确定性进一步增加了判断的复杂性。特朗普将在明年 1 月再次就任美国总统，相当一部分观点认为其政策可能导致美元走强。国际投机资金动向，特别是套息交易的规模变化，也是需要关注的重要因素。

资料来源:「新华财经客户端」日元 2024 年"过山车"行情之后将如何走？https://baijiahao.baidu.com/s?id = 1818098364813937655&wfr=spider&for=pc.

3.1 外 汇 市 场

外汇市场确定了一种货币（本币）以另一种货币（外币）表示的价格。一般来说，人们将每种货币与一个国家联系在一起，并且假设在国内交易中只有本国货币是可以接受的。这个惯例是外汇市场存在的必要而非充分条件。通常认为，国际贸易是外汇市场建立的主要原因，国际贸易中债权债务的清偿需要用一定数量的一种货币去兑换另一种货币，该问题的解决则需要依靠外汇市场交易。

3.1.1 外汇市场的含义

外汇市场，简单地说，是指进行跨国界货币支付及货币互换的交易场所或网络。外汇交易已远远超越了最初附属于贸易结算的定位，进而转型成为世界最大、资金往来最多的市场。国际市场上的所有多边资金借贷关系和融通关系，无论是国际货币市场、资本市场，还是证券市场、黄金市场，所要进行的国际资金的转移，都要借助外汇市场这个平台进行外汇交易。

美元在外汇市场中占据绝对主导地位，这种主导地位在国际贸易、外汇储备、国际债务和银行业务中表现尤为明显。美元资本市场的深度发展创造了巨大的市场外部性，吸引了大量投资者与发行者。相较之下，英镑、欧元、日元等主要货币只在部分外汇市场中占据重要地位。由于人民币尚未完全可兑换，其在全球经济活动中的重要性暂未能与中国在全球经济中的比重匹配。

3.1.2 外汇市场的基本特征

外汇市场作为国际金融市场的重要组成部分，与国际货币市场、国际资本市场、黄金市场等其他国际金融市场关系密切。国际货币市场的借贷业务、国际资本市场的投资活动以及黄金市场的黄金交易都离不开外汇买卖。因为外汇交易具有本身的独特性，所以外汇市场也独具特征。

1. 外汇市场以无形市场为主

国际外汇市场的交易主要借助于电子通信网络完成。外汇交易所的交易量比较小，无形交易市场的交易额比较大。所以说现代化通信设备和计算机大量应用于国际银行业。全球性的外汇市场发展迅速，各国外汇市场之间已形成一个迅速发达的通信网络，任何一地的外汇交易都可以通过电话、电报、电传、计算机终端、通信线路等硬件设施所形成的全球联通网络来进行。操作者发出交易指令，指定交割方式，完成资金的划拨和转移。

2. 外汇市场全球一体化运作，全天候交易

分布于世界各地的外汇市场，根据当地时间营业。由于时差原因，外汇交易可以在全球任何一个有通信网络覆盖的地方，全天 24 小时不间断进行。

全球外汇市场最佳交易的时间是在两个最大的外汇市场交易重叠时段，即伦敦外汇市场和纽约外汇市场交易的重叠时段，也就是北京时间每日 21：00 至次日 1：00，这是各国银行外汇交易的密集区，因此是全球外汇市场交易最频繁、市场波动最大、大宗交易最多的时段，是外汇交易的黄金时段。

3. 汇率波动频繁，不同市场间的汇差日益缩小

自 20 世纪 70 年代各国实行浮动汇率制度以来，国际资本流动规模越来越大，金融自由化程度越来越高，使得汇率波动日益频繁。尽管如此，由于国际外汇市场是高度一体化的市场，在外汇市场上交易的标的物是货币，具有同质性，而且各国的外汇市场已经形成了一个统一的全球大市场。借助于发达的通信网络，各地的行情变化可以迅速传播，人们可以随时获得汇率变动的信息，便于进行货币买卖，各市场之间的汇率差能够迅速得到调整，使外汇供给和需求以及货币汇率在全球范围内趋向一致。当不同外汇市场相同货币的汇率有差异时，套汇行为就会产生。套汇活动使汇率较低市场的需求激增，汇率较高市场的需求骤降。需求增加的货币，其汇率迅速上升，而需求少的货币，其汇率会迅速下降，结果各外汇市场的货币汇率差异会在非常短的时间内得以消除。

4. 各国政府对外汇市场干预频繁

各国政府对经济的管理往往是通过对市场的干预实现的。政府对外汇市场的干预与对其他市场的干预相比，无论是规模还是频率都大得多。从理论上讲，实行浮动汇率制度后，各国中央银行不再负有维持汇率的义务，货币汇率应由市场供求关系来决定，但各国从自身经济利益出发，从未停止对外汇市场的干预。这种干预有时是一国的货币当局介入，有时甚至是几国中央银行联合进行。

3.1.3　外汇市场的类型

1. 从外汇市场的组织形式上划分

从外汇市场的组织形式上划分，可以分为有形市场和无形市场。

1）有形市场

有形市场，又称具体的外汇市场、正式的外汇市场。它有具体的、固定的交易场所，并在规定的营业时间内进行外汇交易。有形外汇市场主要存在于欧洲大陆的德国、法国、荷兰、意大利等国，以法兰克福、巴黎、阿姆斯特丹、米兰最为著名。

2）无形市场

无形市场，又称抽象的外汇市场、非正式的外汇市场。它没有具体的、固定的交易场所，没有统一的营业时间，所有的交易通过电话、电报、电传或计算机终端等组成的通信网络达成外汇交易。英国、美国、加拿大、瑞士等国均采用无形外汇市场方式，无形外汇市场以伦敦、纽约、东京、苏黎世、中国香港、新加坡和悉尼等地最为活跃。

2. 从外汇市场的构成上划分

从外汇市场的构成上划分，可以分为外汇批发市场和外汇零售市场。

1）外汇批发市场

外汇批发市场是指银行同业之间进行外汇交易的市场。银行同业交易占外汇交易总额的 90%以上，这一市场外汇交易的金额大，起点高，所以称为批发市场。外汇批发市场又包含两个层次：一是外汇银行同业间的外汇交易市场。其作用在于弥补银行与客户交易产生的买卖差额的需要，进而避免由此引起的汇率变动风险，调整银行自身外汇资金的余缺。二是外汇银行与中央银行之间的外汇交易市场。中央银行通过与银行的外汇交易达到干预外汇市场的目的。

2）外汇零售市场

外汇零售市场是指外汇银行与客户之间的交易。客户出于各种动机，向银行买卖外汇。在此过程中，银行实际是在外汇最终供给者与最终需求者之间起中介作用，赚取外汇的买卖差价。这一层次的外汇市场每笔交易的金额都相对较小，所以称为外汇零售市场。

3. 从外汇市场的交易范围划分

从外汇市场的交易范围划分，可以分为国内外汇市场和国际外汇市场。

1）国内外汇市场

国内外汇市场是指受本国当局的外汇管制，交易的币种仅限于本币和少数几种外币。

2）国际外汇市场

国际外汇市场基本不受政府的外汇管制，交易的类型、币种、数量等几乎不受限制。

伦敦、东京、纽约、新加坡等都是国际性的外汇市场。

4. 按照交割时间划分

按照交割时间划分，可分为即期外汇市场和远期外汇市场。

1）即期外汇市场

即期外汇市场（spot foreign exchange market）是指从事现汇买卖活动的市场，即在成交后两个营业日内进行交割的外汇交易市场。

2）远期外汇市场

远期外汇市场（long-term foreign exchange market）是指从事期汇买卖的市场，即买卖双方成交后，约定在将来某一时间按合同规定的汇率和数量进行交割的市场。远期外汇交易主要是通过经纪人居间办理接洽，其交易的参与者主要是在国际贸易和国际资本流动过程中的进出口商和投资者，其交易目的主要是避免汇率风险而进行外汇保值。

5. 按照管制的程度划分

按照管制的程度划分，可分为自由外汇市场、官方外汇市场和外汇黑市。

1）自由外汇市场

自由外汇市场是指市场参与者可以按照市场汇率，买卖任何数量的自由兑换货币的市场。

2）官方外汇市场

官方外汇市场是指按照所在国政府指定的外汇管理机构规定的官方汇率进行外汇买卖的市场。

3）外汇黑市

外汇黑市又称非官方市场，是指在外汇管制较严的国家非法存在的外汇交易市场。外汇黑市在全球各国都会受到当地政府的禁止，该市场中的参与者以非正常渠道获取或卖出外汇。外汇黑市的存在对金融体系的危害巨大。外汇黑市价格一般高于银行公开的价格，这也使得黑市供给源源不断。官方外汇市场和外汇黑市都是政府对外汇市场予以管制的产物。

3.1.4 外汇市场的功能

外汇市场作为国际经济联系的纽带，集中反映了国际经济、国际金融的动态和各国汇率变化的趋势，外汇市场为促进国际贸易的发展、国际投资和各种国际经济往来的实现提供了便利条件。其功能主要表现在以下方面。

1. 反映和调节外汇供求

一国对外经济、贸易的收支以及资本金融项目的变化都最终反映到外汇市场供求状况上，政府、企业、个人通过外汇市场可以解决自己的外汇供求问题。

2. 形成外汇价格体系

银行接受顾客买卖外汇的指令后，要在银行间市场进行调节，这一过程自然而然地影响了外汇的供需状况。加上银行本身基于业务需要、风险管理等因素产生的自发性供需，共同在外汇市场上通过竞价过程形成了汇率。随后，银行对顾客进行交易的汇率并不是直接采用银行间市场的成交汇率，而是会根据这一成交汇率进行一定的调整或加成。

3. 实现购买力的国际转移

国际经济交易必然会产生国家之间的债权债务关系，需要进行国际支付，把货币购买力从债务人所在国向债权人所在国转移。在进行国际支付的过程中，债务人一般要通过外汇市场将本国货币兑换为债权人所在国货币，将其汇兑和支付给债权人，债权人获得一定数量的货币，从而获得一定的购买力，使国际经济交易得以进行下去。外汇市场的最基本的功能是通过结清国际债权债务关系，实现货币购买力的国际转移。

4. 提供外汇资金融通

外汇市场通信设施完备，经营手段先进，资金融通便捷，是理想的外汇资金集散中心。加之，外汇市场可以成为世界资本再分配的重要渠道，从而发挥为银行外汇业务提供平衡头寸的蓄水池的作用。闲置的外汇资金大量涌向外汇市场为外汇需求者提供越来越多的可筹资金，还对促进国际贸易发展、促进投资的国际化起着不可忽视的作用。同时，外汇市场也可以为金融资本的输出、国际垄断资本的对外扩张和外汇投机等提供角逐场所。

5. 防范外汇风险

浮动汇率制度下，汇率经常性的剧烈波动直接影响国际贸易和国际资本流动。外汇市场通过各种外汇交易活动（如远期外汇买卖、期货或期权交易等），可以减少或消除外汇风险，促进国际贸易的发展。

近年来，外汇市场出现了一些新的特征或趋势：全球外汇市场交易量加速增长；外汇交易主要集中于欧洲和美国；外汇市场上即期交易的重要性下降；电子经纪的市场份额和影响上升；外汇市场集中程度趋强。

3.1.5　外汇市场的交易主体

外汇市场的交易主体有外汇银行、外汇经纪人、非银行客户和中央银行或货币当局。

1. 外汇银行

外汇银行是指经中央银行指定或授权经营外汇业务的商业银行及其他金融机构。外汇银行是外汇市场上最重要的参与主体，大多数国家对银行经营外汇业务实行许可制度。

具体说来，外汇银行可分为三种类型：专营或兼营外汇业务的本国商业银行；在本国的外国商业银行分行及本国与外国的合资银行；其他经营外汇买卖业务的本国金融机构。一般操作是：外汇银行在国外分支行或代理行开立外汇账户，银行买入外汇，即存入该行的外汇账户；银行卖出外汇，即从该行的外汇账户支付。

2. 外汇经纪人

外汇经纪人是指在银行之间或银行与客户之间进行联系、接洽外汇买卖业务的中间商，他们主要是促成交易，并从中收取佣金。绝大多数外汇银行之间都不直接面对面地打交道，而是通过外汇经纪人安排成交。外汇经纪人通常熟悉外汇供求情况和市场行情，因而可以在买主和卖主之间积极活动，以促成交易，并从中赚取收益。外汇经纪人一般必须经过所在国的中央银行批准才能取得营业资格。

外汇经纪人一般有两类：一类是一般经纪人，又称大经纪人，是公司或合伙的组织。在大多数情况下，他们垄断了介绍外汇买卖的业务，其利润十分可观。外汇经纪人也可以自有资金参与外汇买卖，承担风险赚取汇差。另一类是小经纪人，又称外汇掮客或跑街经纪人。他们利用电话、通信设备和交通工具，奔走于银行、进出口商、贴现公司等机构之间接洽外汇交易，专门代客户进行外汇买卖。小经纪人只收取佣金而不承担风险。

3. 非银行客户

非银行客户是指因从事国际贸易、国际投资及其他国际经济活动而出售或购买外汇的非银行机构及个人，他们是外汇市场上最终的供给者和需求者。根据参与外汇交易的目的不同，这些非银行客户的外汇买卖可以分为四类：

第一，交易性的外汇买卖。例如，从事国际贸易的进出口商、到东道国投资的跨国公司、筹措外币贷款的国内企业等都需要进入外汇市场。

第二，保值性的外汇买卖。他们利用不同外汇市场的汇率差异，通过套期保值交易赚取无风险的利润。

第三，投机性的外汇买卖。这类客户通过预测汇率的走势，以少量保证金从事大额外汇交易并赚取差价。

第四，小额的外汇供求。这类交易主体有留学生、侨汇者及旅行者等。

4. 中央银行或货币当局

各国的中央银行或货币当局都持有相当数量的外汇余额作为国际储备的重要构成部分，并承担维护本国货币汇率稳定的职责。所以中央银行参与外汇市场交易的目的是对外汇市场进行干预，将本国货币的汇率稳定在一个期望的水平上以减少由国际短期资本流动造成的本国货币汇率剧烈波动。中央银行的外汇市场干预活动通常通过外汇经纪人或外汇银行进行。

相对而言，中央银行在外汇市场上的交易量并不是很大，但它对汇率走势的影响举足轻重。这是因为外汇市场上的其他参与者都密切关注中央银行的举动，以便及时获取政府宏观经济决策的有关信息。中央银行的一举一动都会影响外汇市场上的各种参与者对汇率的预期。

3.1.6 世界主要外汇市场

国际外汇市场统一体是由各个国际金融中心的外汇市场构成的。目前世界上有 30 多个外汇市场，其中最重要的有伦敦、纽约、东京、新加坡、苏黎世、巴黎、中国香港等地的外汇市场，它们各具特色并分别位于不同的国家和地区，形成了全球统一的外汇市场。

1. 伦敦外汇市场

伦敦外汇市场是久负盛名的国际外汇市场。二战前,由于英国经济和银行、保险等都居于世界领先地位,英镑是当时最主要的国际货币。大量的外汇业务使伦敦外汇市场在世界上独占鳌头。二战后英国虽然衰落了,但由于在历史上建立起来的国际金融关系和信誉,以及长期积累的业务经验和技术,伦敦仍是世界上最重要的外汇市场。

伦敦外汇市场是一个典型的无形市场,没有固定的交易场所,只是通过电话、电传、电报等完成外汇交易。伦敦外汇市场包括英格兰银行指定的 250 多家外汇银行、10 多家英格兰银行批准的外汇经纪人,并建有伦敦外汇银行公会和外汇经纪人公会。前者的任务是:制定参与外汇市场的交易规则、维护外汇银行的利益、协调外汇交易有关方面的关系、规定业务手续费的标准。后者的任务是:代表外汇经纪人的利益、负责外汇业务各方面的联系以及统一规定手续费等。在英国实行外汇管制期间,外汇银行间的外汇交易一般都通过外汇经纪人进行。1979 年 10 月英国取消外汇管制后,外汇银行间的外汇交易就不一定要通过外汇经纪人。

伦敦外汇市场的外汇交易分为即期交易和远期交易,对每笔交易的金额没有具体规定和限制。汇率报价采用间接标价法,交易货币种类众多,最多达 80 多种,常用的有三四十种。伦敦外汇市场上的外汇交易十分活跃,外汇交易量在国际外汇市场上始终居于首位。自从欧洲货币市场发展以来,伦敦外汇市场上的外汇买卖多与“欧洲货币”的存放有着密切联系。

2. 纽约外汇市场

纽约外汇市场的日交易量仅次于伦敦外汇市场,是当今世界上最大的外汇市场之一。二战以后美国经济实力大增,对外经贸关系迅速发展,美元取代英镑,成为世界上最主要的储备货币和清算手段。由于美国没有外汇管制,对经营外汇业务没有限制,政府也不指定专门的外汇银行,几乎所有的美国银行和金融机构都可以经营外汇业务,因此纽约外汇市场不仅是美国国内的外汇交易中心,也是世界各国外汇结算的枢纽。

纽约外汇市场也是一个无形市场。外汇交易通过现代化的通信网络与计算机进行,所有的货币结算都可以通过纽约地区银行同业清算系统和联邦储备银行支付系统进行。纽约外汇市场包括 50 余家美国银行和 200 多家外国银行在纽约的分支机构、代理行及代表处。纽约外汇市场上的外汇交易分为三个层次:银行与客户间的外汇交易;本国银行间的外汇交易;本国银行与外国银行间的外汇交易。其中,银行同业间的外汇买卖大多通过外汇经纪人办理。纽约外汇市场上约有 10 家经纪商,虽然有些专门从事某种外汇的买卖,但大多数同时从事多种货币的交易。外汇经纪人的业务不受任何监督,对其安排的交易不承担任何经济责任,只是在每笔交易完成后向卖方收取佣金。

纽约外汇市场交易活跃,但与进出口贸易相关的外汇交易量较小,相当一部分外汇交易与金融期货交易密切相关。纽约外汇市场是一个完全自由的外汇市场,汇率报价既采用直接标价法(指对英镑、欧元)又采用间接标价法(指对其他货币),交易货币主要有欧元、加拿大元、日元等。

3. 东京外汇市场

日本在二战后实行"贸易立国"发展战略，国际贸易是日本经济的生命线。东京外汇市场是随着日本对外经济的发展而发展起来的。20 世纪 80 年代以来，日本政府积极推动日元国际化策略，国际收支长期顺差，外汇储备规模迅速上升，在 2006 年之前一直居于世界首位。这些都促进了东京外汇市场的发展，同时亚太地区的经济快速增长也使东京外汇市场的地位日益提高。东京外汇市场是亚洲最大的外汇市场。

东京外汇市场是一个无形市场，交易者通过现代化通信设施联网进行交易。东京外汇市场的参加者有五类：一是外汇专业银行，即东京银行；二是外汇指定银行，指可以经营外汇业务的银行，共 340 多家，其中日本国内银行约 240 家、外国银行约 100 家；三是外汇经纪人，约有 9 家；四是日本银行；五是非银行客户，主要是企业法人、进出口企业商社、人寿财产保险公司、投资信托公司、信托银行等。

在东京外汇市场上，银行同业间的外汇交易既可以通过外汇经纪人进行，也可以直接进行。日本国内的企业、个人进行外汇交易必须通过外汇指定银行进行。汇率有两种：一是挂牌汇率，即包括利率风险、手续费等的汇率。每个营业日上午 10 点左右，各家银行以银行间市场的实际汇率为基准各自挂牌，原则上同一营业日中不更改挂牌汇率。二是市场联动汇率，以银行间市场的实际汇率为基准标价。由于日本进出口多以美元结算，所以 90%以上的外汇交易是日元和美元之间的买卖，日元对其他货币的交易较少。交易的种类有即期、远期和掉期交易。即期外汇买卖分为银行对客户的当日结算交易和银行同业间的次日结算交易。

4. 新加坡外汇市场

新加坡原是亚洲转口贸易的集散地。20 世纪 60 年代中期以后，新加坡政府引进外资，发展本地工业，扩大出口，改变单纯依赖转口的经济结构；同时，发展国际金融服务业，增加无形收入；在政策上取消外汇管制，免除外汇存款的利息所得税，允许发行外币债券。在这种完全自由的金融环境下，各种外资纷纷涌进新加坡，形成了以新加坡为中心的亚洲美元市场。在亚太地区经济高速增长的背景下，新加坡外汇市场与亚洲美元市场相辅相成，互相促进，逐渐发展成为世界第四大外汇市场。

新加坡地处欧亚非三洲的交通要道，时区优越，上午可与香港、东京、悉尼进行交易，下午可与伦敦、苏黎世、法兰克福等欧洲市场进行交易，中午还可与中东的巴林进行交易，晚上可与纽约、加拿大等地的市场进行交易。新加坡外汇市场除了保持现代化通信网络外，还直接与纽约的 CHIPS 系统和欧洲的 SWIFT（环球银行金融电信协会）系统连接，货币结算十分方便。新加坡外汇市场的参加者由经营外汇业务的本国银行、经批准可经营外汇业务的外国银行和外汇经纪商组成。其中，外资银行的资产、存放款业务和净收益都远远超过本国银行。

新加坡外汇市场是一个无形市场，大部分交易由外汇经纪人办理，并通过他们把新加坡与世界各金融中心联系起来。交易以美元为主，约占交易总额的 85%。大部分交易都是即期交易，掉期交易及远期交易合计占交易总额的 1/3。汇率均以美元报价，非美元货币间的汇率通过套算求得。

5. 苏黎世外汇市场

瑞士是永久中立国，政局稳定，两次世界大战均未对其造成创伤，长期处于债权国地位，且始终实行货币自由兑换制度，加之实行严格的银行存款保密制度，这为其赢得了世界性的声誉，吸引了大量外来资金，从而使苏黎世外汇市场比较活跃。

在苏黎世外汇市场上，所有银行间的外汇交易都是银行通过电话或电传直接进行的，并不依靠经纪人或中间商。主要业务是瑞士法郎对美元的交易，对其他货币的交易通过美元进行交叉买卖，所以瑞士法郎对美元的汇率是苏黎世外汇市场的主要汇率，瑞士法郎对其他货币的汇率通过美元套算得出。除现汇市场外，远期外汇市场也比较发达。瑞士中央银行除利用即期外汇交易干预外汇市场外，有时还用远期外汇交易的办法来维持市场汇率的稳定。

由于瑞士法郎一直处于硬货币地位，汇率坚挺稳定，并且瑞士作为资金庇护地，对国际资金有很大的吸引力，同时瑞士银行能为客户资金严格保密，吸引了大量资金流入瑞士，所以苏黎世外汇市场上的外汇交易大多是由于资金流动产生的，只有小部分是出自对外贸易的需求。

6. 巴黎外汇市场

巴黎外汇市场历史悠久，但真正发展成为世界重要的金融中心还是在 20 世纪 60 年代以后。随着法国对外贸易的发展、欧洲货币市场的形成和扩大以及 20 世纪 70 年代以来外汇管制的放松、法郎地位的加强，巴黎外汇市场的地位才不断提高。

7. 香港外汇市场

我国香港是个自由港，与内地和东南亚有着紧密联系，与世界各地有着良好的业务往来，加之良好的地理位置填补了欧洲与北美洲之间的时差，自 1973 年取消外汇管制以后，国际资本大量流入，经营外汇业务的金融机构不断增加，外汇市场越来越活跃，逐步发展成为国际性的外汇市场。

扩展阅读 3.1　中国外汇市场的历史演进

香港外汇市场是一个无形市场，地理位置和时区条件与新加坡相似，可以十分方便地与其他国际外汇市场进行交易。市场参加者主要是商业银行和财务公司。外汇经纪人有三类：当地经纪人，其业务仅限于香港本地；国际经纪人，即 20 世纪 70 年代后将其业务扩展到香港的其他外汇市场的经纪人；香港本地成长起来的国际经纪人，即业务已扩展到其他外汇市场的香港经纪人。

扩展阅读 3.2　中国外汇交易中心 2023 大事记

20 世纪 70 年代以前，香港外汇市场的交易以港币和英镑的兑换为主。20 世纪 70 年代以后，随着该市场的国际化及港币与英镑脱钩而与美元挂钩，美元成了外汇市场上交易的主要外币。香港外汇市场上的交易可以划分为两大类：一类是港币和外币的兑换，其中以与美元的兑换为主；另一类是美元兑换其他外币的交易。香港外汇市场与伦敦、纽约外汇市场保持着密切的联系。欧美外汇市场上所有新的外汇业务很快会传到香港。因此，香港外汇市场上金融创新品种较多。

3.2　即期外汇业务

3.2.1　即期外汇交易的概念

即期外汇交易，也称现汇交易，是指交易双方以当天外汇市场上的价格成交，并在当天或在两个营业日内进行交割的外汇交易形式，其成交汇率称为即期汇率。即期外汇交易主要是为了满足机构与个人因从事贸易、投资等国际经济活动而产生的外汇供求，它是外汇交易的重要组成部分。下面介绍几个与即期外汇交易相关的重要概念。

微课视频 3.2　外汇交易方式

1. 交割

交割（delivery）是指买卖双方钱货两清或货币两讫的行为，即买卖双方实际收付货币，分别按照对方的要求使卖出的货币进入对方指定的银行账户中。在外汇交易中，成交是指确定外汇买卖协议。该协议规定了外汇交易的买方和卖方，买卖的币种、数量和价格以及交割标准。成交仅指确定买卖关系，并不发生实际收付货币的行为。成交日即交易双方达成外汇交易的日期，通常用 T 表示。

交割发生的当天称为交割日。成交和交割是外汇买卖中两个重要的环节，成交在前，交割在后，成交是交割的基础和前提，交割是成交的结果。只有完成了成交和交割，外汇买卖行为才算完成。

2. 交割日

交割日（value date）又称结算日、有效起息日，是进行资金交割的日期。银行同业间外汇即期交易的交割日包括三种类型。

（1）标准交割日（value spot，VAL SP），又称即期交割，指在成交后第二个营业日交割，即 T + 2，如果遇上非营业日，则向后递延到下一个营业日。目前大部分的即期外汇买卖采用这种方式。

（2）隔日交割（value tomorrow，VAL TOM），又称翌日交割、隔日交割、明日交割，指在成交后第一个营业日进行交割，即 T + 1。

（3）当日交割（value today，VAL TOD），指在成交当日进行交割。以前在香港外汇市场用美元兑换港元的交易（T/T）就可在成交当日，即 T + 0，进行交割。

根据国际金融市场惯例，交割日必须是两种货币的发行国家或地区的各自营业日，并且遵循"价值抵偿原则"，即一项外汇交易合同的双方必须在同一时间进行交割，避免任何一方因交割不同时而蒙受损失。

3. 营业日

营业日是指两个清算国银行都开门营业的日期。交割日必须是双方都营业的时间，若一国遇到节假日，交割日按节假日天数顺延，但交割日顺延不能跨月。

4. 交易员

交易员是指外汇市场的经办人。其基本职责是每天将企业或私人客户买卖外汇的命令集中起来，按各种外汇将这些用书面或电话方式陆续发给银行的交易命令进行登记，然后根据头寸和价格决定买进或卖出，使银行之间很快找到交易对手而成交。

5. 基本点

基本点（basic point，BP）简称点，是表示汇率的基本单位。一般情况下，一个基本点为万分之一货币单位，相当于小数点后的第四个单位数，即 0.0001。极少数货币会因为面额较大，其基本点有所不同。以日元为例，它的基本点为 0.01 单位。

3.2.2 即期外汇交易的报价

扩展阅读 3.3 中国外汇市场指导委员会：人民币汇率完全有条件保持基本稳定

扩展阅读 3.4 国家外汇管理局：中国外汇市场呈现较强韧性

在即期外汇市场上，通常把提供交易价格的机构称为报价者，一般是指外汇银行；将向报价者索价并在报价者提供的即期外汇价格上与报价者成交的外汇经纪人、其他外汇银行等称为询价者。

在即期外汇交易中，外汇银行的报价有以下几个惯例：

第一，外汇银行的报价一般都采用双向报价方式，即银行同时报出买入价和卖出价，两者的差额称为差价。汇率一般由 5 位有效数字组成，包括大数和小数两部分。大数是汇价的基本部分，通常交易员不会报出，只有在证实交易时或汇率波动较为剧烈的市场上才会报出；小数是指汇价的最后两个数字。

例如，某银行的外汇牌价为 EUR/USD = 1.1981/1.1986。斜线左边的货币称为基准货币，右边的货币称为标价货币。在本例中，基准货币是欧元，标价货币是美元。1.19 是大数，81 和 86 是小数，81 与 86 之间的差额称作差价。

第二，在即期外汇交易中，报价的最小单位为基点。

第三，除特殊标明外，货币的报价均是针对美元，即所报货币与美元的比价。

第四，大部分货币的汇率报价均采用直接报价法，只有英镑、爱尔兰镑、新西兰元和澳大利亚元采用间接报价法。

即测即练题 3.2

3.3　远期外汇业务

3.3.1　远期外汇交易的含义

　　远期外汇交易又称期汇交易、期汇买卖，即预约购买或出售外汇的业务。外汇买卖双方事先签订外汇买卖合约，但当时并不实际进行支付，而是到了规定的交割日，才按规定的币种、数量、汇率办理货币交割的外汇交易方式。远期外汇合同约定的汇率就是远期汇率，它是双方在签订远期外汇买卖合同时所规定的，到交割日即按此汇率办理交割，不受交割日即期汇率变动的影响。在交割日的即期汇率很可能高于或低于所规定的远期汇率，由此产生的收益或损失由交易人自行享有或负担。

　　例如，某公司 3 个月后将从美国进口货物，为避免美元升值遭受损失可与银行签订远期外汇交易合约，使 3 个月后购买美元的汇率固定。若 3 个月后美元果然升值，则远期外汇交易达到了保值避险的作用；若 3 个月后美元贬值，则该公司由于签订了外汇交易合约而遭受损失。

3.3.2　远期外汇交易交割日的确定

　　远期外汇交易的交割日，在大多数国家是按月而不是按天计算的，一般为 1 个月、2 个月、3 个月、6 个月、1 年，通常为 3 个月，个别的可达 1 年以上，也有短至几天的。交割日的确定应以即期交割日为基准，确定法则如下。

　　（1）日对日。日对日是指远期外汇交易的交割日与成交时的即期交割日（即成交后的第二个营业日）相对应。如果远期外汇交易的成交日是 2 月 8 日，2 月 10 日为即期交割日，则标准远期交割日为 3 月 10 日、4 月 10 日、5 月 10 日等，但它们必须是有效的营业日，即相关币种国家共同的营业日。

　　（2）节假日顺延。与即期交易日中的"节假日顺延"含义相同。

　　（3）不跨月。不跨月是指远期外汇交易的交割日遇上节假日顺延时，不能跨过交割日所在月份。例如，即期交割日为 5 月 30 日，2 个月远期交割日为 7 月 30 日，但 7 月 30 日、31 日均为非营业日，则远期外汇的交割日应向前定为 7 月 29 日。如果即期交割日是某月的最后一个营业日，则标准的远期交割日是相关币种国家当月的共同最后营业日。例如，1月30日是即期交割日，则1个月远期交割日为2月的最后一个营业日，可能为2月25日至28日（或29日）之间的某一天。

3.3.3　远期外汇交易的类型

远期外汇交易按交割日是否固定分为以下两种。

1. 固定交割日的远期外汇交易

固定交割日的远期外汇交易又称标准交割日的远期外汇交易，即事先具体规定交割日的远期交易，交割日不能提前，也不能推迟。到交割日，按对方要求，将货币转入对方指定的银行账户内。如果一方提前交割，另一方既不用提前交割也无须因对方提前交割而支付利息；但如果一方推迟交割，则必须向对方缴纳滞付利息。

2. 选择交割日的远期外汇交易

选择交割日的远期外汇交易又称非标准交割日的远期外汇交易或择期远期外汇交易，其主要特点是买卖双方在签订远期外汇交易合约时，事先确定交易数量和汇率，但具体交割的日期不固定，只规定交割的期限范围，交易的一方可在成交日的第三天起至约定期限内的任何一个营业日，要求交易的另一方按双方约定的远期汇率进行交割。

完全择期交易是指客户可以自由选择日期进行交割，部分择期交易则是指事先确定交割的月份。

3.3.4　影响远期汇率的因素

远期汇率升（贴）水作为远期外汇交易的重要一环，受多种因素影响，如即期汇率的价格、买入与卖出货币间的利率差、国际政治经济形势的变化、货币所在国所实施的经济政策、中央银行对外汇市场的干预措施以及外汇市场的投机程度等。其中，两国货币短期利率的差异和两国货币远期外汇市场的供求关系是引起远期汇率升水或贴水的主要原因。通常情况下，低利率的货币远期汇率表现为升水，高利率的货币表现为贴水。

3.3.5　远期外汇交易的作用

按照人们从事远期外汇交易的不同目的，远期外汇交易的作用可概括为：套期保值和外汇投机。就套期保值而言，我们将一般公司企业与外汇银行加以区别对待，因此远期外汇交易的作用可概括为如下三个方面。

1. 套期保值

套期保值是指预计将来某一时间要支付或收入一笔外汇时，买入或卖出同等金额的远期外汇，以避免风险的交易行为。对于进出口企业而言，由于国际贸易中签约与交货的时间间隔较长，这期间汇率变动势必会给其中一方带来损失。出口收入的外币汇率下滑时，出口商的收入就会缩水；进口支付的外币汇率上升时，进口商就会增加开支而蒙受损失。为了规避因汇率大幅变动所造成的风险，保障进出口贸易商品资金收汇安全就产生了外汇的套期保值交易。

2. 平衡外汇头寸

当面临汇率风险的客户与外汇银行进行远期外汇交易时，实际上是将汇率变动的风险转嫁给外汇银行。而银行在它所做的同种货币的同种期限的所有远期外汇交易不能相抵时，就产生了外汇净头寸，面临风险损失。为避免这种损失，银行须将多头抛出、空头补进，轧平各种币种各种期限的头寸。

3. 投机

外汇投机是指外汇市场参与者根据对汇率变动的预测，有意保留（或持有）外汇的空头或多头，希望利用汇率变动牟取利润的行为。外汇市场的投机绝不是完全意义上的贬义词，现代外汇投机是外汇交易的重要组成部分。

当预测某种货币的汇率将上涨时，即在远期市场买进该种货币，等到合约期满再在即期市场卖出该种货币，这种交易行为称为"买空"。相反，当预测某种货币的汇率将下跌时，即在远期市场卖出该种货币，等到合约期满，再在即期市场买进该种货币，这种交易行为称为"卖空"。"买空"和"卖空"交易是利用贱买贵卖的原理谋取远期市场与即期市场的汇差。当然，如果预测失误，会给交易者带来损失。

远期外汇投机与即期外汇投机相比，其突出表现为："以小博大"和"买空卖空"。"以小博大"是指远期外汇投机不涉及现金和外汇的即期支付，仅需少量的保证金，无须付现，一般都是到期轧抵，计算盈亏，支付差额，并且大多数远期外汇投机在到期前就已经平仓，因而远期外汇投机不必持有巨额资金也可作巨额交易。"买空"或"做多头"是指投机者预测某种货币的汇率会上升，则买入远期的该种货币，此时他并没有立即支付现金，也没有取得相应的外汇，只是订立了一个买卖合约，承担了在未来某一日按一定价格交付某种货币而收取另一种货币的权利和义务。与此相反，"卖空"或"做空头"是指投机者预测某种货币的汇率会下跌，则卖出远期的该种货币。

3.3.6 远期外汇交易的计算应用

在第 2 章第 2.2 节，我们学习了远期外汇的报价方式。由于汇率标价方法的不同，计算远期汇率的公式也不尽相同。其中，在远期差价报价法中，总结规律如下：

在直接标价法下：

$$远期汇率 = 即期汇率 + 升水点数$$
$$远期汇率 = 即期汇率 - 贴水点数$$

在间接标价法下：

$$远期汇率 = 即期汇率 - 升水点数$$
$$远期汇率 = 即期汇率 + 贴水点数$$

上述公式可以应用到远期交易的计算中。

1. 升贴水计算应用

【例题 3-1】 出口商在 6 个月（180 天）后会得到货款 EUR 100000，则出口商通过即期市场及资金借贷以规避此远期外汇风险的操作如下。

市场现状：（为方便说明，市场价格为单向报价）

即期汇率 EUR/USD 为 0.8500，美元年利率为 6.5%，欧元年利率为 4.5%。出口商为规避此汇率风险，应如何操作？

【解析】

（1）出口商先行借入欧元，并在即期市场预先卖出 EUR 100000 以规避 6 个月后出口收到欧元的外汇风险，借入欧元的期间为 6 个月，年利率为 4.5%，同时可使用因卖出欧元所获得的美元资金 6 个月，年利率为 6.5%。

（2）借入欧元 100000 的利息成本为

$$EUR\ 100000 \times 4.5\% \times 6/12 = EUR\ 2250$$

$$USD\ 2250 \times 0.85 = USD\ 1912.5$$

（3）卖出即期欧元所获得美元 6 个月的利息收益为

$$USD\ 85000 \times 6.5\% \times 6/12 = USD\ 2762.5$$

（4）客户通过上述方式规避外汇风险的损益如下：

USD 85000（卖出即期欧元所得的美元金额）+ USD 2762.5（使用美元 6 个月的利息收益）−

USD 1912.5（借入欧元 6 个月的利息成本）= USD 85850

USD 85850/EUR 100000 = 0.8585（此即远期外汇的价格）

由上述计算可求出以即期交易方式规避远期外汇风险的价格，据此便可求得远期外汇价格。此外，从案例中还能看出，作为高利率货币的美元远期是贬值的（贴水），而低利率货币的欧元远期是升值的（升水）。这是由于美元利率高，吸引大量投资者持有美元，在持有美元的同时，为了规避将来美元贬值的风险，所以向银行卖出远期美元。受供求关系影响，未来美元贬值，而欧元则相反。所以我们判断一种货币将来的升水、贴水状况，首先要看该货币的利率状况。低利率货币未来升水，高利率货币未来贴水。

运用上述的计算方式，可以得出远期升（贴）水额的计算公式：

升（贴）水额 = 即期汇率 × 两国利率差 × 月数/12

升（贴）水年率 =（升（贴）水额 × 12）/（即期汇率 × 月数）× 100%

【例题 3-2】 已知美元的年利率为 2.5%，日元年利率为 0.5%，2008 年 10 月 3 日，1 美元兑换 104.86 日元，问三个月后美元升贴水额? 美元升贴水年率? 1 美元兑日元远期外汇价格?

【解析】 由前面所学内容可知，美元是高利率的货币，所以未来美元贴水额为

美元贴水额 = 即期汇率 × 两国利率差 × 月数/12 = 104.86 ×（2.5% − 0.5%）× 3/12 = 0.5243

美元贴水年率 =（升（贴）水额 × 12）/（即期汇率 × 月数）× 100%

=（0.5243 × 12）/（104.86 × 3）× 100% = 2%

三个月后 1 美元兑换 104.33 日元（104.86 − 0.5243 = 104.33）。

2. 套期保值计算应用

1）套期保值的分类

外汇套期保值可分为买入套期保值和卖出套期保值。买入套期保值是指国际贸易的进口商在进口商品时，为了防止外汇汇率上升带来的损失，而买入远期合约；卖出套期保值是指国际贸易的出口商在出口商品时，为了避免外汇汇率下降带来的损失，而卖出远期合约。

2）套期保值计算

【例题 3-3】 某日美国外汇市场行情为：即期汇率 GBP/USD = 1.7675—1.7705，三个月掉期率为 12/16。假定美国进口商从英国进口价值 100 万英镑的货物，三个月后付英镑，若美国进口商预测三个月后英镑兑美元升值到 1.7775—1.7805，问：

（1）如不做套期保值，美国进口商损失多少？

（2）如做到期报纸，该怎样构造套期保值？

【解析】

（1）如果美国进口商不做套期保值，则：

即期兑换 100 万英镑需要　100 × 1.7705 = 177.05 万美元

三个月后兑换 100 万英镑需要　100 × 1.7805 = 178.05 万美元

美国进口商多付　178.05 − 177.05 = 1 万美元

（2）美国进口商在和英国出口商签订合同同时，与美国银行签订远期外汇交易合同，即买入套期保值，则：

三个月后银行报价 =（1.7675 + 0.0012）—（1.7705 + 0.0016）

= 1.7687　　　　—　　　　1.7721

届时换英镑需要　100 × 1.7721 = 177.21 万美元

与不做套期保值相比节约　178.05 − 177.21 = 0.84 万美元

【例题 3-4】 某日外汇市场行情为即期汇率 USD/JPY = 104.92/105.22，三个月掉期率 15/17。假定美国出口商向日本出口价值 1000 万日元的货物，三个月后收入日元，若美国出口商预测三个月后日元贬值到 106.28/106.48，问：

（1）如不保值，美国出口商损失多少？

（2）如何做套期保值？

【解析】 如本案例所述，如果美国出口商不做套期保值，它将蒙受日元贬值带来的损失。

即期收入 1000 万日元可兑换 95038 美元（10000000/105.22 ≈ 95038），而三个月后收入 1000 万日元则可兑换 93914 美元（10000000/106.48 ≈ 93914），美国出口商少收入了 1124 美元。

为此，美国出口商在与日本进口商签订合同的同时，与美国银行签订远期外汇交易合同，进行卖出套期保值。

三个月银行报价 =（104.92 + 0.15）/（105.22 + 0.17）= 105.07/105.39

则兑换日元需要 94885 美元（10000000/105.39 ≈ 94885）。

与不做套期保值相比多收入 971 美元（94885 − 93914 = 971）。

即测即练题 3.3

案例讨论 3.1
升贴水计算
（1）

案例讨论 3.2
升贴水计算
（2）

案例讨论 3.3
套期保值

自学自测

扫描此码

3.4　套利与套汇交易

3.4.1　套汇交易

1. 套汇交易的含义

套汇交易（arbitrage transaction）是套汇者利用同一货币在不同外汇中心或不同交割期上出现的汇率差异，为赚取利润而进行的外汇交易。

一般来说，要进行套汇必须具备以下三个条件：存在不同的外汇市场和汇率差价；套汇者必须拥有一定数量的资金，且在主要外汇市场拥有分支机构或代理行；套汇者必须具备一定的技术和经验，能够判断各外汇市场汇率变动及趋势，并根据预测迅速采取行动。

利用同一货币在不同市场的汇率差异进行的套汇称为地点套汇。利用同一种货币在不同交割期上的汇率差异进行的套汇称为时间套汇。前面所讨论的利用远期外汇市场与即期外汇市场的差价进行的"买空"和"卖空"都属于时间套汇的范畴。我们现在只讨论地点套汇。

2. 套汇交易的分类

地点套汇可分为直接套汇和间接套汇两种方式。

1）直接套汇

直接套汇又称两角套汇，是指利用同一时间两个外汇市场的汇率差异，进行贱买贵卖，以赚取汇率差额的外汇买卖活动。

【例题 3-5】　伦敦市场和纽约市场在某一时间内的汇率分别为

伦敦 GBP 1 = USD 1.7675/85

纽约 GBP 1 = USD 1.7625/45

应如何买卖美元以赚取收益？

【解析】　从上述汇率可以看出，伦敦的美元比纽约的便宜，套汇者选择在伦敦买入美元，同时在纽约卖出美元。具体操作如下：在伦敦市场套汇者支付 1 英镑，买进 1.7675 美元。同时在纽约市场付出 1.7645 美元，收回 1 英镑。做 1 英镑的套汇业务可以赚取 0.003美元。

套汇可促使不同市场汇率差异缩小。在例题 3-5 中，套汇过程一方面会扩大伦敦市场美元（汇率较低）的需求，使其汇率上涨。另一方面会增加纽约市场美元（汇率较高）的供应，使其汇率下跌。加上先进的通信与支付系统，各市场存在的价格偏差很快会被纠正，这说明当今国际外汇市场上地点套汇的机会很小。尽管如此，由于不同市场的汇率调整存在时滞，精明的套汇者仍可抓住短暂的机会获利。

2）间接套汇

间接套汇又称三角套汇（three points arbitrage），是指利用三个不同地点的外汇市场中三种货币之间的汇率差异，同时在这三个外汇市场上进行外汇买卖，以赚取汇率差额的一种外汇交易。

【例题 3-6】 在某日的同一时间，纽约、苏黎世、伦敦三地外汇市场的现汇行情如下：

纽约　　USD 1 = CHF 1.6160/70

苏黎世 GBP 1 = CHF 2.4060/70

伦敦　　GBP 1 = USD 1.5320/30

如果有 100 万美元能否套汇，如果能套汇，通过套汇交易能赚多少钱？

【解析】 进行间接套汇可按四个步骤进行：

（1）求出各市场的中间汇率；

（2）将汇率的不同标价方法变成同一标价法，且基准货币的单位为 1；

（3）将各汇率相乘，只要乘积不等于 1，就有套汇机会；

（4）寻找套汇的路线。

由于三个市场等式左右两边都有美元，那么从哪个市场开始套汇就显得很重要。如果做反了不仅不能获利，还会亏本。那么如何寻找套汇路线呢？可以通过第三步各汇率的乘积来看：如果乘积大于 1，从等式左边找所持货币；如果乘积小于 1，则从等式右边找所持货币。

（1）首先判断三个市场是否存在套汇的机会。

原理是在其中某一个市场投入 1 个单位货币，经过中介市场，收入的货币不等于 1 个单位，说明三个市场汇率存在差异。判断方法如下。

先求出三个市场的中间价格：

纽约　　USD 1 = CHF 1.6165

苏黎世 GBP 1 = CHF 2.4065

伦敦　　GBP 1 = USD 1.5325

（2）将上述三个标价改成同一标价法且基准货币的单位为 1，然后相乘。

纽约市场为间接标价，苏黎世市场为直接标价，伦敦市场为间接标价，所以将苏黎世市场变为 CHF 1 = GBP （1/2.4065），即

纽约　　USD 1 = CHF 1.6165

苏黎世 CHF 1 = GBP （1/2.4065）

伦敦　　GBP 1 = USD 1.5325

（3）相乘，即 $1.6165 \times （1/2.4065） \times 1.5325 \approx 1.0294 \neq 1$。

汇率乘积不等于 1，即有套汇机会。乘积为 1.0294 大于 1，所以从等式左边找所持货

币，即从纽约市场开始兑换。

（4）套汇者动用 100 万美元套汇。

在纽约按 USD 1 = CHF 1.6160 兑换成 161.6 万瑞士法郎，在中介市场苏黎世将 161.6 万瑞士法郎按 GBP 1 = CHF 2.4070 兑换成英镑 67.1375 万，在伦敦按 GBP 1 = USD 1.5320 兑换成美元。套汇结果为 102.8546 万美元，套汇利润 2.8546 万美元。

3.4.2 套利交易

1. 套利交易的含义

套利交易是指利用不同国家或地区短期利率的差异，将资金由利率较低的国家或地区转移到利率较高的国家或地区进行投放以从中获得利息差额收益的一种外汇交易。套利活动的前提条件是套利成本或高利率货币的贴水率必须低于两国货币的利率差，否则交易无利可图。在实际外汇业务中，所依据的利率是欧洲货币市场各种货币的利率，其中主要是以伦敦银行同业拆放利率（London Interbank Offered Rate，LIBOR）为基础。

2. 套利交易的分类

一般按在套利时是否还要做反方向交易轧平头寸，套利交易可分为以下两种形式。

1）不抵补套利

不抵补套利也称不抛补套利，是指把资金从利率低的货币转向利率高的货币，从而牟取利率的差额收入。这种交易不必同时进行反方向交易轧平头寸，但这种交易要承担高利率货币贬值的风险。

2）抵补套利

抵补套利也称抛补套利，是指把资金调往高利率货币国家或地区的同时，在外汇市场上卖出远期高利率货币，即在进行套利的同时做掉期交易，以避免汇率风险。实际上这就是套期保值，一般的套利保值交易多为抵补套利。

3. 套利交易的计算实例

【例题 3-7】 假设美国外汇市场即期汇率为 GBP 1 = USD 1.9800，美国年利率为 9%，英国年利率为 7%。如果投资 100 万英镑，6 个月可获本利多少？（假定 6 个月后汇率不变）

【解析】

第一步，如果 100 万英镑存在英国则 6 个月本利和为

$100 \times [1 + 7\% \times (6/12)] = 103.5$ 万英镑

第二步，先将 100 万英镑以汇率 GBP 1 = USD 1.9800 兑换成美元：

$100 \times 1.9800 = 198$ 万美元

再将 198 万美元存在美国 6 个月定期，本利和为

$198 \times [1 + 9\% \times (6/12)] = 206.91$ 万美元

第三步，将 206.91 万美元按照原来的即期汇率换回英镑：

$206.91/1.9800 = 104.5$ 万英镑

核算收益：$104.5 - 103.5 = 1$ 万英镑

【例题 3-8】 某日香港外汇市场，美元存款利率为 1%，澳元存款利率为 3%。澳元兑美元即期汇率为 AUD 1 = USD 0.9218，远期 6 个月汇率为 AUD 1 = USD 0.9212。

根据上述条件，套利者以 1000 万美元进行套利，利润多少？

【解析】

将 1000 万美元兑换高息货币澳元：

1000 万 ÷ 0.9218 ≈ 1084.83 万澳元

将 1084.83 万澳元按年息 3%存款 6 个月，半年后本利和为

1084.83 万 × （1 + 3% × 6/12） ≈ 1101.10 万澳元

将 1101.10 万澳元按远期汇率兑换成美元：

1101.10 × 0.9212 ≈ 1014.34 万美元

将 1000 万美元按年息 1%存款 6 个月，半年后本利和为

1000 万 × （1 + 1% × 6/12） = 1005 万美元

最终获利

1014.34 − 1005 = 9.34 万美元

即测即练题 3.4　　　　案例讨论 3.4　套汇交易　　案例讨论 3.5　套利交易

自学自测　扫描此码

3.5 期货与期权交易

3.5.1 外汇期货交易

1. 外汇期货的概念

外汇期货（foreign currency futures）又称货币期货，是指在有组织的期货交易市场上以公开竞价方式，通过结算所的成员清算公司或经纪人，根据成交单位、交割时间标准化原则，按固定价格购买与出售远期外汇的一种交易。

外汇期货起源于商品期货交易。自 20 世纪 70 年代开始，国际汇率制度逐渐由固定汇率制度转向浮动汇率制度，从而汇率风险剧增。为了有效防范风险，在传统的远期外汇交易方式基础上产生了外汇期货交易。外汇期货最早产生于美国，1972 年 5 月 16 日美国芝加哥商品交易所国际货币市场（IMM）成立，并首先经营外汇期货业务。随后，纽约期货交易所和美国证券交易所也开办了金融期货业务。1982 年 9 月，伦敦成立了伦敦国际金融期货交易所（LIFFE），也开始进行外汇期货交易。接着，新加坡、日本等十多个国家和地区相继建立了金融期货交易所。其中，IMM 和 LIFFE 的交易规模最大，IMM 的交易量占

世界外汇期货交易的 50%。2006 年 9 月 8 日，中国金融期货交易所（简称"中金所"）在上海成立。截至目前，中金所已正式推出沪深 300 股指期货、上证 50 股指期货、中证 500 股指期货和 5 年期国债期货、10 年期国债期货等。

2. 外汇期货的交易规则

外汇期货是"见钱不见物"的交易，即交易的对象是外汇期货合约本身。因此，外汇期货的交易规则不同于其他外汇交易规则。

1）外汇期货交易合约是标准化的

外汇期货的交易对象是外汇期货合约本身，因此外汇期货合约必须是标准化的。

第一，交割日是固定的。交易所规定的期货合约，一般以 3 月、6 月、9 月、12 月作为交割月份。交割日是进行期货交割的具体日期（某一天）。比如 IMM 规定，交割日为交割月的第三个星期三。

第二，每份外汇期货合约的金额都是标准化的。每笔交易都必须是合约面额的整数倍。

第三，期货交易的价格波动是标准化的。在外汇期货交易中，每种货币期货合约都规定有日价格波动的最低限度和最高限度。日价格波动的最低限度是指在买卖外汇期货时，合约每次变动的最低数额，如 IMM 规定英镑的最小波动单位为 5 个基点，即 0.0005 美元。这意味着每张英镑合约的每次报价都必须高于或不低于 31.25 美元（62500×0.0005）。日价格波动的最高限度是指一个营业日内期货合约价格波动的最高幅度，一旦期货合约的价格波动达到或超过这一限度，交易将自动停止。比如 IMM 规定英镑的最大波动单位为 500 个基点，即 0.0500 美元。

2）外汇期货交易实行保证金制度和每日结算制度

期货交易实行保证金制度，不同的期货交易规定了不同金额的保证金，一般由初始保证金和维持保证金构成。初始保证金是指外货交易成交时，买卖双方按照规定比例交付的保证金。维持保证金是指在交易发生后需要保持的最低保证金，一般是初始保证金的 75%～80%。

与此相对应，期货交易实行每日结算制度，即逐日盯市制度。在每个交易日结束时，清算公司负责清算期货交易者每日的盈亏，凡未平仓的每笔期货交易均按当日市场的收盘价清算，计算账面盈亏，并调整保证金账户余额。若市场汇率变动有利于交易者，客户可把盈余部分提走；当投资者亏损时，则在保证金账户中扣除亏损的金额。当保证金余额低于维持保证金水平时，投资者会接到催交保证金通知，要求其将保证金补足到初始保证金水平，否则经纪人会将其期货合约在目前的市场价格下强行平仓，相应的价值损失部分将在客户的保证金中扣除，余额返还客户。

3）外汇期货均以美元为报价货币

在即期外汇交易中，交易货币大多以美元等值多少其他货币的方式来标价，而在外汇期货交易中，则恰恰相反，即除了澳大利亚元之外，其他交易货币均以单位货币等于多少美元来标价。此外，报价只有一个价格，没有双向报价，即买方只报买价，卖方只报卖价。

3.5.2 外汇期权交易

1. 外汇期权的概念

期权（option），从字面上来看，"期"是未来的意思，"权"是权利的意思。期权就是指一种能在未来某特定时间以特定价格买入或卖出一定数量的某种特定商品的权利。期权实际上是一种权利，是一种选择权，期权的持有者可以在该项期权规定的时间内拥有选择买或不买、卖或不卖的权利，可以实施该权利，也可以放弃该权利，而期权的卖出者则只负有期权合约规定的义务。

外汇期权是期权的一种，相对于股票期权、指数期权等其他种类的期权来说，外汇期权买卖的是外汇。外币期权交易是指期权交易的买方与卖方商定，期权买方以支付期权费为代价，取得在规定期内按协议价格买入或卖出一定数量外币的权利。一般这个"外币"是外汇。外币期权交易于 20 世纪 80 年代初随着国际金融业务的拓展、计算机的广泛应用，在商品期权业务和股票期权的基础上发展起来，现已成为防范外汇风险的一种重要手段。

2. 外汇期权的特点

1）外汇期权有更大的灵活性

外汇期权合约的买方购买的是一种权利，即选择权。在合约的有效期内或约定的到期日，如果汇率对合约买方有利，买方即可行使期权，按约定汇率买进或卖出外汇。如果汇率对合约买方不利，买方则可放弃期权。因此，外汇期权弥补了远期外汇交易的某些弱点，更具灵活性。

2）期权费不能收回，且费率不固定

期权费亦称权利金、保险费，即外汇期权的价格。期权交易的买方获取选择权，意味着卖方出售了这种权利，所以卖方要收取一定金额作为补偿。期权费在期权交易成交时由合约买方支付给合约卖方，无论买方在有效期内是否行使期权，期权费均不能收回。

3）外汇期权交易的对象是标准化合约

通常，期权交易中期权合约的内容实现标准化，如货币数量、到期日等。

4）安全性高

在外汇交易不确定的情况下，期权可避免汇率方面的风险。

3. 外汇期权的类型

1）按履约方式划分

（1）美式期权，指自期权合约成立之日算起，至到期日的截止时间之前，买方可以在此期间内之任一时点，随时要求卖方依合约的内容，买入或卖出约定数量的某种货币。

（2）欧式期权，指期权买方在合约到期日之前，不得要求期权卖方履行合约，仅能在到期日的截止时间要求期权卖方履行合约。

美式期权的买方可于有效期内选择有利的时点履行合约，比欧式期权更具灵活性。对于卖方而言，所承担的汇率风险更大（期权也可以理解为买方支付一定权利金将汇率风险转嫁给卖方）。所以美式期权的权利金比欧式期权高。

2）按双方权利的内容分类

（1）看涨期权，也称择购期权、买权，是指期权合约的买方有权在有效期内或到期日之前按约定汇率从期权合约卖方处购进特定数量的货币。这种期权之所以称为看涨期权，一般是进口商或投资者预测某种货币有上涨趋势，购买期权是为避免汇率风险。

（2）看跌期权，也称择售期权、卖权，是指期权买方有权在合约的有效期内或到期日之前按约定汇率卖给期权卖方特定数量的货币。这类期权之所以称为看跌期权，一般是出口商或有外汇收入的投资者，在预测某种货币有下跌趋势时，为避免收入减少，按约定汇率卖出外汇以规避风险。

3）按交易方式划分

按交易方式可以分为有组织的交易所交易期权和场外交易期权。通常情况下，期权交易是在交易所内进行的，交易的期权合约都是标准化的。到期日、名义本金、交割地点、交割代理人、协定价格、保证金制度、头寸限制、交易时间以及行权规定都是由交易所事先确定的，参与者需要的只是同意交易中合约的价格和数量。在交易所交易的期权由于已经标准化，因而可以进入二级市场买卖，具有流动性。在场外交易市场（也可称为柜台交易）交易的期权主要是适合个别客户的需要，其合约不像交易所期权那样标准化，通常通过协商达成，且根据客户的需要可以对期权进行特制。目前，场外交易市场的期权合同也在向标准化发展，其目的是提高效率，节约时间。

4. 期权费及其决定因素

作为一种选择权，外汇期权对合约买方而言是非常灵活的。如果汇率对其有利，可以行使期权，按约定汇率买进或卖出外汇；如果汇率对其不利，则可放弃期权。而对合约卖方而言则不然，只要合约买方需要实现自己的权利，合约卖方都必须按合约约定的价格和数量出售或购买外汇。也就是说，期权合约买卖双方的权利与义务是不对等的。正是这种不对等使得期权合约卖方在卖出期权合约时要向期权合约买方收取取得选择权的代价，即期权费。

期权费也称权利金，在期权交易中扮演着重要角色，一般由以下因素决定。

1）合约的有效期

合约的有效期越长，权利金越高。因为期权合约的有效期越长，期权买方从汇率变动中获取收益的机会越高，而期权卖方承担的汇率风险越大，需要收取作为补偿的权利金越高。

2）协议日与到期日的价差

对于看涨期权而言，较低的协议价格可能要收取较高的期权费，因为期权本身是合约买方看涨的，并且在合约到期时买方有权执行也有权不执行。如果执行，卖方的损失可能会超过其转卖所得的利润；如果买方不执行，卖方就必须承担汇率风险，即未必能以协议时的价格买回合约外汇。当然，较高的协议价格对于看涨期权而言，其期权费可能就会少些。对于美式期权，由于买方选择执行合约的日期更灵活自由，合约买方也就需要支付相对更高的期权费。

3）预期汇率的波动幅度

如果在有效期内作为标的物的货币价格越不稳定，期权卖方承担的风险就越大。预期波动幅度较大时，权利金较高；当汇率相对稳定时，权利金较低。

4）期权供求状况

一般而言，外汇期权市场上的供求关系对期权费也有直接影响。期权买方多卖方少，期权费自然收得高些；期权卖方多买方少，期权费就会便宜一些。

5）期权的约定汇率

买权的约定汇率越低，对买方越有利，卖方蒙受损失的可能性越大，要求较高的权利金作为补偿；反之，买权的约定汇率越高，买方获利的机会越小，所愿意支出的权利金越小，说明买权的权利金与约定汇率呈反向变动。卖权的买方在约定汇率较高时，获利较大，卖方所要求的权利金也越高，所以卖权的权利金与约定汇率是同向变动的。

5. 外汇期权交易计算实例

【例题 3-9】 美国某企业从法国进口一套设备，需在三个月后向法国出口商支付 120 万欧元，该企业拟向美国银行申请美元贷款以支付这笔进口货款，若按当时 USD 1 = EUR 1.2 的汇率计算，该企业需申请 USD 100 万贷款，为固定进口成本和避免汇率变动的风险，该企业向银行支付 USD 10000 的期权费购买一笔期权，规定期权价为 USD 1 = EUR 1.2。假设三个月后，根据汇率变化分别出现下列三种情况，则企业如何操作？

（1）USD 1 = EUR 1.15；

（2）USD 1 = EUR 1.25；

（3）USD 1 = EUR 1.2。

【解析】

（1）假设三个月后美元兑欧元汇率由 USD 1 = EUR 1.2 下跌至 USD1 = EUR 1.15，此时该进口企业行使期权，按合约汇率 USD 1 = EUR 1.2 进行交割，支付 USD 100 万购进 EUR 120 万，加上 USD 1 万期权费，共支付 USD 101 万。但若该进口商没有购买期权，按当时即期汇率购买 EUR 120 万，则需支付 USD 104.34 万（120 万/1.15 = 104.34 万）才能买进 EUR 120 万。通过利用期权交易，尽管进口商支付了 USD 1 万期权费，但有效避免了 USD 3.34 万（104.34 万 – 101 万 = 3.34 万）的外汇风险损失。

（2）假设三个月后美元兑欧元汇率由 USD 1 = EUR 1.2 上升至 USD 1 = EUR 1.25，此时该进口商应放弃行使期权，在市场上按 USD 1 = EUR 1.25 汇率直接购买 EUR 120 万，且只需支付 USD 96 万（120 万/1.25 = 96 万），加上期权费 USD 1 万，共支出 USD 97 万。而执行期权则要支出 USD 101 万（100 万 + 1 万 = 101 万），所以放弃期权。

（3）假设三个月后美元兑欧元汇率仍为 USD 1 = EUR 1.2，此时该进口商执行期权与否的结果是一样的，虽付出了 USD 1 万期权费，但固定了成本，这也是期权买方的最大损失。即付出 USD 101 万（100 万 + 1 万 = 101 万）购买 EUR 120 万。

即测即练题 3.5   案例讨论 3.6   外汇期权交易

自学自测   扫描此码

复习思考题

1. 详细阐述即期外汇交易与远期外汇交易的基本流程，并比较两者在风险管理和成本效益方面的异同。

2. 外汇市场在全球经济体系中扮演了哪些关键角色？列举并解释其主要功能。

3. 外汇市场上的套利活动是如何利用汇率差异进行盈利的？举例说明套利交易的具体操作过程。

4. 套汇交易的基本原理是什么？在实际操作中，套汇者如何识别并利用不同外汇市场之间的汇率差异？

5. 外汇期权的定义是什么？解释外汇期权如何帮助投资者在不确定的市场环境中管理汇率风险。

6. 外汇期货合约与外汇远期合约在结构、交易方式及风险对冲效果上有哪些显著区别？

7. 详细解释直接标价法和间接标价法这两种方法的含义，并举例说明它们在实际交易中的应用。

8. 中央银行在外汇市场中通常扮演哪些角色？分析中央银行如何通过干预外汇市场来维护货币稳定和金融市场秩序。

9. 解释外汇市场中的"基准货币"和"报价货币"概念，并讨论它们对汇率计算和交易决策的影响。（注：基准货币是在汇率报价中作为基础的货币，而报价货币则是相对于基准货币的价格被报出的货币。理解这两个概念对于准确解读汇率和制定交易策略至关重要。）

10. "升水"和"贴水"对汇率预期和交易决策有何影响？

11. 外汇保证金交易的杠杆效应是如何运作的？这种交易方式在放大收益的同时，又带来了哪些额外的风险？

12. 套利交易与投机交易在外汇市场中有什么区别？分析这两种交易策略在盈利机制、风险承担及市场影响方面的异同。

13. 如何利用外汇期货合约进行套期保值？详细说明套期保值的基本原理及其在企业管理汇率风险中的应用。

14. 外汇市场的波动对国际贸易有哪些直接影响？从汇率变动、贸易条件及国际贸易结算等方面进行分析。

15. 外汇市场中的"黑市"交易是指什么？这种非法交易活动有哪些危害？结合实例探讨其对金融市场秩序和投资者权益的影响。

第4章

国际储备

本章主要介绍国际储备的相关知识。通过本章学习，要求学生：

1. 了解国际储备的含义、作用；
2. 了解国际储备和国际清偿力概念的联系和区别；
3. 熟悉和掌握国际储备的构成、来源；
4. 理解国际储备规模管理和结构管理的方法；
5. 理解与分析中国国际储备与管理。

引导案例

我国外汇储备平稳运行

一国国际储备是保证该国对外支付和弥补国际收支逆差的重要保障，是维持本国汇率稳定和应对突发事件的重要手段，也是一国经济实力的体现，各国非常重视国际储备资产管理。在国际储备资产中，外汇储备是主要的储备资产类型之一，在应对风险挑战、维护国家经济金融安全等方面发挥了重要作用，因此做好外汇储备经营管理工作十分重要。

近年来国际政治经济格局加速演变，全球金融市场波动加大，我国坚持以习近平新时代中国特色社会主义思想为指导，全面贯彻党的二十大和二十届二中全会精神，落实好中央经济工作会议和中央金融工作会议决策部署，更好统筹高质量发展和高水平安全，进一步完善中国特色外汇储备经营管理，为加快建设金融强国、推进中国式现代化作出新的更大贡献。

国家外汇管理局统计数据显示，截至 2024 年 12 月末，我国外汇储备规模为 32024 亿美元，较 11 月末下降 635 亿美元，降幅为 1.94%。12 月外汇储备规模下降，受主要经济体央行货币政策预期、宏观经济数据等因素影响，美元指数上涨，全球金融资产价格总体下跌，汇率折算和资产价格变化等因素综合作用。但是，我国经济运行总体平稳、稳中有进，高质量发展扎实推进，有利于外汇储备规模保持基本稳定。

回顾 2024 年，我国经济运行总体平稳、稳中有进，随着一揽子增量政策相继落实落地，经济回升向好态势有望持续巩固，经济基本面对我国外汇市场的支撑作用将更加坚实。同时，近年来我国外汇市场韧性稳步提升，企业汇率避险意识和能力不断增强，更多使用人民币跨境收支，能够更好适应外部环境变化，这些均有助于促进外汇市场平稳运行。

资料来源：国家外汇管理局网站. https://www.safe.gov.cn/.

4.1 国际储备概述

国际储备是国际收支平衡表中的一个主要项目，它在一国国民经济中起着重要作用。一般来说，国际收支顺差会使本国国际储备资产增加，国际收支逆差则会使本国国际储备资产减少。国际储备在调节国际收支平衡、保持内部与外部平衡中意义重大。国际储备作为一国国际清偿能力的主要组成部分，是反映一国对外金融实力和国际经济地位的重要标志。总的来看，储备资产不仅是一种支付工具，而且是平衡国际收支和干预外汇市场的重要资产。

微课视频 4.1 国际储备的概念

4.1.1 国际储备的内涵

国际储备体现了一国的国际清偿能力，是衡量一国对外金融和经济实力的一个重要指标。国际储备对调节国际收支、保证国家对外支付能力和资信、维持本币汇率稳定起着重要作用。

1. 国际储备的概念

国际储备（international reserve）一般是指一国货币当局为平衡国际收支、维持本国货币汇率稳定，以及应付紧急需要而持有的在国际上可以被普遍接受的可自由兑换资产。

20 世纪 60 年代中期后，学术界对国际储备的定义逐渐趋于统一，并且主要是从狭义的角度给出的。例如，IMF 在《国际收支和国际投资头寸手册》中指出，国际储备是"货币当局实际直接有效控制的那些资产"，狭义上来讲，"储备资产是由黄金、特别提款权、在 IMF 的储备头寸、使用该组织的信贷和非居民现有的债权组成"。可见，IMF 不仅规定了国际储备的性质，也明确了它的主要构成。目前，从狭义的角度给出的国际储备概念，已被各国普遍接受。

2. 国际储备的特征

国际储备具有如下典型特征。

（1）官方持有性。作为国际储备的资产必须是货币当局直接掌握并使用的，这种直接"掌握"与"使用"可以看成一国货币当局的一种"特权"。根据这一特点，非官方金融机构、企业和私人持有的黄金、外汇等资产不能算作国际储备。因此，国际储备也称官方储备，与国际清偿力存在区别。

（2）自由兑换性。作为国际储备的资产必须可以自由地与其他金融资产兑换，充分体现储备资产的国际性。因此，缺乏自由兑换性的储备资产在国际上就不能被普遍接受，也就无法用于弥补国际收支逆差及发挥其他作用，无法实现国际储备的价值。

（3）充分流动性。作为国际储备的资产必须是随时都能够动用的资产，如存放在银行里的活期外汇存款、有价证券等。当一国国际收支失衡或汇率波动过大时，就可以动用这些资产来平衡国际收支或干预外汇市场，以维持本国货币汇率的稳定。

（4）普遍接受性。作为国际储备的资产必须能够为世界各国所普遍认同、接受和使用。如果一种储备资产仅在小范围或区域内被接受和使用，那么尽管它也具备自由兑换性和充分流动性，仍不能称为国际储备。

3. 国际储备与国际清偿力的区别

国际清偿力（international liquidity）是指一国的对外支付能力；具体来说，是指一国直接掌握或在必要时可以用于调节国际收支、清偿国际债务及维持本币汇率稳定的一切国际流动资金和资产。它实际上是一国的自有储备、借入储备及诱导储备资产的总和。

因此，国际清偿力、国际储备与外汇储备的关系可表述如下：

第一，国际清偿力是自有国际储备、借入储备及诱导储备资产的总和。其中，自有国际储备是国际清偿力的主体，因此学术界也把国际储备看作狭义的国际清偿力。

第二，外汇储备是自有国际储备的主体，因而也是国际清偿力的主体。

第三，可自由兑换资产可作为国际清偿力的一部分，或者说包含在广义的国际清偿力的范畴内，但不一定能成为国际储备货币。只有那些币值相对稳定，在经贸往来及市场干预方面被广泛使用，并在世界经济与货币体系中地位特殊的可兑换货币才能成为储备货币。

正确认识国际清偿力及其与国际储备的关系，对一国货币当局充分利用国际信贷或筹款协议迅速获得短期外汇资产来满足其对外支付需求，具有重大意义；对理解国际金融领域的一些重大发展，如欧洲货币市场对各国国际清偿力的影响，一些发达国家国际储备占进口额的比例逐渐下降的趋势，以及研究国际货币体系存在的问题与改革方案等，都是十分有帮助的。

4.1.2　国际储备的构成与来源

国际储备的构成是随着历史的发展而变化的。目前，IMF 是从国际储备构成的角度对国际储备进行定义的，即一国政府和中央银行所持有的黄金、外汇、该国在 IMF 的储备头寸以及特别提款权的总额构成一国的国际储备。

1. 国际储备的构成

国际储备的构成内容随着国际经济交易和金融关系的发展而不断丰富。目前，根据 IMF 的规定，一国的国际储备资产包括四种。

1）黄金储备

政府持有的黄金储备是一国政府为保证国际支付和维持货币信用而储存的货币性黄金，是最初的国际储备资产。它在稳定国民经济、抑制通货膨胀、提高国际资信等方面有着特殊作用。作为国际储备的黄金是一国政府所持有的货币性黄金，即作为金融资产的黄金，是不包括非货币用途的黄金的，因此并不是一国政府所持有的全部黄金都是国际储备。

在金本位制下，黄金是最重要的国际储备形式。金本位制崩溃以后，纸币不再兑换黄金，黄金也不再作为纸币发行的准备金，但仍然是主要的国际储备资产和国际结算中的支付手段。与其他储备资产相比，黄金具有保值、可靠的优点，因此许多国家仍持有大量的黄金储备。1978 年 4 月 1 日生效的《国际货币基金协定第二次修正案》规定了黄金"非货币化"，于是黄金作为货币的作用趋于淡化。但是，黄金作为一般财富的社会化身，可以较容易地转化为任何所需要的支付手段，所以它仍是国际储备的重要形式。

黄金储备量作为国际储备的一部分只是衡量国家财富的一个方面，黄金储备量高则抵御国际投资基金冲击的能力强，有助于弥补国际收支赤字，有助于维持一国的经济稳定。不过过高的黄金储备量会导致央行的持有成本增加，因为黄金储备的收益率从长期来看基本为零，而且在金本位制度解体以后黄金储备的重要性已大大降低。

为了在用于价值衡量和国际清偿时更加方便，作为储备资产使用的黄金均被铸造成具有统一重量和形状的金锭。由于金锭的存储和物流均耗费极高的成本，花费大量时间且存在较大的安全风险，因此各国的黄金储备并不是全部储存在本国境内，而是集中储存在部分信誉好的国家的金库中。其中，纽约联邦储备银行是世界上最大的金库，不仅储存了美国的黄金储备，而且储存了部分其他主权国家的黄金储备。

黄金之所以不能保持其主要储备地位还因为它受特定条件所限制，具体表现在以下几方面：一是黄金作为储备，不仅不能创造价值、不能生息获利，而且还要支付保管费用；二是黄金极少直接用作国际清偿手段（战争期间例外）；三是黄金储备计价方法不同；四是黄金产量受自然条件的限制；五是黄金的占有极不均衡。

但是黄金作为国际储备也有如下优点：一是黄金是最可靠的结算手段，它较少受政治、经济、金融局势动荡的影响；二是黄金储备完全属于国家主权范围，可以自主控制，不受任何超国家权力的干预；三是其他储备资产受债务国金融机构的信用和偿付能力的影响，债权国家往往处于被动地位，远不如黄金可靠。

2）外汇储备

目前在全球各国的国际储备资产中，外汇储备是最重要的构成部分，也是最主要的形式。政府持有的外汇储备，又称国际储备货币，即一国政府持有的国际储备资产中，由可自由兑换货币所构成的那部分。其具体形态表现为：政府在国外的短期存款及其他可以在国外兑现的支付凭证和有价证券，如商业汇票、银行支票、外国政府国库券和长短期债券等。外汇储备是一个国家经济实力以及国际清偿力的重要组成部分，是一国用于平衡国际收支、稳定汇率、偿还对外债务的外汇积累。

储备货币必须具备以下几个条件：一是它在国际货币体系中占有重要的地位；二是能自由兑换其他储备资产；三是中央银行和商人对其购买力的稳定性具有信心。

第二次世界大战前，英镑曾长期是世界各国主要的储备货币；而第二次世界大战后，美元取代英镑成为主要的储备货币。20 世纪 70 年代以来，联邦德国马克、瑞士法郎、法国法郎和日元也成为重要的储备货币。进入 21 世纪后，欧元也成为重要的储备货币。由此可见，国际主要储备货币的种类与主权国家的经济实力和国际地位相辅相成。

外汇储备作为一国进行经济调节、实现内外平衡的重要手段，当国际收支出现逆差时，动用外汇储备可以促进国际收支的平衡；当国内宏观经济不平衡，出现总需求大于总供给时，可以动用外汇储备组织进口，从而调节总供给与总需求的关系，促进宏观经济的平衡。同时，当汇率出现波动时，可以利用外汇储备干预外汇市场，影响汇率，使之趋于稳定。因此，外汇储备是实现经济均衡稳定的一个必不可少的手段，特别是在经济全球化不断发展，一国经济更容易受到外部经济影响的情况下，更是如此。

外汇储备的主要功能包括以下几方面：一是调节国际收支，保证对外支付；二是干预外汇市场，稳定本币汇率；三是维护国际信誉，提高对外融资能力；四是增强综合国力和抵抗风险的能力。

外汇储备的增加不仅可以增强宏观调控的能力，而且有利于维护国家和企业在国际上的信誉，有助于拓展国际贸易、吸引外国投资、降低国内企业融资成本、防范和化解国际金融风险。

3）普通提款权

普通提款权（general drawing rights，GDR），又称为成员国在 IMF 的储备头寸，是 IMF 的成员国按照规定从 IMF 提取一定数额款项的权利。储备头寸是一国在 IMF 的自动提款权，其数额的大小主要取决于该成员国在 IMF 认缴的份额，其最基本的贷款即为普通提款权。这项贷款累计数最高额度为成员国所缴份额的 125%。

IMF 的一项宗旨便是"为成员国融通资金，协助成员国克服国际收支困难"。它主要包括两部分：一是储备部分，是成员国向 IMF 缴纳的黄金和外汇储备份额，约占成员国认缴总份额的 25%，需要时可由成员国无条件提用。二是信贷部分，是成员国向 IMF 的贷款。由于成员国向国 IMF 缴纳的份额中有 75% 是以本国货币缴纳的，需要提用时，实际上是以本国货币作抵押换回所需的外汇以弥补国际收支逆差。提用的比例越高，提用时的限制条件也越多。

由于普通提款权是 IMF 最基本的一种贷款，用于解决成员国一般性国际收支逆差的短期资金需要，因此，普通提款权可以作为成员国的国际储备的构成内容。但是普通提款权在 IMF 成员国国际储备资产总额中所占比重较小，仅占 3% 左右。

IMF 的成员国可以无条件地提取其储备头寸用于弥补国际收支逆差。一国若要使用其在 IMF 的储备头寸，只需提出要求，IMF 便会通过提供另一国的货币予以满足。

4）特别提款权

特别提款权（special drawing rights，SDR）是 IMF 根据各成员国的基本份额分配给各成员国的、可用来归还 IMF 贷款和成员国政府之间偿付国际收支逆差的一种账面资产。它代表成员国在普通提款权以外的一种特别使用资金的权利。IMF 分配而尚未用完的 SDR，就构成一国国际储备的一部分。SDR 是 IMF 为补充国际储备不足而于 1970 年 1 月开始向成员国发行的一种国际储备资产，也称"纸黄金"。它是 IMF 分配给成员国的一种使用资金的权利。成员国在发生国际收支逆差时，可用它向指定的其他成员国换取外汇，以偿付国际收支逆差或偿还 IMF 的贷款，还可与黄金、自由兑换货币一样充当国际储备。但由于其只是一种记账单位，不是真正的货币，使用时必须先换成其他货币，不能直接用于贸易或非贸易的支付。

目前，SDR 是以包含美元、欧元、人民币、日元和英镑 5 种货币组成的货币篮子定值的。

SDR 有其自身的特点：

第一，它是一种记账单位，不像黄金那样有其内在价值，也不像储备货币那样以一国的经济实力做后盾，它是被集中创造的、只能由各国中央银行持有的一种"有名无实"的用于国际结算的信用资产。

第二，SDR 也不同于普通提款权，它是 IMF 按份额分配给成员国的，成员国无条件享有其分配额，且无须偿还，因此对成员国来说是一种额外的储备来源。

第三，SDR 的用途严格限于国际支付目的。其用途是，成员国可以动用 SDR 向 IMF 指定的会员国换取外汇，以支付国际收支逆差。但 SDR 不能作为国际流通手段和支付手段，只能在 IMF 成员国政府之间发挥其计价结算作用。

2. 国际储备的来源

国际储备的来源是指国际储备的供给。

从世界范围的角度看，国际储备的来源取决于以下几个因素：一是国际储备货币国家的国际收支逆差的规模和持续时间，规模越大、持续时间越长，说明其向世界提供的储备货币就越多；二是 IMF 分配给成员国的 SDR 的数额大小；三是国际金融市场所能提供的资金数额的大小。

扩展阅读 4.1　人民币加入 SDR 篮子五年多迎首次"体检"，IMF 宣布提高权重

从一个国家的角度来分析，一国货币当局为了在国际收支出现逆差时能够有效进行调节，都希望获取更多的国际储备。获取国际储备的途径有内部来源和外部来源。

（1）国际收支顺差。一国国际收支顺差会使该国国际储备增加，逆差则会导致国际储备减少。在国际收支的组成部分中，经常项目收支顺差是一国国际储备的最可靠途径和最主要来源，因为它反映的是一国商品和服务在国际市场上有较强的竞争能力。相比之下，资本项目收支顺差虽然也是一个重要来源，但它并不是增加一国国际储备的最稳定与最可靠的来源，因为不论是长期资本项目顺差，还是短期资本项目顺差，都具有不稳定性和暂时性。长期资本项目顺差如没有新资本流入，反而会因利润和红利的汇出而减少，如发生外国资本抽回投资，还可能使顺差消失。至于短期资本项目顺差则更不稳定，因为短期资本具有投机和转移的特性。

（2）货币当局干预外汇市场收进外汇。一国货币当局通过干预外汇市场就能增减其国际储备。为了稳定汇率，缓解本币对外币升值的压力或防止本国商品国际竞争力下降，货币当局可以在外汇市场上用本币购买外国货币，使其外汇储备增加。

（3）中央银行在国内购买黄金。中央银行使用本国货币购买黄金，可增加该国黄金储备；如果它再将黄金在国外黄金市场上出售，则可补充其外汇储备。不论是黄金储备增加，还是外汇储备增加，都将增加该国国际储备总量。但是，如果中央银行在国际黄金市场上用外汇购买黄金，则只能改变其国际储备的构成，而不能增加国际储备量。

（4）政府或中央银行向国外借款。一国政府或中央银行直接从国际金融机构借入的各种贷款，这种借款可增加该国的外汇储备。另外，储备货币的发行国之间还可通过货币互换协定来相互提供外汇储备。

（5）IMF 分配给成员国的 SDR。IMF 根据各成员国的基金份额分配给各成员国的 SDR，是各成员国的一种额外资金来源，它是国际储备资产的形式之一，因而构成成员国国际储备来源的一个渠道。

一国国际储备除上述五种来源途径外，储备资产收益和溢价也是不可忽视的来源。储备资产收益包括外汇储备的存款利息和作为储备资产的外国债券收益；储备资产溢价包括

由于外汇汇率变动造成的一国外汇储备折成 SDR 或美元的溢价，也包括由于金价的上涨，造成黄金储备总量不变的情况下黄金储备价值的增加。

3. 国际储备的作用

拥有适量国际储备对一国对外经济关系的顺利发展有特别重要的作用，具体表现在以下几个方面。

1）弥补国际收支逆差

国际储备的首要用途是弥补国际收支逆差，在一国国际收支发生困难时起缓冲作用。尤其是当一国出口下降、自然灾害及战争等突发性情况造成的短期国际收支逆差，一时又难以举借外债来平衡时，可用国际储备临时弥补收支赤字，而不必采取调整国内经济或进出口贸易的措施来纠正，从而减少因采取紧急措施而付出沉重的代价，避免影响国内经济的发展。由于一国的国际储备是有限的，解决国际收支逆差也只是暂时的，在发生国际收支持续性逆差时，不能盲目滥用国际储备。

2）保持本国货币汇率稳定

国际储备资产对稳定一国的货币汇率具有一定的作用。目前，在世界各国普遍实行浮动汇率制度的条件下，国际金融市场经常波动，严重影响有关国家经济的发展和稳定。因此，为了本国的经济利益，使本国货币汇率稳定在一定的水平上，就需要动用国际储备来干预外汇市场。国际储备中用来干预外汇市场的储备基金被称为外汇平准基金，由黄金、外汇和本国货币构成。当外汇汇率上升，本币汇率下降，超出政府限定的目标区间时，该国货币当局就要及时向市场抛出外汇，购回本币；反之则投放本币，收进外汇，从而达到稳定汇率的目的。而一国的外汇平准基金总是有限的，以其来稳定汇率的作用只能在短期内产生有限的影响。当一国国际收支发生根本性的不平衡，致使汇率持续上升或下跌时，就难以用有限的国际储备来稳定其汇率。

3）保证本国的国际信誉

国际储备的多少是一国综合国力的表现之一，尤其表现出一国的金融实力和信誉。国际储备是衡量一国对外资信的重要指标。国际储备可以作为一国向外借款、偿还外债的保证，充足的储备可以提高一国的资信，便于对外筹资，降低融资成本。通常，无论是国际金融机构，还是国外政府或银行，在对外提供贷款时都要考查评估借款国的一系列贷款风险指标，了解借款国偿还债务的能力，其中借款国的国际储备就是重要的评估指标之一。若一国的国际储备比较充足，则会比较容易从国外筹集到必要的资金，达到利用外资发展本国经济的目的；反之，则比较困难。

4）增强国际竞争能力

一国持有比较充足的国际储备资产，就有了维持货币高位或低位的能力，可以针对国际经济发展的需要，增强国家间的竞争能力。一国的货币如作为储备货币或关键货币，雄厚的储备则更有利于支持储备货币在国际上的地位。

5）应对突发事件引起的紧急国际支付

一国可能出现地震、洪水、干旱等自然灾害，生产力遭到较大破坏，需要大量进口；也可能出现政治动荡，引起资本大量外逃；在国际金融市场竞争加剧、风险增加的时候，其他国家出现的经济、金融危机很容易传导到本国。这些都需要外汇储备来消除其不利影响。

即测即练题 4.1　　　　　　　案例讨论 4.1　我国国际储备简析

自学自测　　扫描此码

4.2　国际储备管理

4.2.1　国际储备管理概述

1. 国际储备管理的概念

微课视频 4.2　国际储备的作用

　　国际储备管理是一国政府及货币当局根据一定时期内本国国际收支状况及经济发展的要求,对国际储备规模的适度化、结构的最优化及储备资产运用的高效化等方面所进行的调节与控制。

　　一个国家的国际储备管理包括两个方面:①国际储备规模管理,以求得适度的储备水平;②国际储备结构管理,使储备资产的结构得以优化。国际储备管理,一方面可以维持一国国际收支的正常进行,另一方面可以提高一国国际储备的使用效率。

2. 国际储备管理的原则

　　加强国际储备资产的管理,是当今世界各国非常重视的一个问题。各国在对其储备资产的管理上通常遵循以下三个原则。

　　1) 安全性

　　所谓安全性,是指储备资产在存放过程中不受损失。由于储备资产一般以不同的形式存放在国外银行,所以在确定储备资产存放的形式和地点时,一定要事先充分考虑到该国的经济发达程度、外汇管理制度、存放银行的资信程度、币种的优劣状况、信用工具的选择等。一般是把储备资产存放到管理宽松、资信高、币种坚挺、信用工具安全可靠的地方,从而可以避免损失。从安全性出发,国际储备的选择还要体现多元化、分散化的储备策略,并根据汇率、利率、金价的走势制订一定时期的储备计划加以实施,视局势的变化及时地作出调整。

　　2) 流动性

　　所谓流动性,是指储备资产能够根据需要随时提取,灵活调拨,使用方便。由于储备资产是一国货币当局的备用手段,一旦需要,应能够及时发挥作用,所以各国在安排储备资产时,应根据对未来使用的时间、金额的估算,将储备资产作不同期限和不同数量的安

排，以使各类储备资产的期限和数量与使用的情况相衔接，保证使用的方便和灵活。

3）盈利性

所谓盈利性，是指储备资产在存放和使用的过程中能够增值。目前，国际金融市场的金融工具多种多样，各国储备资产的构成也存在多种组合，各种金融工具和储备资产的收益率也高低不等。因此，各国在安排储备资产时，在保证其安全性和流动性的前提下，要选择收益率较高的金融工具，并随时调整储备资产结构，以达到储备资产价值增值的目的。

鉴于储备资产的安全性、流动性和盈利性之间存在着此消彼长的关系，因此要求政府在储备资产管理中，需要同时考虑储备资产的上述三种属性。流动性涉及储备资产能否在不蒙受损失的条件下随时投入使用，安全性涉及储备资产的价值储藏手段职能，盈利性关系到储备资产在未动用期间所产生的收益。在不同的经济环境下，三种属性的相对重要性会有所不同。例如，在国际收支逆差严重时，该国需要大量动用储备资产，保持储备资产的流动性具有较为重要的意义。在通货膨胀恶性发展时期，保证储备资产的安全性有更重要的意义。在国际收支大体平衡或出现顺差的时候，相对重视储备资产的盈利性可以使该国获取更大的资产增值利益。

4.2.2 国际储备的规模管理

1. 国际储备规模管理的定义

国际储备规模管理是指通过有关管理规定和安排，使一国的国际储备数量保持在适度合理的水平上。适度的国际储备规模，既能满足国家经济增长和对外支付的需要，又不会因国际储备过多造成储备资源的浪费。因此，国际储备规模管理具有十分重要的意义。

微课视频 4.3 国际储备的规模管理

2. 国际储备规模管理的意义

（1）有利于保持国际收支平衡。国际储备作为调节国际收支的手段，其数量适度与否至关重要。只有一国保有一定数量的国际储备规模，才能发挥调节国际收支的作用，弥补国际收支逆差和应对意外事件的需要。因此，需要加强国际储备规模管理。

（2）有利于保持储备货币币值稳定。各国为避免汇率变动造成外汇储备资产贬值的损失，往往会加强对国际储备规模的管理，以保证汇率稳定。

（3）有利于维护国家对外清偿能力。一国保有一定数量的国际储备规模，可以满足国家对外支付和偿债的需要。因此，应加强国际储备规模管理，保持适度国际储备规模。

3. 影响国际储备规模的因素

影响一国国际储备规模的因素如下：

1）对外贸易状况

一国对外贸易状况包括该国对外贸易在国民经济中的地位和作用、贸易条件和出口商品在国际市场上的竞争力等。一国对外开放程度和对外贸易依赖程度越大，其对外贸易的规模就越大，所需要的国际储备规模就越多；相反，则需要较小的国际储备规模。一个在贸易条件上处于不利地位而其出口商品又缺乏竞争力的国家，则需要较多的国际储备规模；

相反，则需要较少的国际储备规模。因此，对外贸易状况是影响一国国际储备规模的首要因素，它直接影响着一国国际收支状况。

2）汇率制度

不同的汇率制度对一国国际储备规模有一定的影响。在固定汇率制下，各国为维持汇率稳定，需要持有大量国际储备。在浮动汇率制度下，汇率可以自由波动，各国不必保有更多的国际储备来承担调节国际收支失衡和稳定汇率的义务。需要指出的是，汇率制度对国际储备的需求是不稳定的，国际储备需求取决于各国货币当局干预外汇市场的政策。

3）外汇管制的程度

在实行较严格外汇管制的条件下，进口用汇和资本流动将受到限制，这在一定程度上控制了居民的私有用汇，限制进口，所需国际储备规模就小；反之，如果一国放松外汇管制，则会需要较大的国际储备规模。

4）货币地位

这里的货币地位是指一国货币是否拥有国际储备货币的地位。如果一国货币拥有国际储备货币的地位，则可以通过增加本国货币的对外负债来弥补国际收支逆差，从而不需要较大的国际储备规模；相反，则需要较大的国际储备规模。

5）国际信誉

如果一国获取国际信贷的信誉较高，有较强的对外筹措资金的能力，则该国所需国际储备量就少些；反之，则需要较大的国际储备规模。

6）金融市场的发育程度

发达的金融市场能够为国家、企业或部门与个人提供方便的金融资产，并能对物价、利率、汇率等经济信息提供较为真实的信号，便于国家、企业或部门与个人进行正确的投资交易决策。因此，金融市场越发达，政府保有的国际储备规模就越小；反之，则需要较大的国际储备规模。

7）持有储备的机会成本

一国政府的储备资产，往往以存款的形式存放在外国银行，这会产生机会成本。如果动用储备进口物资所带来的国民经济增长和投资收益率高于国外存款的利息收益率，其差额就是持有储备的机会成本。因此，持有储备的机会成本越高，则国际储备的保有量就越低；反之，则国际储备的保有量就越高。

8）各国的协调合作程度

如果各国在经济和金融领域协调合作得越好，则需要国际储备规模就越小；反之，则需要国际储备规模就越大。

此外，一国国际收支的调节机制、出口商品的供求弹性、外债的规模等，都是影响国际储备需求量的因素，在确定最适度国际储备规模时，都应适当对其加以考虑。

4. 适度国际储备规模的确定

1）适度国际储备规模的确定含义

由于不同的国家在不同的发展阶段对于国际储备水平的要求各不相同，一国的国际储备规模并不存在一个确切的衡量标准。根据影响一国国际储备规模的因素考虑，各国在确定国际储备规模时，通常是确定出国际储备规模水平变动的上限和下限，从而将国际储备规模的变动控制在适宜的区间内。

一般来讲，一国的国际储备规模应根据该国的经济发展水平来确定其下限，即保证该国最低限度进出口贸易总量所必需的储备资产量，称为经常储备量。同时，也应考虑其上限，即该国经济发展最快时可能出现的对外最大支付所需要的储备资产量，称为保险储备量。在上限和下限之间，便构成了一国适宜的国际储备规模区间。在这个区间内的任何一个水平上，都可能是一国所持有的最佳储备量。应该注意的是，最适度储备量是一个区间值，要根据各种因素的变动和科学的估算方法来确定，并不是一成不变的。

2）确定适度国际储备规模的常用方法

一般来说，确定适度国际储备规模的常用方法如下。

（1）一国国际储备量与国民生产总值之比。这一比例反映了一国的经济规模对国际储备量的需求。国际储备量要适应国民生产总值的变化，两者之间基本上呈正比例关系。根据这一比例关系，可大致估算出一国的国际储备量。一般来说，一国国际储备量与国民生产总值之比应以 10%左右为宜。

（2）国际储备量与月平均进口额之比。这是最常用的指标。一般认为，一国的国际储备量大约相当于 3 个月的进口用汇额是较为适宜的。这也是 IMF 常用的"三个月进口货价法"。

（3）国际储备与外债总额之比。国际储备与外债的比例关系，反映了一国的对外清偿能力和国际信誉，其常用的指标如下。

①外债负债率，是指一国外债余额与当年国内生产总值的比率。国际公认的安全线为 20%。

②外债债务率，是指一国外债余额与当年货物及服务贸易出口外汇收入额的比率。它是用来衡量某一特定时期内，一国的外汇收入是否足以支付全部外债。国际公认的安全线为 100%。

③外债偿债率，是指一国当年外债还本付息额与当年货物及服务贸易出口外汇收入额的比率。它是用来衡量某一特定时期内，一国外汇收入是否足以支付当年外债本息。国际公认的安全线为 20%。

④短期外债率，是指一国一年以内到期的短期外债余额占全部外汇储备余额的比率。国际公认的安全线为 100%。

需要指出的是，上述常用方法会因各国具体情况不同而有所变化，应视各国实际情况和不同阶段来决定。

4.2.3 国际储备的结构管理

1. 定义

国际储备资产的结构管理，是指在总量一定的情况下，遵循储备资产管理的原则，对持有的国际储备资产在构成比例上的合理安排。一般来说，国际储备的结构管理，它包括国际储备的总量结构管理、外汇储备资产的币种结构管理和国际储备资产运用的管理三个方面。

扩展阅读 4.2 中国外汇储备规模连续 19 年世界第一

微课视频 4.4　国际储备的
总量结构管理

2. 国际储备的总量结构管理

国际储备的总量结构管理是指各国货币当局对储备资产所进行的最佳配置，使黄金储备、外汇储备、普通提款权（GDR）和特别提款权（SDR）四部分储备资产持有量及其构成要素之间保持合理比例，以便分散风险，获取收益。这四部分储备资产在一国的国际储备资产总量中各自占多大比例，应有一个基本的配比。

GDR 和 SDR 是由 IMF 根据其所占份额予以确定的，因此货币当局对这一部分资产的控制力比较弱，无法主动增减其持有额。因而，对国际储备的总量结构管理就集中在对黄金储备和外汇储备的数额管理上。

1）黄金储备的数量管理

黄金是国际储备最早的一类，由于其价值稳定、安全性较高，长期以来被各国作为主要的储备资产持有，并作为防范通货膨胀的重要手段。虽然黄金的价格随市场的供求状况而经常变动，且在国际经济贸易活动中不再充当正常支付手段，持有黄金还要支付保管费等，但在全球经济进入低谷，世界主要货币发行国经济形势不明朗以及经济动荡、贸易争端不断的时期，黄金作为"避风港"的地位依然存在，使得黄金在各国储备中仍有一定的保有量，各国央行仍然要对黄金储备数量作出合理安排。一般来说，世界各国央行的黄金储备量中发达国家的比重更高，而发展中国家则主要持有外汇储备。

2）外汇储备的数量管理

外汇储备资产是国际储备中的主要组成部分，一方面是因为它是国际经济贸易活动中经常使用的支付手段，另一方面是因为外汇储备资产在使用中能够发挥其流动性和盈利性的作用。第二次世界大战以后，世界外汇储备一直保持较高的增长势头，特别是到了 20 世纪 90 年代，发展中国家经济增长迅速，外汇储备以惊人的速度增加。

3. 外汇储备的币种结构及其优化

外汇储备币种结构是指外汇储备中的各种储备货币在外汇储备总额中所占的比例。一国外汇储备中储备币种的选择、储备货币之间比例的确定及其优化要考虑以下几个重要因素。

（1）储备货币币种与本国对外贸易结构所需币种大体一致。保持储备货币币种与对外贸易用汇币种结构大体一致，这既适应了储备货币流动性的要求，满足了国家经济建设用汇的需要，也可以减少货币兑换的汇率风险。同时，要根据本国对外贸易的结构及其他金融支付的要求来选择储备货币的币种，要在分析外贸商品流向、数量以及贸易支付习惯等因素的基础上，合理配置外汇储备资产。这是考核外汇储备结构是否合理的重要标志之一。

（2）储备货币币种与本国对外投资和外债还本付息的币种大体一致。本国对外投资是实现储备资产盈利性的需要，同时储备资产的作用之一是保证国家对外支付能力和国际信誉。因此，要保持储备货币币种与本国对外投资和外债还本付息的币种大体一致，这是衡量外汇储备币种结构是否优化的标志之一。

（3）储备货币币种与外汇市场上储备货币的汇率与利率走势需求的币种大体一致。多种储备货币可以按各种货币汇率、利率的走势以及不同货币间升值与贬值相互抵消的可能性加以合理搭配，从而保证外汇储备不受损失并获得相应的收益。

（4）储备货币币种要满足本国汇率政策执行和干预外汇市场的需要。如果本国货币在外汇市场上受到某种储备货币的冲击，不利于本国货币的稳定时，一国货币当局需要动用储备货币，干预外汇市场，以保证本国货币汇率的稳定。为适应这种需要，需要事先考虑各种储备货币的适度存量。

（5）储备货币的币种选择要考虑储备货币发行国的经济、金融状况以及国际金融市场的发展状况。一般来说，如果储备货币发行国的政治、经济、金融状况良好，其汇率走势趋于上浮，就应该提高此种货币在储备中的比例；反之，则减少储备。

衡量一国外汇储备中某种货币的比例是否适当，并没有一个固定的标准。这就要求一国货币当局必须根据本国经济发展的需要，在复杂多变的外汇市场上，运用多种手段和工具，适时调整外汇储备中各种储备货币的比例，以最大限度地避免外汇风险并获取收益。

4. 国际储备资产运用的管理

国际储备资产运用的管理，是指一国货币当局对持有的储备资产应该如何加以正确使用，使其既能保证储备资产的安全保值，又能保证对外支付的需要，同时还能获取一定的收益。由于黄金储备、GDR 和 SDR 的数量少且作用有限，因此国际储备资产运用的管理，一般把重点放在对外汇储备资产如何加以合理运用上。

外汇储备资产的合理运用就是要在保证其安全性和保值性的同时，兼顾其流动性和盈利性。要想兼顾流动性和盈利性，必须采取分层次的管理办法，即将全部外汇储备资产按比例划分为以下三个等级。

（1）一级储备，流动性最高，但盈利性最低，包括在国外银行的活期存款、外币商业票据和外国短期政府债券。其中，在国外银行的活期存款，可随时开出支票对外进行支付，流动性最高。由于储备货币发行国一般都有发达的二级市场，短期政府债券和商业票据容易变现。但是，这些流动性很高的资产的盈利性却是比较低的。

（2）二级储备，盈利性高于一级储备，但流动性低于一级储备，如 2～5 年期的中期外国政府债券。二级储备是在必要时弥补一级储备不足以应付对外支付需要的储备资产，因此任何一国货币当局必须持有一定数量的二级储备。准确预测短期对外支付的金额是难以做到的。

（3）三级储备，盈利性高于二级储备，但流动性低于二级储备，如外国政府长期债券。此类储备资产到期时可转化为一级储备。如提前动用，将会蒙受较大损失。因此，一国货币当局可根据对外债务的结构持有一定数量的三级储备，这样可提高持有外汇储备资产的盈利性。

国情不同，各国货币当局持有上述三个等级储备的结构也就互不相同。一般来说，国际收支逆差国须在其储备资产中保留较大比重的一级储备，而顺差国则保留较小比重的一级储备和较大比重的三级储备。

值得注意的是，一国在安排储备资产的结构时，还应将黄金、SDR 和 GDR 考虑进去。从流动性程度看，GDR 类似于一级储备，而 SDR 的使用尽管不附带限制条件，但必须向IMF 申请，并由其安排接收 SDR、提供可兑换外汇的国家，这一过程需要一定时间，视同二级储备。而黄金的投机性最强，一国货币当局往往只有在合适的价格水平上才愿意出售，以换得所需要的储备货币。因此，黄金应列为高收益、低流动性的三级储备资产。

即测即练题 4.2

案例讨论 4.2 21 世纪初中国的国际储备管理与人民币升值压力

自学自测   扫描此码

4.3 我国国际储备的管理

4.3.1 我国国际储备的构成

中国在改革开放之前，实行的是计划经济体制，由于种种原因，对外经济交往很少，在对外贸易方面实行"量入为出、以收定支、收支平衡、略有结余"的方针。因此，国际储备问题在我国经济生活中并不显得重要。1980 年，我国恢复了在 IMF 和世界银行的合法席位后，按照规定缴纳了应缴份额，享有 GDR 和 SDR，人民币纳入了世界储备体系。作为 IMF 的成员国，我的国际储备亦由黄金储备、外汇储备、GDR 和 SDR 余额四部分组成。1981 年我国正式对外公布国家黄金外汇储备，其中在国家黄金库存中划出 400 吨（约合 1267 万盎司）黄金作为国际储备中的黄金储备部分，以历年贸易和非贸易外汇收支的结存以及中国银行可动用的外汇头寸作为国家外汇储备。1980—2003 年，我国国际储备中的黄金储备只是作为整个国家黄金库存总量的一部分，划出后多年一直没有变化。直到 2008 年，我国黄金储备增加到 1054 吨，但也只占当时世界黄金储备的 3.5%。近 10 年来，我国黄金储备有很大增长，截至 2017 年 6 月末，我国黄金储备规模为 1842 吨。GDR 和 SDR 的余额 1980 年以后长时期也基本上没有多大变动，直到 2010 年 20 国集团（G20）财长和央行行长会议就 IMF 的份额改革问题达成共识，在 2012 年之前向包括新兴国家在内的代表性不足的国家转移 6% 以上的份额，而中国所占份额从第六位升至第三位。2015 年 11 月 30 日，IMF 执行董事会决定将人民币纳入 SDR 货币篮子，SDR 货币篮子相应扩大至美元、欧元、人民币、日元、英镑 5 种货币，人民币在 SDR 货币篮子中的权重为 10.92%，美元、欧元、日元和英镑的权重分别为 41.73%、30.93%、8.33% 和 8.09%，新的 SDR 篮子已于 2016 年 10 月 1 日生效。

国家外汇管理局数据显示，截至 2024 年底，我国外汇储备规模为 32024 亿美元，较 2023 年下降 359 亿美元，同比下降 1.1%。2025 年外汇市场运行总体平稳，跨境资金流动活跃有序。可见，我国坚持推动各项存量政策和增量政策落地见效，巩固和增强经济回升向好势头，有利于外汇储备规模保持基本稳定。

4.3.2 2015—2024 年中国官方储备资产规模及分布

储备资产又称官方储备或国际储备，它是平衡国际收支的项目。当一国国际收支的经常项目和资本与金融项目发生顺差或逆差时，可以用这一项目来加以平衡。2024 年中国官方储备资产合计 34555.58 亿美元，较 2023 年增加 58.67 亿美元，如图 4-1 所示。

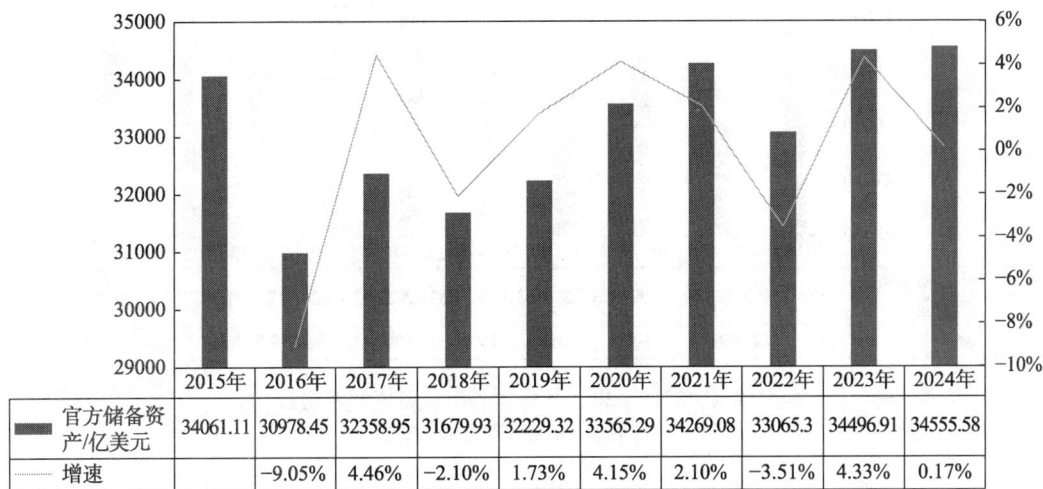

	2015年	2016年	2017年	2018年	2019年	2020年	2021年	2022年	2023年	2024年
官方储备资产/亿美元	34061.11	30978.45	32358.95	31679.93	32229.32	33565.29	34269.08	33065.3	34496.91	34555.58
增速		−9.05%	4.46%	−2.10%	1.73%	4.15%	2.10%	−3.51%	4.33%	0.17%

图 4-1　2015—2024 年中国官方储备资产及增长
资料来源：国家外汇管理局网站

外汇储备是一国重要的国际储备资产，中国外汇储备占整个国际储备的比例在 90% 以上。改革开放以后十余年，中国外汇储备数额有限，1993 年中国外汇储备余额仅有 201.38 亿美元。1994 年中国外汇体制改革以来，中国外汇储备才大幅增长，2006 年中国外汇储备首次跃居全球第一位，一直延续至今。

中国外汇储备的主要组成部分是美元资产，其主要持有形式是美国国债和机构债券。中国外汇储备资产位于中国官方储备资产的首位，但 2015 年受到全球资本流动变化和美国加息的影响，中国外汇储备有所下降，2015 年外汇储备资产为 33303.62 亿美元，且近年来有下降的趋势。截至 2024 年，中国外汇储备资产 32023.57 亿美元，较 2023 年减少 356.2 亿美元，较 2015 年减少 1280.05 亿美元，如图 4-2 所示。

在国际基金组织的储备头寸是指国际货币基金组织的成员国在基金组织普通资金账户中的资产，即普通提款权。GDR 是一国在国际货币基金组织的自动提款权，其数额的大小主要取决于该成员国在国际货币基金组织认缴的份额。IMF 执行董事会于 2010 年 11 月 6 日就份额和治理改革一揽子方案达成一致。根据该方案，中国的份额占比由原来的 2.398% 增加到 6.394%，投票权也从原来的 3.806% 升至 6.07%。中国在 IMF 中的影响力超过欧洲国家，仅次于美国和日本，排在全球第三位。2022 年中国资产 108.39 亿美元，为 2015 年以来最高的一年；2024 年中国 GDR 资产 97.58 亿美元，较 2023 年减少 0.11 亿美元，如图 4-3 所示。

黄金储备是一国重要的国际储备资产，它在稳定国民经济、平衡国际收支、维持汇率水平、抵御外部冲击等方面发挥着特殊作用。1981 年至 2001 年，中国国际储备中的黄金储备只是作为整个国家黄金库存总量的一部分，多年来一直没有变化。但是从 2001 年入世后有了变化，中国黄金储备不断增加。中国黄金储备规模呈阶梯式不断增长。2005 年至

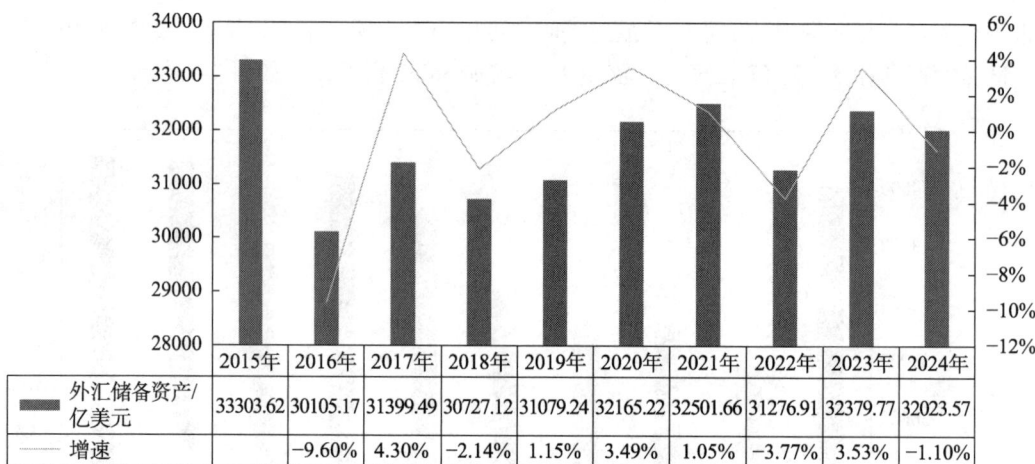

图 4-2   2015—2024 年中国外汇储备资产及增长
资料来源：国家外汇管理局网站

	2015年	2016年	2017年	2018年	2019年	2020年	2021年	2022年	2023年	2024年
外汇储备资产/亿美元	33303.62	30105.17	31399.49	30727.12	31079.24	32165.22	32501.66	31276.91	32379.77	32023.57
增速		−9.60%	4.30%	−2.14%	1.15%	3.49%	1.05%	−3.77%	3.53%	−1.10%

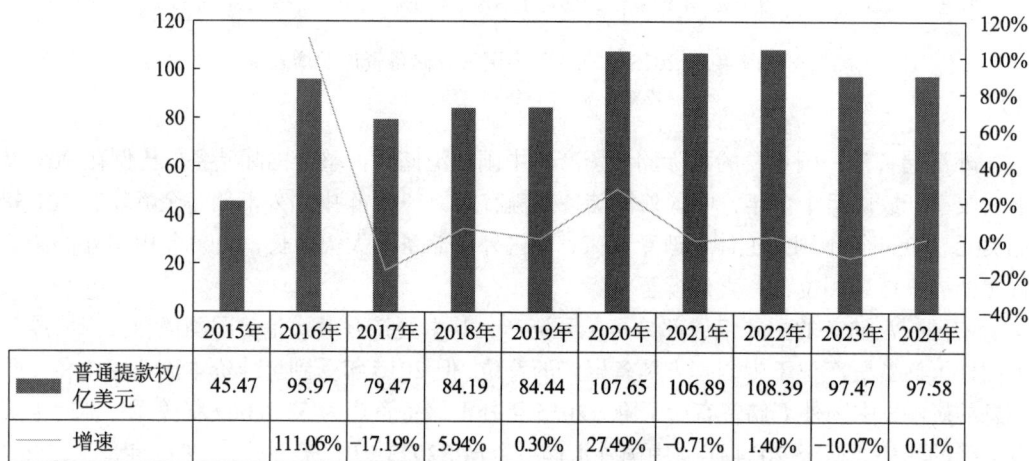

图 4-3   2015—2024 年中国普通提款权资产及增长
资料来源：国家外汇管理局网站

	2015年	2016年	2017年	2018年	2019年	2020年	2021年	2022年	2023年	2024年
普通提款权/亿美元	45.47	95.97	79.47	84.19	84.44	107.65	106.89	108.39	97.47	97.58
增速		111.06%	−17.19%	5.94%	0.30%	27.49%	−0.71%	1.40%	−10.07%	0.11%

2022 年末，中国黄金储备规模从 2005 年的 600 吨（1929 万盎司）升至 2022 年的 2011 吨（6592 万盎司），增长了 3.35 倍。

随着 2020 年新冠疫情在全球的影响以及近年来国际局势不稳定，越来越多的国家经济遭受重创。为了保持金融稳定，避免行业衰退带来的经济下滑，黄金又成了避险的渠道之一。中国也是全球最大的黄金消费国，每年需要进口大量黄金。虽然中国黄金的民间消费量巨大，但官方黄金储备并不是特别巨大。黄金在中国的官方储备资产中排名第二，2024 年中国黄金储备资产为 1913.37 亿美元，是 2015 年以来最高的一年，较 2023 年增加 431.11 亿美元，增速高达 29.08%，如图 4-4 所示。

特别提款权是国际货币基金组织根据成员国认缴的份额无偿进行分配，用于偿还国际货币基金组织债务、弥补成员国政府之间国际收支逆差的一种账面资产。目前 SDR 由美元、

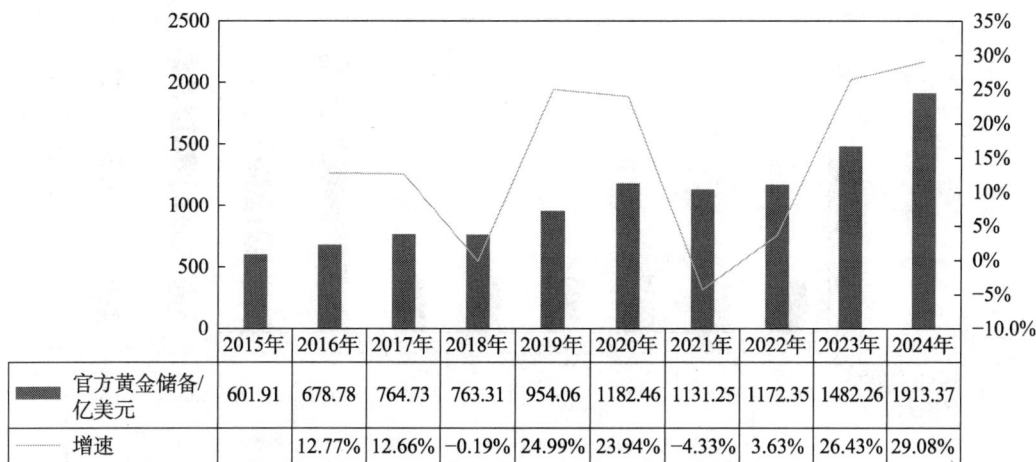

	2015年	2016年	2017年	2018年	2019年	2020年	2021年	2022年	2023年	2024年
官方黄金储备/亿美元	601.91	678.78	764.73	763.31	954.06	1182.46	1131.25	1172.35	1482.26	1913.37
增速		12.77%	12.66%	-0.19%	24.99%	23.94%	-4.33%	3.63%	26.43%	29.08%

图 4-4　2015—2024 年中国黄金资产及增长

资料来源：国家外汇管理局网站

欧元、人民币、日元和英镑五种货币组成的一篮子储备货币决定。2022 年 5 月 11 日，IMF
执行董事会完成 5 年一次 SDR 定值审查，一致决定维持现有 SDR 篮子货币构成保持不变，
即由美元、欧元、人民币、日元和英镑构成，将人民币权重提升了 1.36 个百分点为 12.28%，
美元权重也提升了 1.65 个百分点为 43.38%，欧元、日元和英镑权重略有下降（见表 4-1）。

表 4-1　2022 年特别提款权权重占比

货　　币	比重(%)	2022 年 8 月 1 日开始的 5 年期货币单位固定数量
美元	43.38	0.57813
欧元	29.31	0.37379
人民币	12.28	1.0993
日元	7.59	13.452
英镑	7.44	0.08087

数据来源：国际货币基金组织（IMF）网站

2015—2024 年，中国官方 SDR 储备资产呈增长趋势，2021 年以来中国官方 SDR 储备
资产增长明显，近两年趋于稳定，2023 年达到 526.88 亿美元，较 2022 年下降 9.08 亿美元，
降幅 1.69%，如图 4-5 所示。

2015 年以来，中国其他储备资产为正的年份为 2015 年、2016 年、2017 年、2019 年、
2021 年和 2023 年，官方其他储备资产分别为 7.27 亿美元、1.91 亿美元、5.45 亿美元、0.33
亿美元、1.37 亿美元和 1.45 亿美元，中国其他储备资产出现负的年份是 2018 年、2020 年、
2022 年和 2024 年，其他储备资产分别为–2.2 亿美元、–4.99 亿美元、–3.95 亿美元、–5.82
亿美元，如图 4-6 所示。

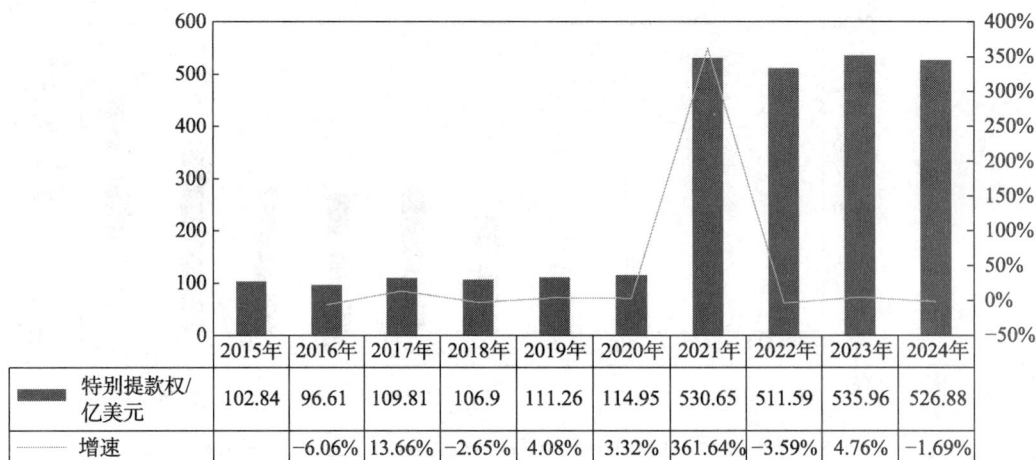

图 4-5   2015—2024 年中国官方特别提款权储备资产及增长
资料来源：国家外汇管理局网站

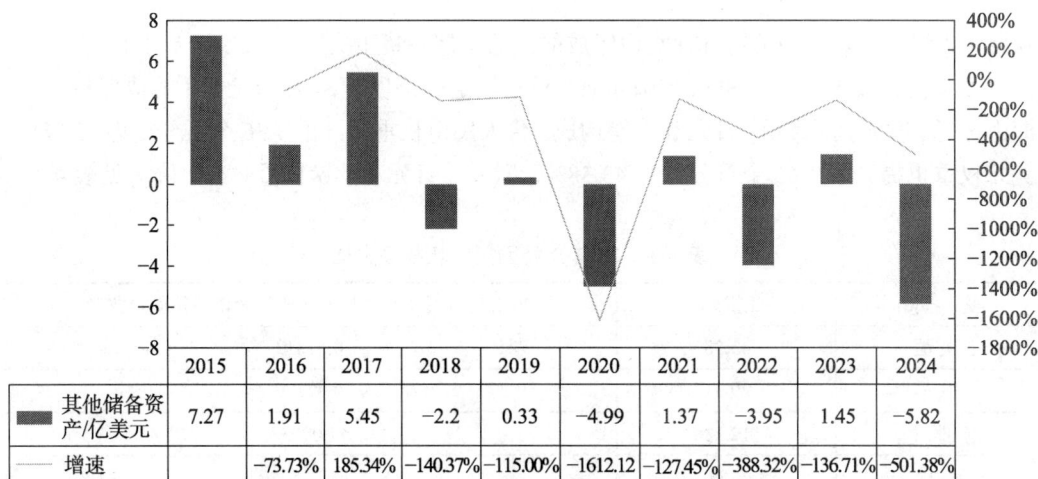

	2015年	2016年	2017年	2018年	2019年	2020年	2021年	2022年	2023年	2024年
特别提款权/亿美元	102.84	96.61	109.81	106.9	111.26	114.95	530.65	511.59	535.96	526.88
增速		-6.06%	13.66%	-2.65%	4.08%	3.32%	361.64%	-3.59%	4.76%	-1.69%

图 4-6   2015—2024 年中国官方其他储备资产及增长
资料来源：国家外汇管理局网站

	2015	2016	2017	2018	2019	2020	2021	2022	2023	2024
其他储备资产/亿美元	7.27	1.91	5.45	-2.2	0.33	-4.99	1.37	-3.95	1.45	-5.82
增速		-73.73%	185.34%	-140.37%	-115.00%	-1612.12	-127.45%	-388.32%	-136.71%	-501.38%

4.3.3   中国外汇储备管理

在国际储备中，由于 GDR、SDR 由 IMF 负责管理，各国黄金储备在一定时期比较稳定，管理相对简单，所以各国国际储备管理主要是外汇储备管理。中国外汇储备规模占整个国际储备规模的 90% 以上，所以应加强对外汇储备规模和结构的管理。

1. 加强中国外汇储备规模管理

一国外汇储备要保持在适度的规模上，既不能过多，也不能过少。但是如何确定"适度规模"却是目前面临的一个问题，需

扩展阅读 4.3   中国外汇
管理改革发展 40 年

要结合中国实际情况综合考虑各种复杂因素变化的影响而确定。

外汇储备是中国改革开放和对外经济发展的客观反映，是国际收支运行的实际结果。随着中国经济发展进入新常态，中国国际收支在波动中逐渐趋向基本平衡，因而中国外汇储备也告别了高速增长阶段，甚至在个别年份有所下降。因此，对于新时代外汇储备规模的变化，需要客观理性地进行分析和判断。

（1）中国外汇储备规模变化具有明显的阶段性特征。进入 21 世纪以来，中国外汇储备经历了两个发展阶段。第一个阶段是 2000 年至 2014 年 6 月，随着国际资本大量流入新兴市场经济体，中国外汇储备快速增长，从 2000 年初的 1547 亿美元，增加到 2014 年 6 月历史最高点 3.99 万亿美元，年均增幅在 26% 以上。第二个阶段是 2014 年 7 月以来，随着美国加息和国际资本开始从新兴市场经济体流出，中国外汇储备开始出现回落。2024 年中国外汇储备余额为 32024 亿美元。

（2）中国外汇储备能够满足国家经济金融发展的需求。一国持有多少外汇储备是合理的，国际上并没有公认的衡量标准。2011 年，IMF 结合各国危机防范的资金需求，提出了外汇储备充足性的综合标准。从实际情况看，外汇储备规模是一个连续变量，受多种因素影响。因此，对外汇储备合理水平的衡量需要综合考虑一国的宏观经济条件、经济开放程度、利用外资和国际融资能力、经济金融体系的成熟程度、国际支付和清偿能力等多方面因素。因此，无论采用何种标准来衡量，中国外汇储备都能够满足国家经济金融发展的客观需求，能够很好地维护国家经济金融安全。

（3）外汇储备对促进国民经济发展发挥了重要作用。一是外汇储备是中国宏观经济稳健运行的重要保障。外汇储备在维持国际支付能力、防范金融风险、抵御危机冲击等方面发挥了重要作用。在全球流动性宽裕时，市场主体出售多余的外汇资金，推动外汇储备规模增长。在全球流动性紧缩时，市场主体增持外汇资产、减少境外负债的行为，导致外汇储备规模下降。外汇储备实际上发挥了"蓄水池"和"稳定器"作用，避免了跨境资金大进大出，为经济结构调整和产业转型升级争取了宝贵的时间。二是外汇储备服务于对外开放战略。近年来，外汇储备拓展多元化渠道，开辟了包括委托贷款、股权注资等各类渠道，向商业银行、政策性银行等金融机构和实体经济部门提供外汇资金，形成权责清晰、目标明确、层次丰富、产品多样的外汇储备运用机制，着重支持"一带一路"建设，切实服务实体经济发展。三是合理运用外汇储备实现了"藏汇于民"。2016 年末中国对外资产中民间部门持有外汇占比首次过半，2017 年末占比达 53%，为 2004 年公布国际投资头寸数据以来的最高水平。这反映出中国对外经济金融交往正从以官方部门对外投资为主，转向以官方部门与民间对外投资并驾齐驱为主。

（4）外汇储备规模将在波动中逐步趋于稳定。外汇储备规模变动具有一定的周期性，由于近年来国际经济金融形势复杂多变，外部环境不确定性因素增多，跨境资本流出增大，使中国外汇储备规模有所下降。但是，由于中国经济金融基本面继续保持稳中向好发展态势，经常账户收支更趋平衡并保持在合理区间，人民币资产已成为全球金融资产配置中的重要组成部分，吸引境外投资者投资中国境内市场，金融账户的外汇供给稳健提升，以及中国外汇储备的多元化布局，会带来较好的分散化效果，有利于外汇储备规模保持平稳，并在适度合理区间。

2. 加强中国外汇储备结构管理

（1）加强对外汇储备和外债规模的定量分析。要重视对适度货币量、适度外汇储备量、适度外债量的研究，通过定性与定量的综合分析，确定合理适度的外汇储备规模。要处理好外汇储备规模同外债规模之间的关系，权衡利弊，择优决策。

（2）加强外汇储备多元化和分散化经营。将外汇储备资产进行资产配置优化组合，实现风险对冲，保障外汇储备资产总体安全和盈利。要积极把握市场机会，灵活运用投资策略。要建立涵盖外汇储备经营管理的前中后台，实现规范专业的投资操作。要建立一整套外汇储备投资管理体系，实现外汇储备多元化和分散化经营。

（3）实现外汇管理从事前审批向事中、事后监管转变。随着金融市场双向开放，为提高服务效率，要求外汇管理由原来的事前审批向事中和事后监管转变，以更好地满足投资者需求。

（4）实现外汇管理统筹便利化和防范风险相结合。针对进一步扩大开放，外汇管理部门应简化程序，通过信息化手段，提供一站式全方位服务，使投资便利化。同时，应加强外汇储备货币汇率的预测和风险防范，实现外汇储备货币币种结构合理和投资效益最大化。

即测即练题 4.3　　　　　案例讨论 4.3　中国外汇储备规模变化及黄金储备增持

自学自测　　扫描此码　　　　

复习思考题

1. 国际储备与国际清偿力的联系和区别有哪些？
2. 简要阐述国际储备的构成。
3. 联系实际阐述国际储备的作用。
4. 什么是普通提款权和特别提款权？
5. 普通提款权和特别提款权的联系和区别有哪些？
6. 试述影响国际储备需求数量的主要因素。
7. 影响国际储备来源的因素有哪些？
8. 如何确定适度的国际储备量？

9. 国际储备管理应遵循的原则是什么?

10. 目前我国的外汇储备规模是否适度? 阐述理由。

11. 国际储备结构管理的内容主要包括哪些?

12. 如何确定一国的适度国际储备水平?

13. 我国的外汇储备主要源于哪些渠道?

14. 简述外汇储备币种结构及其优化。

15. 简述影响国际储备规模的因素。

外汇风险

本章主要介绍外汇交易过程中可能面临的各种风险，以及应对外汇风险的措施。通过本章学习，要求学生：

1. 了解外汇风险概念、外汇风险的构成要素、外汇风险的分类以及外汇风险的管理；
2. 掌握外汇风险的三种不同特点；
3. 掌握商业银行及一般企业面对外汇风险的管理措施及防范技术。

引导案例

美国设备制造公司面临的外汇风险分析

2007年底，美国一家设备制造公司向英国出口一批价值3000万英镑的机械设备，双方约定6月底以英镑进行结算，交货日与付款日相差3个月。交货日的外汇现货汇率为1英镑＝1.6760美元，依此汇率，这批机械设备货款折合5028万美元。但是，根据当时英美两国的政治、经济状况以及世界经济的基本情况，外汇市场预期英镑兑美元的汇率在3个月后将下浮。根据这种预期，该公司在6月底把收到的货款兑换为美元时，可能会面临兑换损失，即3000万英镑货款到时兑换到的美元数额要少于5028万美元。

上述美国设备制造公司所面临的风险是经济主体在从事与外汇有关的经济活动中所必须面对的一个现实问题，是经济主体在持有和运用外汇的经济活动中，因外汇汇率变动而蒙受损失或获取收益的可能性。

资料来源：国家外汇管理局官网. http://www.safe.gov.cn.

5.1 外汇风险概述

5.1.1 外汇风险的概念

外汇风险（exchange risk），亦称汇率波动风险，是指经济实体在外汇持有与运用过程中，面临因汇率波动导致的潜在财务损失或意外收益的不确定性。从广义上看，外汇风险涵盖了潜在的盈利与损失双重可能性；而狭义定义则聚焦于其对经济实体可能造成的负面财务影响。本章采纳广义概念，深入探讨外汇风险。普遍观点认为，外汇风险的根源在于不同货币间的兑换行为，任何货币兑换行为均隐含着外汇风险的存在。进一步而言，即便是以本币计量的未来预期现金流量,亦有可能因汇率波动而暴露于外汇风险之下。如一家日本汽车制造商在本土市场与美国竞争对手展开价格战时,若美元兑日元汇率发生变动,此汇率变动将直接通过影响两国生产成本与销售价格,进而调整双方公司预期现金流的现值,最终可能提升或削弱日本公司在市场竞争中的相对地位。

外汇风险概念的多维度深度剖析如下:

第一,外汇风险本质上是一种潜在性,其既孕育着可能的经济损失,也隐含着潜在的收益机会。

这种风险的损失具体表现为汇率波动所触发的经济效应,包括:①外币债权人资产或应收账款以外币计价时的价值缩水;②外币债务人负债或应付账款以外币计价时的价值膨胀;③账面资产价值的直接减损;④预期经济利益的缩减;⑤决策环境因不确定性增加而复杂化。

相对地,外汇风险报酬则是指汇率变动为经济主体带来的正面经济效应,它体现了风险与收益并存的特性。尽管在实践中,人们往往更侧重于风险损失的一面,但理性的经济主体在应对外汇风险时,会秉持趋利避害的原则,力求在风险管理中实现收益最大化。

第二,外汇风险聚焦于经济主体持有的外汇敞口头寸(exposure position),而非其资产或负债的总量。以银行为例,若其买入与卖出的外汇资产在金额与期限上不完全匹配,则差额部分即构成外汇敞口头寸,这是外汇风险的主要载体。外汇头寸的状态可分为三类:头寸轧平、多头(超买)与空头(超卖),其中仅后两者面临外汇风险。值得注意的是,即使头寸暂时轧平,也需考虑时间因素的影响,因未来可能的交易或持有期限差异可能导致新的敞口头寸产生。例如:A 银行买入 2 个月期限的 100 万美元资产,卖出 1 个月期限的 100 万美元资产,在一个月内,它并不存在综合性的敞口头寸。但是,在一个月以后,这种平衡不复存在,它的 100 万美元资产暴露于外汇风险之中。

第三,外汇风险的影响范围远不止于直接参与国际经济交易的主体。那些在日常经营中涉及外币兑换与使用的非直接交易者,同样面临外汇风险。这是因为,任何未预期的汇率变动都可能对这些主体的财务状况产生实质性影响。

综上所述,外汇风险具有以下几个鲜明特征:其一,它源于不可预见的汇率波动;其二,它发生在货币折算或兑换过程中;其三,它足以改变经济主体的预期现金流量;其四,其经济后果具有双重性,既可能招致损失,也可能带来收益。在外汇期权等特定金融交易中,外汇风险还可能展现仅对交易的一方有利的特征。

5.1.2 外汇风险的构成要素

从理论上讲,外汇风险的形成涉及三个基本要素,即风险头寸、两种以上外币和时间。

(1)风险头寸:是指涉外经济主体持有的外汇资产或负债的敞口部分,即未被对冲或匹配的外汇头寸。只有当企业拥有或需要支付不同货币时,才可能产生外汇风险。如果企业的所有外汇收支都能完全匹配(如同时收入并支出相同币种、金额和期限的外汇),则不存在风险头寸,因此也就没有外汇风险。

（2）两种以上外币：外汇风险的存在依赖于至少两种不同货币之间的兑换。在单一货币体系下，如只使用人民币进行交易，就不存在外汇风险。然而，在国际贸易和投资中，企业往往需要处理多种货币，如美元、欧元、日元等，这就为外汇风险提供了可能。

（3）时间：时间因素是外汇风险产生的必要条件。即使企业拥有风险头寸和涉及多种货币，但如果所有交易都能即时完成，汇率变动的影响也将被最小化。然而，由于国际贸易和投资的复杂性，外汇收支往往存在时间差，这为汇率变动影响交易结果带来机会。即使是即期交易，由于银行处理时间和市场波动，也可能存在微小的汇率风险。

例如，我国企业与巴基斯坦的进出口业务完全使用人民币计价和结算，不涉及任何外币兑换，因此不存在外汇风险。又比如企业同一天收入并支出相同币种、金额和期限的外汇，既无风险头寸也无时间间隔，因此同样没有外汇风险。这两个例子都强调了外汇风险形成的三个要素缺一不可，只有同时满足这三个条件，涉外经济主体才可能面临外汇风险。

即测即练题 5.1

自学自测　扫描此码

案例讨论 5.1　正确理解外汇风险

5.2　外汇风险的分类

时间分类法是当前较为普遍的外汇风险分类方法，即按照外汇风险发生的时间不同将经济主体所面临的风险分为三大类：折算风险、交易风险和经济风险。外汇风险的分类具体如图 5-1 所示。

图 5-1　三类外汇风险

5.2.1　折算风险

1. 折算风险的概念

折算风险（translation risk），又称会计风险（accounting risk），作为国际金融领域的一个重要概念，主要关注的是经济主体在财务报告中因汇率变动而可能面临的账面价值变动。这种风险主要影响跨国经营的企业或拥有外币资产和负债的机构，因为它们的财务报表需要按特定的会计准则，通常是以母国货币为记账本位币进行编制和报告。

微课视频 5.2　外汇风险的分类

1）折算风险产生的前提条件

一是货币多样性：经济主体的会计报表中包含了以不同货币计价的资产和负债。在全球化经济中，企业可能在不同国家进行投资、融资或经营活动，因此会持有和使用多种货币。二是汇率差异：在将各种外币资产或负债折算成记账货币（如母国货币）时，使用的汇率可能因时间、市场条件等因素的不同而发生变化。这种汇率差异是导致折算风险产生的直接原因。

2）折算风险的影响分析

一是账面损益。折算风险首先表现为会计账面上的损益。当汇率变动时，以外币计价的资产和负债在折算为记账货币时，其价值会相应增加或减少，从而在财务报表中出现账面上的盈利或亏损。二是财务报告结果。这种账面损益虽然不直接涉及实际的现金流量，但会显著影响企业财务报告的结果。对于股东、投资者、债权人等利益相关者而言，财务报告是评估企业经营状况、财务状况和盈利能力的重要依据。因此，折算风险的存在可能导致他们对企业的评价产生偏差。三是决策影响。企业管理层在制定战略决策时，也会受到折算风险的影响。例如，在决定是否进行跨国投资、融资或调整资产负债结构时，管理层需要充分考虑汇率变动可能带来的账面损益及其对财务报告和市场评价的影响。

【例题 5-1】　美国某公司在英国的子公司的往来账户余额为 200 万英镑。年初 GBP1 = USD 1.6000，美国母公司在英国子公司账户余额是 320 万美元。年末时美元贬值，英镑升值，GBP 1 = USD 1.5500，则年末时英国子公司账户余额折算成美元只有 310 万美元，英镑余额价值降低了 10 万美元。根据美国的会计制度规定，这笔损失可记在母公司收益的损失上，或通过一个备抵账户直接冲销股东权益。

由此可见，折算风险是跨国公司财务管理中的一个重要概念，它直接关系到跨国公司如何处理其跨国运营中涉及的多种货币交易和报告。这种风险主要源于不同货币之间的汇率波动，尤其体现在将子公司的财务报表从当地货币转换为母公司报告货币的过程中。

3）折算风险的特点

一是汇率敏感性。折算风险的核心在于汇率的不确定性。当汇率发生变动时，原本以当地货币计价的资产、负债、收入和费用等项目的价值在转换为母公司货币时也会发生变化，进而影响合并财务报表中的财务状况和经营成果。

二是影响财务决策。折算风险不仅影响跨国公司的账面价值，还可能对其财务状况的评估、业绩的衡量以及投资者的决策产生深远影响。因此，管理者需要密切关注汇率变动，并采取相应的风险管控措施。

三是财务报表合并的复杂性。跨国公司的财务报表合并涉及多个国家的会计准则和财务报告要求，这使得折算过程变得更加复杂。不同的折算方法（如时态法、现行汇率法等）也会对折算结果产生显著影响。

4）折算风险的管理

为了管理折算风险，跨国公司可以采取以下策略：

一是选择适当的折算方法。根据公司的实际情况和财务目标，选择最适合的折算方法。例如，时态法可能更适用于资产和负债按历史成本计量的公司，而现行汇率法更适用于以公允价值计量的公司。

二是利用金融衍生品。通过购买外汇期权、期货、远期合约等金融衍生品来锁定汇率，从而降低汇率波动对财务报表的影响。

三是多元化经营。通过在不同国家和地区开展业务，实现收入来源和成本支出的多元化，从而在一定程度上抵消汇率变动的影响。

四是增强汇率风险管理意识。提高管理层和财务人员的汇率风险管理意识，定期评估汇率风险敞口，并制订相应的风险管理计划。

总之，折算风险是跨国公司在全球运营中不可避免的风险之一。通过合理的风险管理和财务规划，跨国公司可以降低折算风险对财务报表和经营成果产生的影响，确保其全球战略的有效实施。

2. 折算方法

折算方法是跨国公司在进行财务报表合并时，针对不同性质的资产和负债项目所采用的汇率折算策略。目前根据应用场景的不同，主要分为四种折算方法：

1）流动/非流动法

该方法基于资产和负债的流动性进行分类。流动性资产和负债（如现金、应收账款、短期负债）采用现行汇率折算，因为它们易受汇率变动的影响。而非流动性资产和负债（如长期投资、长期负债）则采用历史汇率折算，因为它们相对稳定，不易受短期汇率波动的影响。

优点：简单易行，反映了不同性质资产和负债对汇率变动的敏感度。

缺点：可能无法全面反映汇率变动对所有项目的影响，尤其是当非流动资产和负债的实际价值也受汇率变动影响时。

2）货币/非货币法

该方法基于资产和负债的货币性进行分类。货币性资产和负债（如现金、应收账款、应付账款、长期负债）采用现行汇率折算，因为它们直接涉及货币交易。非货币性资产（如存货、固定资产）则采用历史汇率折算，因为它们通常以非货币形式存在。损益表中各项目的折算除折旧、摊销费按历史汇率折算外，所有费用收入项目均按平均汇率折算。这种折算方法基本上是从流动/非流动算法到现行汇率法的转变。

优点：更加精确地反映了货币性项目对汇率变动的敏感度。

缺点：对于非货币性资产，如果其价值受汇率变动影响（如以外币计价的固定资产），则可能无法准确反映其价值变动。

3）时间度量法

该方法结合了货币/非货币法的思想，并对真实资产的处理进行了细化。如果真实资产以现行市场价格表示，则按现行汇率折算；如果以原始价格表示，则按历史汇率折算。这种方法更加关注资产的实际价值变化。比如存货，在货币/非货币折算法中以历史汇率进行折算，而在时间度量法中，如果存货在资产负债表中以历史成本计价，则以历史汇率进行折算；如以现价计价，则以现行汇率进行折算。

优点：能够更准确地反映资产和负债在汇率变动下的实际价值变化。

缺点：操作复杂，需要更多的信息来确定资产的市场价格或原始价格。

4）现行汇率法

该方法将所有资产和负债项目都按现行汇率折算。这种方法认为，汇率变动对所有项目都有影响，且这种影响应该被全面反映在财务报表中。

优点：全面反映了汇率变动对公司财务状况的影响，使得合并财务报表更加透明和可比。

缺点：可能夸大了汇率变动对某些项目（如非流动资产）的影响，因为这些项目的实际价值可能并未受到汇率变动的直接影响。

在实际应用中，跨国公司会根据自身的经营特点、财务目标和外部环境选择合适的折算方法。随着国际会计准则的不断发展和完善，现行汇率法因其全面性和透明度逐渐成为主流折算方法。然而，公司仍需根据自身情况灵活调整折算策略，以更好地管理折算风险。

以上四种折算方法既有继承又有区别，现将四种方法比较如表 5-1 所示。

表 5-1　资产负债表各项目所选用折算汇率比较

项　　目		流动/非流动折算法	货币/非货币折算法	时间度量法	现行汇率法
现金		C	C	C	C
应收账款		C	C	C	C
存货	按成本	C	H	H	C
	按市价	C	H	C	C
投资	按成本	H	H	H	C
	按市价	H	H	C	C
固定资产		H	H	H	C
无形资产		H	H	H	C
应付账款		C	C	C	C
长期负债		H	C	C	C
实收资本		H	H	H	H
留存收益		*	*	*	**

注：C 表示现行汇率法；H 表示历史汇率法；*表示轧算的平衡数额；**表示收益和留存收益表折算结果，再通过平衡折算法算出累计折算调整额。

资料来源：常勋. 高级财务会计[M]. 3 版. 沈阳：辽宁人民出版社，2009.

3．折算风险的类别

跨国公司需要合并的海外子公司的财务报告主要有资产负债表和损益表。前者反映海外子公司截至某一会计决算日的财务状况，后者反映海外子公司在某一会计期间的经营业绩。对这两者作当地货币与母国货币折算的会计处理中，折算风险的表现形式与具体内容又均有不同。所以在实际操作中，我们将折算风险分为资产负债表风险和损益表风险。

1）资产负债表风险

资产负债表风险主要涉及外币资产和负债项目在折算过程中因汇率变动而产生的价值变动。

股本项目：由于通常按历史汇率折算，且股本金额在会计期间内相对稳定，因此股本项目不直接受汇率变动影响，不存在折算风险。

留存收益项目：虽然留存收益是折算平衡数，但它包含了本期损益的留存部分。然而，由于这部分损益在折算时通常已按相应汇率调整，因此在实际操作中，留存收益项目也被视为无直接折算风险（尽管其包含的本期损益部分可能已受到汇率影响）。

外币资产和负债项目：这些项目按不同汇率折算时，存在显著的折算风险。如果采用现行汇率折算，汇率的变动将直接影响这些项目的账面价值。例如，当现行汇率下跌时，外币资产（如应收账款）的折算金额将减少，导致资产减少的账面损失；相反，当现行汇率上涨时，外币负债（如应付账款）的折算金额将增加，导致负债增加的账面损失。

2）损益表风险

损益表风险则涉及收入和费用项目在折算过程中因汇率变动而产生的变化。

收入项目：如果现行汇率与历史汇率相比下跌，那么按现行汇率折算后的收入金额将低于按历史汇率预计的金额，从而导致收入减少的账面损失。这种损失可能影响公司的盈利能力和财务表现。

费用项目：与收入项目相反，如果现行汇率上涨，那么按现行汇率折算后的费用金额将高于按历史汇率预计的金额，从而导致费用增加的账面损失。这同样会对公司的盈利能力和财务状况产生不利影响。

在实际操作中，跨国公司需要密切关注汇率变动对财务报表的影响，并采取相应的风险管理措施。例如，通过多元化货币组合、使用金融衍生品（如远期合约、期权等）进行套期保值，以及优化海外子公司的资金管理等方式来降低折算风险。此外，公司还需要在财务报表中充分披露折算风险的相关信息，以便投资者和其他利益相关者能够全面了解公司的财务状况和经营成果。

扩展阅读 5.1 外汇市场成熟度亮眼，外汇局支招企业汇率风险管理

5.2.2　交易风险

1. 交易风险的概念

交易风险是跨国企业和个人在国际经济活动中经常面临的一种重要金融风险。它主要源于外币与本币之间汇率的波动，这种波动发生在从国际经济交易合同签订到债权债务实际清偿的这段时间内，从而影响到交易本币价值的变动。以下是对交易风险的进一步分析。

1）交易风险的定义与特性

定义：交易风险是指在国际经济交易中，外币与本币之间的汇率变动，导致经济主体在合同签订至债权债务清偿期间所承担的本币价值变动风险。

特性：交易风险是一种流量风险，因为它涉及的是未来现金流的变动，即实际交易中货币价值的变动。

2）交易风险的风险因素

不同币种货币的相互兑换：交易风险的核心在于不同货币之间的兑换，这种兑换通常是因为经济交易的需要，特别是跨国经济交易。

经济交易的对外性：这些交易不是发生在同一国家内的国内经济交易，而是跨越国界的对外经济交易，涉及至少两个不同国家的货币。

媒介或载体的必要性：这些交易必须以外国货币作为媒介或载体才能进行资金的收付和结算。

3）经济交易行为与经济主体

经济交易行为：主要包括对外商品与劳务贸易（如进出口业务）、对外货币资本借贷（如国际贷款、债券发行等）、涉外直接投资（如跨国公司的海外投资）以及外汇买卖（如银行间的外汇交易、个人或企业的外汇兑换等）。

经济主体：涉及这些交易的经济主体主要有进口商、出口商、债权人、债务人和商业银行等。

4）交易风险与折算风险的区别

现金流动性：交易风险直接影响经济主体的现金流，即部分财富可能因汇率变动而转移给其他经济主体，构成真实的经济损益。而折算风险主要影响的是财务报表上的账面价值，不直接涉及现金流的变动。

经济影响：交易风险对经济主体的实际经营状况有直接影响，可能导致利润下降、成本上升等不利后果。而折算风险虽然也重要，但更多是对财务状况的反映，不一定直接反映经济主体的实际经营状况。

2. 交易风险的类别

1）进出口风险

进出口风险是国际贸易中进口商与出口商面临的重要风险之一，它直接关系到交易货币之间的汇率变动。

第一，进口商面临的风险。对于进口商而言，风险发生在计价结算的外国货币（通常称为"外币"或"结算货币"）对本国货币的汇率在受险时间内（即从合同签订到货款支付完毕的期间）上涨。一是成本增加。当外币升值时，意味着进口商需要支付更多的本国货币来购买相同数量的外币以支付货款。这直接导致进口商品的成本上升，可能压缩进口商的利润空间，甚至造成亏损。二是竞争力下降。成本增加迫使进口商提高销售价格，从而降低了其在市场上的竞争力。三是资金压力。如果进口商在汇率上涨前已经签订了固定价格的合同，而未能及时采取避险措施，那么它将面临巨大的资金压力来支付更高的货款。

第二，出口商面临的风险。对于出口商而言，风险发生在计价结算的外国货币对本国货币的汇率在受险时间内下跌。一是收入减少。当外币贬值时，出口商从销售中获得的外币收入在兑换成本国货币时，将比预期获得更少的金额。这直接导致出口商的收入减少，影响其盈利能力和财务状况。二是市场份额争夺。为了保持市场竞争力，出口商可能不得不降低销售价格以吸引客户，但这将进一步压缩其利润空间。三是资金流动性问题。如果出口商依赖外汇收入来偿还贷款或进行再投资，外币贬值将影响其资金流动性，增加其财务风险。

【例题 5-2】 中国某公司向英国出口一批商品。双方于某年 3 月 1 日正式签订合约。合约规定，以英镑计价结算，货价为 100 万英镑，结算日期为同年 12 月 1 日。根据当时的外汇管理体制，该公司可获得 25%的外汇留成，但留成的外汇只能是美元，这就需要将英镑兑换成美元。英镑对美元的即期汇率在 3 月 1 日为 GBP 1 = USD 1.7465，到 12 月 1 日下跌为 GBP 1 = USD 1.6417，下跌幅度为 6%。中国公司按签约日的即期汇率应兑换 174.65 万美元，而结算日则只能兑换到 164.17 万美元，损失 6%。

2）外汇买卖风险

对于从事外汇中介性买卖的商业银行来说，外汇交易风险是其在日常业务中必须面对的重要风险之一。这种风险主要来源于银行持有的外汇头寸，即外汇空头头寸和外汇多头头寸，在汇率变动时可能导致的经济损失。外汇汇率变动对经济交易主体的影响如表 5-2 所示。

表 5-2 外汇汇率变动对经济交易主体的影响

汇率变动交易方	外汇汇率上升	外汇汇率下跌
进口商（购买外币，支付本币）	受损	获利
出口商（卖出外币，收回本币）	获利	受损
债权人（收回外币，折合本币）	获利	受损
债务人（付出本币，归还外币）	受损	获利
商业银行（外汇多头）	获利	受损
商业银行（外汇空头）	受损	获利

第一，商业银行外汇空头的汇率上涨。当商业银行持有外汇空头头寸（即银行卖出的外汇多于买入的外汇），而该外汇的汇率在受险时间内（即银行持有该头寸的期间）上涨时，银行将面临风险。影响分析：一是损失增加。银行已经卖出了外汇并承诺在未来某个时间以固定价格买回，如果汇率上涨，银行在买回这些外汇时需要支付更多的本币，从而导致损失增加。二是资金压力。如果银行未能及时通过其他方式对冲这些风险（如买入相应的外汇期货或期权），那么它可能需要动用更多的自有资金来弥补损失，导致资金压力增加。

第二，商业银行多头外汇的汇率下跌。当商业银行持有外汇多头头寸（即银行买入的外汇多于卖出的外汇），而该外汇的汇率在受险时间内下跌时，银行同样面临风险。影响分析：一是资产贬值。银行持有的外汇资产价值随汇率下跌而减少，导致银行的资产负债表受到负面影响。二是盈利减少。如果银行原本计划通过持有这些外汇来获得汇率升值带来的收益，那么汇率的下跌将直接导致其盈利减少甚至亏损。三是市场信心受损。如果银行的外汇交易损失过大或频繁发生，可能会损害市场对银行的信心，进而影响其整体业务和声誉。

【例题 5-3】 日本某商业银行在某日分别买入和卖出同样期限的 10 万美元和 8 万美元，当日汇率为 USD 1 = JPY 100。若 1 个月后美元汇率下跌为 USD 1 = JPY 90，那么，该银行保有的 2 万美元多头，因美元汇率的下降而损失 20 万 [2 万×（90 - 100）] 日元。

5.2.3 经济风险

1. 经济风险的概念

经济风险（或称为经营风险）是企业运营中面临的一个重要挑战，特指那些由意料之外的汇率变动所带来的潜在影响。这种影响通过改变企业的生产、销售数量、价格以及成本结构，进而可能对企业的未来收益和现金流量造成波动。以下是对经济风险几个关键方面的详细分析。

扩展阅读 5.2 国家外汇管理局关于完善银行间债券市场境外机构投资者外汇风险管理有关问题的通知

1）定义与特性

定义：经济风险关注的是汇率变动（特别是意料之外的变动）如何作用于企业的生产、销售等经济环节，最终导致企业财务表现的不确定性。

潜在性：经济风险之所以被视为潜在风险，是因为它通常不直接影响企业的当前财务状况，而是作用于未来一段时间内的经营成果。

长期性与复杂性：相比其他类型的风险，经济风险往往具有更长的潜伏期，且其影响机制复杂多变，需要企业具备较高的风险识别和管理能力。

2）影响机制

生产成本：汇率变动可能直接影响企业进口原材料或设备的成本，进而影响整体生产成本。

销售价格：在出口导向型企业中，汇率变动会影响产品的国际竞争力，从而促使企业调整销售价格以维持市场份额。

销售数量：价格调整或市场需求变化会进一步影响产品的销售数量，进而影响企业的收入规模。

获利情况：上述所有因素的综合作用将体现在企业的获利能力上，即净利润的波动。

3）风险识别与管理

风险识别：企业需要密切关注国际金融市场动态，特别是汇率变动趋势，以便及时识别潜在的经济风险。

风险管理：多元化经营能够有效地管控风险，降低对单一市场的依赖，通过使用金融衍生品对冲汇率风险，从而加强成本控制以提高价格竞争力等。

预测与评估：在制定经营计划和决策时，企业应将预测到的汇率变动纳入考虑范围，并通过敏感性分析等方法评估其对企业未来经营成果的可能影响。

4）注意事项

区分意料之中与意料之外的汇率变动：企业在评估经济风险时，应明确区分这两种类型的汇率变动，以便更准确地判断风险大小，制定应对策略。

关注长期影响：经济风险的影响往往具有长期性，因此企业在制定风险管理策略时应具备前瞻性和系统性。

加强内部沟通与协作：经济风险管理涉及多个部门和职能领域，企业应加强内部沟通与协作，确保风险信息的及时传递和有效应对。

综上所述，经济风险是企业运营中不可忽视的重要因素之一。通过深入理解其定义、

影响机制以及有效的风险管理策略，企业可以更好地应对汇率变动带来的挑战，保障自身的稳健发展。

2. 经济风险的类型

1）本币贬值时的经济风险分析

当本国货币贬值时，经济风险主要体现在对企业进出口业务及市场竞争力的影响上。首先，贬值增强了本国出口产品的国际竞争力，因为以外币计价的本国产品价格下降，从而刺激出口量增加，带来更多的外汇收入，即现金流入量增加。其次，对于生产进口替代品的企业而言，贬值也降低了这些产品的相对价格，提升了它们的市场竞争力，增加其销售量，进而带来现金流量的增加。

然而，本币贬值并非总是带来正面效应。对于那些主要依赖国内市场销售且面临较少外国竞争的企业来说，贬值可能导致其在国内市场的相对价格上升（如果其成本结构中含有大量进口原材料或部件），从而可能损害其市场份额和盈利能力。此外，贬值还可能引发通货膨胀，进而对企业成本造成不利影响。

因此，企业是否能从本币贬值中获利，取决于多种因素的综合作用，包括企业的市场定位、产品竞争力、成本结构以及宏观经济环境等。

2）本币升值时的经济风险分析

与贬值相反，本国货币升值时，经济风险主要体现在出口业务和市场竞争力的负面影响上。升值使得本国出口产品在国际市场上的价格上升，降低了其竞争力，从而可能导致出口量减少，以外币计价的现金流入量相应减少。同时，对于进口替代行业来说，升值也增强了外国产品的竞争力，进一步压缩其市场份额和盈利能力。

从现金流量角度来看，本国货币升值不仅减少了以本币计价的现金流入量（由于出口减少），还可能因出口市场需求下降而间接影响以外币计价的现金流入量。虽然升值会降低以外币标价的进口物资成本（从而减少企业的现金流出量），但这一正面效应往往被出口下降所带来的负面影响所抵消。

因此，在本国货币升值的情况下，判断企业现金流量的最终净额变得较为复杂。企业需要综合考虑其进出口业务比重、市场结构、产品竞争力以及汇率变动对成本结构的影响等多方面因素来评估经济风险并制定相应的应对策略。

扩展阅读 5.3　用风险价值法评估外汇风险

即测即练题 5.2

自学自测　扫描此码

案例讨论 5.2　外汇风险之经济风险

5.3 外汇风险的管理

5.3.1 商业银行外汇风险的管理

银行在外汇市场上的参与程度各异，这种差异不仅体现在参与频率上，还体现在角色和风险管理策略上。针对积极参与外汇市场的银行，其风险管理策略可以细分为以下两类。

1. 限额管理

限额管理是外汇交易风险控制中的一个关键方法，它表现为银行对外汇市场中的敞口头寸设定合理的限制，以控制潜在的风险。以下是对各因素的详细分析。

（1）外汇交易的损益期望。银行在设定外汇敞口头寸限额时，会考虑其对外汇业务的收益预期。如果银行期望从外汇业务中获得较高的利润，那么他们可能愿意承受更高的风险以追求这些利润，因此会设定更高的敞口头寸限额。相反，如果收益预期较低或银行对风险持谨慎态度，限额就会相应降低。

（2）对亏损的承受能力。银行的资本实力和财务状况决定了其对潜在亏损的承受能力。资本充足、财务状况良好的银行能够承担更大的亏损而不影响其整体运营，因此可以设定更高的敞口头寸限额。相反，资本相对紧张或财务状况脆弱的银行则需要更加谨慎地设定限额，以避免因外汇交易亏损而引发更大的财务问题。

（3）交易币种。交易币种的数量和交易量是影响限额规模的重要因素。银行如果交易多种货币，且每种货币的交易量都很大，那么其面临的风险也会相应增加。为了管理这种风险，银行需要设定更高的敞口头寸限额以应对可能的波动。然而，这也需要银行具备更强的风险管理能力和更充足的资本支持。

（4）交易人员的水平。交易人员的业务水平和经验对于外汇交易的风险控制至关重要。经验丰富的交易人员通常能够更准确地判断市场走势和制定交易策略，从而降低交易风险并提高盈利能力。因此，银行在设定敞口头寸限额时也会考虑交易人员的水平。对于业务水平高的交易人员，银行可能会给予更高的限额以鼓励其发挥更大的作用；而对于经验不足或表现不佳的交易人员，银行则会设定更低的限额以控制风险。

综上所述，银行在制定外汇敞口头寸限额时需要综合考虑多个因素，以确保限额既能够满足银行的业务发展需求，又能够有效地控制潜在的风险。通过合理的限额管理，银行可以在外汇市场中实现稳健经营和可持续发展。

外汇交易中银行采取的限额控制措施非常全面且深入，这些措施对于有效管理外汇风险至关重要。主要包括：①即期外汇头寸限额。这种限额根据交易货币的稳定性、交易的难易程度以及相关业务的交易量来确定。稳定性较高的货币可能允许较大的头寸限额，因为它们的汇率波动相对较小；而交易难度大或交易量大的货币，则可能需要更严格的限额控制来避免过度集中风险。②掉期外汇买卖限额。掉期交易涉及不同期限的货币交换，因此其风险与利率稳定性密切相关。在制定限额时，银行会考虑货币的利率走势和稳定性。远期期限越长，受不确定因素影响的可能性越大，因此风险也越大，需要设置更严格的限额来管理这种风险。③敞口头寸限额。对于敞口头寸，银行通常会规定相应的限额时间和金额，以确保风险在可控范围内。这有助于防止因市场突然变动而导致的巨额损失。④止损点限额。止损点限额是银行为交易人员设定的最大损失容忍度。一旦交易头寸达到或超过这个限额，交易人员必须采取相应的措施来减少损失或平仓。这种限额控制有助于保护银行的资本免受不可控风险的侵害。

在模拟汇率变化可能带来的损失时，银行可以采用多种方法。设想一个汇率的变化范围是一种直观的方法，但可能不够精确。利用历史数据中最大的汇率变化来模拟最坏情况可以提供一定的参考，但这种方法可能过于保守。更常用的方法是利用历史数据估计扰动的分布，并考虑标准差等统计量来量化风险。

近年来，随着金融市场的发展和复杂化，银行在设置风险敞口头寸限额时也越来越注重各币种间的"协变化"。这意味着银行不再仅仅关注单个货币的风险，而是将不同货币之间的相互影响纳入考虑范围。通过分析各币种间的协方差或相关系数，银行可以更准确地评估整个外汇投资组合的风险，并据此制定更加合理的限额控制策略。

2. VaR 管理技术

VaR 管理技术是一种基于统计学的风险管理技术，用于衡量在正常市场条件下和一定的置信水平上，给定时间段内预期发生的最坏情况的损失。

对于一个外汇敞口头寸来说，如果 V_0 是其初始价值，经过一个单位时间，头寸的价值变为 $V_1 = V_0(1+r)$。因为存在外汇风险，投资回报率 r 和头寸价值 V_1 都是随机变量。 记 μ 为数学期望值，$E(V_1)$ 为预期值。定义 $\min V_1$ 为在设定的置信水平 c 上，头寸的最小价值。有 $\min V_1 = V_0(1+\min r)$，$\min r$ 是在置信水平 c 上资产的最小回报率。风险价值 VaR 就定义为相对于头寸的预期价值而言，外汇头寸在此置信水平上可能遭受的损失量，即 μ $E(V_1) - \min V_1 = V_0(1+\mu) - V_0(1+\min r) = -V_0(\min r - \mu)$。有时也用绝对损失来衡量风险价值，有 $VaR_0 = V_0 - \min V_1 = V_0 \min r$。风险价值既然是在一定置信水平上可能低于预期价值的风险敞口，当然就要求银行具有足够的抗风险储备来兑付可能发生的损失。

微课视频 5.3 外汇风险管理办法

5.3.2 一般企业外汇风险的管理

1. 货币选择法

货币选择法作为外汇风险管理的一种重要策略，在国际储备、对外贸易以及利用外资等领域发挥着关键作用。每种计价法都有其独特的适用场景和优势。

1）本币计价法

优点：直接避免了因货币兑换而产生的外汇风险，因为交易双方直接使用本币进行结算，无须担心汇率波动的影响。

前提：需要对方接受以本币计价，这在国际交易中可能是一个挑战，特别是当本币不是国际通用货币时。此外，该方法主要适用于货币自由兑换的国家。

2）可自由兑换货币计价法

优点：提供了更大的灵活性，允许企业在汇率变动不利时进行外汇交易以转移风险。同时，可自由兑换货币的市场流动性高，便于资金调拨和风险管理。

注意事项：虽然采用可自由兑换货币计价本身不减少外汇风险，但它为企业提供了更多的风险管理工具。

3）硬/软币计价法

优点：根据货币汇率的走势选择计价货币可以在一定程度上实现利益最大化。出口商或外币债权人选择硬币计价可以因汇率上浮而增加收入，而进口商或外币债务人选择软币计价则可以因汇率下降而减少支出。

注意事项：预测汇率走势并非易事，且汇率变动可能受到多种因素的影响，包括经济、政治和社会因素。

4）货币组合计价法

优点：通过多元化货币组合来分散风险，即使某种货币汇率上升，也可能被其他货币汇率的下降所抵消，从而降低整体外汇风险。

注意事项：这种方法需要企业具备较高的风险管理能力进行复杂的交易安排，以确保不同货币之间的有效对冲。

综上所述，货币选择法是企业进行外汇风险管理的重要工具之一。企业应根据自身的业务特点、市场环境和风险管理能力，灵活选择合适的计价货币或货币组合，以最大限度地降低外汇风险并保障经营活动的稳定运行。同时，企业还应密切关注国际金融市场动态和汇率走势，及时调整风险管理策略以应对潜在的市场风险。

2. 货币保值法

货币保值法是一种有效的外汇风险管理策略，特别适用于长期合同交易，旨在通过合同中的保值条款来锁定未来的支付价值，从而防止汇率变动带来的不利影响。常用的货币保值法有三种。

1）黄金保值条款

原理：该条款基于黄金价格的稳定性（相对于某些货币而言），将合同金额与黄金价格挂钩。在合同签订时，按照当时的黄金市场价格将交易金额折合成一定数量的黄金。到实际支付日，如果黄金价格发生变化，则支付的货币金额会相应调整，以确保实际支付的货币金额与合同签订时折合的黄金价值相等。

优点：黄金作为贵金属，其价值相对稳定，能够在一定程度上抵御通货膨胀和货币贬值的风险。

缺点：黄金价格也会受到多种因素影响而波动，且黄金市场的交易成本和流动性可能不如主要货币市场。例如：某项经济交易合同在签约时的黄金市场价格是 1 盎司黄金 = 300 美元，合同的交易金额是 30 万美元，相当于 1000 盎司黄金，在货款支付日，若黄金的市场价格是 1 盎司黄金 = 600 美元，则合同的支付金额为 60 万美元。

2）硬货币保值条款

原理：该条款选择一种相对稳定的货币（硬货币）作为计价货币，同时规定以另一种可能贬值的货币（软货币）进行支付。在合同中明确两种货币的汇率，并约定如果支付货币汇率下浮，则合同金额会按照新的汇率进行调整，以确保实收的计价货币价值与签订合同时相同。

优点：能够有效保护收款方免受支付货币贬值的风险。

缺点：对于支付方来说，如果支付货币汇率上浮，可能会增加其支付成本。此外，选择合适的硬货币和预测汇率走势也是一项挑战。

3）一篮子货币保值条款

原理：该条款采用多种货币组成的一篮子货币作为保值基础，将支付货币与这一篮子货币的综合价值挂钩。在合同中明确支付货币与一篮子货币中各种货币的汇率，并规定汇率变化的调整幅度。如果到期支付时汇率变动超过规定的幅度，则按照支付当时的汇率调整支付金额。

优点：通过分散投资于多种货币，可以降低单一货币汇率波动带来的风险。同时，一篮子货币往往能够更好地反映国际货币市场的整体走势。

缺点：管理复杂度高，需要密切关注多种货币的汇率变化，并适时调整合同条款。此外，选择合适的货币组合和设定合理的调整幅度存在一定难度。在实际应用中，企业应根据自身的业务特点、风险承受能力和市场情况选择合适的货币保值方法。同时，还应注意合同条款的明确性和可执行性，以确保在发生汇率变动时能够有效地保护自身利益。

3. 外汇交易法

企业签订交易合同后，可以通过在外汇市场上从事各种外汇业务来消除外汇风险。这种方法是国际上普遍采用的方法。

1）即期外汇交易法

即期外汇交易法是指在交易成交后的两个营业日内办理交割的外汇交易方法。企业为了规避未来汇率波动对现金流的潜在影响，可以在外汇市场上与银行或其他金融机构签订即期外汇买卖合约，约定在未来的某个特定日期以固定的汇率买卖一定数量的外汇。

应用场景：第一，外币债务偿付。当企业预计在不久的将来有外币债务需要偿付时，为了防止到期时汇率贬值导致成本增加，企业可以在即期外汇市场上卖出所需的外币，将收入的本币用于未来的债务偿付。这样，企业就锁定了偿付债务的汇率，避免了汇率波动带来的风险。第二，外币债权收款。相反，如果企业预计在不久的将来有外币债权收入，为了防止到期时汇率升值导致实际收入减少，企业可以在即期外汇市场上买入相应的外币。当债权实际到账时，企业已经通过即期交易锁定了较高的汇率，从而确保了收入的稳定性。

优势：一是锁定汇率。即期外汇交易使企业能够锁定未来的汇率，从而消除或降低汇率波动带来的不确定性。二是资金流动性好。由于交割时间短，即期外汇交易有助于企业维持良好的资金流动性。三是操作简便。与远期、期权等复杂金融工具相比，即期外汇交易相对简单易懂，便于企业操作。

注意事项：一是市场研究。企业在进行即期外汇交易前，应对外汇市场进行充分的研究和分析，以预测未来汇率走势。二是风险管理。尽管即期外汇交易有助于降低汇率风险，但企业仍需关注其他潜在风险，如信用风险、市场风险等。三是成本考虑。即期外汇交易可能涉及一定的交易成本，包括手续费、点差等，企业在决策时需综合考虑成本效益。

总之，即期外汇交易法是企业在外汇风险管理中常用且有效的工具之一。通过合理运用这一工具，企业可以更好地管理外汇风险，确保现金流的稳定性和可预测性。

2）远期外汇交易法

远期外汇交易法是企业在进行国际贸易和跨境融资时常用的一种外汇风险管理工具。它允许企业通过与银行或其他金融机构签订远期外汇合约，以约定的远期汇率在未来某一特定日期买卖一定金额和币种的外汇，从而锁定未来的汇率水平，消除或降低因汇率波动带来的风险。

具体操作：

①对于出口商来说，首先，出口商签订贸易合同。出口商在签订出口贸易合同后，面临未来收款时汇率可能下跌的风险。其次，签订远期合约。为了锁定收款时的汇率，出口商会与银行签订一份远期外汇卖出合约，约定在未来收款日按当时确定的远期汇率卖出合同金额和币种的外汇。最后，到期交割。当出口商收到货款时，按照之前签订的远期合约的汇率进行交割，无论市场汇率如何变动，出口商都能以约定的汇率卖出外汇，从而避免了汇率下跌带来的损失。

②对于进口商来说，首先，进口商和债务人签订远期合约。进口商或债务人在预计未来需要支付外汇时（如进口货款、偿还债务等），会面临汇率可能上涨的风险。为了锁定支付时的汇率，他们会与银行签订一份远期外汇买入合约，约定在未来支付日按当时确定的远期汇率买入所需的外汇。其次，到期交割。当需要支付外汇时，进口商或债务人按照之前签订的远期合约的汇率进行交割，无论市场汇率如何变动，他们都能以约定的汇率买入外汇，从而避免了汇率上涨带来的成本增加。

优势：一是锁定汇率。企业可以事先确定未来的汇率水平，从而消除或降低汇率波动带来的风险。二是财务规划。通过远期外汇交易，企业可以更好地进行财务规划和预算，确保现金流的稳定性和可预测性。三是成本控制。对于进口商和债务人来说，远期外汇交易有助于控制未来的外汇支付成本，避免汇率上涨带来的额外负担。

注意事项：一是市场研究。企业在签订远期外汇合约前，应对外汇市场进行充分的研究和分析，以预测未来汇率走势。二是风险管理。尽管远期外汇交易有助于降低汇率风险，但企业仍需关注其他潜在风险，如信用风险、流动性风险等。三是成本考虑。远期外汇交易可能涉及一定的交易成本，包括手续费、保证金等，企业在决策时需综合考虑成本效益。

总之，远期外汇交易法是企业在外汇风险管理中常用且有效的工具之一。通过合理运用这一工具，企业可以更好地管理外汇风险，确保财务安全和稳定。

3）掉期交易法

掉期交易法是一种特殊的外汇交易方式，允许企业在同一时间或几乎同一时间内进行两笔金额相同、方向相反、交割日期不同的外汇买卖。这种方法在企业管理远期债务或债权、进行跨境投资或借贷时特别有用，因为它能够有效地防范外汇风险。

注意，掉期交易与套期保值是既联系又有区别的交易方式，主要区别在于：一是交易基础。套期保值是在企业已经有一笔交易（如出口或进口合同）的基础上，为了防范该交易可能带来的外汇风险而进行的反方向交易。而掉期交易则不依赖于先前的交易，它是两笔完全独立但相互关联的交易。二是交易时间。套期保值通常是在已有交易发生后进行的，用于对冲已知的风险。而掉期交易中的两笔交易几乎是同时进行的，企业可以在没有实际交易需求的情况下，仅出于风险管理的目的进行掉期交易。三是灵活性。掉期交易在交割日期和汇率选择上通常更加灵活，可以根据企业的具体需求进行定制。而套期保值则更多地受限于已有交易的条件和条款。

应用场景：掉期交易法常用于企业的套利（可能是指资金转移或避险操作）、投资和借贷业务中。例如，一家跨国公司在未来有外币债务需要偿还，同时也有外币收入预期，它可以通过掉期交易来锁定未来的还款成本和收入汇率，从而降低外汇风险。此外，企业在进行跨境投资或借贷时，也可以利用掉期交易来管理汇率风险。

总之，掉期交易法是一种有效的外汇风险管理工具，它允许企业在不增加额外成本的情况下，通过灵活的交易安排来降低外汇风险。

4）期货交易法

期货交易法是企业用来管理外汇风险的一种重要手段，特别是针对远期外汇债务或债权。通过期货市场，企业可以利用期货合约来对冲未来汇率波动可能带来的风险。具体方法如下：

（1）买入套期保值。当企业面临未来需要支付外汇（如进口商）且担心汇率升值导致成本增加时，可以采用买入套期保值策略。

操作方式：企业在期货市场上买入与现货市场数量相当但交易方向相反的期货合约。这意味着，如果企业在现货市场上需要买入外汇（比如美元），则在期货市场上卖出相同数量、相同到期日的美元期货合约。

对冲效果：当未来汇率实际升值时，虽然企业在现货市场上购买外汇的成本会增加，但其在期货市场上持有的期货合约价值也会相应上升，从而可以弥补现货市场上的损失。如果汇率贬值，则现货市场上的成本降低，但期货市场上的损失也会被现货市场的盈利所抵消。

应用场景：进口商为防范结算货币升值，在签订贸易合同时即在期货市场上买入期货合约。当计价结算到期时，再卖出期货合约进行对冲。这样，无论汇率如何变动，进口商都能通过期货市场来锁定成本，避免外汇风险。

（2）卖出套期保值。当企业预期将收到外汇（如出口商）且担心汇率贬值导致收入减少时，可以采用卖出套期保值策略。

操作方式：企业在期货市场上卖出与现货市场数量相当但方向相反的期货合约。这意味着，如果企业在现货市场上将收到外汇（比如美元），则在期货市场上卖出相同数量、相同到期日的美元期货合约。

对冲效果：当未来汇率实际贬值时，虽然企业在现货市场上收到的外汇金额换算成本币后价值减少，但其在期货市场上持有的空头期货合约价值会增加（因为期货价格下跌），从而可以弥补现货市场上的损失。如果汇率升值，则现货市场上的收入增加，但期货市场上的损失也会被现货市场的盈利所抵消。

应用场景：出口商为防范结算货币贬值，在签订贸易合同时即在期货市场上卖出期货合约。当收回货款时，再买进期货合约进行对冲。这样，无论汇率如何变动，出口商都能确保其收入不受汇率波动的影响。

总的来说,期货交易法通过在期货市场上建立与现货市场相反的头寸,可以有效地对冲外汇风险,使企业在面对汇率波动时能够更加稳健地运营。

5）期权交易法

期权交易法是一种灵活且强大的外汇风险管理工具,它允许企业在支付一定期权费后,获得在未来某一特定时间以协定汇率买入或卖出一定数量外汇的权利。这种灵活性使得期权交易法在外汇保值方面表现出色,甚至优于传统的远期外汇交易法和期货交易法。

扩展阅读 5.4　农产品套期保值的风险

优势:一是灵活性。期权买方有权选择是否执行合约,这取决于到期时的市场汇率是否对其有利。如果市场汇率不利,买方可以选择不执行期权,仅损失期权费,从而避免了更大的损失。二是保值与增值潜力。通过购买看涨期权或看跌期权,企业可以在汇率波动中既保值又可能增值。三是成本可控。期权交易的成本主要是期权费,这是企业在购买期权时就已经确定的。因此,无论未来汇率如何波动,企业的最大损失都仅限于期权费,这使得风险管理更加可控。

应用场景:一是进口商购买看涨期权。当进口商预期未来需要支付外汇且担心汇率上升时,可以购买看涨期权。如果到期时市场汇率高于协定汇率,进口商可以选择执行期权合约,以较低的协定汇率买入外汇,从而节省成本。如果市场汇率低于协定汇率,进口商则可以选择不执行期权,直接在市场上以更低的价格购买外汇。二是出口商购买看跌期权。当出口商预期将收到外汇且担心汇率下跌时,可以购买看跌期权。如果到期时市场汇率低于协定汇率,出口商可以选择执行期权合约,以较高的协定汇率卖出外汇,从而确保收入不受汇率下跌的影响。如果市场汇率上升,出口商则可以选择放弃期权,直接在市场上以更高的价格卖出外汇,从而获得额外的收益。

综上,期权交易法为企业提供了一种灵活且有效的外汇风险管理手段。通过购买期权,企业可以在不增加额外成本的情况下,获得在未来汇率波动中保值甚至增值的机会。需要注意的是,期权交易也涉及一定的复杂性和风险,企业在使用时应充分了解市场情况并咨询专业意见。

扩展阅读 5.5　中金所发通知提示股指期货和股指期权合约交割相关事项

4. 国际信贷法

国际信贷法是企业在进行中长期国际交易时,利用不同形式的信贷安排来获取资金融通并管理外汇风险的重要法律框架。主要有三种形式——出口信贷、“福费廷”和保付代理,这些都是企业在国际贸易中常用的风险管理工具。

1）出口信贷

出口信贷是国际贸易中促进出口的一种重要手段,它通过银行提供的贷款支持,帮助出口商解决资金问题并降低外汇风险。

买方信贷:这种信贷形式直接面向进口商或进口商银行,由出口商银行提供贷款,进

口商使用这笔资金来支付从出口商处购买的商品。这样，出口商能够迅速收到货款，而外汇风险则转移给了提供贷款的银行。

卖方信贷：与买方信贷不同，卖方信贷是出口商银行向出口商提供的贷款，允许出口商接受进口商的延期付款。这种方式下，出口商对银行的负债与其对进口商的应收账款相抵消，从而降低了外汇风险。

2）福费廷

福费廷（Forfaiting），即未偿债务买卖，是一种特殊的融资方式，适用于延期付款的大型设备交易。出口商将经过进口商承兑并由一流银行担保的中长期汇票出售给出口地银行，从而提前获得大部分货款。

特点：福费廷业务中，银行对出口商无追索权，即一旦银行购买了汇票并支付了款项，无论未来进口商是否支付，银行都不能向出口商追讨。这使得出口商能够彻底转移外汇风险和进口商拒付的风险。

3）保付代理

保付代理是另一种国际贸易融资方式，特别适用于那些难以获得信用证或收款不确定的出口商。

操作方式：出口商将其应收货款的单证以贴现的方式卖给保付代理商，通常能获得应收货款的 80%～90%的预付款，剩余部分在到期时收取。这种方式使得出口商能够提前获得大部分货款，从而减轻外汇风险和资金压力。

综上，国际信贷法为企业提供了多种灵活的工具来管理外汇风险和获取资金融通。出口信贷、福费廷和保付代理是其中三种重要的形式，它们各自具有不同的特点和适用场景，企业可以根据自身需求和交易条件选择最适合的信贷方式。这些信贷工具不仅有助于企业降低外汇风险，还能提高其资金利用效率，促进国际贸易的顺利进行。

5. 提前/延期结汇法

提前或延期结汇法是企业在进行国际收支时，通过预测汇率变动趋势并据此调整收付外汇款项的时间点，以减轻或避免外汇风险的一种策略。这种方法的核心在于利用时间差来优化企业的财务状况，确保在最有利的汇率条件下进行资金结算。

1）汇率下浮时的策略

当企业预测计价货币汇率将下浮时，意味着未来用本国货币兑换该计价货币的成本将增加。因此，企业应采取以下措施来减小外汇风险。一是进口方面。推迟对外订货，减少立即支付外汇的需求，等待汇率更加有利时再订货。允许出口商延期付款或推迟交货，通过协商，将付款或交货时间推迟到汇率预期更有利的时点。二是出口方面。尽早签订合同，锁定当前较为有利的汇率，避免未来汇率下浮导致的收入减少。答应进口商提前交货或要求提前付款，加速资金回笼，减少因汇率下浮带来的损失。

2）汇率上浮时的策略

当企业预测计价货币汇率将上浮时，意味着未来用本国货币兑换该计价货币将获得更多的收益。此时，企业应采取以下措施：一是进口方面。提前订货并支付，利用当前较低的汇率支付外汇，降低未来成本。要求出口商提前交货，尽早收到货物并支付外汇，避免汇率上浮后的额外成本。二是出口方面。推迟签订合同，等待汇率上浮到更有利的水平再签订，以获得更高的外汇收入。允许进口商延期付款，在汇率预期上浮的情况下，允许进口商推迟付款，以便在未来获得更多本国货币。

在使用提前或延期结汇法时，企业可能会遇到以下困难：一是对方配合问题。不是所有交易对手都愿意配合企业的时间调整要求，尤其是当这些要求与他们的利益相冲突时。二是市场变化的不确定性。汇率预测并非绝对准确，市场可能因多种因素而突然变化，导致企业原本的计划不利。三是合同约束。已签订的合同可能包含固定的交货和付款条款，限制了企业调整时间点的灵活性。

因此，企业在运用这种方法时需要谨慎评估风险，并与交易方进行充分沟通，以确保计划的顺利执行。同时，结合其他外汇风险管理工具（如期权、期货等）进行多元化管理，可以更有效地降低外汇风险。

6. 价格分摊法

价格分摊法是一种在国际贸易中常用的外汇风险管理策略，它通过调整交易价格来分摊或转移外汇风险。这种方法主要包括加价保值和压价保值两种形式，旨在通过价格调整来平衡汇率波动可能带来的损失。

1）加价保值

加价保值主要应用于出口交易中，当出口商面临以软币（预期贬值货币）计价时，为了弥补未来可能因汇率贬值导致的收入减少，出口商会选择将预期的汇率损失计入出口商品价格中。这样，即使未来汇率发生贬值，出口商也能通过提高的价格来弥补部分或全部损失。

即期交易加价：通过计算外币贬值率，将这一因素直接加到原单价上，确保即使汇率贬值，出口商也能获得与预期相符的收入。按照国际惯例，即期交易加价公式为

$$出口商品新单价 = 出口商品原单价 \times (1 + 外币贬值率)$$

远期交易加价：除了考虑外币贬值率外，还需考虑延期收汇可能带来的利息损失，因此加价幅度会更大，以覆盖这些额外成本。远期交易加价公式为

$$出口商品新单价 = 出口商品原单价 \times (1 + 外币贬值率) \times 期数$$

2）压价保值

压价保值主要应用于进口交易中，当进口商面临以硬币（预期升值货币）计价时，为了降低未来可能因汇率升值导致的支付增加，进口商会尝试在交易价格中剔除预期的汇率升值部分。

即期交易压价：通过计算外币升值率，从原单价中减去这一因素，确保即使汇率升值，进口商也能以较低的成本获得所需商品。按照国际惯例，即期交易压价公式为

$$进口商品新单价 = 进口商品原单价 \times (1 - 外币升值率)$$

远期交易压价：同样考虑外币升值率，但可能还需要考虑其他因素如资金成本等，因此压价幅度会相应调整。远期交易压价公式为

$$进口商品新单价 = 进口商品原单价 \times (1 - 外币升值率) \times 期数$$

总之，价格分摊法是一种有效的外汇风险管理工具，但需要在充分考虑市场因素的

基础上谨慎使用。通过合理的价格调整机制，企业可以在一定程度上降低汇率波动带来的风险。

7. BSI 法和 LSI 法

这两种方法是外汇风险管理的综合方法。

1）BSI 法

BSI 是 borrowing-spot-investing 的缩写，即借款—即期合同—投资法。BSI 法是一种外汇风险管理策略，通过综合运用借款、即期交易和投资三种手段，来规避因汇率变动带来的外汇风险。这种方法适用于那些拥有外汇应收账款或应付账款的企业。

对于拥有应收账款的出口商，具体操作步骤如下：

①借款：为了防止汇率的不利变动，出口商会先借入与应收外汇等值的外币。这一步骤的目的是消除时间风险，即锁定汇率变动前的外币金额。②即期交易：随后出口商会通过即期外汇交易将这些外币兑换成本国货币。这一步骤的目的是消除价值风险，即将外币收入转换为稳定的本币收入。③投资：兑换得到的本币会被存入银行或进行其他投资，以获取投资收益。这些投资收益将用于补贴借款产生的利息和其他费用。④还款：当应收款到期时，出口商会使用之前借入的外币来归还银行贷款。由于借款和还款的币种相同，因此外汇风险得到了有效规避。

【例题 5-4】 德国某公司向美国出口一批价值 100 万美元的电器，合同规定收款期限为 90 天。签订合同时的即期汇率为 EUR1 = USD1.0562。如果德国公司预测美元汇率下降，该公司应如何运用 BSI 法防范外汇风险？

【解析】

（1）该公司先向银行借入期限为 90 天的银行贷款 100 万美元，假设年利率为 4%，则到期支付银行本利和应为 100 × （1 + 4% × 3/12）= 101（万美元）。

（2）将借入的 100 万美元兑换成欧元：100 ÷ 1.0562 ≈ 94.68（万欧元）。

（3）将兑换的 94.68 万欧元购买 3 个月期的本国国债，假设利率为 2.5%，到期收到的本利和为 94.68 × （1 + 2.5% × 3/12）= 95.27（万欧元）。

（4）90 天收款期限到后，若此时的汇率为 EUR 1 = USD 1.1870，则归还银行贷款本利和 101 万美元，就折合为 101 ÷ 1.1870 ≈ 85.09（万欧元）。

（5）将收入 95.27 万欧元与支出 85.09 万欧元相比，获得净收益 10.18（95.27 - 85.09）万欧元。

若不采取 BSI 法防范风险，90 天收款期限到后，收到的 100 万美元只能折合为 84.25（100 ÷ 1.1870）万欧元。相比之下，采用 BSI 法可以减少外汇风险损失 11.02（95.27 - 84.25）万欧元。

对于拥有应付账款的进口商，具体操作步骤如下：

①借款：在签订贸易合同后，进口商会借入相应数量的本币。②外汇购买：使用借来的本币购买结算时所需的外币。③投资：将购得的外币在国际金融市场上进行相应期限的短期投资，以获取投资回报。④支付货款：在付款期限到期时，进口商会收回外币投资，并用这笔资金向出口商支付货款。通过提前将本币兑换为外币并进行投资，进口商不仅消

除了价值风险（因为已经锁定了支付时的汇率），还通过投资改变了外汇风险的时间结构。

BSI法通过精心设计的借款、即期交易和投资策略，使企业在面临外汇风险时能够保持财务稳定。无论是应收账款还是应付账款，BSI法都能有效地消除或减轻汇率变动带来的不利影响。重要的是，这种方法通过精确控制资金流动和投资操作，实现了外币流入和流出的完全抵消，从而消除了外汇风险。

【例题5-5】美国某公司从日本进口一批货物，合同规定付款期为6个月，金额为8000万日元，即期汇率为USD 1 = JPY 113.23。如果预测日元升值，该公司应如何运用BSI法防范外汇风险？

【解析】

（1）该公司先向银行借入6个月期限的贷款70.65（8000÷113.23）万美元，假设贷款年利率4%，则6个月后应付银行本利和70.65×（1+4%×6/12）= 72.06（万美元）。

（2）在外汇市场以汇率USD 1 = JPY 113.23将借来的70.65万美元卖出，换回8000万日元。

（3）将8000万日元存入银行，假设存款年利率1.5%，获得本利和8000×（1+1.5%×6/12）= 8060（万日元）。

（4）6个月应付账款到期，假设结汇时的汇率为USD 1 = JPY 109.71，公司支付给出口商8000万日元，还获利60万日元，约为0.55（60÷109.71）万美元。

（5）最后，该公司只需将银行的本利和72.06万美元还上即可。

若不用BSI法防范风险，该公司就要支付约72.92（8000÷109.71）万美元。若采用BSI法，公司可以减少损失0.86（72.92 - 72.06）万美元，如果再加上0.55万美元的存款获利，效果更好。

2）LSI法

LSI是lead-spot-investing的缩写，即提早收付—即期合同—投资法。LSI法是一种外汇风险管理策略，它针对具有应收账款或应付账款的企业，在征得债务方或债权方的同意后，通过提前或延期收付货款、即期外汇合同兑换以及投资等手段，来消除外汇风险。这种方法在出口和进口贸易中都有具体的应用方式，下面是对这两种情况的详细解释。

在出口贸易中，当出口企业拥有应收账款时，可以采用LSI法来管理外汇风险。具体步骤如下：

①提早收付：出口企业在征得进口方（即付款人）的同意后，以提供一定折扣为条件，请求其提前支付货款。这样做可以消除时间风险，因为提前收款意味着出口企业可以更早地将外币兑换成本币，从而避免汇率波动带来的损失。②即期合同：通过银行签订即期外汇合同，将提前收取的外币兑换成本国货币。这一步骤消除了价值风险，因为出口企业已经按照当前的汇率将外币收入转换为稳定的本币收入。③投资：将兑换得到的本币进行投资，以获取投资收益。这些投资收益可以用来抵补因提前收汇而给予进口方的折扣损失。这样，出口企业既规避了外汇风险，又通过投资获得了额外的收益。

在进口贸易中，当进口商拥有应付账款时，LSI法的操作步骤略有不同：

①借款与兑换：进口商首先从银行借入本币，并按照即期汇率将这些本币兑换成外币。

这一步骤是为了确保在支付货款时有足够的外币资金。②货币市场投资：将兑换得到的外币用于货币市场投资，投资的期限应与应付账款的期限相匹配。这样做的好处是，进口商可以利用货币市场的高流动性来管理其外币资金，并通过投资获得一定的收益。③支付货款：在应付账款到期时，进口商用投资收回的外汇来支付进口应付款。由于投资期限与应付账款期限相匹配，因此进口商可以确保在支付货款时有足够的资金，并且已经通过投资消除了外汇风险。

【例题 5-6】 美国某公司从日本进口一批货物，合同规定付款期为 6 个月，金额为 8000 万日元，即期汇率为 USD 1 = JPY 113.23。如果预测日元升值，该公司应如何运用 LSI 法避免外汇风险？

【解析】

（1）该公司与出口商签订合同时同意提前付款，现金折扣率为 2%，预计付款 8000 × （1 − 2%）= 7840（万日元）。

（2）向银行借入 6 个月期贷款 69.24（7840 ÷ 113.23）万美元，假设贷款年利率为 4%，6 个月后应付银行本利和 69.24 × （1 + 4% × 6/12）≈ 70.62（万美元）。

（3）在外汇市场以即期汇率 USD 1 = JPY 113.23 将 70.62 万美元卖出，换回 7840 万日元，用这 7840 万日元支付出口商的货款。

（4）若 6 个月后的实际汇率为 USD 1 = JPY 109.71，如果不采用风险防范措施，该公司就要支付 72.92（8000 ÷ 109.71）万美元的货款。

（5）而采用 LSI 法，6 个月后只需向银行支付本利和 70.62 万美元，与不采用风险防范措施支付的 72.92 万美元的货款相比，减少损失 2.3(72.92 − 70.62) 万美元。

扩展阅读 5.6 谁该为 2008 年美国金融危机爆发负责

3）LSI 法与 BSI 法的比较

LSI 法和 BSI 法在原理上非常相似，都是通过综合运用多种手段来消除外汇风险。然而，它们的主要区别在于第一环节的处理方式：BSI 法的第一环节是从银行借款，以获取所需的外币资金。LSI 法的第一环节是付款人请求提前支付货款，并给予一定的折扣作为补偿。这两种方法各有优缺点，企业应根据自身的实际情况和市场需求来选择最适合自己的外汇风险管理策略。

即测即练题 5.3

自学自测 扫描此码

案例讨论 5.3 如何运用 LSI 的方式进行外汇风险管理

复习思考题

1. 什么是外汇风险？它的构成要素包括哪些？

2. 简述风险头寸。

3. 外汇风险的种类有哪些？

4. 什么是折算风险，它有哪些影响？

5. 什么是经济风险，它有哪些影响？

6. 外汇风险防范的措施有哪些？

7. 进出口商在面对不同情况外汇变动时如何运用提前或延后收付方式防范外汇风险？

8. 有哪些外汇折算方法？它们之间有何异同？

9. 经济风险的影响机制有哪些？

10. 本币升值和贬值时的经济风险如何分析？

11. 简述商业银行外汇风险的管理方式。

12. 如何运用国际信贷法进行外汇风险的防范？

13. 如何运用价格分摊法进行外汇风险的防范？

14. 如何运用货币选择法进行外汇风险的防范？

15. 如何运用货币保值法进行外汇风险的防范？

16. 什么是外汇期权合约避险？

17. 简述 LSI 法的避险方式。

18. 简述 BSI 法的避险方式。

19. 阐述 LSI 法和 BSI 法的异同。

国际金融市场

金融资产包括货币、外汇、票据、股票、债券和货币性黄金等，与它们的交易相对应的国际市场包括国际货币市场、国际资本市场、外汇市场、黄金市场、欧洲货币市场和衍生金融工具市场等。通过本章学习，要求学生：

1. 掌握国际金融市场的概念和构成；
2. 掌握各个子市场的概念及特征；
3. 了解这些市场金融商品交易的基本情况；
4. 熟悉欧洲货币市场、衍生金融市场的主要业务。

引导案例

中远内债置换外债案例

中国远洋运输（集团）公司（COSCO）（以下简称中远）是我国较早开展国际化经营的跨国企业集团之一。远洋运输的行业特点和国际的延期付款方式使其一方面拥有充沛的运费现金流，另一方面也积累了数额可观的应收运费。这部分应收运费大都源于中远最为优质的航线，客户群相对稳定并有着良好的商业信誉。为了进一步提高资金营运效率，中远以北美和欧亚澳两大区域航线的未来应收运费为支持，于 1997 年、1998 年在美国两次发行资产支持证券（ABS）募集资金。发行 ABS 是一种资产证券化，它是将发起人（原始权益人）不流通的存量资产或可预见的未来收入转变成为资本市场上可出售和流通的证券的过程。在该过程中存量资产被出售给一个特殊目的载体（special purpose vehicle，SPV），SPV 以此资产为支撑向投资者发行证券筹集资金。通过这种方式发行的证券称为 ABS 证券。中远与中国工商银行共同安排了 ABS 融资置换外债项目，中国工商银行出资一次性清偿中远境外所有未到期 ABS 证券和商业票据，总金额为 6 亿美元。清偿完成时，中远将以私募方式等额发行 6 亿美元 ABS 证券，中国工商银行作为唯一的投资人持有新发行的 ABS 证券，新发行的 ABS 证券继续维持了原有的交易结构。

经过融资置换，中远不仅实现了外债转内债的目的，而且进一步降低了融资成本。

资料来源：https://www.docin.com/p-386577023.html.

6.1 国际金融市场概述

国际金融市场是进行国际金融业务的场所。商品与劳务的国际性转移，资本的国际性转移、黄金输出输入、外汇的买卖以及国际货币体系运转等各方面的国际经济交往都离不开国际金融市场，国际金融市场上新的融资手段、投资机会和投资方式层出不穷，金融活动成为推动世界经济发展的重要因素。目前，纽约、伦敦和东京是世界上最大的国际金融中心。

6.1.1　国际金融市场的概念

国际金融市场是相对于只限于本国居民参与的国内金融市场而言的。国际金融市场的概念有广义和狭义之分。

狭义的国际金融市场主要聚焦于国际间的资金借贷与资本交易，具体分为短期资金市场（或货币市场）和长期资金市场（或资本市场）。这种定义强调了金融市场的核心功能——资金的借贷与资本的流动，以及这些活动所依赖的具体市场形态。

广义的国际金融市场则更为宽泛，它不仅包括资金的借贷与资本交易，还涵盖黄金与外汇的买卖等多种国际金融业务活动。这些业务活动共同构成了货币市场、资本市场、黄金市场和外汇市场等多个子市场。此外，广义的国际金融市场还强调了市场参与者的多样性，包括各国的交易人、中间人和交易机构等，他们共同构成了国际金融市场的交易网络，并通过各自的交易行为影响国际金融商品的供求关系。

本章表述的是广义上的国际金融市场，意味着将深入探讨这个多元化、全球化的金融交易平台如何运作，包括其市场结构、交易机制、监管体系以及对全球经济的影响等方面。这有助于更全面地理解国际金融市场的复杂性和重要性，以及它如何在全球经济体系中发挥关键作用。

国际金融市场与国内金融市场的区别主要体现在以下几方面。

（1）业务活动涉及的国家较多。国内金融市场的活动严格限制在一国境内，市场参与者主要是本国居民，这限制了市场的全球化程度和资本流动的广泛性。国际金融市场跨越国界，业务活动参与者来自两个或两个以上的国家。这种跨国性使得国际金融市场能够吸引全球范围内的资本流动，促进国际经济合作与发展。

（2）外汇交易比重较大。国内金融市场由于交易主要在本国货币体系内进行，因此外汇交易的需求相对较低，且通常不涉及外汇市场的直接参与。国际金融市场的业务活动必然涉及外汇交易，因为不同国家的货币需要在外汇市场上进行兑换和结算。外汇市场作为国际金融市场的中心市场之一，其交易量和影响力都极为巨大。

（3）受所在国干预较少。国内金融市场由于直接关系到本国的货币政策、经济稳定和金融安全，因此必须受到本国货币当局的直接干预和严格监管。国际金融市场尤其是发达的国际金融市场，通常具有更高的市场化程度和更完善的法律监管体系。这些市场往往能够相对独立地运行，较少受到所在国政府政策和法规的直接干预。当然，这并不意味着国际金融市场完全不受监管，但监管的方式和力度通常与国内金融市场有所不同。

6.1.2　国际金融市场的产生和发展

1. 国际金融市场形成条件

1）稳定的政治经济环境

政治稳定是经济发展的基石，经济稳定则是金融市场繁荣的先决条件。政治动荡会导致政策不确定性和投资者信心丧失，进而影响资金流动和金融市场的正常运作。中东地区的贝鲁特就是因遭受连年的内战和骚乱而丧失了中东金融中心的地位。

2）国内金融市场制度完善

一个健全的金融体系包括多元化的金融机构、透明的市场规则、高效的监管机制以及丰富的金融产品。这些都有助于提升市场吸引力，促进资金的有效配置，并为国际金融市场的形成和发展提供坚实的基础。

3）实行自由外汇制度

自由的外汇市场能够减少资本流动的障碍，提高资金使用效率，吸引全球投资者和金融机构参与。同时，自由的外汇制度也是衡量一个国家经济开放程度的重要指标。

4）地理位置优越，交通和通信便利

地理位置和交通、通信条件直接影响信息传递的速度和效率。现代金融市场的运作高度依赖于信息技术，因此先进的通信设施和便捷的交通网络是国际金融中心不可或缺的基础设施。

5）具有较强的国际经济活动能力

扩展阅读 6.1　伦敦：世界上最早的国际金融中心

国际贸易、运输和保险等领域的繁荣为金融市场提供了丰富的业务来源和风险控制手段。这些活动不仅促进了资金的跨国流动，还推动了金融产品和服务的创新。

6）大量的国际金融人才

人才是金融市场发展的核心资源。具有国际视野、专业知识和丰富经验的金融人才能够推动金融市场的创新和发展，提升金融服务的质量和效率。因此，培养和吸引国际金融人才是建设国际金融中心的重要任务。

综上所述，一个成功的国际金融市场需要综合考虑上述六个方面的条件，并不断努力提升和完善自身的软硬件环境。

2. 国际金融市场的演变

国际金融市场的演变历程展现了一个从集中走向分散、从单一中心向多极化发展的过程。这个演变不仅反映了全球经济格局的变化，也深刻影响了国际资本流动和金融市场的运作方式。国际金融市场发展的过程可以大致分为四个阶段。

1）第一次世界大战之前

18世纪中期以后，工业革命在英国和其他资本主义国家先后爆发，英国的自由资本主义迅速发展并向海外极度扩张，随之而来的是货币兑换、黄金交易、票据结算与国际清算业务的迅速发展，使其经济实力跃居世界首位。在日益增加的国际贸易结算与支付中，大量使用英镑作为支付手段，扩大英镑的使用范围，使英镑成了当时资本主义世界的主要货币。随着国际结算业务的发展、各种票据的广泛使用，在英国伦敦产生了票据交换所（或称票据承兑公司）和一大批融通海外贸易活动的商人银行等新型金融机构。同时，当时英格兰银行的国际结算业务也大为发展，并在世界各地建立了广泛的业务代理网络。综上，这一时期的国际金融市场主要以伦敦为中

微课视频 6.1　国际金融市场概述

心，这得益于英国工业革命后的经济崛起和英镑的国际地位。伦敦凭借其完善的金融体系和强大的国际影响力，成为全球金融中心。

2）一战爆发至二战结束后

两次世界大战对全球经济造成了巨大冲击，也改变了国际金融市场的格局。英国经济实力的削弱和外汇管制的实施削弱了伦敦的金融地位，而美国凭借其在二战中积累的经济实力，使美元成为国际货币体系的核心，纽约因此崛起为新的国际金融中心。同时，苏黎世因其作为中立国的地位和其货币自由兑换政策，发展成为重要的国际金融市场。

3）20世纪60年代至80年代

这一时期，随着英美等国实施严格的外汇管制，国际金融市场的发展受到了一定限制。然而，欧洲货币市场的兴起打破了这一僵局。欧洲货币市场以其灵活性和无国界的特点，吸引了大量逃避管制的资金，并迅速发展成为国际金融市场的重要组成部分。这不仅改变了国际金融市场的地理分布，也推动了金融市场的国际化进程。

4）20世纪80年代以后

随着全球化进程的加速和新兴市场的崛起，国际金融市场进一步发展和多元化。发展中国家在国际金融市场中的地位逐渐提升，现在，除伦敦、纽约、苏黎世、法兰克福、东京、巴黎以及布鲁塞尔、阿姆斯特丹、米兰、斯德哥尔摩、蒙特利尔等传统的金融市场外，一些新的市场如卢森堡、新加坡、中国香港等，甚至巴哈马、开曼群岛、马耳他和巴林等地，也成为具有一定重要性的国际金融市场。同时，金融创新的不断涌现和科技进步的推动，使得国际金融市场更加复杂和高效。

扩展阅读 6.2　首届上海"陆家嘴论坛"

6.1.3　国际金融市场的作用

（1）调节国际收支。国际金融市场为各国提供了一个调节国际收支的平台。顺差国可以通过投资国际金融市场获取收益，而逆差国则可以通过借贷等方式融资，从而缓解国际收支压力。石油美元的再循环就是一个典型的例子，它展示了国际金融市场在促进资源有效配置和平衡国际经济关系方面的重要作用。所谓石油美元，就是石油输出国经常账户的收支盈余资金；所谓再循环就是指石油美元通过国际信贷返回石油输入国。

微课视频 6.2　国际金融市场的构成和作用

（2）促进全球化经济的发展。随着国际金融市场的发展和完善，资金、技术、信息等生产要素在全球范围内的流动更加便捷和高效。这促进了跨国公司的兴起和跨国投资的增加，推动了全球产业链的整合和优化，从而加速了全球化经济的进程。

（3）促进金融资本的国际化。国际金融市场通过吸引和分配全球资金，打破了国与国之间的金融壁垒，实现了金融资本的跨国流动。这不仅满足了国际经济贸易发展的需要，还推动了银行信用的国际化，为全球经济的一体化提供了重要的金融支持。

（4）支持各国经济的发展。国际金融市场为各国提供了筹集资金的重要渠道。无论是发达国家还是发展中国家，都可以通过在国际金融市场上发行债券、股票等方式筹集资金，用于支持本国经济的发展。这对于那些国内资金匮乏但具有发展潜力的国家来说尤为重要。

国际金融市场会促使国际资本在国际间充分流动，使当前的国际资本流动达到了空前的规模。与此同时，也带来了一些负面效果。

（1）通货膨胀压力。大量国际资本的流入可能导致流入国货币供应量增加，进而引发通货膨胀。这会对国内经济稳定造成威胁，需要政府采取相应措施进行调控。

（2）削弱国内金融政策效果。资本跨国流动使得国内金融政策在面临外部冲击时更加难以有效实施。例如，当外国资本大量流入时，国内货币政策的紧缩效果可能会被削弱。

（3）对发展中国家的潜在风险。对于发展中国家来说，金融市场的快速国际化可能带来金融风险。如果金融监管不力或金融机构经营不善，就可能引发金融危机，对国内经济造成重创。

（4）金融危机的国际传播。国际金融市场的紧密联系使得金融危机在国与国之间迅速传播成为可能。一旦某个国家发生金融危机，就可能通过国际金融市场迅速蔓延至其他国家，对全球经济造成冲击。

（5）为非法活动提供便利。国际金融市场的匿名性和复杂性为国际走私、贩毒等非法活动提供了便利条件。这些活动不仅破坏了国际经济秩序和金融稳定，还严重损害了相关国家的利益。

因此，在享受国际金融市场带来的便利和机遇的同时，各国政府也需要加强金融监管和合作，防范和化解潜在的金融风险，确保国际金融市场的健康、稳定和可持续发展。

扩展阅读 6.3　国际金融市场大震荡　大宗商品缘何逆势上扬

6.1.4　国际金融市场的新趋势

20 世纪 80 年代以来，国际金融市场的发展趋势不仅重塑了全球金融体系的格局，也深刻地影响了各国经济的发展和全球经济的互动，使得国际金融市场的发展明显出现了一体化、证券化、自由化和创新化的新趋势，这些趋势对全球金融体系产生了深远的影响。

1. 国际金融市场的一体化趋势

20 世纪 70 年代两次石油价格上涨，使石油输出国的国际收支出现了巨额顺差，其中上千亿美元流入欧洲货币市场，这些石油美元由欧洲货币市场贷出，很多又回流到非石油输出国，这在某种程度上孕育了国际金融市场全球一体化的趋势。随后，20 世纪 70 年代末、80 年代初各国政府全面放松了金融管制，消除了各国金融市场的界限，加强了国内外金融市场之间的联系，降低了各国金融市场之间的交易成本，从而加快了金融市场全球一体化的步伐。

随着金融管制的放松和信息技术的发展，全球金融市场之间的联系日益紧密，形成了一个高度一体化的金融市场网络。这种一体化不仅体现在资本流动的无国界上，还体现在金融产品、金融服务和金融市场的标准化和国际化上。金融市场的一体化使得投资者可以更方便地在全球范围内配置资产，提高了市场的流动性和效率。同时，市场竞争的加剧也促使金融机构不断创新，提供更加多样化和个性化的金融服务。

2. 国际金融市场的证券化趋势

（1）直接融资比重的增加：证券化趋势反映了企业融资方式的转变，从传统的间接融资（如银行贷款）向直接融资（如发行债券、股票）转变。这种转变不仅降低了企业的融资成本，还提高了资本市场的融资效率。所谓国际金融市场的证券化是指在国际金融市场上筹资手段的证券化和贷款权的证券化。筹资手段的证券化是指 20 世纪 80 年代以后，国际金融市场上的筹资格局发生了重大变化，人们改变了长期以来主要依靠金融中介间接筹措资金的方式，转而由利用债券市场和股票市场直接融资。在 70 年代，尽管国际债券市场有了较大的发展，但是国际资本市场仍以银行贷款为主。到 80 年代以后情况发生了变化，国际证券的筹资比重不断上升，1982 年在拉美爆发的世界性债务危机，使一些发达国家银行出现了巨额呆账，这不仅削弱了这些银行进一步发行新的国际贷款的能力，而且也严重影响了它们的信誉。一些信誉卓著的公司转向证券市场，通过发行证券筹资，而许多银行也在市场上出售债权。到 1986 年，国际证券已取代了国际银行贷款的国际融资主渠道地位。

（2）金融工具的多样化：随着金融创新的不断深入，各种新型金融工具不断涌现，如期货、期权、互换等。这些金融工具的出现不仅丰富了金融市场的投资品种，还为企业和投资者提供了更多的风险管理工具。金融工具的增加，期货、期权和指数期货交易技术的发展，资金、债务调期技术的发展与不断完善，不仅增强了国际金融市场的深度，而且为市场借贷双方提供了更多的可供选择的机会，融资方式更趋于多样化。同时，随着证券市场日趋成熟，越来越多的机构直接或间接地进入有价证券市场，通过发行各种证券筹资和融通资金，银行等金融机构也热衷于从事证券的安排和交易业务，国际金融业务证券化趋势得到很大的发展。

3. 国际金融市场的自由化趋势

（1）金融管制的放松：金融管制的放松是金融市场自由化的核心。各国政府通过取消或放宽对资本流动、利率、汇率等方面的管制，促进了金融市场的开放和竞争。这种自由化趋势不仅提高了金融市场的效率，还促进了金融资源的全球优化配置。从 20 世纪 70 年代以来，西方政府当局先后陆续放松或取消对资本流动的限制。如 1973 年美国取消对资本外流的限制；1974 年德国取消资本限制；1979 年英国开始放松管制；1980 年日本取消了日元的外汇管理，1984 年进一步放松金融管制。至 20 世纪 80 年代末，工业国家大部分都开放了资本市场。

（2）金融市场的国际化：一是金融市场的自由化推动了金融市场的国际化进程。越来越多的金融机构和企业开始在国际金融市场上进行融资和投资活动，形成了跨国界的金融网络。这种国际化趋势不仅促进了全球经济的融合和发展，还提高了各国经济的相互依存度。如美国取消存款利率上限，日本降低利率上限，美国允许银行经营跨州业务，商业银行可以经营证券业务等。二是放松对商品和劳务贸易的管制。工业发达国家越来越放松对国际商品贸易的管制，主要表现在关税、补贴和配额等方面。而许多发展中国家也积极实行贸易自由化的政策措施，减少贸易管制，借以促进经济的发展。

4. 国际金融市场的创新化趋势

（1）金融创新的持续推进：金融创新是金融市场发展的重要动力。随着金融科技的不

扩展阅读 6.4　另类数据赋能金融量化，中译语通推动金融科技创新发展

断发展和应用，金融创新的速度和深度都在不断提高。新的金融产品、新的金融服务和新的金融模式不断涌现，为金融市场的发展注入了新的活力。

（2）风险管理的加强：金融创新不仅带来了金融市场的繁荣和发展，也带来了新的风险和挑战。因此，加强风险管理成为金融市场创新的重要方向。各国政府和金融机构纷纷加强风险管理体系建设，提高风险识别和防控能力，确保金融市场的稳定和安全。

6.1.5　国际金融市场的分类

1. 按性质划分

按性质不同，可将国际金融市场分为传统国际金融市场和离岸国际金融市场。

1）传统国际金融市场（在岸金融市场）

传统的国际金融市场主要进行市场所在国货币的国际信贷和国际债券业务。交易主要发生在市场所在国的居民与非居民之间，并严格受市场所在国政府的金融法律法规管辖。在二战前，这类市场实质上是国内市场的延伸，表现为国内资本的输出。例如，伦敦作为国际金融中心，尽管外国人在市场上发行债券筹集资金具有国际性，但整个市场仍受到英国金融法规的约束。

传统国际金融市场具有如下特征：一是货币经营。主要使用市场所在国货币进行国际金融业务。二是资金来源。资金大多由市场所在国提供。三是资金剩余。市场所在国通常拥有巨额剩余资金。四是交易对象。交易主要在居民与非居民之间进行。五是政策限制。市场活动受所在国国内政策、法规的严格限制。六是服务目标。主要为市场所在国的政治经济服务。

传统国际金融市场的作用体现在以下方面：一是调节国际收支不平衡。二是推动国际贸易和国际投资。三是优化国际分工，加速生产、资本国际化。四是促进银行业务国际化，形成世界经济一体化。

2）离岸国际金融市场（境外金融市场）

离岸国际金融市场主要经营非居民之间的融资业务，即涉及国外贷款者、投资者与外国筹资者之间的业务。其交易涉及所有可自由兑换的货币，大部分交易在市场所在国的非居民之间进行，且业务活动基本不受任何国家金融和税收规章制度的直接管辖。例如，在伦敦经营美元业务时，可以不受英国和美国金融法规的约束。

离岸国际金融市场建立条件包括：政治和经济稳定、发达的国内金融市场、完善的金融体系和高效的金融机构、灵活自由的金融法规制度及有利的财税政策、放松或取消外汇管制、减免税优惠、优越的经济和自然地理位置。

目前，离岸国际金融市场按业务范围可以分为三种类型。①一体型：如伦敦和中国香港地区，境内与境外市场业务融为一体，参与者可以是居民或非居民，业务包括离岸和在岸业务。②分离型：如纽约的"国际银行设施"、东京离岸市场和新加坡，严格分离境内与境外业务，只准许非居民参与离岸金融业务。③簿记型：如开曼群岛、巴哈马和百慕大等，几乎没有实际交易，主要进行记账、转账或注册等事务手续，以逃避税收和金融管制。

20 世纪 60 年代，离岸国际金融市场的兴起使国际金融市场的发展进入了一个全新的阶段。离岸国际金融市场的作用体现在以下方面：吸引大量国际资本流入，弥补国内资金缺口；缩小金融市场时空距离，降低国际借贷成本；引进现代化金融工具和产品，促进金融创新；加快金融监管向国际惯例靠拢，提高监管质量；增加外汇收入和外汇储备，调节国际收支，稳定经济金融秩序。

2. 按功能划分

按功能不同，可将国际金融市场分为国际外汇市场、国际货币市场、国际资本市场和国际黄金市场。

1）国际外汇市场

国际外汇市场是进行外汇买卖、外汇资金调拨和清算的场所，是金融市场的重要组成部分。外汇市场通过匹配外汇需求者和供给者，促进了国际资本的流动和国际贸易的顺利进行。伦敦、纽约和东京是全球最大的几个外汇交易中心。

国际外汇市场特点：外汇市场由外汇需求者、供给者及中介机构组成；交易方式包括正式的有形市场和无形市场，后者随着电子化、网络化的发展逐渐成为主流；外汇市场的活跃程度反映了全球经济活动的强度和方向。

2）国际货币市场

国际货币市场也称短期资金市场，是资金借贷期限在一年以内（含一年）的跨境交易市场。它主要为资金需求者提供短期资金融通，同时也为资金供应者提供投资渠道。

国际货币市场特点：参与者众多，包括商业银行、政府、证券交易商及大型金融机构；借助各种短期资金融通工具（如国库券、商业票据、银行承兑汇票等）进行交易；保持资金流动性是货币市场发展的初始动力。

3）国际资本市场

国际资本市场也称长期资金市场，是资金借贷期限在一年以上的中长期信贷或证券发行和交易的跨境市场。它为长期资本融通提供平台，支持跨国投资、并购和基础设施建设等长期经济活动。

国际资本市场特点：主要参与者包括商业银行、公司、非银行金融机构（如保险公司、养老基金）、中央银行和政府机构；交易品种多样，包括股票、债券、长期贷款等；资本市场的稳定发展对全球经济增长和结构调整至关重要。

4）国际黄金市场

国际黄金市场是专门从事黄金交易买卖的跨境市场。黄金作为避险资产和价值储存手段，其市场价格波动反映了全球经济和政治形势的变化。

国际黄金市场特点：参与者包括黄金生产商、消费者、外汇银行、中央银行、投资者和投机者等；伦敦、苏黎世、纽约和中国香港是全球最主要的黄金交易中心；伦敦黄金市场的价格对全球黄金行市具有重要影响，被视为国际黄金价格的基准。

3. 按交易工具划分

按交易工具不同，可将国际金融市场分为金融基础工具市场和金融衍生工具市场。

1）金融基础工具市场

金融基础工具市场是指以传统基础金融资产为交易对象的市场。这些基础金融资产包括货币、债券、股票等，它们直接代表了实体经济的权益或债务关系。货币市场、外汇市场等都是金融基础工具市场的重要组成部分。这些市场为投资者提供了直接参与金融市场、获取投资收益的渠道。

其作用体现在以下方面：一是资金融通。为资金需求者和供给者提供交易平台，促进资本的流动和配置。二是价格发现。通过市场交易形成基础金融资产的价格，反映市场供求关系和经济基本面。三是风险分散。投资者可以通过持有多种基础金融工具来分散风险，降低单一资产带来的风险暴露。

2）金融衍生工具市场

金融衍生工具是指建立在基础金融资产或基础变量之上，其价格取决于后者变动的派生金融工具。金融衍生工具市场则是以这些金融衍生工具为交易对象的市场，如金融期货市场、金融期权市场等。这些市场是金融市场发展的高级形式，具有低成本、高效益和公平性的特点。

其作用体现在以下方面：一是风险管理。金融衍生工具市场为投资者提供了有效的风险管理工具。二是通过期货、期权等衍生品的交易，投资者可以对冲基础资产价格波动的风险，实现套期保值。三是价格发现。衍生品市场的价格变动能够反映市场参与者对未来市场走势的预期，为实体经济提供重要的参考信息。四是提高市场效率。衍生品市场的高杠杆性和低成本交易特性，使得市场参与者能够更加灵活地调整投资策略，提高市场整体的运行效率。

扩展阅读 6.5 利奥·梅拉梅德

金融衍生工具市场的发展对于促进全球资本市场的稳定和繁荣具有重要意义。它不仅为投资者提供了更多的投资选择和风险管理手段，还促进了金融创新和国际金融合作。同时，衍生品市场的价格发现功能也有助于引导实体经济的资源配置和产业结构调整。因此，金融衍生工具市场是现代金融体系不可或缺的重要组成部分。

即测即练题 6.1

自学自测

扫描此码

6.2 传统金融市场

6.2.1 国际货币市场

1. 国际货币市场的含义

国际货币市场指资金借贷期限在一年以内（含一年）的跨境交易市场。在货币市场上进行交易的目的主要是调节短期资金的流动性，解决资金需求者临时性的资金周转。如政府、银行和工商企业的短期证券在市场上发行和流通，可以随时变现。

2. 国际货币市场的特征

（1）偿还期短。国际货币市场的主要特征之一是交易的金融工具（如国库券、商业票据、银行承兑汇票等）具有极短的偿还期限。这种短期性满足了资金需求方对快速资金周转的需求，尤其是在面对季节性波动、临时性资金需求或市场不确定性时。最短的金融工具可能只有隔夜期限（即1天），而最长也不超过一年，但通常集中在3～6个月，这种安排有助于降低借贷双方的风险和成本。

（2）流动性高。这意味着这些金融工具可以迅速、方便地在市场上买卖，转换成现金或其他等价物。高流动性不仅增加了市场的吸引力，还促进了资源的有效配置。在美国等发达经济体中，货币市场工具往往在到期前就已被大量转让，这反映了市场参与者的活跃程度和交易的便捷性。据统计，美国货币市场上各种工具将近80%以上都在偿还期前被转让出去。

（3）信用风险小。由于金融工具的偿还期短，且主要由政府、大型金融机构及信誉良好的企业发行，因此国际货币市场上的信用风险相对较低。这些发行主体通常具有较强的财务实力和良好的信用记录，能够按时履行债务义务，从而降低了投资者面临违约风险的可能性。此外，市场的高透明度也促进了信用风险的进一步降低。

（4）利率接近。在国际货币市场上，由于金融工具的风险水平相近且流动性高，其利率水平也往往较为接近。这种利率的趋同性反映了市场对短期资金供求关系的共同认知，有助于形成公平、有效的价格机制。同时，利率的接近性也减少了套利机会，促进了市场的稳定和健康发展。

3. 国际货币市场的构成

国际货币市场的业务主要包括银行短期信贷、短期证券买卖及票据贴现。

1）银行短期信贷市场

定义与目的：银行短期信贷市场主要涉及国际银行之间的资金拆借以及银行向工商企业提供的短期贷款。这一市场的发展源于资本国际化进程，旨在解决临时性资金需求和头寸调剂。

拆放期限：拆放期限灵活多样，从日拆到最长不超过1年不等，常见期限包括1周、1个月、3个月和6个月。

利率基准：拆放利率通常以伦敦同业拆放利率（LIBOR）为基础，该利率是全球金融市场上的重要基准利率之一。

交易特点：交易方式简便，通过电话联系即可完成；贷款无须担保，且常以批发形式进行，适合大额资金交易。

2）短期证券市场

定义与功能：短期证券市场是国际间进行短期证券买卖的场所，主要交易品种包括国库券、可转让定期存款单、商业票据和银行承兑票据等。

国库券：由政府发行，几乎无信用风险，期限短、流动性强、安全性高，被视为零风险债券。其期限一般为 3 个月或半年，利率视具体情况而定，通常以票面金额打折和拍卖的方式销售。西方有些国家国库券发行频繁，具有连续性，如美国每周均有国库券发行，每周亦有到期的，便于投资者根据投资需要选择。

可转让定期存款单：由银行发行，具有可转让性，面额较大，利率根据市场情况和银行头寸松紧而定。存款单有一定的最低额，例如美国的美元可转让存款单为 10 万美元，伦敦的英镑可转让存款单为 5 万英镑，金额的最小单位为千，故又称大额存单。自 1961 年首先在美国发行，因其既有活期存款的流动性，又有定期存款的盈利性，故颇能吸引短期投资者。存单利率由发行银行分别报出，根据市场利率和各银行头寸的松紧而有所不同。伦敦各银行于 1967 年开始发行美元和英镑可转让定期存款单。东京于 1979 年开始发行日元可转让定期存款单。可转让定期存款单已成为大银行筹集资金的重要手段。中国各银行从 1986 年开始亦陆续发行该类存款单以吸收企业闲置资金。

商业票据：由信用较高的企业发行，无担保，期限在 9 个月以下，通常为 4～6 个月，利率高于同期银行存款利率，严格审查企业信誉。如由经销商发售，则其实际在幕后担保了售给投资者的商业票据，商业票据有时也以折扣的方式发售。商业票据市场是国际货币市场的重要组成部分。

银行承兑票据：由银行承兑的商业票据，信用度高，流动性强。

3）贴现市场

定义与运作机制：贴现市场是对未到期票据进行贴现交易的场所，持票人通过背书转让票据给银行，银行扣除贴现利息后支付余款给持票人。

扩展阅读 6.6　信贷市场存在两大隐患 专家建议提升货币政策中期弹性

主要经营者：贴现市场的主要经营者是贴现公司。

交易票据类型：包括政府国库券、短期债券、银行承兑汇票和部分商业票据等。

贴现利率：贴现利率通常高于银行贷款利率，反映了贴现交易中的风险溢价。

扩展阅读 6.7　票据加速度：中小银行票据贴现翻倍飙升

市场地位：伦敦贴现市场是全球最大的贴现市场之一，历史悠久，在英国金融市场中占据重要地位。

6.2.2　国际资本市场

1. 国际资本市场的含义

国际资本市场是指资金借贷期在一年以上的中长期信贷或证券发行和交易的跨境市场。国际资本市场可以使资本在国际间进行优化配置，并为已发行的证券提供充分流动性的二级市场，以保证发行市场的活力。国际资本市场主要的业务有两大类，即具有银行贷款和证券交易。从本质上讲，抵押贷款和租赁贷款及其他具有长期融资功能的业务也可以纳入国际资本市场中。

国际资本市场主要的参与者包括：第一，商业银行。作为国际资本市场的核心参与者，商业银行不仅提供支付结算服务，还通过贷款、投资等多种方式参与国际金融市场活动。它们在国际资本流动中发挥着至关重要的作用。银行债务主要由到期日不同的存款构成，而它们的资产大部分由贷款、在其他银行的存款和债券构成。跨国银行也大量参与其他种类的资产交易。第二，公司。特别是大型跨国公司，这些企业通常具有雄厚的资金实力和广泛的国际业务网络，是国际资本市场上的重要融资者和投资者。它们通过在国际市场发行证券或借款筹集资金，支持其全球扩张战略。第三，非银行金融机构。如保险公司、养老基金和共同基金等，这些机构通过购买外国资产实现资产组合多样化，同时也为国际资本市场提供了重要的资金来源。它们的参与进一步丰富了国际资本市场的投资者结构。

微课视频 6.3　国际货币市场概述

2. 国际资本市场的构成

国际资本市场主要经营的是信贷和证券业务。

1）银行中长期信贷市场

它是一种国际银行提供中长期信贷资金的场所，为需要中长期资金的政府和企业提供资金便利。

贷款期限：贷款期限根据资金需求的不同可划分为中期（1～5 年）和长期（5 年以上）信贷。这种区分使得借款人可以根据自身项目的实际情况选择合适的贷款期限。

资金需求者：主要需求者包括各国政府和工商企业。这些实体通常在进行基础设施建设、产业升级、大型项目投资等需要较长时间才能产生回报的活动时，会寻求中长期信贷支持。

利率决定因素：利率受多种因素影响，包括全球经济形势、资金市场的供求状况、通货膨胀率以及各国的金融政策等。一般来说，利率在伦敦同业拆借利率（LIBOR）或其他基准利率的基础上加上一定的利差来确定。

贷款方式：一是双边贷款。这是指两国银行之间直接签订信贷协定，由一家银行向另一家银行的客户提供贷款。这种方式相对简单直接，但贷款额度可能受限于单一银行的资金实力。二是多边贷款（辛迪加贷款）。对于金额较大的项目，会由多家银行组成银团（辛迪加）共同提供贷款。这种贷款方式通常需要政府担保以增强贷款的安全性，并分散各参与银行的风险。

风险评估：由于中长期信贷市场的资金周期较长，风险也相对较大，因此在贷款审批过程中，银行会特别关注借款人的信用状况、偿债能力、项目可行性以及宏观经济环境等因素，以确保贷款资金的安全回收。

2）证券市场

它是指证券发行与流通的场所。发行证券的目的在于筹措长期资本，是长期资本借贷的一种方式。证券市场是金融市场的重要组成部分。从交易的证券种类来说，国际证券市场又可分为国际债券市场和国际股票市场。

（1）国际债券市场。国际债券市场作为国际证券市场的一个重要分支，为政府、企业以及国际金融机构提供了筹集长期资金的重要渠道。这个市场不仅促进了全球资本的有效配置，还推动了各国经济的发展。发行市场是债券初次面向投资者发售的场所，而流通市场则负责已发行债券的买卖交易。两者紧密相连，共同构成了完整的国际债券市场体系。

国际债券市场上的交易品种主要有两类：

一是外国债券：指某一国借款人在本国以外的某一国家发行的以该国货币为面值的债券。这类债券的特点是发行地与面值货币国家不一致，但受发行地证券法规的制约。外国债券的名称常与其发行地相关，如扬基债券、武士债券等。近年来，随着人民币国际化的推进，中国也开始在国际市场上发行以人民币计价的外国债券。

二是欧洲债券：指借款人在本国境外市场发行的，不以发行市场所在国货币为面值的国际债券。欧洲债券的发行人、发行地及面值货币通常分属三个不同国家，这种特性使得欧洲债券具有更高的灵活性和吸引力。欧洲债券产生于 20 世纪 60 年代，欧洲债券市场的兴起，部分原因是为了规避美国等国的金融管制，同时也反映了全球资本对多元化投资渠道的需求。目前，欧洲债券已成为各经济体在国际资本市场上筹措资金的重要手段。

（2）国际股票市场。国际股票通常是指外国公司在一个国家的股票市场发行的，用该国或第三国货币表示的股票。国际股票市场是指由国际股票的发行人和投资人所形成的金融市场。国际股票的发行和交易过程不是在一国内发生的，而通常是跨国进行的，即股票的发行者和交易者、发行地和交易地、发行币种和发行者所属本币等有至少一种和其他的不属于同一国度内。在国际股票市场中，股票的发行和买卖交易分别通过一级市场和二级市场实现。一级市场即股票发行市场，二级市场即对已发行的股票进行买卖的市场。国际股票市场是跨国界股票发行与交易的重要平台，它连接了全球的投资者与筹资者，促进了资本的全球流动。

国际股票市场上的交易品种有以下类型：

一是外国公司在本国发行的股票。这类股票以当地货币为面值，并在当地证券交易所上市交易。例如，中国公司在伦敦、新加坡、纽约等地发行的 L 股、S 股、N 股等。

二是以外国货币为面值发行的，但在国内上市流通的，以供境内外国投资者以外币交易买卖的股票。B 股是中国特有的股票类型，它以外币为面值，但在国内证券交易所上市交易，主要面向境内的外国投资者。

三是存托凭证（DRs）。存托凭证是一种在境外证券市场流通的代表境内公司有价证券的可转让凭证。其中，美国存托凭证（ADRs）最为常见，它为全球投资者提供了便捷的投资中国等新兴市场的方式。

四是欧洲股票。这类股票在股票面值货币所在国以外的国家发行并上市交易，体现了国际股票市场的跨国界特性。

国际股票市场的特点包括：第一，高度国际化。随着金融自由化的推进，国际股票市场日益成为全球性的交易网络。各国股市之间通过现代化的通信工具紧密相连，行情信息迅速传递，投资者可以轻松实现跨国投资。第二，外资参与度高。许多国家的股市都吸引了大量外国公司上市交易，外国公司股票的数量甚至超过了本国公司股票的数量。这种趋势不仅丰富了市场的投资品种，也提高了市场的国际化程度。

国际债券市场和国际股票市场作为国际资本市场的两大支柱，为全球经济的繁荣和发展做出了重要贡献。它们不仅为政府、企业和金融机构提供了多样化的融资渠道，也为全球投资者提供了丰富的投资选择。随着金融全球化的深入发展，这两个市场将继续发挥更加重要的作用。世界主要创业板块的优劣势分析具体如表 6-1 所示。

表 6-1　世界主要创业板块的优劣势分析

国家或地区	优势	劣势
美国	资金充足，流动性好，壳成本低且是净壳	IPO 费用昂贵，文化背景差异大造成中国企业市场认知度较低
中国香港	市场规模大，流动性强，对中国企业认知度好	上市费用高，壳成本高昂并且不是净壳
新加坡	二板门槛低，上市成本较小，上市周期短，语言和文化差异小	规模相对较小，国内企业对其市场缺乏了解
加拿大	创业板专为中小企业而设，上市的门槛要求比较低，不要求业绩表现	尚未与中国证监会达成监管备忘录，国内企业对其市场参与度不高
英国	坐拥世界金融中心，背靠欧洲市场，凭借对中小企业的政策优惠与现有市场优势而具有强势竞争力	成立时间相较晚，国内企业对其市场缺乏了解
比利时	宽松的上市条件，发展前景乐观	国内企业对其市场缺乏了解
日本	上市标准比店头市场宽松，主要是为新企业开辟筹资渠道	国内企业对其市场缺乏了解

资料来源：根据华尔街金融网站数据整理。

3. 当代国际资本市场发展的特点

1）国际资本市场规模迅速扩大

随着全球经济的增长和金融市场的深化，国际资本市场的规模不断扩大，远超过全球有形贸易的总规模。这种扩大不仅体现在资本总量的增加，还体现在市场参与者的多样性和交易品种的丰富性上。市场规模的扩大通常伴随着流动性的增强，这有助于机构投资者更充分地发挥价格发现功能，使各类资产的价格更加合理。这对于提高市场效率、促进资源配置具有重要意义。全球资本流动规模持续增长。2024年第四季度全球投资额达近五年平均水平的 72%（高力国际《2025 年 3 月全球资本流动》报告），显示资本流动活跃度回升。亚太地区成为全球资本主要来源与目的地，占据全球十大跨境资本来源地中的四席（新加坡、中国香港、日本、中国内地）。2025 年 1—3 月港股 IPO 融资额达 128亿港元，同比增长 670%；预计全年筹资规模 170 亿～200 亿美元（高盛数据）。2024年中国企业境外融资额 440 亿美元（＋100%同比），2025 年前十周达 130 亿美元（为去年同期的 23 倍）。

2）国际资本市场筹资证券化

（1）筹资方式的变化：20 世纪 80 年代以来，国际资本市场出现了筹资证券化的趋势，即债券发行比重上升，银行贷款比重下降。这反映了金融市场结构的深刻变化，以及投资者对证券市场的偏好增强。这种现象就是通常所说的"国际资本市场证券化"或"国际融资证券化"。

（2）大型商业银行的角色转变：大型商业银行不仅作为传统的贷款提供者，还积极参与国际证券业务，成为证券市场的重要发行人、购买者和管理者。这种角色的转变促进了金融市场的多元化发展。

3）国际金融创新与表外业务迅速增长

（1）金融创新能力增强：金融创新是金融市场发展的重要推动力，它有助于降低风险、拓展业务范围、提高市场效率。表外业务的增长则反映了银行在规避监管、增加收益方面的努力。

（2）市场联系的加强：金融创新和表外业务的发展使得国际金融市场的各个组成部分相互交叉、联系更加紧密。这种趋势促进了全球金融市场的融合和一体化发展。

4）国际资本市场的发展成为股票市场剧烈波动的诱因

资本市场的波动性：国际资本市场的繁荣与动荡并存，尤其是股票市场。这种波动性既受宏观经济形势、政策变化等因素的影响，也受投资者情绪、投机行为等市场内部因素的驱动。世界股市在1970年以前基本上处于相对稳定与上升时期，但在20世纪70年代，股市出现了较大幅度的波动，进入20世纪80年代后，股市开始加剧波动，最典型的是纽约股市与东京股市。

全球金融危机的影响：如美国次级抵押信贷危机等全球性金融事件会对全球股市产生巨大冲击，导致市场剧烈波动。这种波动不仅影响投资者的财富和信心，还可能对实体经济造成负面影响。

美股波动：2025年3月，受特朗普关税政策、通胀压力及消费者信心崩溃等多重因素影响，美股三大指数全线重挫。标普500指数跌1.97%，报5580.94点；纳斯达克综合指数跌2.7%，报17322.99点；道琼斯工业平均指数跌1.69%，报41583.90点。整周表现方面，标普500指数跌1.53%，过去6周里只有1周勉强收涨；纳指跌2.59%、道指跌0.96%。

全球联动：美股的剧烈波动迅速波及全球股市。欧洲股市元气大伤，伦敦金融时报指数跌破6000点的关口；东京股市日经225种股票平均价格指数也出现大幅下跌。

A股市场波动：2025年，A股市场在多重因素的交织影响下，呈现出复杂多变的走势。年初，A股市场遭遇了突如其来的暴跌，沪指收盘下跌2.66%，深成指和创业板指的跌幅更为显著，分别达到3.14%和3.79%。此后，市场逐步展现出一定的韧性，在政策支持和经济复苏的预期下有望实现反弹。

5）资本市场"失灵"在发展中国家日益突出

扩展阅读6.8 《中国股票市场质量研究报告（2018）》新闻

在发展中国家，由于市场规模较小、市场体系不完善、信息不对称等原因，资本市场更容易出现失灵现象。投机资本利用市场漏洞进行操纵和投机活动，导致市场定价不合理、泡沫经济等问题。

发展中国家在追求经济高速增长的过程中，需要警惕和防范资本市场失灵带来的风险。政府应加强市场监管、完善市场体系、提高信息透明度等，以维护市场的稳定和健康发展。

即测即练题 6.2

自学自测　扫描此码

6.3 欧洲货币市场

第二次世界大战后，技术的发展大大促进了全球的生产国际化和资本国际化。原有传统的国际金融市场已不能适应这种国际化的趋势，在 20 世纪 50 年代末、60 年代出现了一个资金规模巨大、不受各国金融法律法规约束和监管的新型国际金融市场，这种市场称为欧洲货币市场。

6.3.1 欧洲货币市场的概念

欧洲货币（eurocurrency）是指在货币发行国境外流通、不受货币发行国法律制约的货币。这里的"欧洲"不是一个具体的地理区域概念，而是"非国内的""离岸的""化外的"或"境外的"等含义。

欧洲货币市场也称离岸国际金融市场，是指在一国境外进行该国货币的存款、放款、投资、债券发行和买卖业务的市场。欧洲货币市场的特点包括：一是跨国性，欧洲货币市场不受单一国家法律和监管机构的直接管辖，资金可以自由流动，这为国际借贷和投资提供了极大的便利。二是交易量大，由于其独特的法律地位和监管环境，欧洲货币市场吸引了来自全球各地的金融机构和投资者，交易量巨大，远超传统的国际金融市场。三是货币种类多样，虽然名为"欧洲货币市场"，但实际上交易的货币种类非常广泛，不仅包括美元、欧元等主要国际货币，还包括其他多种可自由兑换的货币。四是金融创新活跃，为了满足市场需求，欧洲货币市场不断创新金融产品和服务，如浮动利率存款、可转让大额定期存单、欧洲商业票据等，推动了全球金融市场的发展。

欧洲货币市场的发展对世界贸易、金融和经济产生了深远的影响。它促进了国际资本的流动和配置，降低了融资成本，提高了市场效率，同时也为各国政府和企业提供了更多的融资渠道和风险管理工具。

微课视频 6.4 欧洲货币市场

6.3.2 欧洲货币市场的形成和发展

1. 欧洲货币市场的形成

最早的欧洲货币市场出现在 20 世纪 50 年代。1950 年 12 月 16 日，美国冻结了我国存在美国的资金，苏联政府为了避免遭受同样的损失，便把其持有的在美国的美元存款调至美国境外的银行中，多数存在伦敦，形成欧洲美元最早的组成部分，从事欧洲货币业务的银行相应地被称为欧洲银行。1949 年，英镑发生危机，英国政府为维持英镑的稳定，严格限制本国商业银行向英镑区以外的国家提供英镑贷款。伦敦的商业银行为发展信贷业务和解决贸易商的资金需求，便把它们所吸收的美元存款贷放出去。这样，一个美国境外的美元借贷市场就在伦敦出现，这一市场即欧洲美元市场。

2. 欧洲货币市场的发展

1）欧洲货币市场发展的原因

20 世纪 50 年代以来，欧洲美元市场迅猛发展，其主要原因如下。

（1）美国国际收支逆差不断扩大。20 世纪 50 年代，美国海外军事开支庞大，海外投资增加，导致美元大量外流，国际收支出现巨额逆差。1958 年以后，国际收支逆差进一步扩大，到 1971 年 8 月，面对不断恶化的国际收支和美元危机的威胁，美国被迫宣布停止履行美元兑黄金的义务。同时，美元在国外的供应增加，很多国家持有大量美元盈余，这为欧洲货币市场的形成提供了资金基础。

（2）美国金融政策的限制。美国为了改善国际收支状况，采取了一系列限制美元外流的措施，如美国联邦储备银行规定利率上限；美国商业银行要向联邦储备银行上缴一定比例的存款准备金；对购买外国证券的美国居民征收利息平衡税等措施，迫使跨国公司不得不转向欧洲美元市场融通资金，从而大大促进了欧洲美元市场的发展。

（3）跨国公司的推动作用。生产和资本国际化加快了跨国公司的发展，跨国公司在全球范围内的扩张对欧洲货币市场的形成和发展起到了至关重要的作用。跨国公司的贸易和生产活动遍布世界，这导致它们对短期和长期资金需求的激增。这些资金需求不仅包括日常的运营资金需求，还包括母公司与子公司之间、子公司与子公司之间的资金调配，以及更新设备和技术所需的中长期资本。跨国公司通过欧洲货币市场获得了灵活、高效的融资渠道，同时，它们也成了欧洲货币市场的重要资金来源。这种相互依存的关系推动了欧洲货币市场的快速发展。

（4）石油危机与石油美元。20 世纪 70 年代的石油危机对全球经济产生了深远影响，尤其是石油价格的大幅上涨，导致了石油输出国国际收支顺差的成倍增长。1973 年和 1979 年两次石油涨价，引发了 1973—1975 年和 1979—1982 年两次世界性经济危机。石油输出国的国际收支顺差成倍增长，一些石油输入国出现了巨额的国际收支逆差。大量的石油美元流向欧洲货币市场，通过欧洲货币市场便捷的借贷渠道，为各国政府解决国际收支不平衡提供了充分的资金资源。

（5）美元地位的衰落与货币多样化。20 世纪 60 年代以来，美元的霸主地位日益衰落，美元危机频繁爆发，各国企业及投机商纷纷抛售美元，抢购其他硬货币，而西欧国家为抑制通货膨胀，采取了一些限制境外居民以当地国家货币存款的措施，这些资金便转存到该货币发行国以外的地区。这就形成了欧洲英镑、欧洲法国法郎、欧洲荷兰盾、欧洲瑞士法郎等其他欧洲货币，这一过程不仅丰富了欧洲货币市场的货币种类，也进一步推动了市场的多样化和全球化。随着欧洲货币市场的不断发展，其影响力逐渐扩展到亚洲、北美洲和拉丁美洲等地区，成为全球金融市场中不可或缺的一部分。

2）欧洲货币市场发展的过程

（1）20 世纪 60 年代的初步形成期。在这个阶段，美国的国际收支逆差日益严重，为了缓解这一状况，美国政府采取了一系列限制资本外流的措施。这些措施，如 1963 年 7 月征收利息平衡税和 1968 年 1 月 Q 条例对商业银行存款利率的限制，使得美国国内资金寻求更高的回报率而流向欧洲货币市场，尤其是欧洲美元市场。在 20 世纪 60 年代中期，M

条例关于存款准备金的规定也进一步推动了国内资金向欧洲美元市场的转移。此外，美国的海外企业出于避税和资金运用的灵活性考虑，也倾向于将海外经营利润投向欧洲货币市场。这一系列因素共同促进了欧洲货币市场的初步形成。

（2）20世纪60年代末到70年代初的快速发展期。这一时期，欧洲货币市场迎来了快速发展的黄金时期。联邦德国、瑞士等国家为了遏制通货膨胀或出于其他经济考虑，采取了限制本国居民存款利息甚至倒收利息的措施，这导致大量资金逃离这些国家并涌入欧洲美元市场。同时，一些国家鼓励持有外币以减少本国货币流通和供应的政策也助长了欧洲美元市场的扩大。投机性短期资本的冲击更加剧了这一趋势，使得欧洲货币市场在短时间内迅速膨胀。

（3）20世纪70年代到80年代的持续扩张期。在这个阶段，欧洲货币市场继续保持强劲的增长势头。1971年美国宣布停止美元与黄金的兑换，使各国中央银行及商业银行的美元大部分流入欧洲货币市场。同时，1973年以后，国际石油价格的大幅提升使得石油输出国积累了巨额的石油美元，这些资金也被大量投入到欧洲货币市场以获取更高的收益。此外，发展中国家为了发展民族经济而纷纷来到欧洲货币市场筹集资金，进一步推动了市场的扩张。

（4）20世纪80年代末期至今的成熟与调整期。20世纪80年代末期以来，欧洲货币市场的资产总额继续成倍增长。尽管在20世纪80年代末期到90年代初期受到金融自由化影响增速稍有回落，但90年代中期以后其增长规模又有所扩大。这一时期的市场发展呈现出更加成熟和稳定的特征。随着全球金融一体化的深入发展，欧洲货币市场与全球其他金融市场的联系日益紧密，其影响力也进一步扩大。同时，市场参与者也更加多元化和专业化，为市场提供了更多的创新产品和服务。

综上所述，欧洲货币市场的发展历程是一个不断适应全球经济、金融环境变化和政策调整的过程。从初步形成到快速发展再到持续扩张和成熟调整，欧洲货币市场始终保持着强劲的增长势头和创新能力，为全球金融市场的稳定和发展做出了重要贡献。

微课视频 6.5 欧洲货币市场的成因和资金来源与用途

6.3.3 欧洲货币市场的特点

欧洲货币市场作为一个高度自由化和国际化的资金市场，为全球金融活动提供了前所未有的灵活性和便利性，具有许多突出的特点。

1. 摆脱了任何国家或地区政府法令的管理约束

欧洲货币市场之所以能够摆脱国家或地区政府法令的管理约束，关键在于其"离岸"特性。这意味着市场位于货币发行国境外，因此不受货币发行国政府的直接监管。同时，市场所在地的政府为了吸引资金和促进金融活动，通常会提供税收优惠和宽松的管理环境，从而进一步增强了市场的自由度和吸引力。

2. 超越了地理限制的金融中心

欧洲货币市场并不局限于传统的国际贸易和金融业务中心，而是可以根据市场需求和政策环境灵活选择地点。这使得许多原本并不具备金融中心地位的国家或地区，如卢森堡、开曼群岛等，通过提供有利的税收政策和监管环境，成功吸引了大量欧洲货币资金，发展成为重要的离岸金融中心。

3. 独特的利率体系

欧洲货币市场的利率体系反映了其市场特性和风险水平。存款利率较高是因为国外存款面临更高的风险，并且不受国内法定准备金和存款利率上限的限制。而贷款利率较低则是因为欧洲银行享有免税和免缴存款准备金等优惠条件，降低了贷款成本。存放利差很小，一般为 0.25%～0.5%，这种独特的利率体系使得欧洲货币市场对资金存款人和借款人都具有强大的吸引力。

4. 完全由非居民交易形成的借贷关系

欧洲货币市场的借贷关系，是外国投资者与外国筹资者的关系，亦即非居民之间的借贷关系。国际金融市场通常有三种类型的交易活动：一是外国投资者与本国筹资者之间的交易。如外国投资者在证券市场上直接购买本国筹资者发行的证券。二是本国投资者与外国筹资者之间的交易。如本国投资者在证券市场上购买外国筹资者发行的证券。三是外国投资者与外国筹资者之间的交易。欧洲货币市场的借贷关系属于第三种交易，是非居民之间的交易，又称中转或离岸交易。

5. 拥有广泛的银行网络与庞大的资金规模

欧洲货币市场拥有广泛的银行网络和庞大的资金规模，这使得市场能够迅速响应全球范围内的资金需求。市场中的银行通过先进的通信工具进行交易，使得资金能够迅速在全球范围内流动。同时，市场中的资金来自世界各地，数额庞大且种类多样，充分满足了不同类型银行和企业对不同期限和用途资金的需求。

6. 具有信贷创造机制

欧洲货币市场不仅是一个信贷中介机制，更是一个信贷创造机制。市场中的存款经过银行之间的辗转贷放，使得信用得到不断扩大。这些贷款如果再次存入欧洲货币市场，就会形成新的资金来源，进而再次被贷放出去，形成信贷创造的循环。这种信贷创造机制为市场提供了源源不断的资金动力，推动了市场的持续繁荣和发展。

6.3.4 欧洲货币市场的作用

1. 欧洲货币市场的积极作用

第一，欧洲货币市场为国际收支逆差国提供了资金融通的便利。欧洲货币市场作为国际资金再分配的重要渠道，为那些面临国际收支逆差的国家提供了宝贵的资金来源。这些国家可能由于石油危机、国内经济问题或产业结构调整等原因，出现资金短缺的情况。欧洲货币市场凭借其庞大的资金规模、低借款成本和高效的融资效率，成为这些国家弥补国际收支赤字、稳定经济的重要工具。通过在欧洲货币市场上筹集资金，这些国家能够有效缓解国际收支压力，避免经济危机的进一步恶化。

第二，欧洲货币市场推动了世界各国经济的增长。欧洲货币市场为全球经济的增长做出了巨大贡献。无论是发达国家还是发展中国家，都能够在欧洲货币市场上找到适合自身需求的资金来源。这些资金被用于国内的生产建设、产业升级和基础设施建设等领域，有效解决了资金短缺的问题，推动了经济的快速增长。对于发展中国家而言，欧洲货币市场更是其实现经济增长和现代化的重要助推力量。

第三，促进了国际金融市场全球一体化。欧洲货币市场打破了传统金融中心之间相互独立的状态，推动了国际金融市场的全球一体化进程。这个市场不受各国法律制度的约束，为跨国公司的国际投资和资金转移提供了极大的便利。跨国公司可以更加灵活地配置全球资源，实现业务的国际一体化经营。同时，欧洲货币市场的存在也降低了国际间资金流动的成本，提高了资金的使用效率，为国际贸易的发展提供了有力的支持。这种全球一体化的趋势不仅促进了各国经济的相互依存和共同发展，还增强了全球金融体系的稳定性和韧性。

2. 欧洲货币市场的消极作用

第一，削弱了各国货币政策的效力。欧洲货币市场作为一个跨国界的金融市场，其活动确实可能对各国货币政策的效力产生冲击。由于欧洲货币市场提供了相对自由的融资渠道，当一国政府试图通过紧缩政策来遏制通胀时，商业银行仍有可能通过该市场借入资金，从而削弱了货币政策的效果。相反，当政府采取宽松政策以刺激经济时，资金也可能迅速流向海外市场，同样降低了政策的有效性。这种跨境资金流动的自由性使得各国政府在制定和执行货币政策时面临更大的挑战。

第二，影响国际金融市场的稳定。欧洲货币市场的非管制特性和高流动性，使得大量资金能够在国际间迅速流动，为外汇投机活动提供了便利。投机者利用市场利率和汇率的微小变动进行套利、套汇或黄金投机，从而加剧了汇率的波动和金融市场的不稳定。这种不稳定性不仅可能损害各国经济的健康发展，还可能引发全球性的金融危机。

第三，加大了国际金融市场的信贷风险。在欧洲货币市场的资金来源中，短期资金和同业拆借资金占比较大，而贷款期限则相对较长，这种"短借长贷"的运作方式增加了市场的信贷风险。具体来说，银行利用短期存款来支持长期贷款，一旦存款人信心动摇或市场利率上升导致资金成本增加，银行可能面临流动性危机。此外，由于贷款对象分散且难以集中管理，一旦贷款违约，多家银行将同时受损。加之欧洲货币市场缺乏中央机构支持和存款保险制度，使得风险更加难以控制。此外，欧洲货币市场本身就是一个信用创造机制，进一步放大了信贷风险。

微课视频 6.6 欧洲货币市场的构成和作用

6.3.5 欧洲货币市场的主要业务

1. 欧洲短期信贷市场

它又称欧洲资金市场，主要是欧洲银行间的借贷市场。欧洲短期信贷市场是欧洲银行间进行短期资金拆放的主要场所，交易期限通常在一年以内，最短可达日拆，但随着市场需求的变化，部分交易期限也延长至1～5年。该市场借贷业务主要靠信用，无须担保，一般通过电话或电传即可成交，成交额以百万或千万美元及以上为单位。

欧洲资金市场的资金来源主要有：第一，银行间存款。来自全球范围内的银行、跨国公司、工商企业、个人以及非银行金融机构的外币存款。第二，外汇储备资金。一些西方国家及以石油出口为主的发展中国家中央银行为了获取利息收入和保持储备货币多样化而存入欧洲银行的外汇储备。第三，国际清算银行（BIS）存款。BIS作为全球重要的金融机构，其存款也是欧洲资金市场的重要资金来源之一。

欧洲资金市场的资金主要用于以下几个方面：第一，商业银行间借贷。这是最主要的资金运用方式，其中大型商业银行与中小企业银行间的转贷款占据相当比重。第二，跨国公司和工商企业。这些企业是欧洲资金市场的最终使用者，当本国利率水平明显高于欧洲资金市场时，它们会选择从欧洲货币市场贷得欧洲货币到本国换成本币使用，以降低利息负担。第三，西方国家地方市政当局和公用事业单位。这些机构也会利用欧洲资金市场来满足其短期资金需求。

欧洲资金市场的特点是：①期限短。通常为2天（隔夜）、7天、30天、90天，最长不超过一年。②起点高。一般借贷额都比较大，每笔起点通常为25万美元或50万美元，一般借贷金额为百万美元，有的年份有1亿美元甚至更大的交易。由于起点高，借贷者大多是银行或企业。③条件灵活。借贷货币的期限、金额、交割方式等均可由双方议定。由于资金充足、协商选择余地大，无须签订协议（借贷双方往往熟悉且都了解有关法律），所以多靠电讯联系，双方就可确定各种借贷条件。④利率市场化。利率由借贷双方具体商定，一般低于各国专业银行对国内大客户的优惠放款利率，但高于伦敦银行同业拆放利率（LIBOR），由经营欧洲货币业务的大银行每日根据市场情况公布。

2. 欧洲中长期信贷市场

欧洲资本市场主要由欧洲银行中长期信贷和欧洲债券市场构成。在这个市场中，贷款根据期限被分为中期（1～5年）和长期（5年以上）两种，但实际上两者已不再被严格区分，统称为欧洲中长期贷款市场。欧洲中长期信贷根据资金提供者的不同，又可分为欧洲银行信贷和欧洲银团贷款。欧洲银行信贷由一家欧洲银行单独向境外的筹资者提供，以欧洲货币为面额，金额通常在1000万～2000万美元之间。由于手续相对简便，这种贷款也被称为双边贷款。欧洲银团贷款又称辛迪加贷款或多边贷款，由一家或数家大银行牵头，联合多家银行组成银团，共同向某国、某企业或某大型工程提供欧洲货币的中长期贷款。这种贷款期限长（一般为10～20年），金额大（可从几千万美元至几十亿美元），但手续复杂，费用也相对较高。

欧洲中长期贷款协议的内容丰富，主要包括：①明确贷款的利率和可能产生的其他费用；②规定贷款的具体期限；③约定贷款的偿还方式和时间表；④确定利息计算的周期；⑤在特定情况下，如借款成本上升，借款人需补偿贷款人额外费用；⑥允许贷款双方在一定条件下选择贷款货币；⑦确保贷款所需货币的供应；⑧规定违约情况的处理方式；⑨在借款人与其他债权人的关系中发生违约时，也可能触发本贷款协议的违约条款；⑩限制借款人在贷款期间内的某些行为，如新增债务等；⑪适用法律条款；等等。

欧洲中长期信贷市场的特点是：①期限长，数额大。贷款期限通常较长，有的可达10年以上，且贷款金额巨大，满足大型项目和企业的长期资金需求。②以银团贷款为主。这种贷款模式通过分散风险，吸引了更多银行参与，提高了市场的整体稳定性。③吸引力强。对贷款人和借款人来说，欧洲中长期信贷市场都提供了便捷、高效的融资渠道，因此极具吸引力。④必须签订贷款协定。由于贷款金额大、期限长，因此必须签订详细的贷款协定来明确双方的权利和义务，有时还需要政府提供担保以增加贷款的可靠性。

3. 欧洲债券市场

欧洲债券是指借款人在本国境外市场发行的，且不以发行市场所在国货币为面值的国际债券。这一特点使得欧洲债券能够跨越国界，吸引全球投资者，同时也为借款人提供了更多的融资选择和更广泛的资金来源。欧洲债券市场作为长期资金市场的重要组成部分，不仅为发行人提供了稳定的资金来源，也为投资者提供了多样化的投资渠道。

该市场拥有两个大规模的清算系统，确保了交易的准确性、速度和效率。这些清算系统能够实时反映国际资本市场的资金供求状况、利率和汇率的变动，从而帮助交易者迅速做出决策，降低交易成本。此外，欧洲债券市场的灵活性也是其一大亮点，市场能够根据市场需求不断推出新的或组合产品，与其他国际金融市场紧密相连，推动国际金融一体化进程。

1）欧洲债券市场的历史与发展

欧洲债券市场起源于20世纪60年代初，随着国际贸易和投资活动的增加，各国对中长期资金的需求日益增长。1961年2月1日，在卢森堡发行了第一笔欧洲货币债券，标志着欧洲债券市场的诞生。此后，随着金融市场的不断发展和完善，欧洲债券市场逐渐壮大并形成了自己的特色和优势。进入20世纪70年代后，随着全球经济一体化的加速和金融市场的进一步开放，欧洲债券市场迎来了快速发展期。各国政府和企业纷纷利用这一市场筹集资金以满足其长期投资和发展需求。同时，欧洲债券市场的不断创新和多元化也为其吸引了更多的投资者和发行人。

2）欧洲债券市场交易品种

①固定利率债券。这种债券在发行时就确定了利率和到期日，为发行者和购买者提供了明确的成本或投资收益预期。然而，在国际金融市场利率波动较大的情况下，固定利率债券可能使双方难以做出决策，因为利率风险较高。②浮动利率债券。与固定利率债券不同，浮动利率债券的利率会按约定时间（如每半年）进行调整，调整基础通常是国际金融市场上的基准利率（如LIBOR）加上一定的附加利率。这种债券的利率随市场利率波动而变动，有利于购买者应对利率风险，但对发行者来说则增加了筹资成本的不确定性。③可转换债券。可转换债券是一种特殊的债券，购买者有权在债券发行时规定的兑换价格下，

将债券转换成相应数量的股票。这种债券结合了债券和股票的特点，为投资者提供了更多的选择和灵活性。同时，对于发行者来说，可转换债券也是一种低成本的融资方式，因为当债券转换为股票时，可以减少未来的债务负担。

3）欧洲债券市场的主要特点

①管制宽松。欧洲债券市场的发行相对自由，不需要经过市场所在国政府的严格审批。这种宽松的管制环境降低了发行成本，提高了市场效率，吸引了大量国际投资者和发行人。同时，这也促进了市场的灵活创新。②费用低。欧洲债券的发行费用相对较低，因为不需要缴纳注册费，且由于债券通常不记名，持有人也不需要缴纳利息税。这些成本优势使得欧洲债券成为许多企业和政府筹集资金的首选方式。③债券种类多样。欧洲债券市场提供了多种类型的债券，包括固定利率债券、浮动利率债券和可转换公司债券等。这些多样化的产品满足了不同投资者的需求，同时也为发行人提供了更多的融资选择。此外，灵活的计息方式也为双方提供了更多的谈判空间。④发行货币种类多样化。欧洲债券的票面货币不仅限于某一种货币，而是可以包括美元、日元等多种国际货币。此外，还有使用如欧洲货币单位（ECU）或特别提款权（SDR）等作为票面货币的情况，以减少汇率波动的风险。这种多样化的货币选择为投资者提供了更多的风险管理工具。⑤偿还方法多样。欧洲债券的偿还方式灵活多样，可以期满一次偿还，也可以在期满前分阶段偿还。如果筹资者能够支付一定的贴水，还可以提前偿还债券。这种灵活的偿还方式有助于发行人更好地管理其资金流和负债结构。⑥市场广泛。欧洲债券市场的地理范围不仅限于欧洲，还涵盖了亚洲、中东等地的国际债券市场。这种广泛的市场覆盖使得欧洲债券市场成为全球性的融资平台，为发行人和投资者提供了更多的选择和机会。

与欧洲中长期信贷市场相比，欧洲债券市场在债权人、流动性、资金使用的干预、展期安排以及资金来源等方面存在显著差异。这些差异反映了两种市场在运作机制、市场参与者以及融资方式等方面的不同特点。例如，欧洲债券市场的债权人更加分散和多元化，而中长期贷款则主要由贷款银行作为债权人；欧洲债券具有较高的流动性，可以在二级市场上自由流通转让，而中长期贷款则通常不可转让；在资金使用方面，欧洲债券的持有人通常不干预债券资金的使用状况，而贷款银行则会对贷款资金的使用情况进行密切关注和监督。这些差异使得欧洲债券市场和欧洲中长期信贷市场在融资活动中各自发挥着不同的作用。

扩展阅读 6.9 中国政府成功发行 15 亿美元等值欧洲债券

即测即练题 6.3

自学自测

扫描此码

6.4 衍生金融市场

20 世纪 70 年代以来，随着美元的不断贬值，布雷顿森林体系崩溃，国际货币制度由固定汇率制走向浮动汇率制。1973 年和 1978 年两次石油危机使西方国家经济陷于滞胀，为对付通货膨胀，美国不得不运用利率工具，这又使金融市场的利率波动剧烈。利率的升降会引起证券价格的反方向变化，并直接影响投资者的收益。面对利市、汇市、债市、股市发生的前所未有的波动，市场风险放大，迫使商业银行、投资机构、企业寻找可以规避市场风险、进行套期保值的金融工具，从而以金融期货、期权等金融衍生工具为交易对象的衍生金融市场便应运而生。衍生金融市场产生后不久就被引入全球金融市场。

1. 衍生金融市场的概念

衍生金融工具（derivative financial instruments），又称衍生金融产品，是与基础金融产品相对应的一个概念，指建立在基础产品或基础变量之上，其价格随基础金融产品的价格（或数值）变动的派生金融产品。这里所说的基础产品是一个相对的概念，不仅包括现货金融产品（如债券、股票、银行定期存款单等），也包括金融衍生工具。作为金融衍生工具基础的变量则包括利率、汇率、各类价格指数甚至天气（温度）指数等。衍生金融市场是指以衍生金融工具为交易对象的市场。自 20 世纪 80 年代以来，国际金融市场最为重要的创新便是衍生金融市场的建立和发展。衍生金融市场的出现弥补了一些传统金融市场的缺陷。其具体功能如下：

第一，规避风险。这是衍生金融工具最基本也是最重要的功能之一。通过套期保值等手段，企业和投资者可以有效地对冲市场波动带来的风险，如利率风险、汇率风险、商品价格风险等。这不仅有助于保护投资者的资产安全，还能促进资本市场的稳定发展。

第二，价格发现。衍生金融市场作为信息汇集和交易的平台，能够迅速反映市场参与者对基础资产未来价格走势的预期。通过公开竞价形成的均衡价格，不仅提高了市场透明度，还为基础资产的定价提供了重要参考。这种价格发现机制有助于提升市场整体的定价效率和准确性。

第三，套利。套利活动在衍生金融市场中十分普遍。当不同金融产品之间存在价格偏离时，套利者会利用这种价格差异进行交易，以获取无风险利润。套利活动不仅有助于消除市场中的不合理定价现象，还能提升市场的流动性和有效性。

第四，投机。尽管投机行为在某些情况下可能被视为风险较高的活动，但它也是金融市场不可或缺的一部分。投机者通过承担额外的风险来获取更高的收益，他们的行为有助于提升市场的活跃度和交易量。当然，投机行为也需要在透明公开的条件下进行，以避免市场操纵等不当行为的发生。

第五，构建组合。衍生金融工具为投资者提供了丰富的组合构建工具。通过不同的衍生产品组合，投资者可以实现对特定风险敞口的精确控制和管理，从而满足其个性化的投资需求。这种灵活性使得衍生金融工具成为投资者进行资产配置和风险管理的重要工具。

2. 衍生金融市场的特点

1）受传统金融市场的制约

金融衍生工具或衍生产品是由传统金融产品派生出来的，由于它是衍生物，不能独立存在，其价值在相当程度上受制于相应的传统金融工具。由于是在基础工具上派生出来的产品，因此金融衍生工具的价值主要受基础工具价值变动的影响。如股票市场指数的变动影响股票指数期货市场的价格。这是衍生工具最为独到之处，也是其具有避险作用的原因所在。

2）规避金融风险

衍生金融工具的主要功能之一就是风险管理。通过利用这些工具，投资者可以对冲或转移市场风险，如利率风险、汇率风险、信用风险等。这种风险管理的功能促进了金融市场的稳定和发展。

3）复杂性

衍生金融市场的复杂性主要体现在其产品的设计和交易策略上。这些产品往往涉及复杂的数学模型和计算，需要专业的知识和技能才能理解和操作。此外，衍生金融市场的交易策略也多种多样，需要投资者具备丰富的市场经验和判断力。

4）灵活性

衍生金融工具的设计和创新具有高度的灵活性，可以根据市场需求和投资者的偏好进行定制。这种灵活性使得衍生金融市场能够不断推出新的产品，满足投资者的多样化需求。各国机构及个人参与衍生金融市场的目的有三类：第一，买卖衍生工具为了保值；第二，利用市场价格波动风险进行投机牟取暴利；第三，利用市场供求关系的暂时不平衡套取无风险的额外利润。出于各种复杂的经营目的，就要有各种复杂的经营品种，以适应不同市场参与者的需要。所以，衍生金融工具的设计可根据各种参与者所要求的时间、杠杆比率、风险等级、价格等参数的不同进行设计、组合。因此，相对其他国际金融市场而言，衍生金融市场具有更大的灵活性。

5）杠杆性

杠杆性是衍生金融市场的一个重要特征。通过保证金交易，投资者可以用较少的资金控制较大的交易合约，从而放大收益和亏损。这种杠杆效应既增加了市场的吸引力，也带来了更高的风险。

6）特殊性

衍生金融市场交易的特殊性主要表现在两个方面：一是集中性。从交易中介机构看，主要集中在大型投资银行等机构进行。美国目前占了全球金融衍生产品交易的相当比重，但是在美国 3000 多家金融机构中，只有 300 多家从事此类交易，而且其中 10 家大型机构就占了交易量的 90%。二是灵活性。从市场分布看，部分交易活动是通过场外交易方式进行的，即用户主要通过投资银行作为中介方参与衍生工具交易，投资银行代为寻找对手方或直接作为交易对手进行，这些交易是非标准化的。

3. 衍生金融市场的类型

1）金融远期市场

（1）金融远期合约的含义。金融远期合约是最基础的金融衍生产品之一，它是交易双方在场外市场上通过协商，按约定价格（称为远期价格）在约定的未来日期（交割日）买卖某种标的金融资产（或金融变量）的合约。

（2）金融远期市场的交易品种。金融远期合约按基础工具划分为以下四类。

①股权类资产的远期合约。这类合约允许交易双方在未来某一特定日期以约定价格买卖特定的股票、一揽子股票或股票价格指数。它们为投资者提供了对冲股票价格波动风险或进行投机交易的工具。

②债权类资产的远期合约。这类合约主要涉及固定收益证券，如定期存款单、短期债券、长期债券和商业票据等。它们为投资者提供了一种在未来以约定价格买卖这些证券的方式，有助于管理利率风险和流动性风险。

③远期利率协议。这是一种特殊的远期合约，不涉及实际的本金交换，而是双方在未来某一日期按照约定的名义本金交换支付浮动利率和固定利率的差额。它主要用于对冲利率风险，特别是那些面临未来利率变动影响的金融机构和企业。

④远期汇率协议。这类合约允许交易双方在未来某一日期以约定的汇率买卖一定数量的外币。它为跨境贸易、投资和融资活动提供了管理汇率风险的工具，帮助企业和投资者规避因汇率波动而可能造成的损失。

2）金融期货市场

（1）金融期货市场的含义。金融期货市场是指进行金融期货合约买卖的市场。金融期货交易是金融市场中的一种高级交易形式，它涉及在标准化的交易所内，买卖双方通过签订合约，约定在未来某一特定时间以约定价格买卖一定数量的金融商品（如股票指数、外汇、利率等）。这种交易方式允许投资者对冲风险、进行投机或套利活动，同时也有助于提高市场效率和流动性。金融期货市场作为金融市场的重要组成部分，为金融机构、企业和个人投资者提供了多样化的风险管理工具和投资机会。

（2）金融期货市场的产生与发展。金融期货交易相对于商品期货交易来说出现得晚。1972 年 5 月，美国芝加哥商品交易所的国际货币市场首次开拓了外币对美元的期货交易，即外汇期货交易或汇率期货交易。产生这种新式期货的原因是当时的国际金融市场动荡，以及投机风气日盛。1960 年以来，美元危机经常爆发，许多国家越来越多地要求向美国兑换黄金，致使美国黄金大量流失，最后不得不宣布停止兑换黄金。布雷顿森林体系崩溃，接着各国纷纷实行浮动汇率。这时国际货币制度比较混乱，汇率波动频繁，投机盛行，贸易商急切需要新的可避免外汇风险的手段。于是芝加哥商品交易所就按照商品期货市场交易的原理，推出了外汇期货交易。接着在 1975 年以后又相继推出各种利率期货，当年 10 月该交易所推出了政府住宅抵押证券的期货交易，1977 年 8 月与 1979 年 6 月先后推出了长期和中期国库券期货交易，1977 年 9 月和 1979 年 5 月也先后推出了 90 天和 30 天的商业票据期货交易。到 1982 年，在美国期货市场的总成交额中，外汇期货的成交额占了近10%，利率期货成交额占 26%。1982 年 2 月，美国堪萨斯农产品交易所又首创股票指数期货交易，随后纽约期货交易所也开办此项新业务。总之，金融期货的发展使任何反映景气动向的数据均被商品化。金融期货交易自美国推出后，世界其他各国和地区相继仿效，伦敦、中国香港、新加坡、多伦多、悉尼等亦都先后开办金融期货交易并初具规模。东京金融市场也先后开办债券期货交易、股票指数期货交易，并于 1989 年 6 月开设东京金融期货交易所。2006 年，芝加哥商品交易所推出了以美元、日元、欧元报价和现金结算的人民币期货及期货期权交易，不过，由于人民币汇率并未完全实现市场化，这些产品的交易并不活跃。

（3）金融期货市场的交易品种。金融期货按基础工具主要划分为三种类型：外汇期货、利率期货、股票类期货。

①外汇期货。外汇期货又称货币期货，是以外汇为基础工具的期货合约，是金融期货中最先产生的品种，主要用于规避外汇风险。投资者通过买卖外汇期货合约，可以在未来某一特定时间以约定的汇率买卖一定数量的外汇，从而规避因汇率波动带来的风险。外汇期货市场的交易活跃，是全球最大的金融期货市场之一。

②利率期货。利率期货是在外汇期货之后发展起来的金融期货类别，其基础资产是与利率相关的金融工具，如债券、国库券等固定收益证券。利率期货的主要目的是帮助投资者规避因利率变动而导致的风险。由于固定收益证券的价格与利率变动呈反向关系，因此当市场利率发生变动时，投资者可以通过买卖利率期货合约来锁定未来的成本或收益。

利率期货的主要品种包括债券期货和主要参考利率期货。债券期货允许投资者在未来某一时间以约定价格买卖特定债券；而主要参考利率期货，如短期国库券期货、欧洲美元期货等，则是以市场上广泛使用的利率指数为基础进行交易的。

③股票类期货。股票类期货是以股票或股票指数为基础资产的期货合约。这类期货合约为投资者提供了多样化的投资选择和风险管理工具。股票价格指数期货是以股票价格指数（如标普 500 指数、纳斯达克 100 指数等）为基础，投资者可以通过买卖这些期货合约来预测和对冲整个股票市场的风险。单只股票期货是以单只股票为基础资产，允许投资者在未来某一时间以约定价格买卖特定数量的股票。虽然实际交割时通常以现金方式进行，但这类期货合约为投资者提供了灵活的风险管理手段。股票组合期货是相对较新的金融期货品种，以标准化的股票组合为基础资产。这类期货合约允许投资者对整个股票组合进行风险管理和投资操作，而无须单独买卖组合中的每一只股票。

（4）金融期货市场的职能。

①套期保值，转移风险。这是金融期货市场最基本也是最核心的功能之一。套期保值允许投资者通过持有与现货市场相反头寸的期货合约，来锁定未来的价格或汇率，从而规避因市场价格波动带来的风险。无论是卖出套期保值还是买入套期保值，都是为了保护投资者免受不利市场价格变动的影响。卖出套期保值又叫空头期货保值，它是指利用利率期货交易避免将来利率上升引起的持有债券的价值下跌或预定的借款费用上升的风险；或者指利用外汇期货交易避免将来外汇汇率下跌引起持有外币资产的价值下跌，以及将来的外汇收入的价值减少的风险。买入套期保值又叫多头期货保值，是指利用利率期货交易避免将来利率下跌引起的债券投资的预定利益减少（债券的购入价格上升）的风险；或者指利用外汇期货交易避免将来外汇汇率上升引起以本币计价的预定外汇支付额增加的风险。

②投机牟利，承担风险。投机是金融期货市场的另一个重要特征。投机者利用期货市场的杠杆效应和价格波动，通过买卖期货合约来追求利润。虽然投机活动增加了市场的波动性和风险，但同时也为市场提供了流动性和深度。投机者的存在使得市场更加活跃，有助于价格发现和市场效率的提升。然而，投机活动也伴随着巨大的风险，因此投资者在参与投机时应充分了解市场规则和风险，做好风险管理。

③使供求机制、价格机制、效率机制及风险机制的调节功能得到进一步的体现和发挥。金融期货市场通过公开竞价的方式形成价格，这个价格反映了市场参与者对未来行情的综合预期和判断。这个价格信号对于生产者和投资者来说具有重要的参考价值，可以帮助他们做出更加合理的生产和投资决策。同时，期货市场的价格发现功能也有助于优化资源配置，提高市场效率。此外，金融期货市场还通过其特有的风险管理机制，如保证金制度、强行平仓制度等，来降低市场风险，保障市场的稳定运行。这些机制共同作用，使得金融期货市场在调节供求关系、价格形成、市场效率以及风险管理等方面发挥着重要作用。

3）金融期权市场

（1）金融期权市场的含义。金融期权作为一种金融衍生工具，其标的物通常是金融商品或金融期货合约。购买者在支付一定费用（即期权费或权利金）给出售者后，便获得了在未来某一特定时间以约定价格买入或卖出一定数量的标的资产的权利，而非义务。这种权利赋予了期权持有者灵活应对市场变化的能力，同时也为期权出售者提供了一种风险管理工具。金融期权市场的存在，促进了金融市场的多样化和复杂性，也为投资者提供了更多的投资策略和风险管理手段。

（2）金融期权市场的产生与发展。金融期权市场的产生可以追溯到18世纪的英国，随着南海公司股票泡沫的兴起，股票期权市场开始萌芽。然而，由于泡沫的破灭和随之而来的市场混乱，股票期权交易一度被禁止。直到19世纪后期，随着美国金融市场的发展，期权交易才逐渐复苏。拉舍尔·赛奇等在柜台交易市场上引入了标准化的期权交易系统，并引入了买权、卖权和平价等概念，为期权市场的规范化发展奠定了基础。然而，由于场外交易市场的非标准化和缺乏监管，期权市场的发展仍然相对缓慢。

1973年，芝加哥期权交易所的成立标志着期权交易进入了一个新的时代。该交易所推出的标准化期权合约和规范的交易规则，极大地推动了期权市场的发展。随着更多交易所的加入，期权交易品种也不断丰富，从最初的股票期权扩展到股票指数期权、利率期权、外汇期权等多种类型。进入20世纪80年代，金融创新浪潮席卷全球，金融期权市场也迎来了新的发展机遇。新型期权不断出现，如复合期权、奇异期权等。同时，期权与其他金融工具的复合物也越来越多，如与公司债券、抵押担保债券、保险产品等的结合。1982年，芝加哥期权交易所开始进行 S&P 500 期权交易，它标志着股票指数期权的诞生。同年，芝加哥期权交易所首次引入美国国库券期权交易，成为利率期权交易的开端。同在1982年，外汇期权也产生了，它首次出现在加拿大蒙特利尔交易所。1984年，外汇期货期权在芝加哥商品交易所的国际货币市场发行。随后，期货期权迅速扩展到欧洲美元存款、90天短期及长期国库券、国内存款证等债务凭证期货，以及黄金期货和股票指数期货上面，几乎所有的期货都有相应的期权交易。

进入21世纪，随着全球金融市场的不断发展和金融科技的广泛应用，金融期权市场继续保持其活力和创新力，为投资者提供更加全面和高效的金融服务。

（3）金融期权市场的交易品种。金融期权按基础资产性质的不同可以分为股权类期权、利率期权、货币期权、金融期货合约期权、互换期权等。

①股权类期权。与股权类期货类似，股权类期权也包括三种类型：单只股票期权、股票组合期权和股票指数期权。单只股票期权指直接针对单只股票设计的期权，投资者可以通过购买或出售这些期权来对冲或投机单只股票的价格变动；股票组合期权是基于一揽子股票设计的期权，适用于希望对冲或投资多个股票组合风险的投资者；股票指数期权以股票指数为基础资产，投资者可以通过这些期权来对冲或投机整个股票市场的走势。

②利率期权。利率期权指买方在支付了期权费后，即取得在合约有效期内或到期时以一定的利率（价格）买入或卖出一定面额的利率工具（如政府债券、欧洲美元债券等）的权利。

③货币期权。货币期权又称外币期权、外汇期权，指买方在支付了期权费后，即取得在合约有效期内或到期时以约定的汇率购买或出售一定数额某种外汇资产的权利。货币期权合约主要以美元、欧元、日元、英镑、瑞士法郎、加拿大元及澳大利亚元等为基础资产。

④金融期货合约期权。金融期货合约期权是一种以金融期货合约为交易对象的选择权，它赋予其持有者在规定时间内以协定价格买卖特定金融期货合约的权利。

⑤互换期权。金融互换期权是以金融互换合约为交易对象的选择权，它赋予其持有者在规定时间内以规定条件与交易对手进行互换交易的权利。

另外，奇异型期权通常在选择权性质、基础资产以及期权有效期等方面与标准化的交易所交易期权存在差异，种类庞杂，较为流行的就有数十种之多。这些期权在标准化期权的基础上进行了创新，具有更复杂的结构和更灵活的行权条件。它们通常用于满足特定投资者的需求，如对冲复杂风险或实施高级投资策略。奇异型期权的种类繁多，有的期权合约具有两种基础资产，可以择优执行其中一种（任选期权）；有的可以在规定的一系列时点行权（百慕大期权）；有的对行权设置一定条件（障碍期权）；有的行权价格可以取基础资产在一段时间内的平均值（亚式期权）。

（4）金融期权市场的职能。金融期权与金融期货有着类似的功能。从一定意义上说，金融期权是金融期货功能的延伸和发展，具有与金融期货相同的套期保值和发现价格的功能，是一种行之有效的控制风险的工具。利用金融期权进行风险管理时，买方承受风险的上限是确定的期权费的金额，而卖方承受的风险则不确定，且没有上限。

金融期权市场作为金融市场的重要组成部分，承担着多重职能，这些职能不仅促进了金融市场的稳定和发展，也为投资者提供了多样化的风险管理和投资工具。以下是金融期权市场的主要职能。

第一，风险管理。金融期权市场为投资者提供了灵活有效的风险管理工具。通过购买或出售期权合约，投资者可以对冲现有资产或未来投资的风险，如股票价格波动风险、利率变动风险等。

第二，价格发现。金融期权市场通过大量的交易活动，汇聚了市场上对特定资产未来价格走势的预期信息。这些信息在期权价格中得到反映，从而有助于揭示资产的真实价值和市场预期，能够为投资者提供重要的市场参考。

第三，增强市场流动性。期权市场的存在增加了金融市场的深度和广度。投资者可以通过期权合约进行买卖，从而提高市场的流动性。期权市场的活跃交易不仅促进了期权本身的价格发现，还通过套利活动促进了相关资产（如股票、债券等）的市场流动性。

第四，提供投资与投机机会。金融期权市场为投资者提供了多样化的投资和投机机会。投资者可以根据自己对市场走势的判断，选择买入或卖出期权合约，以获取收益。同时，期权合约的杠杆效应也使得投资者有机会以小博大，实现较高的投资回报率。

第五，促进金融创新。金融期权市场的不断发展推动了金融创新的进程。随着市场需求的变化和技术的进步，新的期权品种和交易策略不断涌现。这些创新不仅丰富了金融市场的产品体系，也为投资者提供了更多的选择和机会。

第六，优化资源配置。金融期权市场通过价格发现和风险管理等职能，优化社会资源的配置。投资者可以根据市场信号调整自己的投资方向和规模，从而实现资源的合理配置和高效利用。

4）金融互换市场

（1）金融互换市场的含义。金融互换市场是一个专门的金融市场，它允许两个或两个以上的参与者按照事先约定的条件，在特定的时间段内定期交换不同种类的现金流。这种交易的本质在于通过互换现金流来重新配置各方的资产和负债，以满足各自的风险管理、资金筹集或投资需求。金融互换市场的存在，为市场参与者提供了一个灵活多样的金融工具，有助于提升市场效率和资源配置的合理性。

（2）金融互换市场的交易品种。金融互换虽然历史较短，但品种创新却日新月异。除了传统的利率互换和货币互换外，一大批新的金融互换品种不断涌现。

①利率互换。利率互换是指双方同意在未来的一定期限内根据同种货币的同样的名义本金交换现金流，其中一方的现金流根据浮动利率计算，而另一方的现金流根据固定利率计算。互换的期限通常在 2 年以上，有时甚至在 15 年以上。

②货币互换。货币互换涉及两种不同货币的本金和固定利息的交换。它通常用于满足双方在不同国家金融市场上的比较优势，或者用于对冲汇率风险。

③其他互换。随着金融市场的不断发展，还涌现出了一系列新型金融互换品种，如交叉货币利率互换（同时涉及利率和货币的互换）、基点互换（基于特定利率基点的互换）、零息互换（不涉及利息支付的互换）、远期互换（在未来某个时间点开始的互换）、互换期权（赋予持有者在未来选择是否进行互换的权利）、股票互换（以股票为基础的互换）等。这些新型互换品种进一步丰富了金融互换市场的交易品种，满足了市场参与者更加多样化的需求。

（3）金融互换的功能。

第一，套利与降低成本。通过在全球各市场之间进行套利活动，金融互换有助于降低筹资者的融资成本或提高投资者的资产收益。这是因为金融互换能够使参与者利用不同市场之间的价格差异来获取利润。

第二，风险管理。金融互换是管理资产负债组合中利率风险和汇率风险的有效工具。通过互换交易，参与者可以将其面临的利率风险或汇率风险转移给更愿意承担这些风险的对手方，从而实现风险的有效管理。

第三，促进市场一体化。金融互换市场的存在和发展推动了全球金融市场的一体化进程。通过跨市场、跨币种、跨期限的互换交易，金融互换市场使得不同市场之间的联系更加紧密，有助于提升全球金融市场的整体效率和稳定性。

第四，表外业务与规避管制。金融互换还可以作为表外业务使用，帮助参与者规避外汇管制、利率管制及税收限制等监管措施。这在一定程度上增加了金融市场的灵活性和复杂性，但同时也要求监管机构加强对金融互换市场的监管力度以防止潜在的风险。

即测即练题 6.4

自学自测　　扫描此码

复习思考题

1. 国际金融市场与国内金融市场有哪些区别？
2. 国际金融市场的作用是什么？
3. 试列举国际金融市场的新趋势。
4. 简述国际金融市场的分类。
5. 传统国际金融市场的构成有哪些？
6. 简述国际资本市场的含义和构成。
7. 简述欧洲货币市场的特点。
8. 简述欧洲货币市场的作用。
9. 简述欧洲货币市场的主要业务。
10. 试分析欧洲货币市场的利弊。
11. 衍生金融市场有什么特点？
12. 衍生金融市场的类型有哪些？
13. 金融远期市场的交易品种有哪些？
14. 金融期权市场的交易品种有哪些？

第7章

国际资本流动

本章学习目标

国际资本流动是构成国际金融市场不断变化的原动力，也是研究开放经济与国际金融问题的重点内容。通过本章学习，要求学生：

1. 理解国际资本流动的基本概念，掌握国际资本流动的分类及影响因素；
2. 理解国际资本流动对经济的影响；
3. 理解国际债务的概念，掌握国际债务产生的原因、风险指标；
4. 理解国际金融危机的概念，了解全球重大金融危机。

引导案例

美国降息周期下的中国跨境资本流动

美国降息周期下，中美利差倒挂幅度有望逐步收窄，人民币可能出现阶段性升值，吸引证券投资、其他投资资金回流国内。贸易保护主义盛行、地缘政治风险加剧背景下，企业投资出海成为新选择，预计直接投资将维持小幅逆差。

美联储的利率政策对全球跨境资金流动具有重要影响力。本轮通胀周期中，美联储在16个月内累计加息幅度达到525BP，随着利率的走高，美元强势升值，引发国际资本快速回流美国，对新兴国家币值和资产价格产生了重大影响。9月19日，美联储宣布降息50BP，开启了一轮新的降息周期，全球资本流动将会发生什么样的变化？

随着欧美等主要发达经济体开启降息周期，全球流动性将有所改善，我国资本外流的压力也将边际缓解。不同类型资金的特征和投资逻辑存在较大差别，其中证券投资和其他投资流动性较强，跨境流动方向和规模更多受到利差和汇率预期的影响，而直接投资作为长期资本，流动性相对较差，跨境流动方向和规模更多受到政策和地缘政治的影响。

中美利差倒挂幅度有望逐步收窄，人民币可能迎来阶段性升值，吸引证券投资、其他投资资金回流国内。2022年3月以来，美联储强势加息增强了人民币的贬值预期，推动市场套汇交易。由于我国资本账户并非完全开放，部分套息套汇交易通过贸易项进行，即出口商"进口多购汇、出口少结汇"，累积的部分未结汇资金被用来购买海外资产。根据统计，2022年第二季度到2024年第一季度，我国的证券投资和其他投资项下的资金净流出累计2619亿美元，并且连续三个季度出现当季净流出的现象。

2024年第四季度及2025年，美债利率仍有较大下行空间，中债利率在央行调控下预计维持相对稳定或者小幅下降的态势，中美利差倒挂幅度有望逐步减小，人民币迎来阶段性升值的概率增加，出口商结汇意愿将有所增强，从而带动套息、套汇交易逆转，证券投资和其他投资有望由净流出转为净流入。但人民币升值幅度大概率不及 2017 年，中美利差有望回升但可能依旧维持倒挂，预计证券投资、其他投资回流国内的规模可能在 2000 亿美元左右。其他投资主要以存、贷款为主，人民币汇率的预期波动直接影响居民与企业部门的汇兑损益预期和外债偿还意愿，从而使其成为金融账户中周期性最强、波动性最大的项目。随着美元宽松周期开启，人民币升值预期下，"资产本币化、负债外币化"将驱动其他投资实现净流入。

贸易保护主义盛行、地缘政治风险加剧背景下，企业投资出海成为新选择，我国政策兼顾"引进来"和"走出去"，预计直接投资将维持小幅逆差。近年来我国贸易环境不确定性有所增加，拜登政府新增部分商品关税，欧盟对中国电动汽车征收反补贴税，地缘政治风险进一步加剧。目前欧盟、英法等已完成换届选举，右翼势力崛起，更加强调贸易保护和本国优先。在此背景下，投资出海或许是规避贸易壁垒的更优选择，我国对外直接投资大概率将维持高增长的态势。同时，我国政策在稳增长、稳外资方面仍有优化空间，扩大国内需求、改善营商环境、放宽外资准入有助于保持我国对外资的吸引力。综合看，预计直接投资资金将维持小幅净流出。

资料来源：证券市场周刊. http://news.10jqka.com.cn/20240924/c661918425.shtml.

7.1　国际资本流动概述

7.1.1　国际资本流动的含义

国际资本流动是指资本从一个国家或地区转移到另一个国家或地区。它是国际间经济交易的基本内容之一。国际资本流动是资本在国际范围内运动的过程，是资本要素在不同主权国家和法律体系管辖范围之间的输出与输入。资本的本质决定了资本跨国流动的本质，即居民的一部分储蓄或社会剩余劳动积累在不同社会再生产体系、不同社会经济分配体系、不同政府宏观决策体系之间的运动。

国际资本流动不同于以所有权转移为特征的商品交易，它是以使用权转让为特征的，但一般仍以盈利为目的。一国（或地区）的国际收支平衡表中的资本与金融账户，集中反映了该国（或地区）在一定时期内与他国（或地区）的资本流动的综合情况。在把握"国际资本流动"的含义时，还必须清楚地界定几个与其相关的概念。

1. 国际资本流动与资本输出入

资本输出入一般只与投资和借贷等金融活动相关联，并且是以牟取利润为目的的资本流动，因而不能涵盖国际资本流动的全部内容，也就是说，国际资本流动不一定就是资本输出入。比如，一国用黄金外汇来弥补国际收支赤字，属于国际资本流动，而不属于资本输出入，因为这部分黄金外流不是为了获取高额利润，而只是作为国际支付的手段以平衡国际收支。

2. 国际资本流动与资金流动

资金流动是指一次性的、不可逆转的资金款项的流动和转移，相当于国际收支中经常账户的收支。资本流动即资本转移，是可逆转的流动或转移，如投资或借贷资本的流出伴随着利润、利息的回流以及投资资本和贷款本金的返还。由此，是否具有可逆转性是国际资本流动与国内资本流动的主要区别所在。

3. 国际资本流动与国内资本流动

国际资本流动与国内资本流动的差异性主要体现在资本拥有者和使用者的居民属性上。首先，国际资本流动是在资本拥有者和使用者出现跨越国界的分离情况下出现的。其次，国际资本流动表现为资金形式的跨国运动，而金融资本流动的结果必然导致以商品和服务为主要内容的实际资源的移动，即实际资本在国家间的流动。

7.1.2 国际资本流动的分类

1. 按资本跨国界流动的方向分类

按资本跨国界流动的方向，国际资本流动可以分为资本流入和资本流出。

（1）资本流入是指外国资本流入本国，即本国资本输入。其主要表现为：外国在本国的资产增加；外国对本国负债减少；本国对外国的债务增加；本国在外国的资产减少。

（2）资本流出也称本国支出外汇，是本国资本流到外国，即本国资本输出。其主要表现为：外国在本国的资产减少；外国对本国债务增加；本国对外国的债务减少；本国在外国的资产增加。

2. 按资本属性分类

按资本属性分类，国际资本流动可以分为官方资本流动和私人资本流动。

（1）官方资本流动是指由政府或政府部门所拥有的官方资本的国际资本流动。这种流动主要由一国中央银行或政府部门进行管理和控制，其动机和目的往往与国家的宏观经济政策和外交战略紧密相关。其主要形式包括：国际金融组织贷款，政府间贷款与政府无偿援助，主权基金。

（2）私人资本流动是指民间资本的国际资本流动。这种流动主要由企业、机构和个人等经济主体进行，其动机和目的往往与追求高额投资收益和降低投资风险相关。其主要形式包括：私人直接投资，私人证券投资，其他私人信贷和投资。

3. 按资本流动期限分类

按资本跨国流动时间的长短，国际资本流动可以分为长期资本流动与短期资本流动。

（1）长期资本流动是指使用期限在一年以上，或者未规定使用期限的资本流动。它主要包括三种类型：国际直接投资、国际证券投资和国际贷款。

①国际直接投资。国际直接投资指一个国家的企业或个人对另一国企业部门进行的投资。直接投资可以取得某一企业的全部或部分管理和控制权或直接投资新建企业。按照 IMF 的定义，通过国际直接投资而形成的直接投资企业是直接投资者进行投资的公司型或非公司型企业，直接投资者是其他经济体的居民，拥有（公司型企业）10%或以上的流通股或投票权，或拥有（非公司型企业）相应的股权或投票权。其特点是投资者能够控制企业的有关设施，并参与企业的管理决策。直接投资往往和生产要素的跨国界流动联系在一起，

这些生产要素包括生产设备、技术、专利、管理人员等。因而国际直接投资是改变资源分配的真实资本的流动。

国际直接投资有五种方式：在国外创办新企业，包括创办独资企业、设立跨国公司分支机构及子公司；与东道国或其他国家共同投资，建立合营企业；投资者直接收购现有的外国企业；购买外国企业股票，达到一定比例以上的股权；以投资者在国外企业投资所获利润作为资本，对该企业进行再投资。

②国际证券投资。国际证券投资也称为间接投资，是指通过在国际债券市场上购买外国政府、银行或工商企业发行的中长期债券，或在国际股票市场上购买外国公司股票而进行的对外投资。证券投资与直接投资存在区别，主要表现在：证券投资者只能获取债券、股票回报的股息和红利，对所投资企业无实际控制和管理权。而直接投资者则持有足够的股权来承担被投资企业的盈亏，并享有部分或全部管理控制权。

③国际贷款。国际贷款是指一国政府、国际金融组织或国际银行对非居民（包括外国政府、银行、企业等）所进行的期限为一年以上的放款活动。其主要形式包括政府贷款、国际金融机构贷款和国际银行贷款。

（2）短期资本流动是指期限在一年或一年以内的即期支付的资本流动。它主要包括以下四类：贸易资本流动、银行资本流动、保值性资本流动、投机性资本流动。

①贸易资本流动。贸易资本流动是指由国际贸易引起的货币资金在国际间的融通和结算，是最为传统的国际资本流动形式。国际贸易活动的进行必然伴随着国际结算，引起资本从一国或地区流向另一国或地区。各国出口贸易资金的结算，导致出口国或代收国的资本流入。各国进口贸易资金的结算，则导致进口国或代付国的资本流出。随着经济开放程度的提高和国际经济活动的多样化，贸易资本在国际流动资本中的比重已经大为降低。

②银行资本流动。银行资本流动是指各国外汇专业银行之间由于调拨资金而引起的资本国际转移。各国外汇专业银行在经营外汇业务过程中，由于外汇业务或谋取利润的需要，经常不断地进行套汇、套利、掉期、外汇头寸的抛补和调拨，短期外汇资金的拆进拆出，国际间银行同业往来的收付和结算等，都会产生频繁的国际短期资本流动。

③保值性资本流动。保值性资本流动又称为资本外逃，是指短期资本的持有者为了使资本不遭受损失而在国与国之间调动资本所引起的资本国际转移。保值性资本流动产生的原因主要有国内政治动荡、经济状况恶化、加强外汇管制和颁布新的税法、国际收支发生持续性的逆差，从而导致资本外逃到币值相对稳定的国家，以期保值，免遭损失。

④投机性资本流动。投机性资本流动是指投机者利用国际金融市场上利率差别或汇率差别来谋取利润所引起的资本国际流动。具体形式主要有：对暂时性汇率变动的投机；对永久性汇率变动的投机；与贸易有关的投机性资本流动；对各国利率差别作出反应的资本流动。由于金融开放与金融创新，国际间投机资本的规模越来越庞大，投机活动也越来越盛行。

7.1.3　国际资本流动的根本原因

国际资本流动的形成，是一种供给与需求关系产生的结果。正因为存在这样的一种供求关系才从根本上导致了国际资本流动。

1. 资本追逐利润与规避风险的权衡

在国际资本流动中，长期资本与短期资本流动的具体原因各不相同，但从总体上看，其动因都不外乎两个：其一是追求利润，其二是规避风险。第二次世界大战后，由于世界经济发展的不平衡，各国资本的预期收益率必然会形成差异。资本追逐利润最大化的本性驱使它从一国流向另一国。若一国资本的预期收益率高于他国，在其他因素相同的情况下，他国资本便会流入该国；反之，若一国资本的预期收益率低于他国，或者在相同收益率下风险高于他国，不仅外国资本会从该国抽走，而且本国资本也会出现外逃现象。

在国际资本流动中，追逐利润并非唯一的动机。对投资者来说，还要考虑资本的相对安全性。在某国或地区风险因素超过投资者所能承受的范围时，资本外流也就产生了。因此，任何国际资本的流入、流出，都是追求利润和规避风险的权衡结果。也正是因为这两个原因的存在，谋求流动的国际资本始终存在，进而产生资本供给。

2. 资本需求

资本需求是多方面的，但是发展中国家的资本需求是最为明显的。在发展中国家，由于国内储蓄不足以支持经济发展或起飞阶段所需要的投资需求，收入不足以支付进出口所需要的资金，为了开发本国资源、本国新产品、扩大生产能力以及引进先进技术和先进的管理经验，需要利用外资弥补经济发展的资金缺口，从而形成了对国际资本持续的需求。同时，国际投机者，尤其是以对冲基金为代表的机构投机者，在进行投机交易时，需要动用巨额资金，对国际资本的投机性需求也是非常大的。

7.1.4　国际资本流动的具体影响因素

除基本原因之外，国际资本流动还受到很多具体因素的影响，如利率，汇率，财政赤字与通货膨胀，政府的经济政策，政治、经济以及战争风险的存在。

1. 利率

利率水平的高低不仅制约着资本的收益率，也直接影响着资本流动的方向。当今世界各国经济发展与富裕程度不一，各国之间的利率水平不同，存在利率差异。资本就会在利润机制的驱动下，从利率较低的（可能资本比较充裕）的国家或地区流向利率较高（可能资本比较短缺）的国家或地区，直到利差消失为止，投资的利润在这个过程中达到最大化。

2. 汇率

汇率的高低和稳定与否也决定着资本的流动，尤其是短期资本的流动。20 世纪 70 年代初以来，世界普遍实行浮动汇率制，各国货币汇率经常波动且幅度较大。一些国家把本币币值定得过高。如果一国汇率不稳定，本国资本所有者预期到所持的资本价值可能将发生贬值，就会把手中的资本或货币资产转换成另一种货币资产而存于国外，从而使资本向汇率较为稳定的国家或地区流动。因此，为了避免贬值所造成的损失或为了获得升值所带来的收益，投资者会根据自己对汇率的预期，将资金进行不同货币之间的转换，从而使资本在国际间发生流动。

3. 财政赤字与通货膨胀

财政赤字和通货膨胀在一定条件下是相通的，这两者都会引起国际资本流动。如果一国发生财政赤字，而这个赤字又以发行纸币来弥补，这一过程必然对通货膨胀造成压力。一旦发生严重通货膨胀，居民为避免持有的资产贬值，减少通货膨胀所带来的损失，就会把国内资产转化为外国债券。如果财政赤字是以出售债券或向外国借款来弥补的，就可能导致国际资本流动。因为居民可能预期到在未来某个时期，政府又会靠发行纸币来抵偿债务或征收额外赋税来偿付债务，这样又会促使居民把手中的资产从国内转移到国外。

4. 政府的经济政策

一国的国际资本流动与该国的宏观经济政策有着很大的关系。例如，当一国采取金融自由化政策时，意味着对资本的流入、流出不施加过多干预。此时，国际资本在该国的流出与流入往往比较频繁，规模也较大。如今，许多发展中国家为了弥补本国储蓄不足，制定了众多鼓励外资流入的政策，这对于加快国际资本流动产生了极大的影响。在世界经济处于萧条或国际经济关系不稳定的时候，国家经济政策对国际资本流动的影响作用就更加明显了。

5. 政治、经济以及战争风险的存在

政治风险是指由于一国的投资气候恶化而可能使投资者所持有的资本遭受损失。这里所指的投资气候，是针对被投资国的政局是否稳定、法律是否健全以及政治态度是否友好等方面而言的。投资气候的好坏是判断政治风险程度的一个重要标准。

经济风险是指由于一国投资条件发生变化而可能给资本所有者造成的损失。这里所指的投资条件涉及被投资国的经济状况是否良好、经济前景是否广阔、基础设施是否完善、居民与非居民的资产是否安全等方面的内容。投资条件的好坏，是判断投资经济风险程度的一个重要标准。

战争风险是指可能爆发或已经爆发的战争对资本造成的影响。例如，海湾战争就使国际资本流动发生了重大变化，在战争期间许多资金流向以美国为主的几个发达国家，战后又使大量资本涌入中东，尤其是科威特等国。

7.1.5 国际资本流动的特点

1. 国际资金流量增长迅速，不依赖于实物经济而独立增长

20 世纪 90 年代以来，世界经济发展迅速，国际资本流动的增长速度远远快于世界贸易的增长速度，如印度尼西亚、马来西亚、菲律宾和泰国在 1990—1994 年间，资本流入量是其同期经常账户赤字的两倍。1996 年，泰国资本流入占其国内生产总值的比例高达 13%。而且，国际资本流量的增长是持续性的，不受世界经济周期波动的影响。又如，世界出口贸易量曾因世界经济的周期性衰退在 1979—1982 年及 1990—1993 年这两个阶段中出现下降或徘徊，而国际资本流动却在上述两个时期未受影响，保持了持续高增长的势头。另外，一大批在国际资本流动中居于突出地位的离岸金融中心都出现在经济和贸易不太发达的国

家和地区，诸如巴哈马、巴林、开曼群岛、新加坡、阿联酋等。以上这些特征都说明国际资本流动已经摆脱了对实物经济的依赖。

2. 发达国家在国际资本中仍占主导地位，发展中国家比重逐步增加

二战后，发达国家不仅保持着资本输出主体国家的地位，而且成为最大的受资国，国际直接投资主要发生在发达国家之间。经合组织国家近年来对外直接投资占国际直接投资的80%左右，其成员国对外直接投资的70%左右也被其他经合组织成员国所吸收。在国际资本市场上，发达国家扮演着双重角色，既是最大资本输出国，又是最大资本输入国，对外大量投资与大规模吸收外资往往结合于一身。而发达国家在国际直接投资中的支配地位，决定了其在国际直接投资法律规则的制定方面有着极大的影响力。

但又有迹象表明，发展中国家通过国际资本流动参与世界经济的程度普遍加大。流向发展中国家的资本主要集中在发展水平较高、能带来较高收益且法律制度比较健全的国家，如巴西、新加坡、墨西哥、韩国、泰国、中国等十多个国家。在资本流向上，这又体现了各个国家传统的关系和利益所在。美国的资本主要流向了拉丁美洲国家，日本流向了亚洲，西欧各国的资本主要流向了欧洲其他国家。2010年，流入发展中和转型经济体的国际直接投资强劲反弹，首次超过了全球国际直接投资总流量的一半，达到53%。

3. 跨国公司在国际直接投资中的作用举足轻重，跨国公司并购日趋活跃

在当今新贸易保护主义有所抬头的情况下，跨国公司为获得国外新市场和进入生产要素市场而对外大量投资，并将对外直接投资视为增强竞争力的重要手段。同时，各国政府也认识到吸引跨国公司投资对经济发展的促进效应，因此各国尤其是发达国家推行自由化的对外直接投资政策，并为外国直接投资提供更多便利。这一有利的宏观投资环境，使得跨国公司对外投资大大增加。到了20世纪80年代末，跨国公司的境外并购已经成为跨国公司海外投资的主要形式。1986—1990年，跨国公司的并购活动有所增加，特别是美国、日本和欧洲一些国家跨国公司之间出现了许多并购浪潮。跨国公司并购对投资者来说是非常有利的，可以在进入市场时获得现成的资源，包括技术设备、管理经验和销售渠道，使投资者能够快速进入市场，取得事半功倍的效果。2010年全球跨国并购较上年增长了37%，表明跨境并购通常能够对经济形势的变化较快地作出反应。但"绿地投资"金额及项目数均继续下降。

4. 国际资本流动的产业结构中第三产业比重增加较快

20世纪90年代以来，国际资本流动在产业结构的投向方面发生了较大的变化。以国际直接投资为例，从二战结束到20世纪80年代中期，第二产业一直是国际直接投资的重点。但从20世纪80年代中期开始，随着服务业的迅速发展，第三产业在国际直接投资中的比重逐年增加。1990年，发达国家对服务业的投资存量已经超过制造业1640亿美元。国际资本流动投向的最重要的部分是高科技产业和服务业。在英国，国际资本投入的新项目中，软件、电子、汽车部件、化学、IT网络服务等高科技行业占了30%；在美国，持续近九年经济景气，最大的发展动力就是高科技行业的飞速发展。在全球金融动荡期间，高科技股带动着美国股市节节攀高，吸引国际避险资金涌入美国，并进一步推动美国经济的

发展。

5. 国际资本证券化、资本流动高速化

国际资本证券化是当前国际资本流动的一个重要趋势，它是指银行贷款迅速被各种债券（如固定利率的普通债券、浮动利率债券、以债权形式出现并可以在市场上随时转让的存款单等）所取代。国际资本市场的证券化是 20 世纪 80 年代以来国际资本市场上融通机制变化的一个新趋势。它主要表现为：国际债券的实际规模和活动水平出现长期扩张的趋势；国际债券取代国际银行贷款，成为国际资本市场占统治地位的融资方式；国际债券具有同化国际贷款的客观趋势。

伴随着国际资本证券化的是国际资本流动的速度明显加快。由于金融技术的飞速发展，金融创新产品和各种金融衍生工具的开发和普及，在国际金融市场上，巨额的资金可以迅速积累，也可以迅速消散和转移。大规模的资金可以通过一个电话、一封电邮，便能在各个金融市场上迅速流动。

6. 国际资本流动中官方融资比重下降，外国私人资本重要性日趋增加

按世界银行的划分标准，国际资本流动分为官方发展融资和外国私人资本两种形式，后者又可细分为外国直接投资、国际股权证券投资、外国商业银行贷款、发行国际债券等。从二战后到 20 世纪 70 年代中期，官方发展融资的地位和作用大大加强。这一时期，官方提供的优惠和非优惠资本，是发展中国家输入资本的主要渠道。从 20 世纪 70 年代中期起，官方发展融资总量尽管还在增加，但其地位和作用已大为削弱。

20 世纪 90 年代以来，官方发展援助的绝对额逐渐减小，该金额已经由 1990 年的 564 亿美元减少到 1996 年的 347 亿美元。1997 年，对陷入金融危机国家的发展援助增加，使官方发展融资总额上升到 442 亿美元，但仍不及 1995 年以前的水平。官方发展融资是 20 世纪 90 年代以来国际资本流动构成中绝对额唯一持续下降的项目，这是由于大多数工业国家财政预算的削减，从而使资金供给来源受到限制；冷战结束后，发展中国家的战略地位和军事重要性也趋于下降，一些发达国家不像冷战时期那样热衷于发展援助。此外，美元相对于其他发达国家货币的升值，使这些国家提供的发展援助资金折算成美元金额也减少。

而与官方发展融资相反，由外国商业银行借款、发行国际债券、外国直接投资和国际股票证券投资构成的流入发展中国家的国际私人资本流动则取得长足发展。

扩展阅读 7.1　2024 年第一季度我国国际收支基本平衡，双向跨境资金流动合理有序

7. 国际资本流动中金融衍生工具取得巨大发展

国际资本流动既可以表现为资金在不同国家或地区之间的流动，也可表现为资金在外汇市场、信贷市场、证券市场以及衍生工具市场之间的流动。其中衍生工具市场间流动的增长极为迅速，并且在国别和地区上存在差别，具有极大的可逆性，因而是构成 20 世纪 90 年代以来的一系列货币危机的重要因素。

从国际资本流动的传统方式与衍生工具的比较来看，衍生工具

产生的国际资本流动数量已经处于绝对优势地位,而且衍生交易的增长速度非常快。

从衍生工具交易的内部组成看,场外交易市场衍生工具交易的增长更为迅速,基本上在衍生工具交易中处于主导地位。场外衍生工具交易飞速发展与场外交易形式的简便灵活融合创新活动的活跃有密切关系。

扩展阅读 7.2 老虎基金袭击香港

即测即练题 7.1

自学自测

扫描此码

7.2 国际资本流动的经济影响

7.2.1 中长期国际资本流动与金融稳定

1. 中长期国际资本流动的积极效应

1)中长期资本流入有利于发展中国家的资本形成,促进经济长期发展

资本形成不足是阻碍发展中国家经济发展的主要问题,较低的收入水平使得资本在形成的同时受到来自需求和供给两方面的掣肘,陷入了自我压抑的怪圈。从这层意义上讲,引进外资是促进发展中国家资本形成的有效途径。一方面,外资注入可以补充发展中国家的资本供给,为其发展本国经济、增加出口贸易和提高国民收入创造有利条件。另一方面,有效利用引进的外资,可以拉动对本国人力资源与自然资源的需求,在提高资源利用效率基础上提高生产能力,从而实现国民收入增长,逐渐摆脱贫困。

具体而言,投资决策由外国投资企业作出,即使并不完全符合本国发展目标,也还是直接作用于国内的资本形成,为资本流入国增添真正的新生产力。至于国际借款(银行信贷、政府信贷或债券发行等)和政府间的赠与款项,其使用方向则完全取决于资本流入国自身。或者由政府统筹,用于建设公共服务事业和作为社会经营资本,从而奠定长期经济发展的基础;或者由国内企业在利润最大化目标指导下自主决定投资项目,也对本国经济增长具有积极作用。

2)中长期资本流入有助于平抑国内经济周期的波动

由于获得非居民的银行贷款或证券投资资本,国内微观主体的金融活动范围就超出了本国市场的界限。这使得国内企业和消费者可以在本国经济衰退时借助资本输入而继续从事投资和消费活动,在经济增长时再对外进行清偿。通过这种方式,国际资本流入就在很大程度上发挥了平抑流入国经济周期的作用,从而为本国经济体系提供了更大的稳定性。

与此同时,国内投资者也在一定程度上享受到了在国际范围内进行多样化投资的好处,降低了因为国内经济波动而不得不面对的风险程度。而相对提高的收益水平,很可能刺激国内储蓄和投资活动的高涨,使资本流入国的产出效应进一步放大。

3)资本流出有利于提高本国资源的利用效率

在多数富裕的发达国家,市场成熟度越高,利润平均化作用越明显,寻找高收益投资项目的难度也就越大。如果资本流动不受阻碍,那么储蓄资源就会流向最具发展潜力、使用效率最高的地方,挖掘更高收益的投资项目,使得资源可以在更大的范围内得到合理而充分的配置。另外,流入国国民收入的提高必然带动进口增加,如果新增进口的大部分订单落入资本流出国的手上,则意味着流出国的出口将会扩大。在外贸乘数的作用下,这就会引起该国国民收入提高,于是储蓄增加,投资增加,收入水平可能进一步提高。由此可见,在一定条件下,资本输出甚至可以推动本国收入水平进入一个螺旋式上升的良性循环。虽然当期的资本外流对国内投资水平具有一定的挤出效应,但是从长远来看,未必导致国内消费与投资的减少。所以,只要资本输出的资金来源选择得当,资本输出国的消费与投资不仅不会减少,反而可以成为推动国民收入增长的有利因素。

2. 中长期国际资本流动的消极效应

对资本流入国来说,在享受国际资本流入各种积极效应的同时,也不得不面对伴随而来的风险甚至金融不稳定性。而一旦处理不当,就很可能陷入危机,招致严重的损失。

1)中长期国际资本流动与汇率稳定

汇率变动是资本跨国流动不可避免的问题,而且期限越长,相应的外汇风险程度可能就越高。从宏观上看,汇率变动可能因为恶化贸易条件或者引起旅游业波动而改变一国的资本流动状况,也可能因为货币当局调整外汇储备规模和结构而影响资本流向和数量,从而对国民收入、国内就业及经济发展等宏观因素不利。从微观上看,汇率波动超出预期水平,会加大企业成本与收益核算的难度,从而影响企业涉外业务,也就影响到私人资本的跨国流动;如果汇率变动加大了企业对外的债务负担,造成企业不能按时偿还到期外债,就会影响进一步的国际资本流入,并最终影响到相关企业的经营战略。

2)中长期国际资本流动与利率稳定

无论是国际银行贷款、国际债券、国际股票市场还是国际衍生产品市场,都与国际金融市场利率水平联系密切。利率变动使借贷双方都面临遭受损失的可能性,而且期限越长,相应的利率风险程度可能越高。对国际商业银行来说,资金来源往往是吸收存款或发行金融债券,与资金运用之间存在着利率不匹配的问题。这不仅表现为浮动利率与固定利率的不匹配,也表现为利率期限的不匹配。所以,国际金融市场利率的变动,可能造成国际商业银行在支付存款利息和收取贷款利息两方面同时蒙受损失,使得其比申请国际银行信贷的涉外企业面临更加复杂的利率风险。

3)中长期国际资本流动与银行稳定

发展中国家的金融体系以间接融资为主,所以流入的国际资本中有相当部分会首先进入这些国家的银行体系。20 世纪 90 年代私人资本大规模进入发展中国家,严重冲击其本来就不那么完善的银行体系,为后来的金融危机埋下了祸根。

如果国际资本是以国内银行对外负债的形式流入，就会直接扩大国内商业银行的资产负债规模。当中央银行从这些商业银行处购入外汇资产时，若不采取冲销性货币政策，就将通过信贷扩张而增加本国流通中的货币数量，增大通货膨胀压力。而官方外汇储备增加，也容易带来外汇市场本币升值的压力。尽管中央银行可选择的冲销措施有多种，但是各自都存在一些问题。比如，法定存款准备金率的调整效力过于猛烈，不宜频繁使用，且对非存款货币银行不起作用；而公开市场操作和再贴现等还要以发达的金融市场为前提。而且，中央银行采取冲销性货币政策，相当于把国际资本流入的风险从商业银行体系转移到中央银行，从而造成潜在的公共成本。

7.2.2　短期国际资本流动与金融稳定

1. 短期国际资本流动的积极效应

短期国际资本流动不仅有助于国际金融市场发展，在促进国际贸易和解决国际收支不平衡方面也具有明显的积极效应。

1）国际资本流动有助于国际金融市场发展

首先，国际资本流动加速了全球经济和金融一体化进程。特别是国际投机资本在世界各主要金融市场的套汇、套利活动，使国际金融交易中的汇率差异和利率差异明显缩小，呈现出价格一体化趋势。同时，短期国际资本在各个市场之间的游动，也加强了各国之间经济和金融的相关性，为世界经济和金融一体化发展准备了条件。其次，国际资本流动极大地增加了国际金融市场的流动性。利用现代化的通信和交易手段，国际资本可以迅速地从一国流向另一国，从而满足国际金融市场的资金需求，特别是短期资金需求，同时降低国际金融交易成本。而保证金交易、透支交易和衍生工具的广泛运用，使国际资本流动的影响日益扩大，客观上也推动了衍生工具的创新与运用，从而进一步提升了国际金融市场的流动性。虽然大部分短期国际资本带有投机性质，容易冲击市场运行，但也必须看到，投机资本进入，承担并分散了国际金融市场上的价格风险，在为避险需求者提供流动性的同时，更有可能减少市场价格的波动程度，提高国际金融市场的效率和稳定性。

2）国际资本流动有利于促进国际贸易发展

应收账款融资、国际保理、信用证融资等短期贸易融资方式，既有利于出口商资金周转，也为进口商解决了支付困难，从而直接推动了国际贸易的扩大。同时，出口信贷等中长期贸易融资方式也为扩大贸易产品范围拓宽了思路，更重要的是，为国际贸易提供融资服务，锻炼和培养了发展中国家的金融机构，为其进入国际金融大舞台做好了技术和声誉上的准备。

3）国际资本流动为跨国公司短期资产负债管理、补充营运资本等创造便捷条件

除国际贸易融资外，短期投融资活动也是跨国公司财务管理不可或缺的内容。第六章已经介绍过，跨国公司短期投融资活动较大程度上依赖于国际金融市场，特别是其中的欧洲货币市场。因此可以认为，国际资本流动间接地拓宽了跨国公司财务主管的视野，有利于提高短期资产负债管理效率。

4）国际资本流动在一定程度上有利于解决国际收支不平衡问题

国际收支不平衡的国家，因国际金融市场的发展而得到了弥补国际收支赤字，或者充分利用国内盈余资金的便捷方式。据世界银行统计，广大非产油的发展中国家、中等发达国家甚至发达国家的暂时性国际收支逆差，绝大部分是通过在国际金融市场筹集短期资金来弥补的；而石油输出国、日本等长期国际收支巨额顺差国家，也在国际金融市场发展中提高了国内资本的利用效率。

2. 短期国际资本流动的消极效应

扩展阅读 7.3　阿根廷金融危机

外国短期证券投资，尤其是股票投资快速增加，是 20 世纪 90 年代以来大多数发展中国家共同的经历。巨额国际资本对这些国家的证券市场有特殊意义：一方面，可能带动股票市场以外的其他金融资产价格波动；另一方面，有些国家的银行等金融机构以证券投资为主要资金运用方式，于是证券价格波动直接影响到金融机构的收益和资本金。结果，短期国际资本对股票市场的冲击就有可能酿成整个金融体系的灾难。

即测即练题 7.2

案例讨论 7.1
亚洲金融危机（1997 年）

自学自测　扫描此码

7.3　国 际 债 务

7.3.1　国际债务的含义

国际债务问题是国际金融事务中一项非常重要的内容，也是目前重大的世界经济发展问题。国际间资金融通的绝大部分，是以债权债务增减变动的方式进行的。国际债务活动对于实现金融资源在国际间的余缺调剂和经济资源在世界范围内的合理配置，促进国际贸易和世界经济增长，提高整个人类福利水平都具有十分重大的意义。

微课视频 7.1　国际债务危机爆发

国际组织对国际债务的定义是：国际债务是在任何特定的时间，一国居民对非居民承担的已拨付尚未清偿的具有契约性偿还义务的全部债务，包括需要偿还的本金及需要支付的利息。理解这一定义需要注意两层含义：其一，国际债务是以居民和非居民为标准，是居民对非居民的债务；其二，国际债务以偿还为根据，且这种偿还义务具有契约性，通过具有法律效力的文件明确偿还责任、偿还条件、偿还期限等。目前，IMF 和经合组织（OECD）计算国际债务的口径大体分为 10 项：官方发展援助（OECD 国家提供的）；官方发展援助（非 OECD 国家提供的）；多边贷款（包括国际金融组织，如世界银行、亚洲开发银行等机构的贷款）；IMF 的贷款；债券及其他私人贷款；对方政府担保的非银行贸易信贷（卖方信贷）；对方政府担保的银行贸易信贷（如银行同业拆借等）；无政府担保的银行信贷（如银行同业拆借等）；外国使（领）馆、外国企业和个人在一国银行中的存款；公司、企业等从国外非银行机构借入的贸易性贷款。

7.3.2　国际债务产生的原因

1. 弥补储蓄缺口的需要

资源短缺是经济增长的主要障碍，特别是对于大多数发展中国家而言，经济发展更是经常受到资源短缺的困扰。由于金融资源是各类稀缺资源的集中表现，因而成为大多数发展中国家短缺资源中最短缺的一类。发展中国家为了缩小与发达国家之间的经济差距，尽快提高人民生活水平，就必须维持较快的经济增长速度。而提高经济增长速度，在这些发展中国家只能靠扩大投资规模来实现。而投资又取决于储蓄，发展中国家收入水平较低，消费支出的大部分是必要支出，因而储蓄增长的潜能有限，短期内不能满足投资的需要。这样就出现了国内储蓄缺口。利用国际债务弥补国内储蓄缺口，是发展中国家突破国内储蓄制约、实现经济快速增长的有效途径。

2. 满足大量进口的需要

由于国内缺乏一些重要的原材料或国内的劳动力技术水平不能生产一些关键的设备或产品，为了保证经济的高速增长，就需要大量进口。然而进口数量受创汇能力的限制，在出口能力一定的条件下，进口数量不可能大量增加，即出现了外汇短缺现象。这时，外资在经济发展过程中就起着双重的作用，既是国内储蓄的补充，同时又是外汇资金的来源。

3. 资金借贷融通是收入再分配的一种形式

从债权国的角度来看，以债务形式输出资本也是有利的。资金借贷融通是收入再分配的一种形式。在一国范围内，收入再分配不仅仅是一种目的，同时也是提高生产力水平、减少失业、刺激经济增长的一种机制。因为在边际收入变动时，不同社会成员具有不同的支出倾向。一般而言，贫穷阶层的边际支出倾向较高，富裕阶层的边际支出倾向较低。因此，收入由富裕阶层向贫穷阶层的再分配，就会使社会总支出得到增加。如果经济运行过程中出现了需求不足而导致的衰退时，就能够利用这种再分配有效地缓解经济衰退。如果把这一逻辑应用于整个世界经济就可以看到，资源由富裕国家向贫穷国家的转移符合各个国家的共同利益。发展中国家得到了它们急需的金融资源和实际资源，突破了国内储蓄与外汇短缺的双重制约，从而实现较高的经济增长目标。而发达国家也会由于发展中国家经济增长速度加快和进口数量扩大而增加其向发展中国家的出口水平，从而使国际收支状况得到改善，失业水平下降，经济活动规模扩大。可见，以债务形式进行国际间的资金融通，对于债务国和债权国都是有利的。

7.3.3 国际债务的风险指标

一国举借外债的规模受制于该国的偿债能力。如果一国所借外债超过本国的实际偿还能力，非但不能加快经济发展，反而会削弱国家应对外部冲击的能力。因此，只有如约偿还，才能促进国内经济长期稳定发展。外债规模是否适度，外债结构是否合理，外债是否有风险，与一国的外债偿还能力有很大关系。

1. 债务清偿率

债务清偿率是指债务国还本付息总额占出口收入的比重。用公式表示为

$$债务清偿率 = \frac{当年还本付息总额}{当年商品劳务出口收汇额}$$

一般认为，一国对外债务当年还本付息总额不能超过该国当年出口收入总额的 25%，超过这一界限就可能造成部分债务难以清偿，因此国际上把这一比率称为警戒线。这一指标的优点是把债务负担即还本付息额与主要清偿资金来源即出口收入直接联系起来，同时强调了对外还本付息是债务国外汇收入的优先支出项目，反映了债务国国际收支状况的回旋余地及其对出口收入降低的脆弱性。但是，这一指标也不能一概而论，由于该指标不能反映出口的商品结构、主要出口市场扩大的潜能、出口收入的波动性、进口替代的余地以及居民收入水平变动等相关对外偿债能力的重要因素。所以，单以此指标来衡量债务国的清偿能力，可能会产生偏差。

2. 负债率

负债率是指一国当年外债余额与国民生产总值（GNP）之比。用公式表示为

$$负债率 = \frac{当年外债余额}{国民生产总值}$$

这一指标常被用来考查一国对外负债与整个国民经济发展状况的关系，其比值的高低反映一国 GNP 对外债负担的能力。国际上通常认为，负债率的安全线为 20%。超过这一数值就可能过分依赖外资，当金融市场或国内经济发生动荡时，容易出现偿债困难。

3. 债务率

债务率是指一国的当年外债余额与当年贸易和非贸易外汇收入之比。国际上一般认为该指标不应超过 100%。当债务率超过 100% 时，说明该国外债余额过大，外债负担过重，外汇收入难以满足对外还债的需要。

4. 短期债务比率

短期债务比率是指在外债余额中 1 年期和 1 年以内的短期债务占该国外汇储备的比重。它所反映的是当一国偿还外债的其他支付手段不足时，可以用国际储备资产来偿还外债的能力。一国外汇储备过多，机会成本提高，影响经济发展速度；一国外汇储备过少，则容易发生债务危机。按照国际惯例，一国外汇储备不应低于该国 1~3 个月的外汇支付额。

5. 利息清偿率

利息清偿率是指付息额与出口收入之间的比率，它可以较为准确地反映对外债务的流

动性状况。使用这一指标时需要注意的是，当债务国通过继续借款来支付利息时，如何评价债务国的偿债能力。

除以上指标外，还有一些参考指标：一国当年外债还本付息额占当年 GNP 的比率，根据经验数据，这个比率控制在 5%以下为安全线；外债总额与本国黄金外汇储备额的比率，通常控制在 1∶3 以内；等等。

7.3.4 国际债务危机爆发的原因

20 世纪 80 年代初期，国际债务危机频繁爆发。究其原因，有债务国内部的，也有债务国外部的。具体表现在以下几个方面。

1. 债务危机爆发的内因

1）外债增长快，债务规模大

20 世纪 70 年代的两次石油危机使石油输出国手中积累了大量的石油美元，使国际金融市场资金充裕，利率很低。于是很多国际收支逆差的国家在国际金融市场借取了大量资金，在世界范围内平衡了国际收支。其中的一些发展中国家认为国际金融市场永远可以依靠，特别是一些产油国，急于求成地追求工业化和高速度，过高地估计了本国的生产能力和出口创汇能力。这样，当世界经济转入严重衰退、石油价格大跌、国际金融市场利率急剧上升时，贷款便难以按期偿还。

2）外债管理上不够稳健

在一些发展中国家，外债的管理不够稳健，过高地估计本国的潜在资源和开发能力，片面追求高速度的经济发展，于是大量借款，盲目投资，结果负债过多，超过了偿还能力，而且经济效益与贷款条件不相适应。20 世纪 80 年代初，发展中国家中长期外债总额的平均偿还期比大多数国家用这些资金发展经济的回收期短，投资项目尚未盈利，而利息负担日益沉重，于是出现无力还本付息的债务危机。

3）国内经济政策失误

许多债务国自 20 世纪 70 年代以来，一直采取扩张性的财政政策和货币政策。进入 80 年代以后，国际金融市场利率水平开始快速上升，世界贸易也处于停滞状态，此时债务国没有采取适当的汇率政策和外汇管制措施，造成一系列严重的后果。

4）债务结构不合理

在其他条件相同的情况下，外债结构对债务的变化起着重要作用。外债结构不合理的主要表现有：

（1）商业贷款比重过大。商业贷款的期限一般较短，在经济较好或各方一致看好经济发展时，国际银行愿意不断地贷款，一些国家可以不断地通过借新债还旧债来"滚动"发展。但经济发展中一旦出现某些不稳定因素，如政府的财政赤字、巨额贸易逆差或政局不稳等，使市场参与者失去信心，外汇储备不足以偿付到期外债时，汇率就必然大幅下跌。这时，银行也不愿新增贷款。为偿还到期外债，本来短缺的外汇资金这时反而大规模流出，危机爆发。

（2）外债币种过于集中。如果一国外债集于一两种币种，汇率风险就会变大，一旦该外币升值，则外债就会增加，偿还困难。

（3）期限结构不合理。如果短期外债比重过大，超过国际警戒线，或未合理安排偿债期限，造成偿债时间集中，若流动性不足以支付到期外债，就会爆发危机。

扩展阅读 7.4 希腊债务
危机

许多债务国在大量借入债务的同时，没有形成合理的债务结构，即在债务的期限结构、利率结构、来源结构上没有合理搭配。如在期限结构上，世界银行公布的 17 个重债国均出现债务短期化趋势，即短期债务比重过大。

2. 债务危机爆发的外因

（1）在 1980—1982 年间，工业国家特别是美国发生了严重的经济衰退，导致世界性经济萧条和极低的增长率，这对发展中国家的国际收支形成了极为不利的影响。发展中国家的债务问题在一定程度上是西方工业国家转嫁经济危机的结果。

（2）主要工业国家为了抑制通货膨胀，采取紧缩性货币政策，促使世界信贷市场上利率迅速上升。由于发展中国家对外债务大部分是浮动利率贷款，市场利率变动大大加重了债务国的清偿负担。据有关方面统计，市场利率每上升 1%，发展中国家对外支付的债务利息就要增加 20 亿～30 亿美元。

微课视频 7.2 国际债务
危机的治理

（3）石油冲击是造成非产油发展中国家负债规模扩大的重要原因之一。在第一次石油危机爆发后，这些国家的经常项目收支逆差由 1972 年的 113 亿美元增加到 1974 年的 463 亿美元。第二次石油危机以后，又增加到 1981 年的 1077 亿美元。

总之，国际债务危机的产生有着多方面的原因。从根本上说，这是世界经济多种矛盾爆发的结果，是长期以来国际经济发展不平衡造成的。国际债务危机的爆发对国际金融市场的正常运转产生了严重干扰，对世界经济的发展起到了阻碍作用。各债务国和债权国都在探寻有效的解决途径。

即测即练题 7.3

案例讨论 7.2
中国汽车产业合资发展模式

自学自测

扫描此码

7.4 国际金融危机

7.4.1 国际金融危机的含义

从历史发展来看，金融危机所造成的危害是巨大的。金融危机严重破坏了一个国家的银行体系、货币金融市场、对外贸易、国际收支乃至整个国民经济。为全面客观地了解金融危机，首先介绍金融危机的概念，以及对20世纪90年代以来重大的金融危机作一个简要的回顾性评价。

金融危机又称金融风暴，是指全部或大部分金融指标，如短期利率、资产（包括证券、房地产、土地等）价格、商业破产数和金融机构倒闭数急剧、短暂和超周期的恶化。其特征是基于预期资产价格下降而大量抛出不动产或长期金融资产以换成货币。

7.4.2　金融危机的历史追溯

从历史上看，早期比较典型的金融危机有荷兰的"郁金香狂热"、英国的"南海泡沫"、法国的"密西西比泡沫"、美国1929年的大萧条及20世纪六七十年代的美元危机等。这里仅回顾20世纪90年代以来发生的重大金融危机，力求从中找出导致金融危机发生的共同因素。

1. 1992—1993 年的欧洲货币危机

20世纪90年代初，两德合并。为发展东部地区经济，德国于1992年6月16日将其贴现率提高，结果马克汇率开始上升，从而引发欧洲汇率机制长达一年的动荡。金融风暴接连爆发，英镑和意大利里拉被迫退出欧洲汇率机制。欧洲货币危机出现在欧洲经济货币一体化进程中。从表面上看，是由于德国单独提高贴现率引起，但是其深层次原因是欧盟各成员国货币政策的不协调，从根本上违背了联合浮动汇率制的要求，而宏观经济政策的不协调又与欧盟内部各成员国经济发展的差异紧密相连。

2. 1994—1995 年的墨西哥金融危机

1994年12月20日，墨西哥突然宣布比索对美元汇率波动幅度将被扩大到15%。由于经济中的矛盾长期积累，此举触发市场信心危机，结果人们纷纷抛售比索。1995年初，比索贬值30%，股市也应声下跌，比索大幅贬值又引起输入性通货膨胀。为了稳定货币，墨西哥大幅提高利率，结果国内需求减少，企业大量倒闭，失业人数剧增。在国际援助和墨西哥政府的努力下，墨西哥的金融危机在1995年以后开始缓解。墨西哥金融危机的主要原因有：债务规模庞大，结构失调；经常项目持续逆差，致使储备资产不足，清偿能力下降；僵硬的汇率机制不能适应经济发展的需要。

3. 1997—1998 年的亚洲金融危机

亚洲金融危机是泰国货币急剧贬值在亚洲地区形成的多米诺骨牌效应。这次金融危机波及的范围之广、持续时间之长、影响之大都为历史罕见，不仅造成了东南亚国家的汇市、股市动荡，大批金融机构倒闭，失业增加，经济衰退，而且还蔓延到世界其他地区，对全球经济都造成了严重的影响。亚洲金融危机涉及许多不同的国家，各国爆发危机的原因也有所区别。然而，亚洲金融危机的发生绝不是偶然的，不同国家存在着许多共同的诱发金融危机产生的因素，如宏观经济失衡，金融体系脆弱，资本市场开放与监控不力，货币可兑换与金融市场发育不协调等问题。

4. 1998—1999 年的俄罗斯金融危机

俄罗斯金融市场在 1997 年秋季大幅下挫之后一直处于不稳定状态，到 1998 年 5 月，终于爆发了一场前所未有的大震荡，股市陷入危机，卢布遭受严重的贬值压力。俄罗斯金融危机是俄罗斯政治、经济、社会危机的综合反映，被称为"俄罗斯综合征"。从外部因素上看，一方面是因为 1997 年亚洲金融危机的影响；另一方面则是世界石油价格下跌导致其国际收支恶化，财政税收减少。但究其根本，是国内政局动荡、经济长期不景气、金融体系不健全、外债结构不合理。

5. 1999—2000 年的巴西金融危机

1999 年 1 月 7 日，巴西米纳斯吉拉斯州宣布该州因财源枯竭，90 天内无力偿还欠联邦政府的 154 亿美元债务。这导致当日巴西股市重挫 6% 左右，巴西政府债券价格也暴跌 44%，雷亚尔持续走弱，央行行长在三周内两度易人。雷亚尔对美元的汇价接连下挫，股市接连下跌。"桑巴旋风"迅速向亚洲、欧洲及北美扩散，直接冲击了拉美、欧洲、亚洲等国家的资本市场。巴西金融危机的外部原因主要是受亚洲和俄罗斯金融危机影响导致国际贸易环境恶化，而其内部原因则是公共债务和公共财政赤字日益扩大，国际贸易长期逆差，宏观经济政策出现失误等多种因素共同作用的结果。

6. 2008 年全球金融危机

2008 年暴发了全球性的金融危机，此次危机极为严重，为 20 世纪 30 年代的经济大萧条以来最为严重的危机，对全球经济产生了广泛的影响，可称之为"金融海啸"。此次金融危机始发于美国的次贷危机，由美国次贷危机的发展而演化成了一场席卷全球的国际金融危机。此次金融危机，一般认为浮现于 2007 年下半年，自美国次级房屋信贷危机爆发后，投资者开始对按揭证券的价值失去信心，引发流动性危机，导致金融危机的爆发。到了 2009 年，这场金融危机开始失控，并导致多家相当规模的金融机构倒闭或被政府接管。随着金融危机的进一步发展，又演化成全球性的实体经济危机。

扩展阅读 7.5 2008 年全球金融危机

7. 2020 年美国流动性危机

2020 年美国流动性危机是一场严重的金融市场动荡。新冠疫情的暴发和 OPEC 与俄罗斯未达成减产协议导致的国际原油价格暴跌，使美国企业债信用风险暴露，进而引发了美元流动性危机。这场危机导致美股四次熔断，黄金价格大幅下跌，美元指数飙升，市场恐慌情绪蔓延。为应对危机，美联储迅速采取行动，推出零利率政策、量化宽松以及一系列危机应对工具，同时美国政府也推出了大规模的财政刺激方案。这些措施在一定程度上缓解了流动性危机，但深层次的经济金融脆弱

微课视频 7.4 金融危机的治理

性并未完全消除。

即测即练题 7.4

自学自测   扫描此码

复习思考题

1. 详细阐述国际资本流动的具体含义，并列举几种常见的国际资本流动形式。

2. 简述国际资本流动的主要原因，包括经济、政治、市场等方面的因素。

3. 详细描述国际金融危机是如何产生的，以及在危机发生时通常会有哪些主要表现。

4. 具体分析国际金融危机对世界经济的影响，包括对各国经济增长、就业、贸易等方面的影响。

5. 解释什么是国际债务，并说明国际债务有哪些类型，如政府债务、企业债务等。

6. 简述国际债务危机是如何产生的，以及它会对国家经济和社会发展造成哪些危害。

7. 具体分析国际资本流动对资本输出国的经济产生的影响，包括对就业、产业结构等方面的影响。

8. 详细阐述国际资本流动对资本输入国的经济产生的影响，如对经济增长、技术进步等方面的影响。

9. 说明国际资本流动如何影响国际贸易，包括对贸易规模、贸易结构等方面的影响。

10. 分析国际资本流动如何影响国际金融市场的稳定性，包括对市场波动、风险传递等方面的影响。

11. 阐述国际资本流动与国际金融危机之间的关系，包括资本流动的不稳定性如何引发金融危机等。

12. 说明国际债务与国际资本流动有什么联系，以及它们如何相互影响。

13. 从不同角度分析国际资本流动在经济发展中的积极作用和可能存在的风险。

14. 分析国际资本流动对不同国家的产业结构产生的影响，包括对产业升级、产业转移等方面的影响。

15. 分析国际资本流动对汇率的影响机制，包括资本流入流出对汇率的直接和间接影响。

第8章

国际货币体系

本章学习目标

本章主要介绍国际货币体系的构成，以及国际货币体系的演变。通过本章学习，要求学生：

1. 了解什么是货币本位，对货币本位有一个全面、清晰的认知；
2. 熟悉和掌握国际货币制度的演变及改革前景；
3. 理解区域性货币体系的发展。

引导案例

美元的霸权与国际货币体系的演变

在 21 世纪初，全球经济逐渐复苏，许多国家开始重新审视其货币政策及国际贸易关系。在这个背景下，美元作为国际主要储备货币的地位引发了广泛讨论。以中国为例，随着经济的快速增长和国际影响力的增强，中国开始探索人民币国际化的路径。人民币的国际化不仅影响了中国自身的金融市场，还对全球货币体系产生了深远影响。

在 2015 年，国际货币基金组织（IMF）正式将人民币纳入特别提款权（SDR）货币篮子，标志着人民币在全球货币体系中得到认可，也激发了其他国家对非美元货币的关注。

然而，人民币国际化的过程并非一帆风顺。许多国家对人民币的可兑换性、流动性以及中国政府的政策透明度表示担忧。这种担忧反映了当前国际货币体系的复杂性和多变性。与此同时，随着数字货币和区块链技术的发展，各国央行也开始探索发行数字货币的可能性，这将对现有的国际货币体系产生新的挑战。

资料来源：张晓东. 数字货币的崛起与国际货币体系的未来[J]. 金融研究，2021, 39(07), 32-45.

8.1 国际货币体系概述

8.1.1 国际货币体系的内涵

国际货币体系是指一国或多国在国际经济交往中，为实现货币的跨国流通、结算、储备和兑换而建立的规则、机制和机构的总和。它为国际贸易、投资和金融活动提供了必要的货币基础和保障。

国际货币体系是规范国家间货币行为的准则，是世界各国开展对外金融活动的重要依据。它的形成基本上有两种途径：一种是通过惯例和习惯演变而成的。这种体系的形成是一个长期的缓慢的过程。当相互联系的习惯或程序形成以后，一定的活动方式就会得到公认，当越来越多的参与者共同遵守某些程序或惯例时，体系就发展起来了。国际金本位货币制度就是这样形成的国际货币体系。另一种是通过国际性会议建立的，如布雷顿森林货币体系。这种体系具有通过有约束力的法律条文在短期内建立起来的特点，尽管这种体系的建立与运行同样需要一定的时间过程。这样的体系也不能完全排斥某些约定俗成的传统做法，现行的法律与传统的习惯相结合才具有生命力与效力。布雷顿森林体系和现行的牙买加体系就是通过这种途径建立起来的货币体系。无论是通过哪种途径形成的国际货币体系，都是世界经济发展的客观的历史的必然产物。

8.1.2　国际货币体系的内容

1. 货币比价确定

汇率是各国货币之间的比价，是国际贸易和投资的基础。汇率的管理不仅影响国家的经济稳定，还关乎金融安全。各国政府通常依据经济基本面、市场供求关系和外汇储备等因素来确定汇率。此外，政府会设定汇率波动的界限，在汇率波动超出正常范围时进行干预。货币比价调整机制也至关重要，确保汇率能反映经济变化。国家可能通过外汇市场干预、利率调整或资本管制等手段来维持汇率稳定。特别是在多币种交易的背景下，是否采用多元比价的政策会影响汇率的稳定性。

2. 货币的可兑换性

货币的可兑换性是指一国是否对国际支付施加限制。全面可兑换货币，或称自由兑换货币，意味着外国投资者和本国居民可以自由进行外汇交易和国际支付。然而，为了应对金融稳定问题，许多国家对国际支付进行不同程度的管制。部分国家对资本账户支付施加限制，而对经常账户则不加干预，以促进贸易，但防止资本外流。此外，货币可兑换性的规定通常通过金融法令明确，且根据国内经济形势和国际环境进行调整。这种管理对国家的经济政策及金融安全具有重要意义。

3. 国际储备资产的确定

国际支付需要国际储备，各国因此必须维持一定数量的国际储备资产。早期，资本主义国家主要使用黄金作为储备资产，第一次世界大战后，黄金和外汇储备平起平坐。第二次世界大战后，布雷顿森林体系将美元和黄金作为国际储备资产。当前，特别提款权（SDR）与黄金、外汇并列成为国际储备资产。SDR 作为国际储备资产之一，是国际货币体系的重要组成部分，其主要作用是作为补充其他储备资产的工具，提供全球流动性支持。

4. 黄金、外汇的流动与转移自由度

黄金、外汇的流动自由度由各国政府的政策规定，影响资金在国际市场的流动性与可获得性。有些国家对黄金和外汇的流动施加严格限制，仅允许在特定条件下进行有限交易；其他国家则可能采取较宽松的政策，允许资金完全自由流动。这些政策会根据经济形势、

金融稳定和国际市场的变化调整。例如，在经济危机时期，一些国家可能加强资本流动管控，以保护本国经济免受外部冲击。反之，在经济繁荣时期，国家可能放宽这些限制，以促进国际投资与贸易。

5. 确定关键货币作为国际储备货币

关键货币是指在国际货币体系中作为基础价值交换工具的货币。确定关键货币至关重要，因为国际支付无法使用本国货币，必须使用全球普遍接受的货币。关键货币的选择不仅影响汇率和国际储备构成，也决定了货币体系内的货币质量及其在全球经济中的地位。自金本位制崩溃后，美元作为国际储备货币在全球范围内占据主导地位。随着全球经济的发展，美元成为国际交易的主要货币，并且其他可自由兑换的货币也逐渐成为各国外汇储备的一部分，尤其是在西方经济体中。

8.1.3 国际货币体系的演变

1. 金本位制（19 世纪末至 20 世纪初）

金本位制是以一定成色及质量的黄金为本位货币的一种货币制度，黄金是货币体系的基础。在国际金本位制度下，黄金充分发挥世界货币的职能，充当国际支付手段、国际购买手段，并作为社会财富的代表由一国转移到另一国。

2. 布雷顿森林体系（1944—1971 年）

二战后，为了恢复和重建全球经济，布雷顿森林会议建立了以美元为中心的国际货币体系。美元与黄金挂钩，其他货币则以固定汇率与美元挂钩。该体系促进了全球经济的复苏，但随着美国经济问题的加剧，最终于 1971 年宣布结束。

3. 牙买加体系 1976 年至今

1976 年 IMF 通过了基金协定修改草案，1978 年经成员国批准生效。主要内容是：承认世界各国实行浮动汇率的合法化；增加成员国的基金份额；降低黄金在国际货币体系中的作用；规定特别提款权（SDR）作为主要国际储备资产；扩大对发展中国家的资金融通。实际上，牙买加货币体系尚不能算作一个系统的国际货币体系。

8.1.4 国际货币体系形成的条件

国际贸易和国际金融活动的发展要求建立一个统一的国际货币体系，这是产生国际货币体系的基本条件。然而，要在世界范围内建立起一个统一的、得到大多数国家认同的有效力的货币体系，还需要具备一些特定的或具体的条件，主要表现在以下几个方面。

1. 有保证关键货币的信用能力

关键货币的信用能力是国际货币体系能否正常运行的重要因素，关键货币的信用能力要能承受国际贸易和国际金融活动计价结算的变动冲击，必须有强大的经济实力作保证。

2. 关键货币的汇率确定

关键货币在国际贸易和国际金融活动中充当主要的计价支付工具，势必与世界各国的多种货币发生兑换关系。因此，要保证关键货币汇率的基本稳定，不仅要通过关键货币发行国的国际储备加以保证，而且还要依靠各国的国际储备加以保证。这样，一旦关键货币与其他货币的汇率发生波动，各国就有足够的储备力量干预外汇市场，强制改变外汇供求关系，使关键货币与其他货币的汇率自动趋于稳定。并且，维持关键货币汇率的措施应当为各国所接受。

3. 关键货币流通面广

国际货币体系不仅要保证关键货币币值的稳定，使其在国际贸易和国际金融活动中起到主要计价支付作用，而且要使关键货币流通覆盖面广泛，在各国国际储备中占有绝对大的比重。只有这样，才能维持整个货币体系正常有效运行，否则，国际货币体系就难以维持。

4. 相关国家经济政治利益的一致性

只有各国政治经济利益基本上达到一致，才会产生共同的要求，达成协议，建立一个统一的国际货币体系。各相关国家政治经济利益一致，才能保证关键货币的广泛流通使用，并为保证其稳定尽相应的义务。一旦汇率发生大的波动，相关国家会运用自己的经济实力和动用外汇储备主动干预外汇市场，与关键货币发行国及其他国家相互配合，以保证关键货币币值的稳定，否则，各国就会坐视关键货币汇率波动而不顾，任凭其遭受国际金融风潮的冲击。

8.1.5　国际货币体系的作用

1. 稳定汇率

国际货币体系通过制定汇率制度，保持不同国家货币之间的相对稳定。这种稳定性为国际贸易和投资提供了可预测的环境，减少了汇率波动带来的不确定性。稳定的汇率有助于降低商品和服务的价格波动，使消费者和生产者能更好地做出经济决策，同时吸引外资，促进经济合作与联系。

2. 促进国际贸易

一个稳定有效的国际货币体系显著降低了交易成本，尤其是通过减少汇率风险、支付成本及简化交易流程，方便跨国交易。这不仅提高了企业的市场竞争力，还促进了出口与进口，从而加强全球经济的互动与合作。长期来看，稳定的货币体系能够推动国际贸易增长，提升全球经济水平。

3. 提供流动性

国际货币体系为全球经济提供必要的资金支持，确保国家能迅速获得外汇，满足国际贸易、投资和其他经济活动的需求。在经济波动或金融危机期间，中央银行和国际金融机构通过合作提供流动性，确保经济活动顺畅运行。这种流动性机制增强了国家应对经济挑战的能力，有助于全球经济健康发展。

4. 风险管理

国际货币体系通过外汇市场和金融工具如期货、期权，帮助国家和企业管理汇率波动风险。企业可利用衍生工具对冲潜在损失，确保财务稳健；国家则可通过货币政策和外汇储备应对市场不确定性。有效的风险管理不仅支持企业可持续发展，也增强全球经济体系的稳定性。

5. 协调经济政策

国际货币体系促进各国在面对全球经济波动时进行经济政策协调。通过国际组织和会议，各国可以分享信息、讨论最佳实践，形成应对全球挑战的共识。这种协调有助于稳定全球经济，降低经济波动的影响，确保可持续发展，并加强各国间的信任与合作。

6. 提供信用基础

国际货币体系为全球信贷活动提供基础，促进资金流动。全球银行网络和信贷机构支持国家融资，推动经济和基础设施建设。对于发展中国家而言，这种信贷支持尤为重要，有助于解决资金短缺问题。信贷标准化减少了风险，鼓励国际投资，进一步增强了全球市场的稳定性。

7. 促进发展援助

国际货币体系为发展中国家提供低息贷款和技术援助，支持其基础设施、教育及卫生等领域的发展。这种援助能缓解经济压力，促进社会稳定，并提高这些国家在全球经济中的竞争力。尤其在全球化背景下，发展援助帮助弱势经济体融入国际市场，促进其经济增长与社会进步。

8. 确保金融稳定

国际货币体系通过国际合作与协调，增强全球金融体系的稳定性。各国共享金融信息，制定共同的监管标准，共同应对金融危机。这些机制帮助识别并应对潜在金融风险，降低危机发生的可能性。金融稳定是全球经济健康运行的基石，能够提升投资者信心，促进资本流动，推动全球经济持续增长。

即测即练题 8.1　　　　　案例讨论 8.1　金本位制与大萧条

自学自测　　扫描此码　

8.2 国际货币体系演变

国际货币体系是随着历史的发展不断演变的。不同的国际货币体系，意味着各国在实现内外平衡时，对第一节所述的基本问题要遵循的准则不同。国际货币体系的发展，体现了为适应不同的历史条件而对这些准则所进行的变革。从时间先后看，国际货币体系大体可分为三个阶段，即国际金本位制阶段、布雷顿森林体系阶段及现行的牙买加体系阶段。

8.2.1 国际金本位制

国际货币制度是各国货币兑换与流通的规则体系，而国际金本位制度是历史上首次确立的这种制度。大约在 1880 年末，国际金本位制逐步确立，并在 1914 年第一次世界大战前结束。该制度的核心是以黄金作为本位货币，形成了全球金融体系。在金本位制下，流通中的货币可兑换为黄金，只有金币才能完全履行货币的职能，包括价值尺度、流通手段、储藏手段、支付手段和世界货币。英国在 1816 年首先实行金本位制，到第一次世界大战前，欧美主要国家普遍采用金本位制。

1. 国际金本位制的特征

黄金为本位货币：货币价值以黄金为基础，货币兑换比率与黄金密切相关，只有黄金能够履行货币的全部职能。

可兑换性：流通中的货币（如银行券）可按固定比例兑换成黄金，增强了公众对货币的信任。

固定汇率制度：各国货币与黄金之间的兑换比率固定，降低了跨国交易的汇率风险。

货币发行与黄金储备挂钩：各国中央银行需保持足够的黄金储备来支持货币发行，限制了货币的随意扩张。

对经济政策的限制：金本位制限制了国家在经济危机期间的货币政策灵活性，政府受黄金储备制约，难以调整货币供应。

2. 国际金本位制的类型

金本位制可根据货币与黄金的联系程度分为三种类型：金币本位制、金块本位制和金汇兑本位制。

（1）金币本位制：金币本位制是金本位货币制度的最早形式，主要在 1880 年至 1914 年间盛行。其特点包括自由铸造、自由兑换和黄金的自由进出口。各国政府规定货币的黄金含量，汇率基于铸币平价，不同国家的货币可按固定的黄金含量进行兑换，降低了国际贸易的不确定性。

黄金的自由流动是金本位制的重要特征之一，允许通过国际贸易自动调整货币价值。例如，黄金流入过多时，货币贬值；流出过多时，货币升值。这种机制有效调节了各国汇率，并使汇率波动保持在较小范围内，促进了国际贸易和经济发展。

然而，金本位制的灵活性在经济危机时受到挑战，尤其是在黄金供应不足时，金本位制难以应对经济压力,最终导致其崩溃。

(2)金块本位制:金块本位制是一种变相的金本位制,其特点是以金块作为国际结算的基础,各国政府将金块储备作为货币稳定的保障。在此制度下,公众不能自由兑换黄金,而是通过中央银行有限地兑换纸币为金块。这种制度平衡了货币流动性与黄金储备,政府控制黄金兑换以应对国际支付和经济需求。

金块本位制增强了国家对货币发行的控制,但也面临流动性不足的问题。尤其是在经济压力增大时,公众可能对纸币失去信任,增加对黄金的需求。尽管如此,这种制度为国家提供了一定的货币稳定性。

(3)金汇兑本位制:金汇兑本位制在金块或金币本位制国家实施,目的是稳定本国货币价值并促进国际外汇流通。在这一制度下,国内市场流通的银行券不直接与黄金挂钩,而是与金块或金币本位制国家的货币兑换。国家的国际储备不仅包括黄金,还包括外汇,确保国家能够履行国际支付义务。

该制度通过固定的货币比率与其他金本位制国家保持汇率稳定,并允许通过外汇市场干预调整国家的外汇储备,应对国际市场的变化。金汇兑本位制提升了全球经济的稳定性,并增强了国际贸易的信任度。

3. 国际金本位制的作用

(1)国际金本位制是一个相对稳定的国际货币体系,它在促进世界经济发展方面具有重要作用。

促进生产发展:金本位制下,货币价值稳定,生产成本易于计算,促进了商品流通和信用扩张,生产规模和固定投资规模不因币值波动而波动,从而推动商品经济的发展。

保持汇率稳定:各国货币的含金量通过铸币平价确定,汇率波动受黄金输送点限制,外汇市场的实际汇率围绕铸币平价上下波动,波动幅度相对较小,汇率保持相对稳定。

自动调节国际收支:国际收支不平衡时,黄金流动会调节银行准备金,从而影响货币供应,最终纠正国际收支失衡,防止因黄金储备枯竭导致金本位制崩溃。

促进国际资本流动:当一国发生国际收支逆差时,汇率上升引发黄金外流,减少货币供应,导致短期资金利率上升,吸引资本流入,改善国际收支。相反,国际收支顺差时,产生相反效果,促进资金流动。

协调各国经济政策:金本位制使国家将对外平衡(国际收支平衡与汇率稳定)作为经济政策的首要目标,协调各国经济政策,以保持经济稳定。

(2)国际金本位制也具有阻碍经济发展的消极作用。

黄金流动不频繁:在金本位制实施期间,国际黄金流动并不频繁。贸易不平衡时,国家往往通过国际贷款而非黄金流动来弥补赤字,影响了金本位制的自动调节机制。

物价变动与黄金流动不一致:金本位制的自动调节依赖于国家物价水平的变化,但在实践中,主要资本主义国家的物价水平趋同,未能通过物价变动引发黄金流动,导致调节机制失效。

经济政策干预:金本位制要求各国政府不干预经济,但在制约下,各国逐渐开始抵消黄金流动对货币供应的影响,削弱了金本位制的自动调节功能,导致该制度无法实现国际收支平衡。

4. 国际金本位制的崩溃

第一次世界大战后各国勉强恢复的国际金汇兑本位制,终于在 1929 年爆发的世界性经济危机和 1931 年的国际金融危机中全部瓦解。由于经济危机的影响,英国的国际收支已陷于困境,在 1931 年的金融危机中,各国纷纷向英国兑换黄金使英国难以应付,终于被迫在当年 9 月终止实行金本位制。同英镑有联系的一些国家也相继放弃了金汇兑本位制。接着美国在 1933 年 3 月,在大量银行倒闭和黄金外流的情况下,也不得不停止兑换黄金,禁止黄金输出,从而放弃了金本位制。20 世纪 30 年代国际金汇兑本位制的崩溃,是资本主义世界货币制度的第一次危机。国际金本位制彻底崩溃后,20 世纪 30 年代的国际货币制度一片混乱,正常的国际货币秩序遭到破坏。主要的三种国际货币,即英镑、美元和法郎,各自组成相互对立的货币集团——英镑集团、美元集团、法郎集团。各国货币之间的汇率再次变为浮动的,各个货币集团之间普遍存在着严格的外汇管制,货币不能自由兑换。在国际收支调节方面,各国也采取了各种各样的手段。为了解决国内严重的失业,各国大打汇率战,竞相实行货币贬值以达到扩大出口、抑制进口的目的,而且各种贸易保护主义措施和外汇管制手段也非常盛行。结果是国际贸易严重受阻,国际资本流动几乎陷于停滞。

1936 年 9 月,英美法三国为恢复和稳定国际货币秩序,达成了所谓的"三国货币协定"。该协定保证尽力维持协定成立时的汇价,减少汇率的波动,共同合作以保持货币关系的稳定。同年 10 月又签订了三国相互间自由兑换黄金的"三国黄金协定"。然而,由于不同货币集团的对立,国际货币体系关系仍然充斥着矛盾和冲突。后来,帝国主义国家忙于准备战争,购置军火,导致黄金外流,"三国货币协定"遂被冲垮。不过该协定在制止外汇倾销方面有一些成效,并为以后的国际货币体系的建立创造了一定条件。

8.2.2 布雷顿森林体系

1. 布雷顿森林体系的建立

在第一次世界大战和 1929—1933 年经济大萧条后,国际金本位制退出历史舞台,导致各国货币集团建立和外汇管制加强,使国际金融关系更加不稳定,成为世界经济发展的障碍。为了改变这一动荡局面,国际社会急需建立统一的国际货币制度。

在第二次世界大战后期,英美两国出于本国利益,提出了各自的战后国际货币体系构想:"怀特计划"和"凯恩斯计划"。"怀特计划"由美国财政部官员怀特于 1943 年提出,旨在建立一个国际货币稳定基金。该计划的核心内容包括:各国缴纳份额建立外汇稳定基金;国际货币单位"尤尼他"固定为 10 美元含金量;采用固定汇率,货币汇率只能经基金组织同意变动;基金组织负责稳定汇率、提供短期信贷和平衡国际收支。该计划体现了美国试图主导全球金融秩序。

与此同时,英国不甘示弱,提出了"凯恩斯计划",由经济学家凯恩斯提出,主张成立"国际清算联盟"。两国经过谈判,最终达成协议,并于 1944 年 7 月在布雷顿森林小镇召开联合国家货币金融会议。该会议通过了基于"怀特计划"的《国际货币基金协定》和《国际复兴开发银行协定》，宣布战后国际货币体系——布雷顿森林体系的建立。

布雷顿森林体系的核心是"双挂钩"：美元与黄金挂钩，其他货币与美元挂钩，实行固定汇率制。根据《布雷顿森林协定》，美国政府规定 35 美元等于 1 盎司黄金，并承担其他国家按此价格兑换黄金的义务。若黄金官价受到国际市场冲击，各国政府需与美国协同干预。此外，各国货币与美元的汇率固定，波动幅度维持在上下 1%以内，超过 1%需经 IMF 批准。

这一体系确立了美元在国际货币制度中的中心地位，美元等同于黄金，各国货币通过美元与黄金挂钩。许多国家以美元作为国际支付手段和外汇储备，甚至将美元作为货币发行的准备金。二战后的国际货币制度因此实质上形成了美元本位制。

2. 布雷顿森林体系的特点

布雷顿森林体系实际上是一种国际金汇兑本位制，但与战前不同，主要区别是：①国际储备中黄金和美元并重。②战前时期处于统治地位的储备货币有英镑、美元和法郎，依附于这些通货的货币，主要是英美法三国各自势力范围内的货币，而战后以美元为中心的国际货币体系几乎包括资本主义世界所有国家的货币，而美元是唯一的主要储备资产。③战前英美法三国都允许居民兑换黄金，而实行金汇兑本位制的国家也允许居民用外汇（英镑、法郎或美元）向英美法三国兑换黄金，战后美国只同意外国政府在一定条件下用美元向美国兑换黄金，而不允许外国居民用美元向美国兑换，所以这大大削弱了金汇兑本位制。④虽然英国在战前国际货币关系中占有统治地位，但没有一个国际机构维持着国际货币秩序，而战后却有 IMF 成为国际货币体系正常运转的中心机构。

3. 布雷顿森林体系的内容

布雷顿森林体系的主要内容包括以下几点：

（1）美元与黄金挂钩。各国确认 1944 年 1 月美国规定的 35 美元一盎司的黄金官价，每一美元的含金量为 0.888671 克黄金。各国政府或中央银行可按官价用美元向美国兑换黄金。为使黄金官价不受自由市场金价冲击，各国政府需协同美国政府在国际金融市场上维持这一黄金官价。

（2）其他国家货币与美元挂钩。其他国家政府规定各自货币的含金量，通过含金量的比例确定与美元的汇率。这种做法为国际贸易提供了稳定的汇率基础。各国政府通常会规定本国货币的含金量，这一含金量反映了货币的内在价值和市场信任度。通过设定各自货币与美元的含金量比例，这些国家能够较为准确地确定与美元的汇率。这样一来，不仅可以减少汇率波动带来的风险，还能确保跨国交易的顺畅进行。这种汇率机制的稳定性为国际投资和贸易活动提供了重要保障，使得各国能够在全球经济中更加有效地参与竞争。同时，持有与美元挂钩的货币还能够增强外汇储备的安全性，增强市场信心。

（3）实行可调整的固定汇率。各国货币对美元的汇率，只能在法定汇率上下各 1%的幅度内波动。若市场汇率超过法定汇率 1%的波动幅度，各国政府有义务在外汇市场上进行干预，以维持汇率的稳定。若成员国法定汇率的变动超过 1%，就必须得到 IMF 的批准。1971年 12 月，这种即期汇率变动的幅度扩大为上下 2.25%的范围，决定"平价"的标准由黄金改为特别提款权（SDR）。布雷顿森林体系的这种汇率制度被称为"可调整的钉住汇率制度"。

（4）确定美元与黄金并重的储备体制。在这一体系下，美元被赋予了与黄金等同的地位，成为各国外汇储备中最主要的国际储备货币。各国中央银行和金融机构普遍采用美元作为外汇储备，以确保经济稳定和增强国际支付能力。

（5）建立一个永久性的国际金融机构，即国际货币基金组织（IMF）。

4. 布雷顿森林体系的作用

布雷顿森林体系的建立和运转对战后国际贸易和世界经济的发展起了一定的积极作用。第一，布雷顿森林体系确立了美元与黄金、各国货币与美元的双挂钩原则，结束了战前国际货币金融领域的动荡混乱状态，使得国际金融关系进入了相对稳定时期。这为战后20世纪五六十年代世界经济的稳定发展创造了良好的条件。第二，美元成为最主要的国际储备货币，弥补了国际清算能力的不足，这在一定程度上解决了由于黄金供应不足所带来的国际储备短缺的问题。第三，布雷顿森林体系实行了可调整的针住汇率制，汇率的波动受到严格的约束，货币汇率保持相对的稳定，这对于国际商品流通和国际资本流动非常有利。第四，IMF 对一些工业国家，尤其是一些发展中国家的国际收支不平衡，提供各种类型的短期贷款和中长期贷款，在一定程度上缓和了成员国的国际收支困难，使它们的对外贸易和经济发展得以正常进行，从而有利于世界经济的稳定增长。总之，布雷顿森林体系是战后国际货币合作的一个比较成功的事例，它为稳定国际金融和扩大国际贸易提供了有利条件。

5. 布雷顿森林体系的崩溃

布雷顿森林体系对战后世界经济产生了积极影响，但也暴露了若干深层矛盾，最终导致其崩溃。

（1）美元的特殊地位使美国货币政策对全球经济产生重大影响。美元作为主要储备货币，被称为"纸黄金"。美国可以利用美元进行对外投资，弥补国际收支逆差，而美国的货币政策每次调整都会波及全球金融，导致世界金融体系的不稳定。

（2）美元作为主要的储备货币，导致国际储备体系面临难以克服的矛盾。二战后，美元在国际储备中的比重显著增加，然而全球经济的发展要求储备规模扩张。美国国际收支持续逆差，以维持国际储备的增长，但这削弱了美元的信用，并引发美元危机。如果美国平衡收支，将断绝储备来源，造成国际清偿能力不足，形成不可调和的矛盾。

（3）固定汇率制度缺乏弹性，使国际收支调节机制失灵。各国无法通过汇率调整平衡国际收支，只能采取外汇管制或牺牲国内经济稳定，这限制了经济发展的灵活性，造成经济政策的冲突。

从 20 世纪 50 年代开始，这些矛盾逐渐显现并动摇了布雷顿森林体系的基础。随着美国经济实力的增强，美元成为全球储备货币。然而，美国的黄金储备开始减少，1960年黄金储备降至 178 亿美元。与此同时，西欧和日本经济复苏，出口大增，导致国际收支顺差，爆发了第一次美元危机。1960 年 10 月，国际市场上发生了抛售美元、抢购黄金的现象，黄金价格飙升至每盎司 41.5 美元，超出官方价 185%。美元危机严重损害了美元的国际信誉。

为了稳定美元，美国采取了"君子协定""巴塞尔协定"等措施，试图通过国际合作维护黄金官价和美元汇率。但这些举措未能遏制危机的蔓延。1968 年，第二次美元危机爆发，金价再次上涨，美国黄金储备流失，迫使"黄金总库"解散，并实施"黄金双价制"，即黄金市场价格由供需决定，而固定的 35 美元/盎司仅限政府兑换。

到了 1971 年，美国经济状况进一步恶化，黄金储备降至 102 亿美元，无法支撑短期债务。1971 年 8 月，美国宣布停止美元兑换黄金，标志着布雷顿森林体系的崩溃。这一举措引发国际金融市场混乱，遭到西方各国强烈反对。经过谈判，1971 年 12 月 18 日"十国集团"达成《史密森协议》，美元贬值 7.89%，黄金价格升至每盎司 38 美元，其他主要货币汇率调整。

尽管如此，美国国际收支状况未见改善，1973 年美元再次贬值，黄金价格升至每盎司 42.22 美元。西方各国纷纷放弃固定汇率，实施浮动汇率，欧共体决定不再与美元固定比价。这标志着以美元为中心的国际货币体系彻底瓦解，布雷顿森林体系最终崩溃。

8.2.3　牙买加货币体系

1. 牙买加体系的形成

布雷顿森林体系崩溃后，国际金融形势更加动荡不安，各国都在探寻货币制度改革的新方案。1976 年 IMF 在牙买加首都金斯敦召开会议，并达成《牙买加协议》。同年 4 月，IMF 通过《国际货币基金组织协定第二次修正案》（第一次修正案是在 1968 年，授权 IMF 发行特别提款权），从而形成了国际货币关系的新格局。

2. 牙买加体系的主要内容

（1）增加成员国的基金份额。根据该协定，成员国的基金份额从原来的 292 亿 SDR 增至 390 亿 SDR，即增长 33.6%，各成员国的基金份额也有所调整。

（2）汇率浮动合法化。1973 年后，浮动汇率逐渐成为事实。修改后的基金协定规定，成员国可以自行选择汇率制度，事实上承认固定汇率制与浮动汇率制并存。但成员国的汇率政策应与 IMF 协商，并接受监督。浮动汇率制应逐步恢复为固定汇率制。在条件具备时，IMF 可以实行稳定但可调整的固定汇率制度。

（3）降低了黄金在国际货币体系中的作用。新的条款废除了原协定中所有的黄金条款，并规定黄金不再作为各国货币定值的标准；废除黄金官价，成员国之间可以在市场上买卖黄金；成员国间及其与基金组织间，取消以黄金清算债权债务的义务；基金组织持有的黄金部分出售，部分按官价退还原缴纳的成员国，剩余酌情处理。

（4）规定 SDR 作为主要的国际储备资产。新协定规定，SDR 可以作为各国货币定值的标准，也可以供有关国家来清偿对基金组织的债务，还可以用作借贷。

（5）扩大对发展中国家的资金融通。用按市价出售的黄金超过官价的收益部分，设立一笔信托基金，向最不发达的发展中国家以优惠条件提供援助，帮助解决国际收支问题；扩大基金组织信用贷款的额度，增加基金组织"出口补偿贷款"的数量。

3. 牙买加体系的运行特征

牙买加协议后的国际货币制度实际上是以美元为中心的多元化国际储备和浮动汇率的

货币体系。在这个体系中，黄金的国际货币地位趋于消失，美元在诸多储备货币中仍居主导地位，但它的地位在不断削弱，而德国马克、日元的地位则不断提高。此外，还有 SDR 和欧洲货币单位（ECU）的储备货币地位也在提高。在这个体系中，各国所采取的汇率制度可以自由安排。主要发达国家货币的汇率实行单独或联合浮动。多数发展中国家采取钉住汇率制，把本国货币钉住美元、法国法郎或 SDR 和 ECO 等篮子货币，还有的国家采取其他多种形式的管理浮动汇率制度。另外，在这个体系中，国际收支的不平衡可以通过多种渠道进行调节。除了汇率机制以外，国际金融市场和国际金融机构也发挥着重大作用。

4. 牙买加体系的作用

牙买加货币体系形成之后，对维持国际经济运转和推动世界经济发展具有积极的作用。

（1）打破了布雷顿森林体系的僵化局面。实行浮动汇率制，可以使一国的宏观经济政策更具有独立性和有效性。当一国国际收支出现问题时，可以由汇率变动来自动调节，不必实行紧缩或扩张的宏观经济政策来维持汇率，从而能够保持国内经济政策的连续性，使宏观经济政策的力度和范围得到保障，市场效率更高。

（2）实行了国际储备多元化。美元已经不是唯一的国际储备货币和国际清算及支付手段。即使美元贬值，也不会从根本上影响到其他国家货币的稳定。由于美元早已与黄金脱钩，即使出现美元可能贬值的征兆，各国也不可能用自己的美元储备向美国挤兑黄金，基本上摆脱了基准通货国家与依附国家相互牵连的弊端。

（3）用综合机制共同调节国际收支。牙买加货币体系对国际收支的调节，采取多种调节机制相互补充的办法，除了依靠国际货币基金组织和汇率变动外，还通过利率机制及国际金融市场的媒介作用、国际商业银行的活动、有关国家外汇储备的变动，以及债权债务、投资等因素来调节国际收支，在一定程度上缓解了布雷顿森林货币体系调节机制失灵的困难，从而对世界经济的运行和发展起到了一定的积极作用。

但随着复杂多变的国际经济关系的发展，牙买加体系被人们称为"无体系的体制"的弊端日益明显地暴露出来了，其主要弊端包括：

（1）汇率体系极不稳定。牙买加体系中，全球多数国家实行独立浮动和管理浮动，其余国家实行钉住汇率制。在这种情况下，汇率波动频繁剧烈，许多后果显现出来：

①影响国际贸易和世界生产的发展。汇率的变动不定，在国际借贷关系上不是债权方蒙受损失，就是债务方负担加重，甚至引发债务危机。汇率频繁剧烈波动，也使进出口商难以核算成本和利润，难免蒙受外汇风险损失，因而往往影响世界贸易的发展。

②汇率可以自由地向下浮动，因而比较容易导致通货膨胀。

③这一汇率体制助长了外汇投机活动。在汇率频繁剧烈波动下，外汇投机商乘机倒卖外汇牟取暴利，加剧了国际金融市场的动荡和混乱。

（2）国际货币缺乏统一的标准。随着国际货币多元化趋势的日益增强，美元国际货币地位的不断下降，牙买加货币体系这一以美元为中心的国际储备多元化和浮动汇率体系日益复杂、混乱和不稳定。多元化国际货币缺乏统一、稳定的标准，国际货币格局错综复杂，因此带来许多不利影响。

（3）国际收支调节机制不健全。牙买加体系对国际收支的调节性也并不十分完善。汇率机制运转失灵，利率机制有副作用，IMF又无力指导和监督顺差国与逆差国双方对称地调节国际收支等，导致逆差国储备锐减、债台高筑，顺差国则储备猛增，有的成为重要资本输出国，甚至成为最大债权国，全球性国际收支失衡现象日趋严重。近年来，牙买加货币体系暴露出来的弊端，已引起世界各国的重视。在西方七国首脑会议上，在 IMF 历届年会及其他会议上，都曾讨论过国际货币制度改革问题。建立合理、稳定的国际货币新秩序，已被提到议事日程上来。

即测即练题 8.2

案例讨论 8.2　布雷顿森林体系的崩溃与全球金融秩序的转型

自学自测　　扫描此码

8.3　欧洲货币体系

20 世纪 60 年代以来，在区域经济一体化迅速发展的大背景下，货币一体化的研究和实践成为国际金融界的一个热点。从实施的角度看，欧洲货币一体化是最成功的典范，在世界范围内产生了深远的影响，也为未来国际货币体系改革蓝图的描绘提供了有益的借鉴。本节介绍已经成功运行的区域性货币体系和正在酝酿的潜在的区域性货币，以及区域性货币方兴未艾的原因。

8.3.1　欧洲货币体系的建立

在 20 世纪 60 年代，欧洲共同市场的建立不仅是为了促进成员国间的经济合作，还带有显著的政治动机。二战后，西欧国家在经济复苏过程中逐渐意识到，单一国家的经济发展受限于国际经济环境，尤其是美元主导的国际金融体系。美元的强势地位和频繁波动严重影响了欧洲经济的稳定，西欧国家深刻认识到长期依赖美元可能会威胁本国经济稳定，尤其是在全球经济不确定性加剧的背景下。因此，西欧国家希望通过建立统一和稳定的货币体系，摆脱对美元的依赖，实现相对独立，从而确保本地区经济的长期稳定发展。

1. 经济货币同盟的初步设想

1972 年，欧洲共同市场的六个创始国——法国、联邦德国、意大利、荷兰、比利时和卢森堡——正式决定建立经济货币同盟。目标是发展成一个具备共同储备基金、统一货币和共同财政政策的经济货币同盟。这一决策标志着欧洲国家在追求经济一体化和政治团结

方面迈出了重要一步，充分体现了它们在经济全球化背景下寻求独立自主发展的需求。

这一货币同盟的构想源于对美元主导地位的反感及对经济稳定的渴求。美国在国际货币体系中的主导地位使得美元成为全球交易的主要货币，然而这也意味着其他国家的货币政策和经济发展往往受到美元波动的影响。因此，西欧国家希望通过建立独立的货币体系，减少对美元的依赖，以增强自身的经济自主性。

2. 联合浮动汇率与货币合作基金

随着欧洲经济一体化进程的推进，货币合作成为不可避免的议题。1973 年，欧共体国家开始实行联合浮动汇率，旨在增强各国货币之间的协调性，减少汇率波动带来的风险。联合浮动汇率通过设定成员国货币的波动范围，避免单一货币波动对经济造成过度冲击。

此外，1973 年 4 月，成员国建立了货币合作基金，以支持国际收支和汇率稳定。这一基金为成员国提供资金支持，确保其在经济波动或国际收支不平衡时能够获得援助，避免单一国家因经济波动而陷入困境。货币合作基金的设立增强了成员国之间的经济联动性，为后续的货币统一奠定了基础。

3. 欧洲记账单位的创立

1975 年，欧共体创立了"欧洲记账单位"（European unit of account，EUA），一种新的货币计价单位，旨在减少美元波动对欧洲经济的影响。EUA 完全用成员国货币进行定值，为贸易和金融交易提供稳定的参考标准。欧洲记账单位的推出是为了减轻欧洲国家对美元的依赖，并为后续的货币统一创造条件。通过这一措施，欧共体国家的货币政策独立性进一步增强。

4. 欧洲货币体系的建立

1979 年，欧共体国家决定建立欧洲货币体系（European monetary system，EMS），该体系于 1979 年 3 月 13 日正式生效。核心内容是设定各国货币的波动范围，以促进汇率稳定，并为成员国提供经济政策协调框架。欧洲货币体系的建立标志着欧共体国家在货币政策上的进一步整合，同时为抵御美元霸权的影响，推动一个相对独立的区域货币体系奠定基础。

该体系的核心目标是增强成员国之间的经济政策协调，提高各国在全球经济中的话语权。通过这一体系，欧共体国家不仅实现了货币政策的部分统一，也增强了自身在国际金融体系中的独立性。

5. 欧元的推出及其影响

随着欧洲货币体系的成功实施，欧共体国家的货币政策逐渐趋于统一，为欧元的引入提供了坚实基础。1999 年，欧元作为共同货币正式在金融市场流通，2002 年开始正式替代欧盟各成员国本国货币（英国除外）。欧元的引入不仅进一步增强了欧洲国家的经济一体化，也在全球经济中提升了欧元的地位，使其成为仅次于美元的全球第二大储备货币。

欧元的推出使得欧洲经济一体化迈出了决定性的一步，成员国的经济和货币政策实现了高度协调。欧元的使用大大简化了跨国交易，减少了汇率波动的影响，使得欧洲国家能够更有效地进行贸易和投资，提升了其在全球市场的竞争力。

8.3.2　欧洲货币体系的主要内容

1. 创建欧洲货币单位

欧洲货币单位（European currency unit，ECU）是欧洲货币体系的核心元素，旨在促进欧洲经济一体化，并为成员国提供一个独立于美元的货币单位。ECU 的设立标志着欧洲国家在货币政策上的统一化进程，超越了单纯的计量单位，成为经济合作与一体化的象征。

1）ECU 的构成与定值方式

ECU 的价值通过"篮子货币"原则设定，即将各成员国货币按加权方式混合，权重依据各国的 GDP 和国际贸易占比。这一方式确保了 ECU 的稳定性，并减少了单一货币（如美元）的剧烈波动对欧洲经济的影响。每天，ECU 的汇率会根据成员国货币的波动进行调整，反映欧洲市场的整体经济状况。

2）ECU 的主要功能与作用

标准汇率设定：它为成员国之间的货币提供中心汇率，使各国货币之间的汇率更加稳定。

信贷基础：作为欧洲货币基金（EMF）信贷操作的核心，ECU 为成员国在国际收支困难时提供资金支持。

结算工具：ECU 简化了成员国之间的金融交易和外汇转换，提升了跨国结算效率。

储备资产：随着 EMF 的建立，ECU 成为各国中央银行的储备资产，增强了货币政策的独立性和稳定性。

2. 建立双重的中心汇率制

在欧洲货币体系内，成员国采用双重汇率机制，内部实行固定汇率制度，对外实行浮动汇率。这一机制确保成员国间的汇率稳定，同时通过欧洲货币单位（ECU）的引导，减少外部经济波动对内市场的冲击。

（1）中心汇率与波动范围的设定：每个成员国货币与 ECU 之间设有中心汇率，并允许在一定波动范围内浮动。强势货币如德国马克的波动范围为 2.25%，其他货币的波动范围为 15%。这一设计旨在减少汇率剧烈波动，并保持市场稳定。当某一成员国的货币汇率突破波动范围时，其中央银行需要采取措施调整汇率。

（2）差异界限的设置与调整：为防止汇率失常，欧洲货币体系设定了差异界限。当成员国货币与 ECU 中心汇率之间的差异超出阈值时，该国应调整政策。这一机制比一般汇率波动范围更严格，有效地防止过度波动，确保区域经济的稳步发展。

3. 建立欧洲货币基金

为了支撑货币体系的稳定，欧洲各国创建了欧洲货币基金（EMF），为成员国提供金融支持，特别是在国际收支困难时。基金的建立有助于维护成员国货币的稳定，避免经济危机蔓延。

（1）基金的建立与作用：成员国需缴纳 20% 的黄金和外汇储备，其中 10% 为黄金，用以创建欧洲货币基金。基金初期总额为 250 亿 ECU，其中 140 亿 ECU 用于短期贷款，110 亿 ECU 用于中期援助。这一基金帮助成员国在货币危机时获得及时支持，确保区域市场的稳定。

（2）贷款机制与利息补贴：EMF 的贷款机制类似于 IMF，成员国需将等值货币存入基金，获得低利率贷款，并可享受 3% 的利息补贴。贷款期限通常不超过 45 天，确保成员国能在短期内恢复经济稳定，避免过度依赖外部资金。

8.3.3 《马约》的订立

20 世纪 60 年代，随着欧洲经济一体化的推进，欧共体国家认识到货币统一对于提升欧洲国际地位、促进经济稳定及减少对美元依赖的重要性。1962 年 12 月，在海牙会议上，欧共体国家提出加速一体化进程的目标，表示希望削弱美元主导地位并增强欧洲在全球经济中的影响力。为实现这一目标，欧共体决定着手建立一个以统一货币为核心的"欧洲经济货币联盟"，为后来的货币统一进程奠定了基础。

1. 货币一体化的初步构想与目标

1962 年，欧共体提出了货币同盟设想，目标是通过统一货币加速经济一体化。其核心动机是减少美元波动对地区经济的影响，并通过货币统一促进紧密经济合作，提升欧共体在全球经济中的话语权。虽然当时该构想尚在初级阶段，但它为后来的货币同盟建设和欧元的推出提供了理论基础和政治支持。

2. 德洛尔报告：欧洲货币联盟的具体目标与步骤

进入 20 世纪 80 年代，欧共体成员国在深化经济一体化的过程中，逐渐达成了建立货币联盟的共识。1989 年，欧共体委员会主席德洛尔提出《关于实现经济货币联盟的报告》，明确了货币联盟的最终目标——建立单一欧洲货币（欧元）。报告还提出了实施步骤，包括成员国在财政和货币政策上的高度协调，以确保货币联盟的顺利建立。

3.《马斯特里赫特条约》：明确的时间表与实施路径

1991 年 12 月，《马斯特里赫特条约》（简称《马约》）在荷兰签署，标志着欧洲货币一体化进程的新阶段。条约明确了欧元的推出时间表，规定欧盟必须在 1999 年 1 月 1 日之前建立统一的货币体系，并在 1998 年 1 月 1 日之前成立独立的欧洲中央银行（ECB）。此外，条约还设定了欧盟成员国加入货币同盟的严格条件，确保欧元稳定性并平衡各国经济。

4. 欧元的诞生：从理念到实践

1995 年 12 月，欧盟成员国在马德里高峰会议上决定统一货币的名称为"欧元"（Euro），标志着欧洲货币联盟建设进入实质性阶段。1999 年 1 月 1 日，欧元正式在国际金融市场流通，成为欧洲货币体系的正式组成部分，并逐步取代了原先的欧洲货币单位（ECU）。欧元的实施不仅增强了欧洲经济实力，还减少了对美元的依赖，提升了欧元区国家的经济话语权。

5. 加入欧元区的条件

为确保货币联盟目标的顺利实现，欧盟对成员国加入欧元区设立了"趋同标准"或"马约标准"，旨在确保各国财政政策、货币政策与经济结构的协调性，保障欧元的长期稳定。这些标准包括：

（1）预算赤字要求：每年预算赤字不能超过 GDP 的 3%。

（2）公共债务限制：公共债务不得超过 GDP 的 60%。

（3）利率和通货膨胀标准：成员国的长期利率不能高于最低通货膨胀国家平均利率的 2%；消费物价上涨率不能超过欧盟内最低通货膨胀国家的 1.5%。

（4）汇率波动幅度：成员国货币汇率在两年内的波动幅度必须控制在欧洲货币体系规定的限度内。

6. 符合标准的国家与欧元的实施

根据《马约》和"趋同标准"的要求，1998 年 3 月 25 日，欧盟委员会宣布首批符合条件的 11 个国家，包括奥地利、比利时、芬兰、德国、法国、爱尔兰、意大利、卢森堡、荷兰、葡萄牙和西班牙，成为欧元的首批流通国。希腊未能达到标准，未能首批加入欧元区。瑞典、英国和丹麦虽然符合标准，但选择暂时不加入货币联盟，继续使用本国货币。

欧元的建立是欧洲经济一体化的重要成果，也改变了全球货币体系格局。通过一系列条约和标准，欧盟成功实现了从欧洲货币体系到欧元的过渡，欧元区成为全球经济的重要组成部分，增强了欧元区在国际金融体系中的竞争力和影响力。

8.3.4　欧元时间表

根据《马约》和欧盟规定，欧元的实施分为三个阶段，从 1999 年开始至 2007 年完成完全过渡。这一过程旨在确保欧元的顺利实施，并保证成员国经济的稳定过渡。

1. 欧元的过渡期（1999 年 1 月 1 日—2001 年 12 月 31 日）

第一阶段从 1999 年 1 月 1 日开始，主要目标是将欧元作为欧洲的"官方货币"并进行货币转换。尽管欧元未成为流通的纸币和硬币，但它已广泛应用于金融和资本市场。具体措施包括：

（1）欧元与成员国货币的折算率确定：1999 年 1 月 1 日，欧元与成员国货币的不可撤销汇率正式确定，欧元取代欧洲货币单位（ECU）作为计价单位。在此阶段，虽然欧元在国际市场和银行间支付中已使用，但本国货币仍继续在日常交易中流通。

（2）资本市场和税收的欧元化：欧元开始在资本市场、政府预算和财政收支中得到应用，银行间支付结算、政府债券和国有企业的财政活动都以欧元计价。私营部门可选择是否使用欧元进行交易，但许多企业已逐步采用。

（3）欧洲中央银行的运作与货币政策的实施：随着欧元引入，欧洲中央银行（ECB）开始负责制定和执行欧元的货币政策，确保各国货币政策与欧元区整体政策一致，避免负面影响。

（4）执行《稳定和增长条约》：《稳定和增长条约》要求成员国遵循严格的财政纪律，确保预算赤字不超过 GDP 的 3%。超出这一限制的国家将面临欧盟的制裁。

2. 欧元纸币和硬币的流通（2002 年 1 月 1 日—2002 年 12 月 31 日）

第二阶段开始于 2002 年 1 月 1 日，欧元纸币和硬币正式流通，成员国居民必须接受欧元作为合法货币。具体变化包括：

（1）欧元纸币和硬币的流通：2002 年 1 月 1 日起，欧元纸币和硬币在 12 个欧元区成员国流通，标志着欧元在日常交易中的普及。各国货币逐步被欧元取代。

（2）过渡期与旧货币的逐步撤回：尽管欧元成为流通货币，但原货币仍保持一定流通性，消费者可选择使用欧元或本国货币进行交易。过渡期持续数月，确保公众适应。

（3）政府与中央银行的协调：欧洲中央银行和各国中央银行合作，确保原货币顺利撤回，并通过信息和教育措施帮助居民顺利过渡到欧元。

3. 完全取代原有货币（2007 年 7 月 1 日）

第三阶段从 2007 年 7 月 1 日开始，欧元全面取代原有货币，标志着欧元完全实施。主要变化包括：

（1）原货币的全面退出：在这一阶段，所有成员国不再使用本国货币，所有交易和支付均以欧元进行。原货币不再具有法律效力，所有财政活动和货币交易都以欧元为单位。

（2）欧元的全面接纳与实施：欧元在欧元区成员国的流通不再受到限制，所有经济主体必须使用欧元，欧元的经济与财政影响力进一步体现，欧元区的经济联系得到加强。

综上所述，欧元的逐步过渡过程展示了欧盟在经济一体化和货币统一方面的决心与努力。从 1999 年开始的过渡期，到 2002 年纸币和硬币流通，再到 2007 年实现货币完全统一，欧元的实施促进了欧盟成员国在经济政策、财政稳定和市场整合方面的变化，巩固了欧元区作为全球第二大货币区的地位。

8.3.5 欧元对世界经济的影响

欧洲单一货币欧元的诞生，是欧洲国家在追求"统一、和平与繁荣"目标过程中取得的重要成就。它体现了欧洲国家和人民联合与独立自主发展的共同愿望，反映了全球经济一体化、多极化和区域一体化的发展趋势。截至 2024 年，欧元区总人口约为 3.5 亿，占全球人口的 4.5%；国内生产总值（GDP）约占全球的 15%；对外贸易额约占全球贸易的 17%。欧元的实施不仅深刻改变了欧洲的经济格局，也在国际金融领域发挥着重要作用，对世界政治和经济的发展产生了深远影响。

1. 对欧盟国家经济的影响

（1）减少外汇风险，促进内部生产、贸易和投资。欧元的流通消除了成员国之间的汇率波动，降低了外汇风险，促进了成员国间的融资和投资活动。这有助于跨国兼并和企业收购活动的活跃，以及生产要素在整个欧元区的更合理和高效配置。

（2）统一货币政策，有助于稳定物价与控制通胀。欧洲中央银行（ECB）负责制定统一的货币政策，核心目标是控制通货膨胀、保持物价稳定。统一政策避免了成员国间的政策分歧，提高了宏观调控效率。尽管近期全球贸易摩擦和地缘风险加剧对欧元区经济构成压力，但统一货币政策仍在抑制通胀、稳定市场预期方面发挥了关键作用。

（3）降低交易成本，提升市场效率。欧元的采用极大促进了欧元区内部的经济一体化，简化了跨国交易手续，使企业和个人能够更便捷地进行贸易和投资活动。在欧元区内，企业不再需要承担不同货币之间的汇兑成本，这不仅降低了财务风险，还提升了资本和商品的流动效率。统一货币还减少了因汇率波动带来的不确定性，使企业能够更精准地进行成本核算和价格制定，从而提升市场竞争力。

（4）加速"大欧洲"形成，增强全球影响力。欧元的启动加速了以欧盟为核心的"大欧洲"形成，有助于欧洲作为世界一极在国际组织和世界事务中产生更大影响，发挥更大作用。

2. 对世界经济的影响

（1）对国际货币体系的影响。在当前的国际货币体系中，美元占据主导地位，截至2024年第四季度，美元在全球外汇储备中的占比已降至57.8%，而欧元的占比约为20%。欧元的启动使得欧盟国家的外汇储备和国际支付中欧元的比重有所提升，对美元的地位形成挑战，推动国际货币体系向多元化方向发展。

（2）对全球贸易的推动作用。欧元区作为世界经济增长的重要源泉，其经济增长对其他国家和地区意味着进出口市场容量的扩大，从而带动全球贸易增长。欧元的启动还改变了石油等原材料价格一直以美元计价结算的局面，减少了国际贸易中的不平等现象，促进了国际贸易的发展。

（3）对国际资本市场的影响。欧元的启动为欧洲资本市场的发展提供了良好契机。自1999年1月1日起，欧洲各股票交易所上市的所有股票均以欧元报价，使股票市场、货币市场和银行业务融为一体。这改变了人们的投资策略，促进了跨欧洲的蓝筹股市场的建立，推动了欧盟整合为一个统一的资本市场。

3. 对中国经济的影响

（1）对中欧贸易关系的影响。欧元的启动导致欧盟市场更加一体化，生产结构更加专业化，产品生产的分工协作得到加强，生产要素在各国之间的流动加快。这提高了欧盟企业的竞争力，但也加剧了贸易保护主义和排外性，增加了中国对欧盟贸易的难度。欧元也给中国对欧贸易带来有利因素，由于欧盟内商品价格趋于一致，进出口手续简化，人员和商品自由流动，贸易结算费用降低，汇率风险保值费用也下降。

（2）对人民币汇率的影响。目前人民币汇率主要与美元挂钩，欧元启动后，欧元与美元的强弱将直接影响人民币与欧元之间的关系。因此，需要考虑如何调整人民币与欧元、美元之间的关系，以保持人民币对欧元汇率的适当水平和稳定。

（3）对外汇储备和外债管理的影响。中国目前的外汇储备和外债存量以美元为主，欧元启动后，随着欧元地位的上升，美元和日元的地位相对下降，中国需要调整外汇储备和外债存量结构，以减少汇率和利率风险。

（4）对资本流动的影响。在资本流动方面，欧元的启动吸引更多外国资本流入欧元区，导致欧盟和其他外国资本从中国撤走部分投资。但欧盟货币一体化释放出的外汇储备，又促进对外资本输出，包括对中国的资本输出。欧元的使用也为中国向欧盟的投资创造了有利条件。中国企业只要在欧盟任何一国投资立足，就能享受非歧视性的同等待遇，产品也可以在欧盟各国畅通无阻。

即测即练题 8.3

自学自测　　扫描此码

案例讨论 8.3　欧洲货币体系的挑战与前景

复习思考题

1. 国际货币体系的内涵是什么？国际货币体系又具体包括哪些内容？
2. 国际货币体系的演变过程是什么？引入案例表述。
3. 国际货币体系的形成条件包括哪些？
4. 国际货币体系的具体作用体现在哪些方面？
5. 详述国际金本位制、布雷顿森林体系以及牙买加货币体系的联系和区别。
6. 布雷顿森林体系的特点和主要内容是什么？
7. 布雷顿森林体系的主要作用体现在哪些方面？
8. 详述牙买加货币体系的特点、主要内容和作用。
9. 欧洲货币体系的形成经历了哪些阶段？
10. 欧洲货币体系的主要内容是什么？
11. 欧元对世界经济的影响体现在哪些方面？

第9章

国 际 融 资

本章学习目标

本章主要介绍国际融资的各种方式。通过本章学习，要求学生：

1. 了解国际融资的基本内涵；
2. 了解国际信贷和国际证券融资的含义、特点、方式；
3. 掌握国际融资的主要方式；
4. 掌握出口信贷的主要方式及其操作流程；
5. 掌握国际租赁的五种方式及其特点；
6. 能够准确分析国际融资的不同方式和适用情况。

引导案例

美债"危机"：中日减持引发全球关注，未来走势何去何从？

2024年，美债市场掀起一场风波，两大重量级玩家中国和日本同时大规模抛售美债。2024年9月，中国减持26亿美元美债，日本更是抛售89亿美元美债，这一情况引发全球金融市场震荡。

深入分析这背后的原因，我们会发现事情并不简单。对中国来说，减持美债是一个战略性决策。美联储的加息政策让美债收益率难以令人满意，加上国内经济发展需要更灵活的资金配置，促使中国开始调整其外汇储备结构。

日本的情况则更为复杂。日本经济近年来一直在寻求突破，通货膨胀压力不断上升。市场普遍认为，日本央行可能在为即将到来的货币政策调整做准备。如果日本开始加息，将对全球金融市场产生深远影响。

有趣的是，虽然中日两国在减持美债，但整体市场对美债的需求却在增长。数据显示，外国投资者持有的美债总额从8.50万亿美元增至8.67万亿美元。这就像一个超市，虽然两个大客户减少了采购，但小客户们反而买得更多了。

最新消息显示，美国当前的债务规模已经突破36万亿美元大关，创下历史新高。这个数字之大，已经超出普通人的想象范围。面对如此庞大的债务，美国政府正在承受着巨大的经济压力。

不仅如此，全球经济复苏步伐缓慢，通货膨胀问题依然存在，这些因素都在考验着投资者对美债的信心。市场分析人士指出，如果这种状况持续下去，可能会引发更严重的市场动荡，影响全球金融体系的稳定。

看到这些数据和现象，不禁让人深思。美债市场的变化绝不是简单的买卖行为，而是全球经济格局正在发生深刻变化的信号。中国和日本选择在同一时期减持美债，说明这两个亚洲经济大国都在重新评估它们的投资策略。

从长远来看，这种变化可能预示着全球金融体系正在进入一个新的阶段。传统的以美元为中心的国际金融秩序可能面临挑战，各国都在寻求更多元化的投资组合。这对于普通投资者来说，也是一个值得关注的信号，提醒我们要未雨绸缪，适时调整投资策略。

美债市场的动荡不仅关系到中日两国的投资策略调整，更折射出全球经济格局的深层变化。一边是美国债务规模创下新高，一边是主要投资国纷纷调整投资组合，这种局面令人不得不思考：全球金融市场是否正在经历一场静悄悄的革命？

资料来源：美债"危机"：中日减持引发全球关注，未来走势何去何从？https://baijiahao.baidu.com/s?id=1816661217130543122&wfr=spider&for=pc.

9.1　国际融资概述

9.1.1　国际融资的内涵

1. 国际融资的概念

国际融资（international finance）是指在国际金融市场上，运用各种金融手段，通过各种相应的金融机构进行的资金融通。国际融资既包括投融资主体通过金融中介的间接融资行为，也包括投融资主体通过直接接触进行的直接融资行为。一般情况下，国际融资的需求者通常包括政府机构、跨国公司、商业银行、进出口商、证券经纪人和投机商。国际融资的资金供应者主要是跨国公司、商业银行、投资银行、各国中央银行及各种类型的多边官方金融组织。

微课视频 9.1　国际融资概述

2. 国际融资的作用

1）弥补资金短缺，加快经济发展

国际资本的流入为一些急需资金的企业开拓了融资渠道，缓解了资金的供求矛盾，为一些正在成长中的高科技企业的发展提供了大量的资金。例如，像我国这样的发展中国家，外商直接投资是固定资产投资的重要资金来源之一。尤其是在改革开放初期建设资金极度匮乏的条件下，利用外资减缓了资金不足的矛盾。同时，外商投资工业的迅速扩张推动了我国的工业化进程。在我国吸收的外商直接投资中，工业项目占 70%以上的份额，外商工业企业的大规模进入明显加快了我国现代工业的发展速度。

2）有利于受资企业技术改造，促进技术升级

国际融资不仅带来了大量的适用技术和先进的管理经验，而且通过市场竞争将先进企业的技术外溢，加速技术在企业之间的流动。外商直接投资的不断流入和产业流向的不断升级从根本上提高了受资企业的技术水平。

3）培养企业技术和管理人才，创造更多的就业机会

在利用外资的过程中，有相当数量的科技管理人员直接参与项目的生产和管理，他们可以从中借鉴国外的技术和管理经验，从而有利于培养出一批具有高级技术的管理人才，促进技术管理的现代化。而且随着利用外资规模的不断扩大，外资企业吸收的劳动力数量不断增加，给受资国创造了更多的就业机会。以我国为例，外资的涌入创造了大量就业机会。

4）有利于国际分工，提高企业产品的国际竞争力

大型跨国公司在资金、管理及全球市场网络方面都有明显的优势，通过国际融资，可以充分利用资金、技术和市场网络，把受资国生产的产品销往海外或提高产品的附加值，为其进军国际市场创造良好的条件。

5）外国直接投资推动了一国对外贸易的发展

外国直接投资对一国的国际贸易的作用主要表现为对出口和进口规模及结构的影响。根据联合国贸易和发展会议关于跨国直接投资对东道国出口贡献的调查，跨国直接投资流入与制造业出口贡献存在正相关关系，对发展中国家吸收跨国直接投资人均 1% 的增长，会带来制造业出口增长 0.45%，高科技产品出口增长 0.78%，低技术产品出口增长 0.31%。外国直接投资通过促进技术转移、优化资源配置、创造就业机会和增强市场竞争等方式，显著促进了一国进出口活动的增加，从而加速了其对外贸易的发展。

9.1.2　国际融资的方式

根据国际融资关系中债权债务关系存在的层次来分类，可分为直接融资和间接融资。

1. 直接融资

直接融资是指资金供给者与需求者运用一定的金融工具直接形成债权债务关系的行为。它主要包括：

1）国际债券融资

国际债券即发行国外债券，是指一国政府及其所属机构、企业、私人公司、银行或国际金融机构等在国际债券市场上以外国货币面值发行的债券。国际债券主要分为欧洲债券和外国债券两种。

2）国际股票融资

国际股票即境外发行股票，是指企业通过直接或间接途径向国际投资者发行股票并在境外交易所上市。

3）对外直接投资

对外直接投资是现代资本国际化的主要形式之一。按照 IMF 货币基金组织的定义，对外直接投资是指一国的投资者将资本用于他国的生产或经营，并掌握一定经营控制权的投资行为。

扩展阅读 9.1　香港回归 25 周年：港股成交暴涨超 20 倍 2 万亿资金浩浩荡荡南下

2. 间接融资

间接融资是指资金供给者与资金需求者通过金融中介机构间接实现融资的行为。它主要包括：

1）外国政府贷款

外国政府贷款是由贷款国用国家预算资金直接与借款国发生的信贷关系，其中多数为政府间的双边援助贷款，少数为多边援助贷款，它是国家资本输出的一种形式。

2）国际金融组织贷款

国际金融组织贷款是由一些国家的政府共同投资组建并共同管理的国际金融机构提供的贷款，旨在帮助成员国开发资源、发展经济和平衡国际收支。其贷款发放对象主要有以下几个方面：对发展中国家提供以发展基础产业为主的中长期贷款，对低收入的贫困国家提供开发项目以及文教建设方面的长期贷款，对发展中国家的私人企业提供小额中长期贷款。

3）国外商业银行贷款

国外商业银行贷款是指从国外一般商业银行借入外汇。国外商业银行贷款的特点：第一，贷款用途不受限制，企业可以自由使用；第二，贷款供应充足，企业可以灵活选用币种；第三，贷款利率按国际金融市场利率计算，利率水平较高。

4）国际项目融资

国际项目融资是一种特殊的融资方式，是指以境内建设项目的名义在境外筹措资金，并以项目自身的收入资金流量、自身的资产与权益承担债务偿还责任的融资方式，也是无追索或有限追索的融资方式。

一种是 BOT 方式。BOT 是英文 build-operate-transfer 的缩写，即建设—经营—转让方式，是政府将一个基础设施项目的特许权授予承包商（一般为国际财团），承包商在特许期内负责项目设计、融资、建设和运营，并回收成本，偿还债务，赚取利润，特许期结束后将项目所有权移交政府。实质上，BOT 融资方式是政府与承包商合作经营基础设施项目的一种特殊运作模式。BOT 在我国又叫"特许权融资方式"。

另一种方式是国际融资租赁。国际融资租赁是指跨越国境的租赁业务，即在约定的期限内，一个国家的出租人把租赁物件租给另一个国家的承租人使用，承租人按约定向出租人交纳租金，租赁期满后，双方可以根据约定将租赁物返还出租人、续租或留购。我国民航的飞机租赁都是采取国际租赁方式从国外租入的。

5）出口信贷

出口信贷是出口国政府为了支持和鼓励本国大型成套设备出口，提高本国出口商品的国际竞争力，所采取的对本国出口给予利息补贴，并提供政府信贷担保的中长期贷款形式。同时，出口信贷也是为鼓励本国银行对本国出口商或外国进口商（或其银行）提供利率较低的贷款，以解决本国出口商资金周转困难，或者满足外国进口商对本国出口商支付货款需要的一种融资方式。出口信贷的形式主要有卖方信贷和买方信贷。

即测即练题 9.1

案例讨论 9.1　阿根廷 2024 年
面临国际融资困境

自学自测

扫描此码

9.2　国际信贷

利用国际信贷发展本国经济，是许多发达国家和新兴市场国家的共同历史经验。17 世纪荷兰经济的发展、18 世纪英国工业的崛起、19 世纪美国经济的长足进步，以及 20 世纪不少国家和地区的经济发展，无一不与国际信贷有着密切的关系。

国际信贷融资是一国借款人在国际金融市场上向外国金融机构借入外币资金的一种信用活动和融资方式，是国际融资的重要组成部分。国际信贷融资主要包括国际信贷短期融资和国际信贷中长期融资业务。

9.2.1　国际信贷短期融资业务

1. 国际银行短期贷款业务

微课视频 9.2　国际信贷

国际银行短期贷款，是指一国银行向另一国筹资者提供的贷款期限为 1 年及 1 年以下的贷款安排。根据筹资人是否为金融机构，又可将其分为两种情况：银行间的借贷（银行同业拆借）和银行与非银行类客户（公司、企业或政府）间的借贷。

1）银行同业拆借业务

银行同业拆借指商业银行（不包括中央银行）之间相互借贷短期资金的行为。它主要表现为银行同业之间买卖在中央银行存款账户上的准备金余额，用以调剂准备金头寸的余缺。

中央银行为了控制货币流通量，并控制银行的信用扩张，规定所有接受存款的金融机构都必须按存款的一定百分比在央行存入准备金（无利息），即法定准备金。法定准备金加上商业银行库存现金构成了银行准备金。因此，银行吸收的存款按法定准备金率存入中央银行的法定准备金账户，剩余部分全部贷放出去；如果贷不出去，则形成超额准备金，导致资金闲置和利息损失；相反，如果法定准备金不足，必须用"立即可用的资金"补足。"立即可用的资金"既可来自向中央银行借款，即以贴现的票据向央行再贴现，也可来自向同业拆借超额准备金。通过贴现窗口向中央银行借款容易被认为财务状况出现问题，因此银行更多地采用同业拆借的形式。

银行同业拆借具有如下特点：

一是期限短。有日拆、周拆，1个月、3个月和6个月拆借等，无须提供担保品，仅凭信用。

二是批发性。银行间同业拆借的每笔交易数额都比较大，至少在10万美元，典型的银行间借贷以100万美元为一个交易单位。

三是利率低。由于银行类借款人的信誉一般而言要高于其他类型借款人，并且其每笔交易的数量较大，因此各个银行间各种期限的借贷所形成的利率水平往往就成为这种货币相应期限的基础利率，如伦敦同业拆借利率（LIBOR）。除此之外，国际货币市场上的其他贷款的利率，经常在LIBOR的基础上根据借款人的信誉、借款期限等情况的不同，加上一个利息差，加息幅度一般在0.25%～1.25%。近年来由于国际金融中心的扩散，中国香港、新加坡以及其他一些金融中心的同业拆借利率，也经常被作为国际金融市场的基础利率。

四是灵活方便。由于市场资金充沛，能满足大规模借贷的需求，在借款地点、借款期限、借款货币、利率等方面有较大选择余地。

2）银行对非银行类客户的贷款

商业银行一方面吸收工商企业、跨国公司等客户的闲散资金；另一方面向这些客户发放短期贷款。各国政府的短期信贷主要用于弥补收支赤字，工商企业则通常是为了满足短期流动资金的需要。使用的利率一般为LIBOR加上一个附加利率。

能够成为国际银行短期信贷借款人的非银行类客户，主要指大型跨国公司和政府机构。银行在向非银行类客户提供贷款时一般也不限定用途，可由借款人自由安排。公司企业借入短期国际资金的主要目的是满足其跨国经营中对流动资金的需要，特别是在进口支付时的需要；公司企业中的一类特殊的公司——基金公司，常常以投机者的角色借入国际短期资金，通过套汇、套利及期货期权等投机活动获取利润；而各国政府机构借入国际短期资金的主要目的是弥补本国国际收支的短期逆差。

2. 短期证券业务

1）国库券

国库券指各国政府为满足季节性财政资金需要而发行的、以短期内的预算收入作为保证的短期政府债券，是国家公债的一种。国库券的发行一般不记名、不附息票、不载明利率，以折扣方式发行，到期按票面金额偿还，差额即为利息。其特点是：一是低风险。期限短，且以国家信用为担保（政府具有税收能力）。二是高流动性。由于风险低，可销性强，二级市场发达。三是投资收益免交所得税。

基于国库券的以上特点，投资者在进行短期资产配置时，往往将本国的国库券作为最安全的资产纳入投资组合，以实现投资组合的整体风险水平与投资者风险偏好相适应的目的。相应地，在进行国际资产组合的配置时，也可以通过配置高信用评级国家的国库券实现整体风险水平的要求。国际上较为著名的有美国政府国库券、英国政府的"金边"债券和德国政府的"联邦"债券。

全球主要经济体发行的短期政府债券均具有较高的信用评级，特别地，由于美国政府具有全世界最高的主权国家信用评级，美国国库券被誉为全世界"最安全的资产"。由于美国政府可以持续通过借新还旧的方式保障到期债权的兑付，国际上默认美国短期国债永远不会出现信用风险，因此美国国库券的收益率也被视为全球无风险资产短期收益率。

2）商业票据

商业票据，指具有较高信用等级的大企业和非银行金融机构凭自身信用发行的短期借款票据，属于本票。本票是指由债务人向债权人发出支付承诺书，承诺在约定的期限内支付一定数额给债权人。商业票据往往用于补充银行短期贷款的不足，其期限不超过270天，以30~90天为多，面值一般为10万美元。商业票据的利率一般稍高于国库券，低于银行优惠利率，具体取决于市场供求、发行人信用、银行利率、期限及面额等因素，交易一般按票面金额贴现的方式进行。

3）银行承兑汇票和商业承兑汇票

汇票是债权人向债务人发出的付款命令，汇票须经债务人银行承兑后才有效。"承兑"指债务人在汇票上签上承兑字样，表明愿意到期支付。如果对汇票承兑的是银行，就成为一张银行承兑汇票。即使汇票的付款人到期无力支付，承兑银行也有责任进行付款，因此银行承兑汇票是以银行信用为担保的。它通常由出口商签发，进口商银行为受票人。这种汇票的发行促进了国际贸易的发展，方便了信誉等级低的中小企业进入货币市场，汇票到期之前，还可在二级市场交易转售。期限一般为30~180天，90天居多，面额一般没有限制。商业承兑汇票由银行以外的付款人承兑。无论是银行承兑汇票还是商业承兑汇票，承兑后可以"背书"转让，到期可持票向付款人取款。由于银行信用较高，所以银行承兑汇票的流动性比商业承兑汇票强，既可以在承兑银行贴现，又可以在二级市场流通；承兑汇票多以贴现方式交易，差额即为持票人的利息。

4）银行定期存单

银行定期存单是商业银行和金融公司吸收大额定期存款而发给存款者的存款单。它的期限不超过1年，通常为3~6个月；存单的利率与LIBOR大致相同，到期后方可向银行提取本息。这种存款单不记名并可在市场上自由出售，因此也称为"可转让大额存单"，可转让是它与一般存款的不同之处，解决了定期存款缺乏流动性的问题。通过发行这种存单，银行可以获得稳定的短期资金；对于投资者而言，既可以获利，又可以转让，是短期投资的理想方式。

3. 贴现业务

贴现是银行对合格票据先扣除自贴现日至到期日的利息，付给持票人现款，待票据到期时，银行再持票向最初发票人或背书人等债务人兑回现款。它是国际货币市场上资金融通的一种重要方式。贴现的对象，除了国库券、短期债券外，主要是商业票据和银行承兑汇票。贴现利率一般高于银行贷款利率。贴现市场无固定交易场所，是由贴现银行或贴现公司组成的。以票据贴现来融通资金是贴现市场业务活动的基本内容。作为贴现业务经营者的贴现银行或贴现公司，一方面向其他银行和工商企业借入短期资金；另一方面把这些借入的资金用于贴现利息较高的政府国库券、商业票据和短期公债等信用证券，以从中获利。贴现银行和贴现公司还可以用这些证券向中央银行办理再贴现。通过再贴现，中央银行可以达到调节信用和控制市场货币资金的目标，贴现公司则可换取可用的资金。

9.2.2 国际信贷中长期融资业务：国际商业银行贷款

1. 国际商业银行贷款的概念

国际商业银行贷款是指借款人为了本国经济建设的需要，支持某一个建设项目或其他一般用途而在国际金融市场上向外国银行筹借的贷款。国际商业银行贷款的方式大致可分为三种：第一种是双边的，即由两国银行（或信托投资公司）之间签订协议；第二种称为联合贷款，即由3~5家银行联合向一个借款人提供贷款；第三种是由许多家银行组成的银团贷款（也称辛迪加贷款）。

2. 国际商业银行贷款的特点

（1）贷款用途比较自由。国际商业银行贷款的用途由借款人自己决定，贷款银行一般不加以限制。这是国际商业银行贷款区别于其他国际信贷形式，如国际金融机构贷款、政府贷款、出口信贷和项目贷款等的一个最为显著的特征。

（2）借款人较易进行大额融资。国际商业银行贷款资金供应，特别是欧洲货币市场银行信贷资金供应较为充足，所以对借款人筹集大额长期资金较为有利。例如，独家银行贷款中的中长期贷款每笔的额度可达数千万美元，银团贷款中每笔数额可达5亿~10亿美元。

（3）贷款条件较为苛刻。在具有以上两点优势的同时，国际商业银行贷款的贷款条件由市场决定，借款人的筹资负担较重。这是因为，贷款的利率水平、偿还方式、实际期限和汇率风险等是决定借款人筹资成本高低的重要因素，而与其他国际信贷形式相比，国际商业银行贷款在这些方面均没有优势。

20世纪90年代以后，国际商业银行贷款业务发生了明显变化。很多信用等级较高的公司、公共部门的企业和政府本身基本上都进入了证券市场进行融资。对于这类机构来说，在资本市场进行直接融资要比从银行申请贷款更有吸引力。直接融资在很大程度上取代了银行贷款，甚至那些规模较小、信用等级并不高的借款人也可以凭借各种信用和流动性支持以及资产结构的调整从资本市场取得融资。

国际商业银行贷款一直是全球金融市场中的重要组成部分。每逢金融风暴来临，资本市场就会随之动荡收缩，有时甚至不再成为一种有效的融资来源，这使得借款人只能纷纷转向银行寻求融资。许多资信良好的企业借款人甚至在资金状况最好的时期也保留着数目可观的银行信用额度，这样做的目的是在一定程度上确保在急需时可以随时得到这些银行的支持。有一些特殊的融资，比如为兼并、收购和杠杆收购提供的短期贷款，以及为项目融资提供的长期贷款，这些传统的银行贷款都是无法被其他形式所替代的。

3. 银团贷款

大多数国际借贷是以银团贷款的形式进行的。银团贷款作为第二次世界大战后国际资本市场上的一项重要金融创新，从20世纪60年代末兴起至今经历了几个发展阶段。20世纪60年代和70年代是银团贷款大发展的时期，银团贷款逐渐成为一项举足轻重的融资方式。20世纪80年代，受拉美债务危机的影响，以及各国管理部门对银团贷款管理的加强，银团贷款受到很大打击。20世纪80年代末，不动产投资的失败更令西方银团贷款业务雪上加霜。20 世纪 90 年代，伴随着全球金融一体化的浪潮和银团贷款方式的日益成熟，国际银团贷款开始重新崛起。

所谓银团贷款，就是指一批银行为了向某一借款人发放一笔数额相对较大的贷款而联合起来，并由其中一家或数家银行作为牵头行所提供的贷款。

在银团贷款形式下，借款人所得到的好处就是能够借到一笔任何一家银行都不愿单独提供的大额贷款，而且要比他自己从多种渠道筹措同等数目资金的成本要低，也更加方便。此外，借款人获得过银团贷款也会使他日后更容易得到其他融资。参加重要银团贷款的许多银行都很看重借款人的信用，这可能会使其日后的融资变得更容易。银团贷款同时也能交易，对于最终的借贷者和投资者来说，这样就能使资金流动起来，其借款利率也有最大的优惠。

全球银团贷款的中心一直是伦敦，另外还有纽约和中国香港，而银团贷款的实际发放则是通过众多海外银行分支机构来完成的。

扩展阅读 9.2 国际信贷支持下的巴西基础设施建设

即测即练题 9.2

自学自测

扫描此码

案例讨论 9.2　2024 年土耳其的国际信贷危机

9.3　出　口　信　贷

9.3.1　出口信贷的概念

微课视频 9.3　出口信贷

出口信贷（export credit）是一种国际信贷方式，是指一国政府为了支持和鼓励该国大型机械设备、工程项目的出口，增强国际竞争力，向该国出口商或国外进口商提供利息补贴和信贷担保的优惠贷款方式，鼓励该国的银行对该国出口商或国外进口商提供利率较低的贷款，以解决该国出口商资金周转困难问题，或满足国外进口商向该国出口商支付货款的需要的一种融资方式。出口信贷名称的由来就是因为这种贷款由出口方提供，并且以推动出口为目的。

通常将 1~5 年期的出口信贷列为中期，将 5 年以上的列为长期。中长期出口信贷大多用于金额大、生产周期长的资本货物，主要包括机器、船舶、飞机、成套设备等。出口国官方机构、商业银行为支持该国出口向该国出口商提供的信贷不属于国际出口信贷的范围。

在国际贸易中，出口信贷是垄断资本争夺市场、扩大出口的一种手段。

9.3.2 出口信贷的特点

1. 利率低

对外贸易中长期信贷的利率一般低于相同条件资金贷放的市场利率，由国家补贴利差。大型机械设备制造业在西方国家的经济中占有重要地位，其产品价值和交易金额都十分巨大。为了增强该国设备的竞争力，削弱对手的竞争力，许多国家的银行竞相以低于市场水平的利率向外国进口商或本国出口商提供中长期贷款，即给予信贷支持，以扩大该国资本货物的国外销路，银行提供的低利率贷款与市场利率的差额由国家补贴。

2. 信贷与保险结合

由于中长期对外贸易信贷的偿还期限长、金额大，发放贷款的银行存在较大的风险，为了解决出口国银行的后顾之忧，保证其贷款资金的安全发放，国家一般设有信贷保险机构，由它们为银行发放的中长期贷款提供担保。

3. 专门机构管理

发达国家提供的对外贸易中长期信贷一般直接由商业银行发放，若金额巨大，而商业银行资金不足时，则由国家专设的出口信贷机构给予支持。不少国家还规定，对一定类型的对外贸易中长期贷款，由出口信贷机构直接承担发放信贷的责任。利用国家资金支持对外贸易中长期信贷，可弥补商业银行资金的不足，改善该国的出口信贷条件，增强该国出口商夺取国外销售市场的竞争力。

9.3.3 出口信贷的主要形式

1. 卖方信贷

1）卖方信贷的概念

所谓卖方信贷，是指在大型机械设备或成套项目贸易中，为便于出口商以延期付款方式出售商品，出口商所在地银行对出口商提供的中长期信贷。延期付款的货价一般高于以现汇支付的货价。

2）卖方信贷的基本流程

（1）双方签订合同后，出口商以延期付款方式向进口商出售大型设备；

（2）进口商先付 10%～15% 的定金，在分批交货验收中，再分期付给 10%～15% 的货款，其余货款在出口商全部交货后由进口商在规定的期限内分期偿还；

（3）出口商向其所在地银行申请卖方信贷的贷款，取得所需资金；

（4）出口商以进口商分期偿还的货款向银行偿还贷款本金和利息。

具体操作流程如图 9-1 所示。

3）卖方信贷对进出口商的作用

出口商向银行借取卖方信贷，除按出口信贷利率支

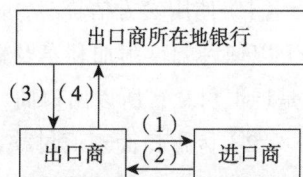

图 9-1　卖方信贷的基本流程

付利息外，还要支付信贷保险费、承担费、管理费等。这些费用都要附加在出口设备的货价之中，但进口商并不清楚每项费用的具体金额。对于进口商而言，卖方信贷条件下的货价一般高于以现汇方式支付的货价，有时甚至高出 8%～10%。对于出口商而言，卖方信贷手续虽然简便，也便于出口商集中精力洽谈贸易合同和保证供货，但因进口商采用了延期付款的方式购买设备，故而提高了出口商的负债与资产比率，不利于出口商有价证券的上市。

2. 买方信贷

1）买方信贷的概念

所谓买方信贷，一般由出口国的政府出口信贷机构提供担保，由出口商银行向进口商或进口商银行提供的用于大型机械设备或成套项目贸易进口的优惠利率贷款。这里的进口商可以是企业、部门、政府等实体，它们用买方信贷来购买商品、设备或劳务等。这种贷款的期限少至 18 个月，多至 20 年，5 年最为常见。

2）买方信贷的基本流程

（1）进出口商签订合同后，进口商先付货价 15%的定金；

（2）进口商或进口方银行与出口商所在地银行签订贷款协议；

（3）进口商取得所需资金；

（4）进口商用取得的贷款支付出口商的货款；

（5)进口方银行根据贷款协议分期偿还出口方银行贷款；

（6）进口商按贷款协议分期偿还银行的欠款。

具体操作流程如图 9-2 所示。

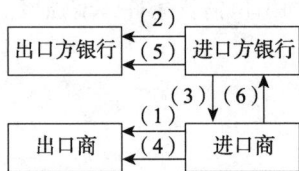

图 9-2　买方信贷的基本流程

3）买方信贷对进出口商的作用

买方信贷对进口商的有利之处如下：

（1）由于在买方信贷条件下，进口商以现汇方式支付货款，因而货价清晰明确，不会掺杂其他因素。

（2）由于进口商能够集中精力谈判技术条款和商务条件，且对于产品的各项技术指标更加熟悉，因而在谈判中居于有利地位。

（3）办理信贷的手续费是由进口商银行直接付给出口商银行，相比卖方信贷条件下的手续费（因出口商要计入货价）要低廉许多。

买方信贷对出口商的有利之处如下：

（1）使用卖方信贷时，出口商既要组织生产，又要筹集资金，而且要考虑在原始货价之上以何种幅度附加利息及手续费等问题，工作量较大。而在买方信贷条件下，由于进口商是现汇付款，所以出口商可集中精力按贸易合同的规定组织生产和保证交货。

（2）因进口商现汇付款，所以在买方信贷下，出口商收到货款后会立刻将企业的应收账款入账，这有利于出口商资产负债状况的改善和有价证券的上市。

（3）出口商收到进口商现汇付款后，能够加速资金周转，增加利润，提高竞争力。

3. 福费廷

1）福费廷的概念

福费廷（forfaiting）也称包买票据或票据买断，是一种中长期国际贸易融资方式。在此方式下，包买商从出口商那里以无追索权的方式购买远期票据，使出口商立即获得款项。这些远期票据是经进口商承兑，并通常由进口商所在地著名银行保兑的远期汇票或本票，在票据到期日由包买商向进口商索偿。包买就是包买商对出口商持有的债权凭证进行无追索权的贴现。

包买商通常由银行或专门的包买公司来担任，故又称"包买行"。伦敦作为国际金融中心，有 500 多家银行，是主要的福费廷市场。福费廷与保理业务不同，保理业务主要适用于消费性商品的进出口，而福费廷则比较适合大中型设备的进出口，因为它们涉及金额大，付款时间长，一般的贸易融资很难满足这种需要。

在福费廷业务中，涉及的金额少至几十万美元，多达数千万美元，有些规模较大的业务还需要通过银团来承办。福费廷中的远期票据，期限多为 3～7 年，5 年居多，最长可达 10 年。

2）福费廷业务的具体操作流程

（1）出口商与进口商在洽谈设备、资本货物贸易时，如欲使用这一信用方式，应事先与其所在地的银行或金融公司约定，以便做好各项信贷安排。

（2）出口商与进口商签订贸易合同，表明进行福费廷，出口商向进口商索取为贷款而签发的远期汇票，应取得进口商往来银行的担保；进口商往来银行对远期汇票的担保形式是在汇票上签字盖章，保证到期付款或出具保函。

（3）进口商的担保银行要经出口商所在地银行认可；担保行确定后，进出口商才能签订贸易合同。

（4）出口商发运设备后，将全套货物单据按合同规定通过银行的正常途径寄送进口商，以换取经进口商承兑的附有银行担保的承兑汇票（或本票）。

（5）出口商取得承兑汇票（或本票）后，按照与买入这项票据的银行或大型金融公司的约定，依照放弃追索权的原则，办理票据的贴现手续，取得现款。

3）福费廷对出口商和进口商的作用

（1）对出口商的作用。

第一，可以减少出口商资产负债表中国外的负债金额，提高企业的信用评级，有利于其有价证券的发行。

第二，能够立即获得现金，改善流动资金状况，有利于促进资金融通和出口的发展。

第三，将信贷管理、票据托收的费用与风险均转嫁给银行。

第四，不受汇率变化与债务人情况变化的影响。

（2）对进口商的作用。

对进口商而言，利息与所有的费用负担均计算在货价之内，即采用福费廷方式时货价通常较高，但福费廷的手续比其他出口

扩展阅读 9.3　出口信贷助力中国高铁走向世界

信贷方式简便得多，不需要进口商多方联系、洽谈，使其能够有足够的精力进行贸易谈判。这一优势与费用成本需要进口商仔细权衡。

即测即练题 9.3

自学自测 扫描此码

案例讨论 9.3　巴西的出口信贷策略及其影响

9.4　国　际　租　赁

微课视频 9.4　国际租赁

租赁活动早在中世纪就已产生，并在资本主义发展时期得到发展和扩大。但与以往的租赁活动相比，现代租赁业务不仅仅是为了获得租用物品的使用权，更主要的是作为一种融资工具和手段。租用物品多为大型机器设备；出租人也更多是由银行或专业金融机构来担任；租赁的范围也扩展到了国际，成为国际融资的一种工具。

9.4.1　国际租赁的内涵

"租赁"是指一方（承租人）在一定时期内向另一方支付租金，以获取某项物件使用权的经济行为；也可以说是一方（出租人）以收取租金为条件，将所持有的物件定期出租给另一方使用的经济行为。

当上述租赁业务在不同国家当事人之间进行时，它就成为国际租赁。国际租赁又称跨国租赁或离岸租赁，是指处于不同国家（或地区）的出租人与承租人之间的租赁活动。由出租人在一定期限内以收取租金为条件，将资本货物等租赁物交付承租人使用的一种融物和融资相结合的活动。国际租赁市场一般由如下租赁机构组成：租赁专业公司、银行保险等金融机构、融资租赁公司、制造厂商、经销商和租赁经纪人。

国际租赁具有鲜明的信贷融资性质，它还提供一般中长期信贷所不能提供的融资便利，是一种独特的融资方式，表现在以下几方面：

（1）租金支付方式灵活多样，以满足承租人的不同需要；

（2）租金在整个租期内一般是固定不变的，而期限比较长的贷款一般采用浮动利率；

（3）租期一般较长，而贷款期限一般要短得多；

（4）租期结束，承租人一般可在退租、续租和留购中任选一种。

国际租赁的形式很多。按照租金是否完全支付来划分，国际租赁可分为融资租赁和经营租赁，在这两种基本形式上发展起来的还有转租赁、回租租赁、杠杆租赁等形式。

9.4.2　国际租赁融资的主要形式

1．融资租赁

融资租赁（financing lease）又称金融租赁，是指当企业需要添置某些技术设备而又缺乏资金时，由出租人代其购进或租进所需设备，然后再出租给承租企业使用，按期收取租金，租金的总额相当于设备价款、贷款利息、手续费的总和。租赁期满时，承租人以象征性付款取得设备的所有权。在租赁期间，承租人按期向出租人支付租金，并为设备投保。租赁设备的所有权属于出租方，承租方享有使用权。融资租赁的过程如图 9-3 所示。

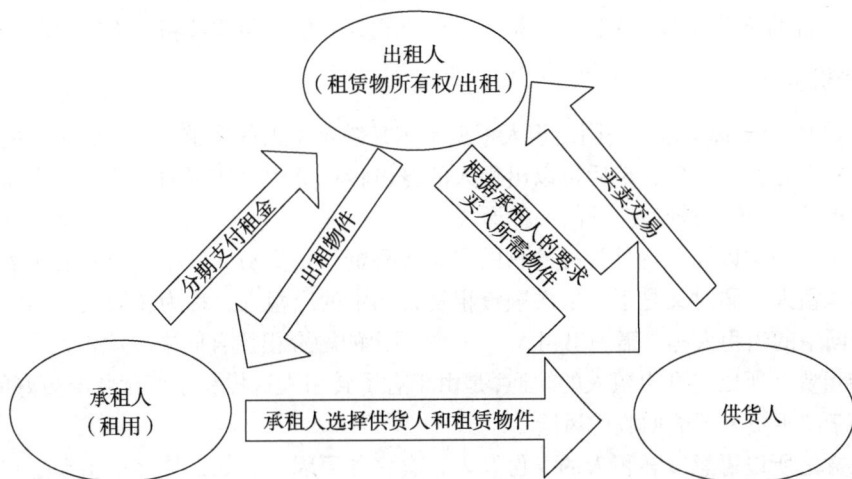

图 9-3　融资租赁的过程

融资租赁是资金形态和商品形态相结合的信用形式，它把"融物"和"融资"结合为一体，在向企业出租设备的同时，也解决了企业的资金需求，因此具有金融、贸易双重性。具体来说，融资租赁具有以下几个基本特征：

（1）租赁物件的所有权与使用权分离。在约定的租期内，设备的所有权仍属于出租人，承租人获得的是设备的使用权，并且承租人对租用设备负有维修、保养以使之处于良好状态的义务。租赁期满之后，承租人可享有留购、续租、退租等多种选择。

（2）租金的分期归流。这种租金分期归流的特征，对承租人来说，一是能以较少的投入，取得较大的经济效益；二是只需支付一定的租金，就可超前获得设备的全部使用价值，有利于企业提高效益。

（3）融资租赁至少涉及三方关系，包括两个或两个以上的合同。三方关系，是指出租方、承租方和供货方之间的关系。出租方向供货方购买设备，同时将其向承租方出租，由此而产生出租方与供货方订立的合同和出租方与承租方订立的合同。

（4）租赁合同的不可变更性。租赁合同一经签订，承租人不得中途要求退租，出租人也不得单方面要求撤销合同，这是由租赁物的专用性和租赁期限的长期性决定的。

正是由于以上基本情况决定了融资租赁不同于其他租赁方式，其承租的目的不是短期使用，而是为了添置设备供长期使用，因此租赁物件也主要是寿命较长的大型专用设备。

2. 经营租赁

经营租赁（operating lease）是指出租人根据市场需求购进通用设备，通过不断出租给不同用户而逐步收回租赁投资并获得相应利润的一种租赁形式。经营租赁的特点如下：

（1）交易只涉及两方当事人，即出租人和承租人。

（2）租赁标的多为无形损耗大、需要专门管理与保养的通用设备。

（3）出租人提供设备的维修、保养等服务。

（4）以满足用户短期需要为主，租赁期短，需反复租赁才能收回投资额。

（5）承租人可提前终止合同。承租人在一定条件下可中途解约、退租或改租设备。

（6）设备的所有权不可转让。租赁期满，承租人只能退租或续租，不得留购。

3. 转租赁

转租赁（sublease）是指一国出租人根据本国最终承租人的要求，先以承租人的身份从另一国出租人处租进设备，然后再以出租人的身份转租给用户使用的一项租赁交易。转租赁是国际租赁业中运用较为广泛的一种形式。

转租赁是一种以同一物件为标的物的多层次融资租赁交易。其中，上一层次的融资租赁合同的承租人，同时又是下一层次融资租赁合同中的出租人，称为转租人。第一层次融资租赁合同中的出租人称"第一出租人"，最终层次的融资租赁合同中的承租人称"最终承租人"。转租赁之所以受到出租人的欢迎，是由于有了转租人这样一个信用状况更好的中介，因而有利于减少资金不能回收的风险。

第三方之所以愿意以转租人的身份介入，有多种原因。例如，最终承租人是它的关联企业、控股子公司之类。它需要让后者能利用融资租赁的有利条件，来达到特定的经营目的，因此愿意承担资金回收方面的风险。另外有租赁经营权的租赁公司相互合作，能发挥各自优势，分散风险，或利用不同地域和行业的税收政策。

4. 杠杆租赁

杠杆租赁（leveraged lease）是指租赁公司自己或投资人筹措部分资金，项目所需的大部分资金通过银行贷款解决的租赁方式。

对于建设和运营中所需的购置成本特别高的一些大型设备的融资，利用委托租赁的方式难以实现，杠杆租赁则为此提供了一个较好的解决办法。在杠杆租赁中，租赁公司通常以现金投资设备成本费的 20%～40%，其余的购置费用通过向银行或保险公司等金融机构借款获得，然后把购得的设备出租给承租人。租赁公司要把租赁物的所有权、融资租赁合同的担保受益权、租赁物的保险受益权及融资租赁合同的收益权转让或抵押给贷款人。例如，对于购置隧道挖掘的专用机械设备等成本特别高的大型设备，采取杠杆租赁方式可以分担资金风险、解决融资困难。

5. 回租租赁

回租租赁（sale-leaseback）又称回购租赁，是将现有资产变现的一种租赁方式，是企业自我滚动发展的一种筹资方式。具体而言，它是指设备使用方通过将自己的设备或厂房等物化资产在法律上的所有权转让给租赁公司而取得现金流入，然后再以直接融资租赁的形式租回上述资产，并在租期内按合同约定分期支付租金。利用出售回租的方式，可以在不减损对自己的固定资产的使用的前提下，帮助企业增加现金流，加大资产的流动性，提高资金使用效率。

扩展阅读 9.4 国际租赁助力中国新能源汽车产业"出海"

回租的主要目的是改变资产形态，将物化的长期资产变为流动性最强的现金资产。比如，企业急缺一些流动资金购买原材料，企业可以把它现有的优质设备出售给租赁公司的同时再租回使用，租赁公司付款后马上购进原材料，手续很简便。

即测即练题 9.4

自学自测  扫描此码

案例讨论 9.4 印度的国际租赁市场

9.5 国际证券融资

国际证券融资是指在国际金融市场上通过股票、债券等有价证券交易形式进行的融资活动。通过这种绕开金融中介直接进入国际资本市场的融资形式，融资交易在不同经济主体之间直接发生，不仅可以使筹资人节约筹资成本，而且还可以在一定程度上帮助投资人降低其投资风险。

从 20 世纪 60 年代以来，西方国家证券市场的国际化发展迅速，形成了规模庞大的国际证券市场，为世界各国的长期资金需求者提供了极大的便利。目前来看，国际上主流的融资方式除传统的银行商业信用外，还包括债券融资、股权融资等方式。不同的融资方式也分别形成各自相互独立又相互依存的市场。

9.5.1 国际证券融资的分类

1. 国际债券融资

国际债券融资是指通过发行国际债券来融通资金的一种融资行为。国际债券是借款人（包括一国的政府机构、国际性组织、金融机构以及其他工商业企业等）为筹集外币资本在国际资本市场上发行的以外币为面值的债券。国际债券具备如下基本特征：国际债券的发行人与投资人分属于不同的国家或地区，其发行、交易与债务清偿受不同国家法律的支配；国际债券本质上是一种债权凭证，它体现了债券发行人与债券持有人之间的债权债务关系。

1963 年以前，国际债券融资是通过发行"外国债券"（foreign bond）来实现的，这类债券由发行人在外国以非居民的身份发行，以该国货币标价并按当地债券市场标准程序发行，通常以较高溢价来反映借款人的外来性质，且存在无法收到到期款项的可能性。

20 世纪 60 年代以后，另一种形式的国际债券——"欧洲债券"得到发展，它使得国际投资者能够更好地选择货币、到期期限和那些更有信用的发行人，最大限度地减少不利因素。由于欧洲债券发行手续简便、费用低廉，许多借款人都乐于选择欧洲债券作为筹集外币资金的主要方式。今天，欧洲债券市场的规模已经远远超过外国债券市场。

扩展阅读 9.5 沙特成功首次发行沙特阿美国际债券

2. 国际股票融资

国际股票是指外国公司在某个国家的股票市场上发行的以本币或外币交易的股票，它是外国发行人在国际资本市场上筹集长期资金的工具。国际股票市场就是这些股票发行和交易的场所与网络。

20 世纪 80 年代中期以来，国际股票市场取得了巨大发展。金融自由化、资本管制放松和信息通信技术的进步为国际股票市场的发展创造了条件。由于国际性的多元化投资组合能更有效地分散风险或增加投资收益，投资者对外国证券投资的需求增加。同时，为了应对日趋激烈的市场竞争，公司需要寻求新的融资渠道。这些因素相互作用推动了国际股票市场的发展。

同国际债券市场一样，作为国际资本市场一部分的国际股票市场是由各主要国家股票市场向国际范围延伸而形成的，并无完整的单一市场存在形态。当今世界上一些发达国家和新兴工业化国家及地区都有规模不等的国际股票市场。这些股票市场不仅为市场所在地的国内企业提供了筹集资金的重要手段，而且也已逐渐成为跨国公司和外国企业扩大资金来源的重要渠道。

9.5.2 国际证券的发行

1. 国际债券的发行

国际债券顺利发行首先要满足一些发行条件，发行条件如何，对于发行人的筹集成本、债券能否发行成功有重要影响。这些条件包括发行额、票面利率、偿还期限、发行价格、偿还方式以及付息方式。

满足上述发行条件后，国际债券的发行还需要一些主要文件，这些主要文件包括：销售说明书、有价证券申请书、承销协议和其他一些信托或财务代理协议。具备了以上条件和手续后，国际债券就可以按照相关的发行程序发行了，外国债券和欧洲债券的发行程序有所区别。欧洲债券是一种无国界债券，发行欧洲债券通常不需要申请注册，也没有发行资格限制，因此没有公募与私募的区别，发行程序也相对简单。

2. 国际股票的发行

在不同层次、不同地域的市场发行国际股票的程序不尽相同，但从企业的角度出发，国际股票的发行环节基本一致。一般而言，主要包括以下步骤：国际股票发行决策，选择国际股票发行市场，选择投资银行，拟定发行文件，资产评估，资产重组，提出发行股票申请，股票发行准备，股票发行。

依据国际惯例，股票发行上市必须具备一定的条件，遵照一定的程序取得发行资格，并在办理必要手续后才能进行。股票发行的条件可以分为一般条件和特殊条件。一般条件是指发行人必须依照特定程序，向相关机构报送有关文件。这些文件包括发行章程、发行申请书、发行说明书、承销协议、注册会计师报告、律师意见书、公证人报告以及发行人的财务报告等。特殊条件通常适用于初次发行股票的企业，是指法律规定发行人应具备的必要条件。与发行条件类似的上市条件，又称上市标准，是指各国证券交易所对申请股票上市的公司依据当地情况所做的规定，只有符合这些规定和要求，公司股票才准许在交易所挂牌上市。上市条件通常包括资本额、资本结构、盈利能力、股权分散程度、公司规模等几个方面的内容。

扩展阅读 9.6 债券市场制度型开放便利境外投资者布局中国

从世界范围来看，股票首次公开发行的方式有以下几种：累计订单发行、固定价格发行、累计订单和固定价格相结合以及招标竞价发行等。

9.5.3 国际证券融资的特点

证券交易是一种传统的市场投融资活动或行为。不考虑投资动机，则购买或持有证券主要是一种投资行为，而出售或发行证券主要是一种融资行为。证券主要包括股票和债券。发行股票和债券是股份制企业筹集长期资本的重要方式，同时也是各国政府和国际金融机构筹集国际长期资本的一种主要方式。目前国际上规模最大的国际证券交易市场是美国纽约和英国伦敦的证券交易中心。

国际市场上的证券融资活动，与国内市场相比具有不同的特点。

第一，国际市场的证券融资对融资人的要求标准高于国内市场。尤其是对证券上市的企业有较国内市场更为严格的规定，如企业资产规模、股东人数，以及税前年收益等方面都必须达到证券上市的国际标准，门槛较高。

同时，为了便于投资者对上市证券的选择，世界各地的大型证券交易市场还组织专门的知名评估机构对上市证券进行评定，并分出等级，以供投资者参考。例如美国的标准普尔公司和穆迪公司就是国际著名的评估机构。

第二，在国际市场进行证券融资，融资成本一般低于国际商业银行贷款。其原因主要是由于筹资方都是通过高标准筛选评估出来的，有较高信誉，发行条件优越，因此可以以较低成本发行证券。另一部分原因在于，不记名证券的持有人可以合理避税，可在国际市场上以较低利率发行不记名证券，降低发行成本。此外，在国际市场上融资的规模一般都比较大，平均成本较低。还有其他特殊原因，如欧洲债券的发行管制宽松，具有融资成本低的特点。

第三，国际证券融资的工具除了股票、公司债券、政府债券等，还包括外国债券和欧洲债券等形式。

9.5.4　国际证券融资的参与者

国际证券融资的参与者主要包括证券经营机构、股份公司、股东、债权人以及各国政府和国际金融机构。

1. 证券经营机构的组成

证券市场分为初级市场和二级市场。投资银行是初级证券市场的主要经营者，专营证券的发行和分销业务。二级市场一般是以证券交易所为特定交易场所的、对已发行的证券进行交易或转让的市场，其证券交易由证券管理机构、证券商及经纪人参与。

2. 国际证券融资者的构成

扩展阅读 9.7　离岸人民币债券市场

初级市场上的国际证券融资者主要是股份公司以及各国政府与国际金融机构。它们是国际证券市场上主要的资金需求者，通过发行不同类型、不同期限、不同币种的国际证券的方式获得中长期资金融通。二级市场上的融资者主要是股东和债权人。股票和债券是持有者所拥有的产权或债权，在他们有资金需求时，通过二级市场将其产权或债权变现，也属于一种资金融通的方式。

即测即练题 9.5

自学自测

扫描此码

案例讨论 9.5　阿根廷 2019 年债务危机

9.6　国　际　投　资

9.6.1　国际投资的内涵

国际投资（international investment）又称对外投资或海外投资，是指跨国公司等国际投资主体，将其拥有的货币资本或产业资本通过跨国界流动和运营，以实现价值增值的经济行为。

国际投资的内涵包括以下三个方面。

1. 参与国际投资活动的资本形式是多样化的

它既有以实物资本形式表现的资本，如机器设备、商品等，也有以无形资产形式表现的资本，如商标、专利、管理技术、情报信息等，还有以金融资产形式表现的资本，如债券、股票、衍生证券等。

2. 参与国际投资活动的主体是多元化的

投资主体是指独立行使对外投资活动决策权利并承担相应责任的法人或自然人，包括官方和非官方机构、跨国公司、跨国金融机构及居民个人投资者。而跨国公司和跨国银行是其中的主体。

3. 国际投资活动是资本的跨国经营活动

这与国际贸易有所区别，也与单纯国际信贷活动相区别。国际贸易主要是商品的国际流通与交换，实现商品的价值；国际信贷主要是货币的贷放与回收，虽然其目的也是为了实现资本的价值增值，但在资本的具体营运过程中，资本的所有人对其并无控制权；而国际投资活动，则是各种资本运营的结合，目的是在经营中实现资本的增值。

9.6.2 国际投资的方式

1. 国际直接投资

国际直接投资是指为了在国外投资获得长期的投资效益，并拥有对公司的控制权和企业经营管理权而进行的在国外直接建立企业或公司的投资活动。

国际直接投资是投资者以控制企业部分产权、直接参与经营管理为特征，以获取利润为主要目的的资本对外输出。国际直接投资往往与生产要素的跨国界流动联系在一起，这些生产要素包括生产设备、技术和专利、管理人员等，因而国际直接投资是改变资源分配的真实资本的流动。

1）国际直接投资的特点

国际直接投资与其他投资相比，具有实体性、控制性、渗透性和跨国性的重要特点。具体表现在以下方面：

第一，国际直接投资是长期资本流动的一种主要形式。不同于短期资本流动，它要求投资主体必须在国外拥有企业实体，直接从事各类经营活动。

第二，国际直接投资表现为资本的国际转移和拥有经营权的资本国际流动两种形态，既有货币投资形式又有实物投资形式。

第三，国际直接投资取得对企业经营的控制权，不同于间接投资，它通过参与、控制企业经营权获得利益。

除此之外，当代的国际直接投资又有以下几个特点：规模日益扩大；由单向流动变为双向流动；发展中国家国际直接投资日趋活跃；区域内相互投资日趋扩大；国际直接投资部门结构变化重大；跨国并购成为一种重要的投资形式等。

2）直接投资的方式

国际直接投资一般有以下 5 种方式：①在国外创办新企业，包括创办独资企业、设立跨国公司分支机构及子公司；②与东道国或其他国家共同投资，合作建立合营企业；③投资者直接收购现有的外国企业；④购买外国企业股票，达到一定比例以上的股权；⑤以投资者在国外企业投资所获利润作为资本，对该企业进行再投资。

2. 国际间接投资

国际间接投资（international indirect investment）是指以资本增值为目的，以取得利息或股息等形式，以被投资国的证券为对象的跨国投资，即在国际债券市场购买中长期债券，或在外国股票市场上购买企业股票的一种投资活动。国际间接投资者并不直接参与国外企业的经营管理活动，其投资活动主要通过国际资本市场（或国际金融证券市场）进行。国际间接投资又称对外间接投资。

1）国际间接投资的特点

国际间接投资与国际直接投资相比，其特点如下：

第一，对经营活动无控制权。国际间接投资对筹资者的经营活动没有控制权，而国际直接投资对筹资者的经营活动拥有控制权。

第二，流动性大，风险小。国际间接投资与企业生产经营无关（因为无控制权），随着二级市场的日益发达与完善，证券可以自由买卖，流动性大、风险小。

第三，投资渠道为证券交易所。国际间接投资必须通过证券交易所才能进行投资，国际直接投资只要双方谈判成功即可签订协议进行投资。

第四，投资内涵相对狭窄。国际间接投资又称国际金融投资，一般只涉及金融领域的资金，即货币资本运动，运用的是虚拟资本。

第五，表现为自发性和频繁性。国际间接投资受国际利率差异的影响而表现为一定的自发性，往往自发地从低利率国家向高利率国家流动。国际间接投资还受到世界经济、政治局势变化的影响，经常在国际间频繁移动，具有较大的投机性，以追随投机性利益或寻求安全场所。第二次世界大战后，随着国际资本市场的逐步完善，国际间接投资的规模越来越大，流动速度也越来越快。

第六，获取收益不同。国际间接投资的收益是利息和股息，而国际直接投资的收益是利润。

2）国际间接投资的种类

第一，国际证券投资。国际证券投资，即在国际债券市场购买中长期债券，或在外国股票市场上购买企业股票的一种投资活动。从一国资本流出和流入的角度来看，购买国际证券意味着资本流出，发行国际证券则意味着资本流入。

第二，国际信贷投资。国际信贷投资是指由一国或数国的政府、银行或国际金融组织向第三国政府、银行及其他自然人或法人提供借贷资金，后者要按约定时间还本付息的一种资金运动形式或投资形式。

扩展阅读 9.8　商务部、国家统计局和国家外汇管理局联合发布《2023年度中国对外直接投资统计公报》

即测即练题9.6

案例讨论9.6　中国企业在
非洲的直接投资项目

自学自测　　扫描此码

复习思考题

1. 什么是国际融资？国际融资的具体方式包括哪些？

2. 国际商业银行贷款的种类包括哪些？

3. 什么是银团贷款？

4. 国际信贷融资主要包括哪些方式？

5. 国际证券融资包括哪几种形式？

6. 简述国际租赁的具体方式。

7. 简述融资租赁的操作流程及特点。

8. 简述经营租赁的操作流程及特点。

9. 阐述融资租赁与经营租赁的区别。

10. 国际证券融资的内涵是什么？它具有哪些优越性？

11. 什么是出口信贷？出口信贷的方式有哪些？

12. 什么是卖方信贷？操作流程是什么？

13. 什么是买方信贷？操作流程是什么？

14. 国际投资的方式包括哪些？

15. 简述国际间接投资与国际直接投资的区别。

第10章

外 汇 管 制

本章学习目标

本章主要介绍外汇管制的内涵及各种方式。通过本章学习，要求学生：

1. 了解外汇管制的基本概念，包括定义、对象、目的及其在全球经济中的作用；
2. 掌握外汇管制的基本方式；
3. 掌握货币可兑换的概念与类型，明确各类型之间的区别；
4. 了解我国外汇管理体制的演变与发展进程。
5. 能够结合具体案例，分析外汇管制政策对宏观经济、国际贸易及金融市场的影响，并提出相应的政策建议。

引导案例

俄乌冲突下的俄罗斯外汇储备流失与政策干预

2022 年俄乌冲突爆发前，俄罗斯拥有约 6430 亿美元的外汇储备，其中约 3000 亿美元存放在海外银行。然而，随着西方国家制裁的加剧，俄罗斯的外汇储备被迅速冻结，导致俄罗斯外汇流动性急剧下降。至 2024 年，俄罗斯面临严重的外汇危机，这主要源于西方国家对其实施的严厉制裁。由于外汇储备的减少和制裁的影响，俄罗斯卢布汇率出现大幅波动。为了稳定汇率，俄罗斯央行采取了多项措施，包括提高利率、限制外汇提取等。

在外汇管制方面，为了应对外汇危机，俄罗斯央行宣布实施严格的外汇管制措施。具体措施包括：①居民和企业提取外汇应获得特别许可，且提取金额受到限制。②禁止居民和企业向国外转移资金或将外汇存入境外机构。③对外汇操作实施严格控制，如规定外币存款应按官方汇率兑换成卢布后才能支取。

外汇管制在一定程度上对俄罗斯的经济起到了一定积极作用。一方面稳定汇率：通过限制外汇流出，俄罗斯央行成功稳定了卢布汇率，防止了卢布的进一步贬值。另一方面保障了外汇储备：外汇管制有助于减少外汇储备的流失，为俄罗斯政府提供了更多的财政空间来应对危机。

通过俄罗斯案例，我们可以看到外汇管制在应对外汇危机中的重要作用，但同时也需要注意其可能带来的负面影响。在制定外汇管制政策时，政府需要权衡利弊，确保政策的合理性和有效性。

资料来源：搜狐网、新浪财经网. https://www.sohu.com/a/823269279_121885030; https://finance.sina.com.cn/ stock/usstock/c/2022-02-28/doc-imcwipih5875980.shtml.

10.1 外汇管制概述

10.1.1 外汇管制的含义

根据 IMF 的分类，外汇管制（foreign exchange control）的概念有狭义与广义之分。狭义的外汇管制指一国政府对经常项目下的外汇买卖和国际结算进行限制。广义的外汇管制是一国政府授权国家的货币当局或其他机构，对外汇的收支、买卖、借贷、转移以及国际间结算、外汇汇率和外汇市场等实行的一系列控制和管制行为。外汇管制与货币自由兑换性密切相关，在外汇管制条件下，本国货币与外币的兑换部分或全部地受到限制，本币成为不可自由兑换的货币，从而使境内的外汇买卖、国际结算、国际投资等金融活动都置于国家的严密控制之下。可以说，一国货币的不可兑换性正是外汇管制的核心内容。

10.1.2 外汇管制的产生及发展

外汇管制的产生与发展与各个历史时期的国际政治经济动态、国际贸易格局的变迁以及国际货币制度的演变紧密相关。

1. 两次世界大战期间的外汇管制

外汇管制是从第一次世界大战期间开始的。第一次世界大战之前，资本主义国家广泛实行自由贸易，并普遍实行金本位的货币制度。在这一制度下，各国的货币都可以自由兑换为黄金，黄金自由地输出入，国际间的交易多用黄金结算。因此，汇率和国际收支可以通过自动调节机制实现均衡，不需要以行政或法律手段进行人为调节，汇率比较稳定，外汇买卖数量不受限制，基本上不存在外汇管制。

第一次世界大战爆发后，国际货币体系陷于崩溃，英、法、德、意等参战国都发生了巨额的国际收支逆差，本币对外汇率剧烈波动，大量资本外逃。为了筹措资金防止资金外流，各国都禁止黄金输出；取消外汇自由买卖，开始实行外汇管制，外汇管制由此产生。

第一次世界大战结束后，国际经济关系逐步恢复正常，世界经济和政治处于相对稳定时期。为了扩大对外贸易，从 1923 年起，各国先后实行了金块本位制和金汇兑本位制，外汇管制有所放松。1929—1933 年世界经济危机时期，发生了严重的货币信用危机，几乎所有西方国家都陷入了国际收支危机的深渊。各国纷纷放弃自由贸易政策，采取贸易保护措施，各国又重新实行外汇管制。

第二次世界大战期间，世界各国又实行更严格的外汇管制，以限制资金外流，保证本国支付需要，集中外汇资金支持战争。一直坚持货币自由兑换的英国、法国，为了补充外汇资金，应付巨额的战争支出，也被迫实行外汇管制。据统计，1940 年，世界 110 个资本主义国家和地区中，只有 11 个国家没有正式实行外汇管制，其余都实行了严格的外汇管制。

2. 第二次世界大战后的外汇管制

战争结束后，国际经济极度不平衡，英国、法国、德国、日本、意大利等国受到战争破坏最严重，经济困难，通货膨胀严重，国际收支大量逆差，黄金、外汇储备枯竭。为此，这些国家进一步强化了外汇管制。只有美国通过战争获得了巨大的经济利益，集中了世界绝大部分黄金存量，而没有实行外汇管制。

布雷顿森林体系建立后，为促进有效的多边贸易，IMF 敦促成员取消经常项目下的外汇管制。到 1958 年，各国不同程度地恢复了货币的可兑换（指经常项目下货币可兑换）。20 世纪 60 年代以来，日本及欧洲各主要工业化国家的经济实力有所增强，外汇储备逐渐增加，足以与美国抗衡时，这些国家才陆续放宽外汇管制，实行货币自由兑换。

20 世纪 70 年代以后，西方国家先后从有限度的货币自由兑换到进一步解除外汇管制，实行全面自由兑换。如今，经过有关国家的政策调整和 IMF 的有效推动，西方工业发达国家已基本上实现了货币的自由兑换，外汇管制已经取消。同时，亚太地区一些新兴工业国家如韩国、菲律宾及中东一些富裕的石油输出国等，也逐步放宽乃至取消了大部分外汇管制。可见，放松外汇管制成为世界性的发展趋势，但是绝大多数国家仍在实行不同程度的外汇管制。

10.1.3　外汇管制的目的及意义

1. 促进国际收支平衡

长期的国际收支逆差会给一国经济带来消极影响，维持国际收支平衡是政府的基本目标之一。外汇管制可以通过调节外汇的供求关系，减少对外贸易逆差给国家经济带来的消极影响，从而维持国际收支的平衡。这是外汇管制的首要目的。政府可以用多种方法来调节国际收支，但是对于发展中国家来说，其他调节措施可能意味着代价较大。例如，政府实行紧缩性财政政策或货币政策可能改善国际收支，但它会影响经济发展速度，并使失业状况恶化。

2. 稳定货币汇率

汇率频繁地大幅波动所造成的外汇风险会严重阻碍一国对外贸易和国际借贷活动的进行。对于一些外汇储备不足的国家来说，外汇管制是稳定本币对外币汇率的重要手段。通过限制，可以减少外汇市场的波动，进而稳定汇率。

3. 防止资本外逃或投机性资本流动

外汇管制能够用行政手段抑制资本外逃，同时减少投机性的资本流动，从而维护本国金融市场的稳定。例如，经济实力较弱的国家在经济高速发展时商品价格、股票价格、房地产价格往往上升得高于其内在价值。在没有外汇管制的情况下，这会吸引投机性资本流入，后者会显著加剧价格信号的扭曲。一旦泡沫破灭，投机性资本外逃，又会引发一系列连锁反应，造成经济局势迅速恶化。而外汇管制是这些国家维护本国金融市场稳定运行的有效手段。

4. 增加本国的国际储备

任何国家都需要持有一定数量的国际储备资产，以应对可能的经济波动和外部风险。外汇管制可以在一定程度上有助于政府实现增加国际储备的目的。通过限制外汇的流出，政府可以有效地引导外汇资产的流向，从而逐步积累并增加国家的外汇储备。这样做不仅有助于提升国家的经济实力，还能在面临外部金融冲击时，为国家提供更加坚实的保障，进一步增强国家的金融安全性和稳定性。

5. 推动重点产业优先发展

外汇管制使政府拥有更大的对外汇运用的支配权。通过外汇管制，政府可以为本国重点产业创造更有利的出口条件，提高本国产品的国际竞争力。例如，通过实施外汇管制，政府能够对某些非必需品或可能对国内产业造成冲击的商品进口进行限制，从而为本国的相应幼稚产业提供必要的保护空间，促进其逐步成长和发展。同时，政府还可以利用外汇管制手段，向特定的关键产业或战略性新兴产业提供必要的外汇支持，以扶植这些产业优先发展，推动产业结构优化升级，增强国家经济的整体竞争力和可持续发展能力。

6. 增强本国产品的国际竞争力

在本国企业产品的国际竞争力不足的条件下，通过外汇管制，政府可以为本国企业创造更有利的出口条件，提高本国产品的国际竞争力，为企业开拓国外市场。例如，通过调低本币汇率或限制短期资本流入等措施，帮助增加本国的出口。

7. 增强金融安全

金融安全指一国在金融国际化条件下具有抵御内外金融风险和外部冲击的能力。开放程度越高，一国维护金融安全的责任和压力越大。外汇管制通过稳定汇率和防止资本外逃等措施，有助于增强国家的金融安全。特别是在全球经济动荡时期，外汇管制可以为国家提供一定的经济保障。

总之，外汇管制的目的和意义在于促进国际收支平衡、稳定货币汇率、防止资本外逃、增加国际储备以及推动重点产业发展等方面。同时，外汇管制还有助于增强金融安全、提高国际竞争力等。当然，外汇管制也需要根据国家的实际情况和经济形势进行灵活调整，以达到最佳的经济效果。

10.1.4　外汇管制的机构、对象

1. 外汇管制的机构

外汇管制是国家的政策措施，其具体实施需要授权专门机构完成。目前，多数国家由政府授权中央银行作为执行外汇管制的机构，例如中国的中国人民银行、美国的联邦储备系统。此外，

扩展阅读 10.1　我国外汇管理的机构及其职能

部分国家设立独立的外汇管制机构，如外汇管理局，以专门负责此项职能。还有国家如英国和日本，其财政部或大藏省承担外汇管制的职责。这些外汇管制机构主要承担外汇管理的日常运作，负责实施相关法规，并提出政策建议。重大外汇管制措施，通常需要更高层级的政府机构决策。

2. 外汇管制的对象

外汇管制的对象可分为人、物和地区三个方面。

1）对人的外汇管制

对人的外汇管制通常分为居民和非居民。对居民和非居民的外汇管制往往采取不同的政策和规定。多数国家对居民实行严格外汇管制，而对非居民的外汇管制较为宽松，因为前者涉及实行外汇管制国家的国际收支，而后者不一定涉及。

2）对物的外汇管制

对物的外汇管制即对外汇及外汇有价物进行的管制。外汇是指广义外汇，其中包括外国货币（如钞票、铸币等）、外币支付凭证（如汇票、本票、支票、银行存款凭证等）、外币有价证券（如政府公债、国库券、公司债券、股票、息票等），以及其他在外汇收支中所使用的各种支付手段和外汇资产。外汇有价物包括黄金、白金、白银、钻石等。此外，本国货币的携带出入境，也属于外汇管制的范围。

3）对地区的外汇管制

对地区的外汇管制有两层含义：一是指在一国境内实施外汇管制，但对国内不同的地区（如经济特区）实行有别于其他地区的外汇管制措施。例如，我国的外汇管理条例规定，在我国保税区内机构的外汇收支活动和外汇经营活动，目前适用《保税区外汇管理办法》，保税区的外汇政策优于区外，保税区内企业可以保留外汇账户，实行自愿结汇制度，区内企业经济交往活动以及区内企业与区外企业经济交往可以用外币计价结算。二是指在一个货币区内，成员国统一对外实施外汇管制，而在成员国内部办理汇兑、结算则基本自由。

10.1.5　外汇管制的类型

目前在世界上，根据各国对外汇管制的程度不同，大致有三种外汇管制的类型。

1. 实行全面严格的外汇管制

无论是对国际收支中的经常项目还是资本与金融项目，都实行严格管制。大多数发展中国家属于这一类型。这些国家和地区经济相对落后，出口创汇有限，外汇资金缺乏，市场机制不成熟，为了有计划地使用外汇资源，加速经济发展，不得不实行严格的外汇管制，例如1994年1月1日之前的中国就属于此类。

2. 实行部分外汇管制

这种外汇管制一般是对经常项目（包括贸易和非贸易）不实行管制，准许自由兑换或汇出国外，而对资本与金融项目的外汇收支实行管制。实行这类外汇管制的国家的经济相对发达，国民生产总值较高，贸易和非贸易出口良好，有一定的外汇黄金储备。目前，在IMF成员国中，大多数国家和地区已实现了经常项目下的自由兑换。

3. 基本取消外汇管制

这种类型的国家和地区准许本国或本地区货币自由兑换成其他国家和地区的货币，在原则上对经常项目和资本与金融项目的收支都不进行管制，但不排除从政治或外交需要出发，对某些特定项目或国家采取包括冻结外汇资产和限制外汇交易等制裁手段。一些工业发达的国家，如美国、英国、德国、瑞士等，以及国际收支有盈余的一些石油生产国，如科威特、沙特阿拉伯、阿拉伯联合酋长国等均属于这一类型，这类国家和地区经济很发达，国民生产总值高，贸易和非贸易出口在国际市场上占相当份额，有丰富的外汇黄金储备。目前，属于这一类型的国家和地区大约有 20 个。

由以上外汇管制的分类可看出，一个国家或地区外汇管制的宽严程度，取决于这个国家或地区的经济金融情况和国际收支情况，以及外汇和黄金储备的多少。因此，随着世界经济格局的变化和经济秩序的重新组织，每个国家对外汇进行管制的程度也会不断变化和发展。总的趋势是，工业化国家和地区的外汇管理逐步放松，发展中国家和地区的外汇管制则有松有严。

10.1.6 外汇管制的方法

1. 行政管制

行政管制是指政府以行政手段对外汇买卖、外汇资金的来源和运用所实行的监督和控制，一般采取如下做法：政府垄断外汇买卖、管制外汇资产、管制进出口外汇、控制资本的输入输出等。

2. 数量管制

数量管制是指政府对外汇收支数量进行控制。例如，在经常账户上，对贸易外汇实行外汇配额制、外汇分成制，对非贸易外汇实行限制等；在资本与金融账户上，对资本输入输出及非居民账户存款进行审批管制；在外汇交易方面，限制交易的数量等。

3. 价格管制

价格管制的实质是实行不同形式的复汇率制。例如，政府规定法定的差别汇率，对某些进口商品给予优惠汇率，而对某些商品（尤其是奢侈品）实行高汇率；为鼓励出口，在出口商结汇时给予一定汇率上的补贴；允许出口商的一部分外汇收入按要求向银行结汇后，其余部分按市场汇率在外汇市场上出售；等等。

扩展阅读 10.2 阿根廷加强外汇管制应对经济困境

10.2 外汇管制的基本方式

凡实行外汇管制的国家和地区，一般对贸易外汇收支，非贸易外汇收支，资本的输出输入，汇率，黄金、现钞的输出入等都采取一定的管制办法和措施。

10.2.1 对贸易外汇的管制

贸易外汇收支是国际收支最主要的部分，各国一般对此实行严格管制，尤其是有贸易逆差的国家更加重视对贸易项目的外汇管理，以便集中出口外汇收入，限制进口外汇支出，平衡国际收支。

1. 对出口外汇收入的管制

对出口外汇收入的管制就是对出口商品收汇的管制，其目的是鼓励出口，扩大外汇收入，同时限制某些商品如原材料、能源的出口。另外，保证出口所得外汇能及时全部调回国内，结售给指定银行，由国家统筹安排使用。即在实行外汇管制的国家，出口商必须向外汇管理机构申报出口商品的价格、金额、结算货币、收汇方式和期限等，收到的外汇必须按官定汇率结售给指定的外汇银行。至于向指定外汇银行结售出口外汇的数额，一般是全部出口所得价款，但有的国家仅限于主要商品出口价款，或出口收汇价款的一部分，出口商可将其余外汇用于进口，或在自由市场上出售。各国管制出口外汇的措施，一般采取将结售出口外汇与颁发出口许可证两项措施结合进行。出口商申请出口许可证，要填明出口商品的价格、金额、收汇方式并办理交验和审核信用证手续，以防隐匿出口外汇收入。

2. 对进口外汇支出的管制

扩展阅读 10.3 国家外汇管理局关于进一步推进个人经常项目外汇业务便利化的通知

对进口外汇支出的管制就是对进口商品用汇的管制，其目的是限制与国内相竞争的商品进口，并禁止某些奢侈品及非必需品进口，以便节约外汇支出和保护本国工业。大多数国家实行进口许可制度，一般规定进口商从国外进口所需的外汇，需向外汇管理机构申请，经批准后，由外汇指定银行按官价售给。多数国家将审批外汇手续与颁发进口许可证结合进行，进口商取得进口许可证，所需外汇即获批准；有的国家则需另办申请批汇手续。

10.2.2 对非贸易外汇的管制

非贸易外汇收支是指贸易与资本输出输入以外的外汇收支，包括由贸易引起的运输费、保险费、港口使用费、邮电费、佣金等；由资本流动引起的股息、利息、利润等；其他如劳务费用、个人汇款、稿费、旅游费、专利费等。实行非贸易外汇管制的目的在于集中该项目的外汇收入，限制相应的外汇支出，实行外汇管制的国家一般都对非贸易外汇的收入与支出进行严格的管理。采取的主要措施包括：

（1）许可证制度。即向境外汇款或携汇出境必须向外汇管制机构申请核准，取得购买外汇的许可证方可办理。

（2）实施结售汇制度。即外汇收入卖给国家指定银行，外汇支出必须持有效证件申请购汇。

（3）限额制度。即国家对个人用汇规定限额。

（4）登记制度。对一定额度的外汇收支，国家实行登记制度。

（5）预付存款制。即将购汇款项存入银行一定时间后才可购买外汇，办理汇出或携出。

（6）规定购买非贸易外汇的间隔时间。

（7）控制非贸易外汇对外支付时间。

（8）课征非贸易外汇购买税等。

10.2.3 对资本输出输入的管制

根据 IMF 的规定，"各成员未经基金组织同意，不得对国际经常往来的付款和资金转移施加限制，但是在必要的情况下可以对国际资本转移采取一些限制"。而且随着经济全球化的加深，全球金融交易量剧增，资本和金融账户在国际收支中的地位日益重要，因此无论是发达国家还是发展中国家，都十分重视对资本输出输入的管制。但由于各国国际收支状况、地位不同，管理的具体目的与措施也不同。

一般来说，外汇富余的国家（国际收支长期顺差）注重限制资本流入、鼓励资本流出。一方面是为了避免本币过度升值影响本国产品的竞争力；另一方面是为了给国内过热的经济降温，因此往往采取措施限制资本流入。例如，瑞士对非居民存款倒扣利息，超过 10 万瑞士法郎，倒扣年息 4%；德国银行吸收非居民存款要缴纳高额存款准备金（90%～120%）；日本则长期禁止非居民购买本国有价证券。

外汇短缺的国家（国际收支长期逆差）往往对资本流入不加限制，而是采取各种措施鼓励资本流入、限制资本流出，如冻结非居民的存款账户，未经外汇管制机关批准，不得动用或汇出，对本国居民在国外的投资收益加征利息平衡税等。

扩展阅读 10.4 中国人民银行、国家外汇管理局持续优化跨国公司本外币一体化资金池业务试点政策

10.2.4　对黄金和本外币现钞输出输入的管制

实行外汇管制的国家一般都禁止私人输出黄金，有的国家（如法国）还禁止私人输入黄金，黄金的输出输入由本国的中央银行或其他机构独家办理。本国现钞的输出一方面导致进口增加和资本外逃，另一方面受外汇供求关系的影响会使本币汇率下跌，因此实行外汇管制的国家大都规定了本国货币输出的最高限额。例如，我国规定对于人民币现钞，每人每次携带的限额为 20000 元人民币或等值 5000 美元的外币，超过限额的现钞需向有关机构申领《携带证》。相应地，各国对于本国现钞的输入管制则相对较松，有的国家规定限额，有的则不加管制，但要求输入的现钞必须用于指定的用途。至于外币现钞的输出输入，各国都实行一定的限制，输入时一般需向海关申报，携带出境时，须出示有关证件，以证明其合法性。

10.2.5　对汇率的管制

以上管制措施偏重外汇数量管制，而对汇率的管制实际上是一种价格管理。对汇率的管制措施可分为两种：一种是实行复汇率制度，另一种是制定单一的官方汇率。

所谓复汇率制度，是指一国通过外汇管制实行两种或两种以上汇率的制度，包括双重汇率制度和多重汇率制度。复汇率制度建立在货币兑换管制的基础上，当对货币兑换进行管制时，一种方式是限制货币兑换数量，另一种方式是限制货币兑换价格，对不同情况的兑换适用不同的汇率。复汇率制度是实行兑换管制的工具之一，复汇率制度的取消也被视为自由兑换的必要条件。复汇率制度包括公开和隐蔽两种形式。公开的复汇率制度即差别汇率制度，是指外汇管理机构对不同的交易规定不同的结售汇汇率，原则是对需要鼓励的交易规定优惠汇率（如对出口规定较高的外汇价格，对先进设备的进口规定较低的外汇价格），而对需要限制的交易规定不利的汇率（如对奢侈品进口和资本输出规定较高的外汇价格）。

这种歧视性汇率，有的国家只存在两种或三种，有的国家则有几十种。隐蔽的复汇率制度表现形式有多种，如对出口商品按类别不同给予不同的财政补贴（或税收减免），由此导致不同的实际汇率；或对进口商品按类别课以不同的附加税。常用的影子汇率，实际上是附在不同种类进出口商品之后的一个不同的折算系数，如官方汇率 7.13 CNY/USD，附加折算汇率 1.34，则单位产品出口可换取 1.34 × 7.13 = 9.5542 元人民币。此外，一国在已存在官方汇率和市场汇率两种汇率的条件下，对不同企业或不同商品实行不同的收汇留成比例，或是允许企业将其留成外汇在平行市场或调剂市场上按市场汇率换成本国货币，等于变相给予补贴。

制定单一的官方汇率，通常是由外汇管理部门根据本国的国际收支情况和经济政策取向等，以法令形式制定、调整对外汇率，并规定本国的有关外汇收付必须按照官方汇率进行。需要注意的是，在实行单一汇率而又存在外汇管制的国家，除了官方外汇市场和官方汇率外，必然存在自由外汇市场（通常是非法的黑市）与自由汇率，这形成了自发的、事实的复汇率状况。但通常所说的复汇率制度与此不同，是指外汇管制当局人为地、主动地制定和利用多种汇率并存的局面以达到其预期目的。

即测即练题 10.2　　　　案例讨论 10.2　　土耳其的外汇管制

自学自测　　扫描此码　　　　

10.3　货币可兑换

在全球化的背景下，货币可兑换不仅是国际贸易和金融交易顺利进行的基础，也是衡量一个国家经济开放度和金融市场成熟度的重要指标。

10.3.1　货币可兑换的基本概念

货币可兑换是指一国货币持有者将所持有的货币按市场汇率兑换成另一国货币的权利。这种兑换通常包括两个方面：第一，居民和非居民之间因商品和服务交易、收益、单方面转移等产生的外汇收支的兑换；第二，居民和非居民之间因资本流动，如直接投资、证券投资、债务等产生的外汇收支的兑换。货币可兑换的实现意味着一国的金融市场和国际金融市场实现了较为紧密的连接，为国际经济交往提供了便利。货币可兑换的核心问题是货币兑换权，这种权利是无限制的，且通常受到国家有关法律的保护。货币兑换权的实现程度直接影响着一国经济的开放度和国际竞争力。

货币自由兑换即为货币完全可兑换。它是指国内外居民能够自由地将其所持有的本国货币兑换为任何其他货币。货币自由兑换是作为外汇管制的对立物出现的。实行严格外汇管制的国家，所有的外汇收入均须按官定汇率结售给外汇指定银行，所有的外汇支付必须向外汇管理机构申请，核准后才能用本国货币按官定汇率购汇。因此，在全面的外汇管制条件下，外汇这种稀缺资源同本国货币之间的联系被严格地隔离开来，本国货币便成为不可自由兑换货币。因此，实行本国货币的自由兑换，意味着外汇管制的放松和取消。可见，一国货币的不可兑换性正是外汇管制的核心内容和必然结果。

10.3.2　货币可兑换的分类

根据兑换范围、兑换对象和兑换方式的不同，货币可兑换可以分为多种类型。

1. 按兑换范围分类

（1）完全自由可兑换货币：指一国货币在国际市场上可以自由地兑换成其他国家的货币，且兑换的数量和用途不受限制。这种兑换方式通常适用于经济发达、金融市场成熟、国际收支状况良好的国家。完全自由可兑换的国家通常拥有较为完善的外汇管理制度和金融市场体系，能够应对国际金融市场上的各种风险和挑战。

（2）部分可兑换货币：指一国货币在国际市场上的兑换受到一定的限制，如兑换数量、用途或兑换对象等方面的限制。这种兑换方式通常适用于经济相对落后、金融市场不够成熟或国际收支状况不佳的国家。部分可兑换的国家通常需要根据自身的经济状况和发展需要，逐步推进货币可兑换的进程。

2. 按兑换对象分类

（1）经常项目可兑换：指居民和非居民之间因商品和服务交易、收益、单方面转移等产生的外汇收支的兑换。这是货币可兑换的基本要求，也是衡量一个国家经济开放程度的重要指标之一。经常项目可兑换的实现有助于促进国际贸易的发展，提高资源的配置效率。

通常，经常账户下的可兑换是货币自由兑换的第一步，也是最为基本的一步，它往往成为各国货币自由兑换实践的突破口。纵观战后金融史，从 1958 年欧洲共同体实现有限度的自由兑换、1964 年日本实现部分的自由兑换，到 20 世纪七八十年代以来的拉美国家、东欧国家及东南亚国家货币的自由兑换，再到 1996 年年底我国实行的人民币在经常账户下的完全可兑换，大多数国家都是以经常账户下的可兑换作为开端，少数国家（阿根廷、波兰）首先实行资本账户下的可兑换，但都没有成功，造成了金融市场动荡。原因在于资本账户开放涉及更多投机性因素，难度和风险更大。因此，国家倾向于先易后难，安全地实现货币可兑换。IMF 也认为，经常账户可兑换是货币自由兑换的基本要求。

（2）资本项目可兑换：指居民和非居民之间因资本流动产生的外汇收支的兑换。资本项目可兑换的实现需要更高的经济开放度和金融市场成熟度。资本项目可兑换有助于吸引外资，促进国内资本市场的发育和成长，提高金融市场的效率和稳定性。

二战后初期，各国都对资金流动实施了严格的控制，《国际货币基金协定》对于资本账户下可兑换也并无强制性规定。但是，贸易自由化达到一定阶段后，必然要求资本自由化与之相配合，没有资本自由化的贸易自由化是不彻底的。现代国际贸易活动在规模、结构和交易方式上都与国际资本流动有着紧密联系，大规模的贸易活动往往伴随着相应的融资安排，如出口信贷。商品贸易与资本流动之间的内在联系，使贸易自由化与资本自由化相辅相成、相互推动。因此，经常账户下货币可兑换的必要延伸就是资本账户下货币可兑换。

3. 按兑换方式分类

（1）现钞兑换：指居民和非居民之间通过现金形式进行的外汇兑换。这种兑换方式通常受到一定的限制，如兑换数量、兑换地点等方面的限制。现钞兑换的便利性相对较低，但仍是某些特定情境下不可或缺的外汇兑换方式。

（2）账户兑换：指居民和非居民之间通过银行账户进行的外汇兑换。这种兑换方式相对灵活，可以方便地实现大额资金的跨境流动。账户兑换是现代金融体系中最为常见和便捷的外汇兑换方式之一。

10.3.3　实现货币可兑换的条件

IMF 根据各国货币可兑换的历史经验，将货币兑换的基本条件归纳为以下几点。

1. 健康的宏观经济状况

货币可兑换后，商品与资本的跨国流动会对宏观经济形成各种形式的冲击。这就要求宏观经济不仅在自由兑换前保持稳定，还应具有自由兑换后能对各种冲击进行及时调整的能力。健康的宏观经济状况是实现货币可兑换的基础。具体来说，健康的宏观经济状况需要满足以下条件：

（1）稳定的宏观经济形势。这要求一国经济处于正常有序状态，没有严重通货膨胀等经济过热现象，不存在大量失业等经济萧条问题，政府的财政赤字处于可控制的范围内，金融领域不存在银行巨额不良资产、乱集资等混乱现象。

（2）有效的经济自发调节机制，即市场机制。经济自发调节机制的有效与否取决于市场发育程度。一般要求一国具有一体化的、有深度的、有效率的市场体系。市场上的价格应能充分反映真实供求状况，不存在扭曲因素，能对市场上各种因素的变动做出灵敏的、及时的反应，能与国际市场上的价格状况保持某种一致，不会产生过大的差异。

（3）成熟的宏观调控能力。首先，政府能灵活运用各种政策工具，如财政收支良好，可根据经济需要及时调整财政政策，货币政策具有较大的独立性，作为货币政策操作场所的金融市场发育良好。其次，政府具有宏观调控的丰富经验和高超的操作技巧。最后，政府具有言行一致的良好声誉。

2. 健全的微观经济主体

企业是微观经济活动的主体，宏观经济状况是以微观主体的状况为前提的。在一国实现货币可兑换后，企业将面临非常激烈的来自国外同类企业的竞争。它们的生存与发展状况直接决定了货币兑换的可行性。因此，健全的微观经济主体是实现货币可兑换的重要保障。具体来说，健全的微观经济主体需要具备以下条件：

（1）市场竞争力。企业应具备强大的市场竞争力，能够在国际市场上与同类企业展开竞争并占据一定的市场份额。

（2）创新能力。企业应具备较强的创新能力，能够不断推出新产品和服务，满足国际市场的需求。

（3）风险管理能力。企业应具备较强的风险管理能力，能够应对国际市场上的各种风险和挑战。

3. 完善的金融体系

一国商业银行的经营状况对实现资本与金融账户下货币可兑换的意义重大。一国商业银行应该经营状况良好、资本充足，不良资产控制在一定限度内。否则，在资本与金融账户自由兑换后，存在大量不良资产的银行会通过向国外借款以维持运转，这极易造成一国因对外过度借贷而引起外债偿付困难。更为严重的是，在国外金融机构可以与本国金融机构开展竞争的情况下，本国银行的不良资产将会导致居民将存款大量提出并转存到国外银行，这将加剧本国商业银行经营状况的恶化。因此，完善的金融体系是实现货币可兑换的重要支撑。具体来说，完善的金融体系需要具备以下条件：

（1）金融机构多样性。金融机构应具备多样性，包括银行、证券公司、保险公司等多种类型，以满足不同客户的需求。

（2）金融市场发达程度。金融市场应具备较高的发达程度，包括股票市场、债券市场、外汇市场等多个市场，为投资者提供丰富的投资渠道和工具。

（3）金融监管有效性。金融监管机构应具备有效的监管能力，能够及时发现和处置金融风险，维护金融市场的稳定和安全。

4. 充足的国际清偿手段

国际清偿手段包括一国的黄金外汇储备和在国际金融市场上紧急筹措资金的能力，在某些情况下还包括境内私人持有的外币和以外币计值的资产。在货币可兑换后，一国将面临国际资金流动尤其是短期投机资金的频繁冲击。如果不拥有及时从国际金融市场上获取大量资金的能力，就势必要求持有相当数量的国际储备以维持外汇市场的稳定。合适的国际储备水平对于解决影响国际收支的各种干扰十分必要。外汇储备的存量相对一国的国际贸易而言应具有相当的规模，从而能够吸收国际收支所面临的各种暂时性冲击。

5. 恰当的汇率制度与汇率水平

适当的汇率水平对维持国际收支平衡的作用不言而喻。它不仅是货币可兑换的前提，也是货币兑换后保持汇率稳定的重要条件。在货币可兑换的条件下，汇率的高估和低估极易引起投机，从而破坏宏观经济和金融市场的稳定。而汇率水平能否经常保持恰当则是与汇率制度分不开的。一般来说，在资本可以自由流动时，选择具有更多浮动汇率特征的汇率制度更为合适。恰当的汇率制度与汇率水平是实现货币可兑换的重要保障。具体来说，恰当的汇率制度与汇率水平需要具备以下条件：

扩展阅读 10.5 我国人民币可兑换问题

（1）汇率灵活性。汇率应具备一定的灵活性，能够根据市场供求关系进行自由浮动。

（2）汇率稳定性。汇率应保持相对稳定，避免出现过大的波动和投机行为。

（3）汇率政策协调性。汇率政策应与国家的宏观经济政策相协调，共同维护国家经济的稳定和安全。

即测即练题10.3　　　　案例讨论10.3　人民币国际化进程

自学自测 扫描此码

10.4　中国的外汇管理

10.4.1　中国外汇管理体制沿革

人民币是我国的本位货币，于1948年12月1日诞生。1949年1月18日首先在天津挂牌公布了人民币对美元的汇率；同时规定全国各地的汇率以天津口岸的汇价为标准，根据当地的具体情况，公布各自的人民币汇率。1950 年全国财经工作会议以后，于同年 7 月 8 日开始实行全国统一的人民币汇率，由中国人民银行公布。1979 年 3 月 13 日，国务院批准设立国家外汇管理总局（以下简称"外管局"），统一管理国家外汇，公布人民币汇率。此后，为适应市场经济的改革与发展，人民币汇率的制定几经调整。

改革开放以前，由于外汇资源短缺，中国一直实行比较严格的外汇管制。1978 年改革开放以来，中国外汇管理体制改革沿着逐步缩小指令性计划、培育市场机制的方向，有序地由高度集中的外汇管理体制向与社会主义市场经济相适应的外汇管理体制转变。1996 年 12 月中国实现了人民币经常项目完全可兑换，对资本项目外汇进行严格管理，初步建立了适应社会主义市场经济的外汇管理体制。新中国成立以来，中国外汇管理体制大体经历了三个阶段。

1. 计划经济时期的外汇管理体制（1949—1978 年）：高度集中控制

新中国成立初期，即国民经济恢复时期，中国实行外汇集中管理制度，通过扶植出口、沟通侨汇、以收定支等方式积聚外汇，支持国民经济恢复和发展。当时私营进出口商在对外贸易中占很大比重，国内物价波动较大，国家通过机动调整人民币汇率来调节外汇收支。人民币汇率政策以出口商品国内外价格的比价为主，同时兼顾进口商品国内外价格的比价和侨汇购买力平价，逐步调整，起到鼓励出口、奖励侨汇、兼顾进口的作用。1953 年起，中国实行计划经济体制，对外贸易由国营对外贸易公司专管，外汇业务由中国银行统一经营，逐步形成了高度集中、计划控制的外汇管理体制。国家对外贸和外汇实行统一经营、用汇分口管理的办法：贸易外汇由外贸部统一管理；财政部主要管理中央部门的非贸易外汇；中国人民银行则负责地方非贸易外汇和私人外汇。外汇业务由当时中国人民银行下属的中国银行统一经营。国家实行"集中管理、统一经营"的管理方针，即一切外汇收支由国家管理，一切外汇业务由中国银行经营。这一阶段，外汇管理主要靠行政手段，很少运用经济手段，外汇收支实行指令性计划管理，一切外汇收入必须售给国家，需用外汇按国家计划分配和批给。实行独立自主、自力更生的方针，不借外债，不接受外国来华投资。人民币汇率作为计划核算工具，要求稳定，逐步脱离进出口贸易的实际，形成汇率高估。

2. 经济转型时期的外汇管理体制（1979—1993 年）：向市场化过渡

1978 年党的十一届三中全会后，我国开始进行经济体制改革，逐步向社会主义市场经济体制转型。在外汇管理体制和人民币汇率制度方面的改革措施主要包括如下几个方面。

1）实行外汇留成制度

为改革统收统支的外汇分配制度，调动创汇单位的积极性，扩大外汇收入，改进外汇资源分配，我国从 1979 年开始实行外汇留成办法。在外汇由国家集中管理、统一平衡、保证重点的同时，实行贸易和非贸易外汇留成，区别不同情况，适当留给创汇的地方和企业一定比例的外汇，以解决发展生产、扩大业务所需要的物资进口。外汇留成的对象和比例由国家规定，留成外汇的范围和比例逐步扩大，指令性计划分配的外汇相应逐步减少。

2）建立和发展外汇调剂市场

自 1980 年 10 月起中国银行开办外汇调剂业务，允许持有留成外汇的单位把多余的外汇额度转让给缺汇的单位。调剂外汇的对象和范围逐步扩大，开始时只限于国有企业和集体企业的留成外汇，以后扩大到外商投资企业的外汇、国外捐赠的外汇和国内居民的外汇。调剂外汇所使用的汇率，开始是在国家规定的官方汇率的基础上加一定的幅度，1988 年 3 月后放开，由买卖双方根据外汇供求状况议定，中国人民银行适度进行市场干预，并通过制定"外汇调剂用汇指导序列"对调剂外汇的用途加以引导，市场调节的作用日益增强。

1980 年 10 月—1993 年 12 月，外汇调剂市场与我国官方外汇市场并存，从而形成两个市场、两个汇价并存的局面，受供求关系决定的调剂汇价与调剂市场所起的作用日益增大，至 1993 年年底调剂外汇市场的成交额已占我国进出口外汇成交额的 80%。

3）改革人民币汇率制度

为了鼓励出口、限制进口，加强外贸的经济核算和适应外贸体制改革，1981 年开始实行贸易内部结算价和对外公开牌价双重汇率制度。1981 年 1 月制定了一个贸易外汇内部结算价，按当时全国出口商品平均换汇成本加 10%的利润计算，定为 1 美元兑 2.8 元人民币，适用于进出口贸易的结算；同时继续公布官方汇率，1 美元兑 1.5 元人民币，沿用原来的"篮子"货币计算和调整，用于非贸易外汇的结算。

两个汇率对鼓励出口和照顾非贸易利益起到了一定作用，但使进口成本上升，进口企业亏损增加，既加重了财政负担，也加剧了国内的通货膨胀，尤其是在使用范围上出现了混乱，给外汇核算和外汇管理带来了不少复杂的问题。由于双重汇率已不适应经济形势发展的需要，1985 年 1 月 1 日，我国正式取消贸易外汇内部结算价，人民币对外公开牌价为 1 美元 = 2.8 元人民币，人民币汇率由双重汇率变为单一汇率。随着国际市场美元汇率的上升，我国逐步下调官方汇率。1986 年 1 月开始实行人民币管理浮动汇率制度，以取代原来的钉住篮子货币汇率制度。实行管理浮动汇率制度后，人民币汇率呈大幅下跌趋势，1986 年 1 月到 1991 年 4 月，人民币汇率从 1 美元 = 3.2 元人民币下调到 1 美元 = 5.22 元人民币。汇率调整机械而生硬，呈下跌的阶梯状态，其原因主要是传统计划经济体制下追求稳定的观念和汇率管理水平低下。1991 年 4 月以后，人民币汇率开始有升有降，不断微调，呈现平缓而连续的变化状态。这是由于前几年的大幅下调使人民币汇率的历史性高估在很大程度上得到纠正，而且政府的强制性干预减少，市场对汇率的灵活调节增多，开始实行有管理的浮动汇率制度，至 1993 年年底调至 1 美元兑 5.72 元人民币。这一时期，由于外汇调剂市场和外汇调剂价的存在，人民币汇率仍具有双重汇率的性质，即官方汇率与市场汇率并存。

4）允许多种金融机构经营外汇业务

1979 年以前，外汇业务由中国银行统一经营。为适应改革开放以后的新形势，在外汇业务领域引入竞争机制，改革外汇业务经营机制，自 1980 年起，允许国家专业银行业务交叉，并批准设立了多家商业银行和一批非银行金融机构经营外汇业务，允许外资金融机构设立营业机构，经营外汇业务，形成了多种金融机构参与外汇业务的格局。

5）建立对资本输出输入的外汇管理制度

对资本与金融项目下的外汇实行严格管理，并执行三个共同原则：一是除国务院另有规定外，资本与金融项目外汇收入均须调回境内；二是境内机构（包括外商投资企业）的资本与金融项目下外汇收入均应在银行开立外汇专用账户，外商投资项下外汇资本金结汇可持相应材料直接到外管局授权的外汇指定银行办理，其他资本项下外汇收入经外汇管理部门批准后才能卖给外汇指定银行；三是除外汇指定银行部分项目外，资本项目下的购汇和对外支付，均须经过外汇管理部门的核准，持核准件方可在银行办理收付汇。在这一阶段，中国国际收支资本与金融项目中的外汇主要有对外借债、外商来华直接投资和境外直接投资三种形式。

6）放宽对境内居民的外汇管理

个人存放在国内的外汇，准许持有和存入银行，但不准私自买卖和私自携带出境。对个人收入的外汇，视不同情况，允许按一定比例或全额留存外汇。从 1985 年起，对境外汇给国内居民的汇款或从境外携入的外汇，准许全部保留，在银行开立存款账户。自 1991 年 11 月起允许个人所有的外汇参与外汇调剂。个人出国探亲、移居出境、去外国留学、赡养国外亲属需用外汇，可以凭出境证件和有关证明向外管局申请，经批准后可买得一定数额的外汇，但批汇标准较低。

7）外汇兑换券的发行和管理

为了便利旅客，防止外币在国内流通和套汇、套购物资，1980 年 4 月 1 日起中国银行发行外汇兑换券（以下简称"外汇券"），外汇券以人民币为面额。外国人、华侨、港澳台同胞、外国使领馆和代表团人员可以用外汇按银行外汇牌价兑换成外汇券，并须用外汇券在旅馆、饭店、指定的商店、飞机场购买商品和支付劳务、服务费用。未用完的外汇券可以携带出境，也可以在原兑换数额的 50%以内兑回外汇。收取外汇券的单位须经外管局批准，并须把收入的外汇券存入银行，按收支两条线进行管理。收券单位把外汇券兑换给银行的，可以按规定给予外汇留成。

3. 1994 年开始建立社会主义市场经济以来的外汇管理体制

1993 年 11 月 14 日，党的十四届三中全会通过《中共中央关于建立社会主义市场经济体制若干问题的决定》，明确要求，"改革外汇管理体制，建立以市场供求为基础的、有管理的浮动汇率制和统一规范的外汇市场，逐步使人民币成为可兑换货币"。这为外汇管理体制进一步改革明确了方向。1994 年以来，围绕外汇体制改革的目标，按照预定改革步骤，中国外汇管理体制主要进行了以下改革。

1）1994 年实行人民币经常项目有条件可兑换

第一，实行银行结售汇制度，取消外汇上缴和留成，取消用汇的指令性计划和审批。1994 年 1 月 1 日起，取消各类外汇留成、上缴和额度管理制度，对境内机构经常项目下的外汇收支实行银行结汇和售汇制度。除实行进口配额管理、特定产品进口管理的货物和实行自动登记制的货物，须凭许可证、进口证明或进口登记表、相应的进口合同及与支付方式相应的有效商业票据（发票、运单、托收凭证等）到外汇指定银行购买外汇外，其他符合国家进口管理规定的货物用汇、贸易从属费用、非贸易经营性对外支付用汇，可凭合同、协议、发票、境外机构支付通知书到外汇指定银行办理兑付。为集中外汇以保证外汇的供给，境内机构经常项目外汇收入，除国家规定准许保留的外汇可以在外汇指定银行开立外汇账户外，都须及时调回境内，按照市场汇率卖给外汇指定银行。

第二，汇率并轨，实行以市场供求为基础的、单一的、有管理的浮动汇率制度。1994年1月1日，人民币官方汇率与市场汇率并轨，实行以市场供求为基础的、单一的、有管理的浮动汇率制度，并轨时汇率为1美元兑8.70元人民币。人民币汇率由市场供求形成，中国人民银行公布每日汇率，外汇买卖允许在一定幅度内浮动。

通过汇率并轨，以银行间统一的外汇市场取代外汇调剂市场，消除了汇率地区间差异，使外汇资源从两个市场的分配统一到一个市场，在外汇分配领域取消了审批制度，充分发挥市场机制的作用，符合国际货币基金协定的有关规定，有利于我国与国际经济规则接轨。同时，汇率浮动可以在一定程度上对国际收支起到自动平衡的作用，也有利于我国企业参与国际竞争、改善投资环境、吸引外资等。但是，此次改革也不可避免地造成了一定的负面效应。汇率并轨后，人民币对西方主要国家货币都发生了不同程度的贬值，加重了我国的外债负担。此外，汇率形成机制市场化后，人民币汇率随外汇供求变化经常调整，汇率风险也加大了，对我国涉外企业的经营管理提出了严峻的挑战。

第三，建立统一的、规范的、有效率的外汇市场。从1994年1月1日起，中资企业退出外汇调剂中心，外汇指定银行成为外汇交易的主体。1994年4月1日，银行间外汇市场——中国外汇交易中心在上海成立，连通全国所有分中心；同年4月4日起中国外汇交易中心系统正式运营，采用会员制，实行撮合成交集中清算制度，并体现价格优先、时间优先原则。中国人民银行根据宏观经济政策目标，对外汇市场进行必要的干预，以调节市场供求，保持人民币汇率的稳定。

第四，对外商投资企业外汇管理政策保持不变。为体现国家政策的连续性，1994年在对境内机构实行银行结售汇制度时，对外商投资企业的外汇收支仍维持原来的办法，准许保留外汇，外商投资企业的外汇买卖仍须委托外汇指定银行通过当地外汇调剂中心办理，统一按照银行间外汇市场的汇率结算。

第五，禁止在境内以外币计价、结算和流通。1994年1月1日，中国重申取消境内外币计价结算，禁止外币境内流通和私自买卖外汇，停止发行外汇券。对于市场流通的外汇券，允许继续使用到1994年12月31日，1995年6月30日前可以到中国银行兑换美元或结汇成人民币。

第六，加强对金融机构外汇业务的监督和管理。建立银行间外汇市场和实现经常项目可兑换后，经常项目的外汇收支基本上直接到外汇指定银行办理；资本项目的外汇收支经外汇管理部门批准或核准后，也可在外汇指定银行办理。1994年以来，我国加强了对金融机构外汇业务经营中执行外汇管理政策的监管、检查和处罚，并建立了相应的管理制度和办法。

通过上述各项改革，1994年中国顺利地实现了人民币经常项目有条件可兑换。

2）1996年实现人民币经常项目完全可兑换

第一，将外商投资企业外汇买卖纳入银行结售汇体系。1996年7月1日起，外商投资企业外汇买卖被纳入银行结售汇体系，同时外商投资企业的外汇账户区分为用于经常项目的外汇结算账户和用于资本项目的外汇专用账户。1998年12月1日外汇调剂中心关闭以后，外商投资企业的外汇买卖全部在银行结售汇体系内进行。

第二，提高居民用汇标准，扩大供汇范围。1996年7月1日，大幅提高居民因私兑换外汇的标准，扩大了供汇范围。

第三，取消尚存的经常性用汇限制。1996 年，中国还取消了出入境展览、招商等非贸易非经营性用汇的限制，并允许驻华机构及来华人员在境内购买的自用物品、设备、用具等出售后所得的人民币款项可以兑换外汇汇出。

经过上述改革，中国取消了所有经常性国际支付和转移的外汇限制，达到了《国际货币基金协定》第八条款的要求。1996 年 12 月 1 日，中国正式宣布接受第八条款，实现人民币经常项目完全可兑换。

10.4.2 21 世纪我国外汇管理新举措

1. 2005 年 7 月 21 日人民币汇率改革和 2007 年 8 月取消强制结售汇制度

1994 年 1 月 1 日开始的外汇体制改革，取消了已实行 15 年的外汇留成制和实行了 40 多年的外汇上缴制度，取消了用汇的指令性计划，实行银行结售汇制。在这一制度下，境内企事业单位须将外汇收入按银行挂牌汇率，全部结售给指定银行（结汇）；在经常项目下正常对外支付用汇的企业只需凭有效凭证和商业票据，即可到指定银行购买外汇（售汇），而不必经过用汇审批。实行银行结售汇制后，我国建立了全国统一的银行间外汇市场，改进了汇率形成机制。

创设强制结售汇制度的主要目的是解决改革开放之初我国外汇短缺问题。在强制结售汇制度实行的 13 年中，我国的外汇储备从 1993 年年底的 211.99 亿美元增至 2007 年 6 月末的 13326 亿美元。充足的外汇资金为国内建设和对外投资奠定了坚实的基础。但在强制结售汇制度下，外汇占款形成的基础货币成为我国货币投放的主渠道；而在我国国际收支持续顺差导致人民币升值预期不断强化的情况下，中国人民银行又不得不等额卖出基础货币，从而形成和加剧了我国的流动性过剩问题，并成为通货膨胀压力的主要诱因。此外，强制结售汇制度也隐瞒了外汇的真实需求，无法形成真实的外汇价格，在人民币升值的单边预期下，强制结售汇制度使人民币升值压力进一步增大。

强制结售汇制度以及中国人民银行被迫买汇托市现象使人民币汇率无法充分反映外汇市场上的供求关系，这使汇率的价格机制不复存在，从而丧失了通过汇率政策调节国际收支和配置金融资源的功能。从汇率水平考察，在 2005 年的人民币汇改措施出台之前，人民币汇率波幅很小，对美元的汇率一直保持在相对稳定的状态，如表 10-1 所示。强制结售汇制度和固定汇率制度弱化了中国人民银行实现内外均衡政策目标时货币政策的有效性；此外，由于人民币汇率过于稳定，淡化了金融机构和企业的外汇风险意识，为规避风险而设立的金融产品和金融工具在我国难以得到推广和使用。

表 10-1 1995—2002 年人民币汇率及其逐年变动幅度

年份	1995 年	1996 年	1997 年	1998 年	1999 年	2000 年	2001 年	2002 年
人民币汇率	8.35	8.31	8.29	8.28	8.28	8.28	8.28	8.28
逐年变动幅度/%	—	−0.5	−0.24	−0.12	0	0	0	0

资料来源：人民币价牌网站。

在这样的背景下，2005 年 7 月 21 日中国人民银行宣布，经国务院批准，自当日起，人民币汇率不再单一钉住美元，开始实行以市场供求为基础、参考一篮子货币进行调节、有管理的浮动汇率制度，并且人民币一次性对美元升值 2%。汇改后直至 2013 年人民币逐步小幅升值，2014 年转为贬值，2015 年出现较大幅度的贬值。表 10-2 列出了 2004—2005 年各年年底人民币汇率及其逐年变动幅度。

表 10-2　2004—2015 年各年年底人民币汇率及其逐年变动幅度

日期	2004 年	2005 年	2006 年	2007 年	2008 年	2009 年
	12 月 3 日	12 月 2 日	12 月 4 日	12 月 3 日	12 月 3 日	12 月 3 日
人民币汇率	827.65	807.98	782.40	741.43	685.02	682.70
逐年变动幅度/%	—	−2.38	−3.17	−5.24	−7.61	−0.34
日期	2010 年	2011 年	2012 年	2013 年	2014 年	2015 年
	12 月 3 日	12 月 3 日	12 月 3 日	12 月 3 日	12 月 3 日	12 月 3 日
人民币汇率	666.05	633.10	629.08	613.52	613.76	638.86
逐年变动幅度/%	−2.44	−4.95	−0.63	−2.47	0.04	4.09

资料来源：人民币牌价网站。

持续至 2013 年的人民币持续升值对我国中低档出口产品的企业造成巨大压力，迫使一些小企业关门停产，但总体来看，人民币升值在优化我国产业结构、促进企业提升非价格竞争优势等方面具有积极作用。2014 年人民币汇率打破对美元单边升值预期，市场化进程加快，双向波动特征显著。2015 年继续呈现双向波动特征，全年相比上年略有贬值，市场在汇率形成中的基础作用进一步加强，人民币汇率弹性进一步扩大，对国际收支的调节作用得到进一步发挥。作为汇改的一系列配套措施之一，中国人民银行也一直对强制结售汇制度进行渐进式改革。2005 年 8 月 2 日和 3 日，在中国人民银行出其不意地宣布汇改后不久，外管局就密集出台了两项措施，放宽了企业和个人的用汇比例。强制结售汇走向意愿结售汇，不仅是结售汇制度的改革，而且是储备制度和储备政策的进步，意味着我国开始扭转"以增长外汇储备为核心"的外汇政策，从"重流入、轻流出"转为"实现流入流出循序渐进和保持基本平衡"；同时，强制结售汇制度的取消，也为企业"走出去"创造了有利的外汇管理政策环境。

2. 2008 年 8 月 1 日出台新的《外汇管理条例》

为了巩固改革成果，并为下一步改革留出余地，我国于 2008 年 8 月 1 日公布施行了新的《外汇管理条例》。修订后的条例共 54 条，进一步便利了贸易投资活动，完善了人民币汇率形成机制及金融机构外汇业务管理制度，建立了国际收支应急保障制度，强化了跨境资金流动监测，健全了外汇监管手段和措施，并相应明确了有关法律责任。修订后的条例主要包括以下四个方面的转变：

第一，对外汇资金流入流出实施均衡管理。要求经常项目外汇收支具有真实、合法的交易基础，条例要求办理外汇业务的金融机构对交易单证的真实性及其与外汇收支的一致性进行合理审查，同时规定外汇管理机关有权进行监督检查。监督检查可以通过核销、核注、非现场数据核对、现场检查等方式进行。新条例规定对经常性国际支付和转移不予限制，并进一步便利经常项目外汇收支。

第二，完善人民币汇率形成机制及金融机构外汇业务管理。规定人民币汇率实行以市场供求为基础的、有管理的浮动汇率制度；经营结汇、售汇业务的金融机构及符合规定条件的其他机构，按照国务院外汇管理部门的规定在银行间外汇市场进行外汇交易；调整外汇头寸管理方式，对金融机构经营外汇业务实行综合头寸管理。

第三，强化对跨境资金流动的监测，建立国际收支应急保障制度。按照条例的规定，外汇管理机关可以全方位地对跨境资金流动进行监测。同时，建立国务院外汇管理部门与国务院有关部门、机构的监管信息通报机制。根据世界贸易组织规则，规定国际收支出现或者可能出现严重失衡，以及国民经济出现或者可能出现严重危机时，国家可以对国际收支采取必要的保障、控制等措施。

第四，健全外汇监管手段和措施。为保障外汇管理机关依法、有效地履行职责，增加了外汇管理机关的监管手段和措施的规定，同时规定了外汇管理机关进行监督检查的程序。外汇管理机关必须按照条例规定的程序实施相关检查，维护当事人的合法权益。同时，适应新形势下打击外汇违法行为的需要，条例增加了对资金非法流入、非法结汇、违反结汇资金流向管理、非法携带外汇出入境以及非法介绍买卖外汇等违法行为的处罚规定。

3. 2015 年 8 月 11 日人民币汇率制度改革

为了适应新形势的需要，新一轮汇率制度改革呼之欲出。一方面，为适应宏观环境变化与人民币国际化的需要，特别是推动人民币加入 SDR 货币篮子的需要，中国人民银行需要推进新一轮汇率制度改革；另一方面，当时较强的人民币汇率贬值预期导致汇率中间价与市场汇率之间出现较大幅度的偏离，这不仅影响了中间价的基准地位和权威性，也使市场汇率动辄"跌停"，制约了人民币汇率弹性的改善。在此背景下，2015 年中国人民银行实施"811 汇改"，开启了以调整中间价定价机制为重点的汇率制度改革。这次改革分两个阶段进行。

第一阶段：主导性汇率制度改革。

这一阶段的主导性汇率制度改革是调整人民币汇率中间价定价机制。人民币汇率定价机制经历了从单因子到双因子，再到三因子的发展历程。2015 年 8 月 11 日，中国人民银行强调中间价报价要参考前一日收盘价，实施"中间价=收盘价"的单因子定价机制。2016 年年初，中国人民银行开始实施"中间价=收盘价+一篮子货币汇率变化"的双因子定价机制。双因子定价机制意味着人民币对美元汇率的中间价制定要同时参考前一日收盘价，以及相对于一篮子货币的汇率变化。在引入双因子定价机制后，人民币汇率贬值预期有所缓解，但尚未根除。2017 年 5 月，中国人民银行宣布实施"中间价=收盘价+一篮子货币汇率变化+逆周期因子"的三因子定价机制，以遏制市场单边贬值预期。三因子定价机制意味着，制定人民币对美元汇率的中间价时应同时参考前一日收盘价、相对于一篮子货币的汇率变化，以及逆周期因子。在引入逆周期因子之后，人民币兑美元汇率的单边贬值预期被显著削弱并最终消失，人民币兑美元汇率进入双向波动时期。

第二阶段：配套性汇率制度改革。

在这一阶段，汇改的配套性改革措施主要围绕如何遏制市场单边贬值预期展开，具体包括三个方面：①中国人民银行通过在外汇市场上出售美元、买入人民币来稳定人民币兑美元的汇率。②为缓解外汇市场上美元供不应求的压力，中国人民银行从 2016 年开始加强对外币计价的短期资本外流的控制。在 2015 年"811 汇改"之后，中国逐渐形成跨境资本"宽进严出"的局面，并延续至今。③逐渐推动金融市场的双向开放。在金融市场互联互通方面，先后推出"沪港通"（2014 年）、内地与香港基金互认（2015 年）、"深港通"（2016年）和"债券通"（2017 年）等跨境证券投资新机制。同时，在个人投资渠道方面，2021年开始实施"跨境理财通"以拓宽居民部门的跨境投资渠道。

以实行改革开放政策的 1978 年为节点，可以将 40 多年来我国的外汇管理体制改革划分为三个重要阶段。一是 1978—1993 年，改革开始起步，以双轨制为特征。实行外汇留成制度，建立和发展外汇调剂市场，建立官方汇率与调剂市场汇率并存的双重汇率制度，实行计划和市场相结合的外汇管理体制。二是 1994 年到 21 世纪初，适应建立社会主义市场经济体制的要求，取消外汇留成与上缴，实施银行结售汇，实行以市场供求为基础的、单一的、有管理的浮动汇率制度，建立统一规范的全国外汇市场，实现人民币经常项目可兑换，初步确立了市场配置外汇资源的基础地位。特别值得指出的是，这一时期我国成功抵御了亚洲金融危机的冲击。三是进入 21 世纪以来，市场体制进一步完善，我国加速融入经济全球化，对外开放进一步扩大，外汇形势发生根本性变化。外汇管理从"宽进严出"向均衡管理转变，今后我国外汇管理方式将逐渐由事前审批转向事后监督，由直接管理转向间接管理，有序推进资本项目可兑换，进一步发挥利率、汇率的作用，促进国际收支平衡，在进一步加强对外经济发展的同时，注重防范国际经济风险。

即测即练题 10.4

案例讨论 10.4　2005 年以来中国人民币汇率的变动及其经济影响

自学自测　　扫描此码

复习思考题

1. 什么是外汇管制？
2. 外汇管制的主要对象有哪些？
3. 我国外汇管制的机构是什么？发挥了怎样的作用？
4. 阐述外汇管制的目的。
5. 外汇管制包括哪几种类型？举例说明。

6. 如何理解货币可兑换的概念?

7. 简述外汇管制的具体内容。

8. 什么是复汇率制度?

9. 结售汇制度的含义是什么? 它可能产生哪些影响?

10. 一国应如何选择合理的汇率制度?

11. 试论述 1994 年我国外汇体制改革的主要内容。

12. 简述"811 汇改"的内容,该改革产生了哪些影响?

13. 试论述经常项目下可兑换与限制的界限。

14. 货币可自由兑换后面临的问题有哪些?

15. 当前我国外汇管理制度的内容有哪些?

第11章

国际金融组织

本章学习目标

本章主要阐述国际金融组织、国际货币基金组织、世界银行集团、区域性金融机构的发展状况。通过本章学习，要求学生：

1. 了解国际货币基金组织、世界银行集团的宗旨；
2. 了解国际金融组织资金来源、主要业务活动及相关条件；
3. 了解我国金融市场与国际货币基金组织以及世界银行集团之间的关系。

引导案例

国际金融组织在全球经济治理中的角色——以世界银行应对金融危机为例

在 2008 年全球金融危机期间，世界银行作为重要的国际金融组织，迅速采取行动以缓解危机对发展中国家的影响。危机导致全球资本流动逆转，发展中国家面临资金短缺、贸易萎缩和经济衰退等多重冲击。世界银行通过紧急贷款、政策咨询和技术援助等手段，帮助成员国稳定经济、保护弱势群体并推动复苏。世界银行主要从以下几方面提供支持。

一是紧急贷款支持。世界银行大幅增加了对发展中国家的贷款额度，提供快速融资工具（rapid financing instruments）支持国家预算，防止基本公共服务（如教育、医疗）因资金短缺而中断。例如，某国在危机期间获得世界银行 5 亿美元紧急贷款，用于保障失业救济金发放和中小企业流动性支持。

二是政策咨询与技术援助。世界银行派遣专家团队协助政府制定反周期财政政策，优化支出结构以刺激经济。提供债务管理支持，帮助国家协调与国际债权人的谈判，避免债务违约。

三是全球协调与合作。与国际货币基金组织（IMF）、亚洲开发银行等合作，推出联合援助计划，确保资源有效配置。倡导多边合作机制，推动国际社会共同应对危机。

资料来源：世界银行《2008 年金融危机应对报告》，世界银行官网：www.worldbank.org.

11.1 国际金融组织概述

11.1.1 国际金融组织的概念

国际金融组织在全球经济中扮演着至关重要的角色，它们通过促进资金流动、提供经济援助、支持基础设施建设以及协调货币政策等方式，对成员国的经济发展和国际金融稳定产生深远影响。这些组织按照参加国的活动地域的大小，大致可以分为全球性国际金融组织和区域性国际金融组织。全球性国际金融组织主要包括国际货币基金组织、世界银行集团等。区域性国际金融组织又可以分为两种类型：一种是严格的区域性国际金融组织，它是某一地区国家组成并且为本地区经济服务的机构，如欧洲投资银行、阿拉伯货币基金组织、伊斯兰发展银行；另一种是宽泛的或称半区域性国际金融组织，如亚洲开发银行、非洲开发银行、泛美开发银行等。这类机构虽然主要进行区域性货币信贷安排，从事区域性金融活动，但其参加国却有区域外的。

这些国际金融组织通过各自的方式和渠道为成员国提供必要的金融支持和技术援助，对促进全球经济一体化、维护国际金融稳定和实现可持续发展具有重要意义。

11.1.2 国际金融组织的发展

1. 二战前的国际金融组织

在二战前的国际金融体系中，国际清算银行（BIS）是最早的国际金融组织。它的成立背景直接关系到第一次世界大战后的经济重建和债务处理，特别是德国对协约国的战争赔款问题。1930年5月，英国、法国、德国、意大利、比利时、日本六国的中央银行和美国的三家大银行——摩根银行、纽约花旗银行和芝加哥花旗银行所组成的银行集团在瑞士巴塞尔成立，行址设在巴塞尔。

国际清算银行最初的宗旨虽然聚焦于一战后德国赔款的处理，但随着时间的推移，其职能逐渐多样化。它不仅成为欧洲多个经济一体化组织（如欧洲经济合作组织、欧洲支付同盟、欧洲煤钢联营等）的收付代理人，还负责办理欧洲货币体系的账户清算工作，以及为万国邮政联盟、国际红十字会等国际组织提供金融服务。这些职能的扩展，使得国际清算银行在国际金融舞台上的影响力日益增强。

值得注意的是，尽管国际清算银行的成员国最初主要是欧洲国家，但随着时间的推移，其国际性和包容性逐渐增强。今天，国际清算银行已经成为一个促进各国中央银行合作、为国际金融业提供便利的重要平台，其成员遍布全球多个国家和地区。

我国与国际清算银行的业务往来关系始于1984年，这一合作不仅体现了我国在国际金融领域的积极参与和融入，也为我们提供了一个与国际金融机构深入交流、合作的宝贵机会。中国人民银行在国际清算银行开立外汇账户和黄金账户，并将部分外汇储备和黄金储备存入该行，这进一步强化了我国与国际清算银行之间的合作关系，也为我国在国际金融领域发挥更大作用奠定了基础。

2. 二战后的国际金融组织

二战后的国际金融格局发生了深刻变化，涌现出了一系列重要的全球性和区域性国际金融组织，其中最显著的是国际货币基金组织（IMF）和国际复兴开发银行（世界银行）。这两个组织的成立，标志着国际社会在构建稳定的国际货币体系和促进全球经济复兴方面迈出了重要步伐。

IMF的主要职责是监察货币汇率和各国贸易情况，提供技术和资金协助，确保全球金融制度运作正常。它通过提供短期贷款、调节国际收支差额以及提供汇率咨询等方式，帮助成员国稳定货币汇率，促进国际贸易和经济增长。同时，IMF 还积极推动国际货币合作，加强各国政府间的经济政策协调，以维护国际金融稳定。

世界银行是一个为成员国提供长期贷款和技术援助的国际金融机构，其宗旨是帮助成员国特别是发展中国家恢复和发展经济。世界银行通过提供低息贷款、技术援助和政策建议等方式，支持成员国的基础设施建设、教育、卫生、农业等领域的发展。此外，世界银行还设立了多个附属机构，如国际金融公司（1956 年）、国际开发协会（1960 年）、解决投资争端国际中心（1965 年）和多边投资担保机构（1988 年），它们又统称为世界银行集团。

除了全球性的国际金融组织外，在 20 世纪 50 年代后期至 70 年代，区域性国际金融组织也在二战后得到了快速发展。这些组织旨在加强本地区内的金融合作和经济开发，促进成员国之间的经济合作和贸易往来。例如，亚洲开发银行、非洲开发银行、泛美开发银行、阿拉伯货币基金组织、加勒比开发银行等机构在各自区域内发挥了重要作用，推动了成员国经济的增长和发展。

我国作为这些国际金融组织的成员，积极参与其中，并获得了诸多益处。我们利用国际金融组织的资金和技术援助，加速了市场经济建设，推动了经济社会的全面发展；同时，通过参加国际金融活动，扩大了政治影响，提升了国际地位。此外，世界银行的规定也为我国扩大出口贸易提供了有利条件，促进了我国对外贸易的发展。

总之，二战后的国际金融组织在促进全球经济一体化和货币金融一体化方面发挥了重要作用，加强了各国政府间的经济政策协调和合作，推动了国际经济的恢复和发展。

11.1.3 国际金融组织的作用

1. 维护正常的国际货币秩序

在布雷顿森林体系正常运转期间，IMF 通过固定汇率制度、外汇管制和黄金储备等措施，有效地维护了国际货币的稳定和秩序。即使在布雷顿森林体系崩溃后，IMF 通过取消外汇管制、限制竞争性货币贬值等措施，仍然继续发挥其作用，努力维护国际货币体系的稳定。同时，其他国际金融组织如欧洲货币合作基金和阿拉伯货币基金组织等也在各自区域内发挥了重要作用，共同维护国际货币秩序的正常运行。

2. 为发展中国家提供中长期建设资金

世界银行集团通过提供低息贷款、技术援助和政策建议等方式，支持发展中国家的基础设施建设、教育、卫生、农业等领域的发展。这些贷款不仅条件优惠，而且带有援助性质，有助于发展中国家实现经济结构的调整和完善。同时，世界银行集团还将其贷款发放与技术援助相结合，提高了贷款的使用效率。此外，亚洲开发银行等一系列区域性国际金融组织也在为发展中国家提供中长期建设资金方面发挥了重大作用，促进了这些国家的经济增长和社会发展。

3. 稳定汇率

当一些国家发生债务危机或金融危机时，这些国家的货币汇率往往会受到冲击，进而对全球经济和金融稳定造成负面影响。此时，国际金融组织会出面协调，通过多方筹资等方式对陷入危机的成员国进行援助，努力维持其货币汇率稳定，促进其经济稳定发展。这种作用在布雷顿森林体系时期尤为明显，即使在该体系崩溃后，国际金融组织仍然能够通过其专业知识和资源网络，对减少汇率波动幅度做出一定贡献。在 20 世纪 80 年代发生国际债务危机时，IMF 和世界银行等国际金融组织在避免危机的连锁反应上也起到了重要作用。

4. 协商制定有关的国际规则和标准，加强国际金融监管

国际金融组织利用其独特的地位和专业性，通过协商制定一系列国际规则和标准，为各国金融界提供规范管理和风险防范的重要依据。同时，它们还加强了对各国经济运行的监测，一旦发现不良迹象就及时告诫，以避免形势恶化。此外，国际金融组织还定期和不定期地汇总、公布国际金融统计数据，为各成员国提供分析和借鉴的依据，帮助它们更好地把握全球经济和金融形势。

在国际金融领域，随着全球经济一体化的不断深入，各国之间的金融联系越来越紧密，金融风险也日益复杂多变。因此，国际金融组织在稳定汇率、制定国际规则与标准、加强国际金融监管等方面的作用愈发重要。

即测即练题 11.1

自学自测 扫描此码 P248

案例讨论 11.1　IMF 对阿根廷债务危机的援助

11.2　国际货币基金组织

11.2.1　国际货币基金组织概述

国际货币基金组织（international monetary fund，IMF）是一个全球性的政府间的国际金融组织。二战后，以英、美两国为代表，各国纷纷提出重建国际货币金融体系，以改变国际金融界的动荡局面。1944 年 7 月，在美国新罕布什尔州的布雷顿森林小镇召开了由 44 国代表参加的联合国家货币金融会议，并通过了《布雷顿森林协议》。根据该协议，1945 年 12 月 27 日正式成立了国际货币基金组织（IMF）。1947 年 3 月 1 日，IMF 开始工作，同年 11 月 15 日成为联合国的专门机构，在经营上具有独立性。IMF 的总部设在美国的华盛顿。IMF 由主权国家自愿参加，是联合国系统内的多边合作组织。其内部设有多个部门，负责不同领域的工作。主要职责是汇率监督与政策协调、储备资产的创造和管理、向成员国提供贷款等。中国是 IMF 的创始国之一，1980 年 4 月 17 日，IMF 正式恢复中国的代表权。此后，中国积极参与 IMF 的各项活动，为国际货币体系的稳定和发展做出了重要贡献。

扩展阅读 11.1 国际货币基金组织的改革机遇

1. 国际货币基金组织的宗旨

（1）促进国际货币合作。IMF 作为一个常设机构，为成员国提供了一个交流和合作的平台，通过成员国共同研讨和协商国际货币问题，通过多边磋商和协作，促进国际货币合作，以维护全球货币体系的稳定和秩序，共同应对国际货币领域的挑战。

（2）促进国际贸易的扩大和平衡发展。IMF 将促进和保持成员国的就业、生产资源的发展、实际收入的提升，作为经济政策的首要目标。通过推动国际贸易的扩大和平衡发展，开发成员国的生产资源，提高全球经济的整体福利水平。

（3）稳定国际汇率。①汇率管理：稳定国际汇率，在成员国之间保持有秩序的汇价安排，避免竞争性的汇价贬值。②监督机制：IMF 通过对成员国汇率政策实行监督，确保各国的汇率政策符合国际货币基金协定的规定，并避免对国际货币体系造成不利影响。

（4）协助成员国建立多边支付制度。①支付体系：协助成员国建立经常性交易的多边支付制度，消除妨碍世界贸易扩大的外汇管制。②支付便利：通过推动多边支付制度的建设，为成员国之间的贸易和投资提供便利，降低交易成本，促进全球经济的融合和发展。

（5）提供临时财政资助。在有适当保证的条件下，IMF 向成员国临时提供普通资金，以帮助其纠正国际收支的失调。这种资金援助旨在使成员国能够有信心利用此机会恢复国际收支平衡，而不采取可能危害本国或国际繁荣的措施。

（6）缩短成员国国际收支不平衡的时间并减轻其程度。IMF 致力于通过提供资金援助、政策建议和技术支持等手段，帮助成员国缩短国际收支不平衡的时间，并减轻其程度。通过促进成员国经济的稳定增长和结构调整，从根本上解决国际收支不平衡的问题。

2. 国际货币基金组织的组织机构

IMF 的组织机构是一个高度专业化的体系，旨在促进国际货币合作、维护金融稳定以及为成员国提供必要的经济和政策支持。以下是该组织主要机构及其职能的概述。

1）理事会

地位与组成：理事会是 IMF 的最高权力机构，由各成员派正、副理事各一名组成，一般是各国的财政部长或中央银行行长（或其指定的代表）。

职责：负责审议 IMF 的重大政策问题，包括接纳新成员国、决定份额规模、分配特别提款权（SDR）、审议成员国退出等。理事会每年 9 月召开一次会议，但也可根据需要召开特别会议，每次会议应有过半数理事出席。

投票权：各成员国在理事会中的投票权与其所缴纳的基金份额成正比。

2）执行董事会

地位与组成：执行董事会是 IMF 的常设执行机构，负责处理日常事务和理事会委托的一切权力。它由 24 名执行董事组成，其中 8 名来自指定国家（美国、英国、法国、德国、日本、中国、俄罗斯和沙特阿拉伯），其余 16 名执行董事由其他成员分别组成 16 个选区选举产生。执行董事每两年选举一次。

职责：执行董事会在理事会的授权下工作，负责审议政策建议、监督业务活动、向理事会提交报告等。执行董事会的会议频率较高，以应对国际金融领域的各种挑战。

投票与决策：每一个执行董事应指定一名副董事在其本人缺席时全权代其行使职权。当执行董事出席时，副董事可以参加会议，但不得投票。执行董事会的决策通常基于多数原则，但在某些情况下可能需要特定多数或一致同意。

3）总裁与工作人员

总裁：由执行董事会推选，负责日常业务管理。总裁的任期通常为 5 年，可连任。总裁为 1 名，另外还有 3 名副总裁，理事或执行董事不得兼任总裁。总裁在执行董事会的指导下工作，并担任执行董事会的主席（但无投票权，仅在双方票数相等时有决定票）。总裁为 IMF 工作人员的首脑，在执行董事会的指示下处理日常业务，并在执行董事会的监督下负责工作人员的组织、任命及辞退。

工作人员：拥有一支专业的工作人员队伍，负责执行各项业务和政策。这些工作人员在总裁的领导下工作，并接受执行董事会的监督。

4）临时委员会

地位与职能：临时委员会在当前的 IMF 结构中可能不直接对应一个常设机构。委员会由 24 名执行董事组成。IMF 设有各种委员会和小组来讨论和制定政策。这些委员会包括由成员国代表组成的政策咨询委员会或特别工作组，它们就特定问题向理事会或执行董事会提供建议。

作用：这些委员会在政策合作与协调方面发挥重要作用，特别是在制定中期战略和应对国际金融挑战时。

5）地区部

设置与职责：IMF 下设 5 个地区部（分别是亚洲部、非洲部、欧洲部、中东部和西半球部），负责向各自地区的成员国提供经济和政策建议。它们协助 IMF 制定针对这些国家的政策，并监督政策的执行。

6）职能部门

设置与职责：IMF 的 5 个职能部门（分别是汇兑与贸易关系部、财政事务部、法律部、调研部和资金出纳部）专注于特定领域的政策研究、分析和建议。这些部门的工作涵盖了国际金融、货币政策、财政管理、法律事务等多个方面。此外，IMF 还设有其他支持性部门，如资料、统计、联络、行政、秘书和语言服务等部门，以确保 IMF 各项工作的顺利进行。

3. 国际货币基金组织的资金来源

IMF 的资金来源是其能够履行其职责和提供国际金融支持的重要基础。这些资金主要来源于以下几个方面。

1）基金份额

基金份额（quota subscriptions）是 IMF 资金的主要来源，由各成员国根据其经济实力和国际地位缴纳。份额的确定依据包括成员国的国民收入、黄金外汇储备、平均进出口额及其在国民收入中的比例等因素。

缴纳方式：成员国的基金份额中，25%需要以 IMF 指定的外汇或特别提款权（SDR）缴纳，而剩余的 75%则可以用本国货币或该国发行的见票即付、不可转让且无息的国家有价证券来替代。

作用：基金份额不仅决定了成员国在 IMF 中的借款或提款额度，还决定其在 IMF 中的投票权大小以及可以获得的 SDR 数量。此外，IMF 的一切活动几乎都与基金份额有关。

调整机制：IMF 的理事会每 5 年对基金份额进行一次总检查，并根据成员国的经济变化调整其份额，以确保其能真实反映成员国在世界经济中的相对地位。

2）借款

除了成员国的基金份额外，IMF 还通过向成员国借款来增加其资金储备。这种借款是在 IMF 与成员国达成协议的前提下进行，有多种形式。第一，借款总安排。这是一种 IMF 与成员国之间的多边借款协议，允许 IMF 在需要时从成员国那里借入资金。第二，补充资金贷款借款安排和扩大资金贷款借款安排。这些是 IMF 为应对特定经济或金融危机而设立的借款机制。第三，双边借款协议。IMF 也会与成员国签订双边借款协议，以便在需要时获得资金支持。

3）信托基金

信托基金是 IMF 资金来源的又一重要部分。1976 年 1 月，IMF 决定将其所持黄金的六分之一即 2500 万盎司，分 4 年按市价出售，所得的利润（共 46 亿美元）作为信托基金。该基金的主要目的是向贫困成员国提供优惠贷款，以帮助它们应对经济困难和发展挑战。

综上所述，IMF 的资金来源多元化，确保了其在全球经济和金融稳定方面发挥重要作用的能力。通过成员国的基金份额、借款以及信托基金等多种渠道筹集资金，IMF 能够向成员国提供必要的金融支持，促进国际货币合作和经济稳定。

4. 国际货币基金组织的主要业务

IMF 作为全球经济和金融合作的重要机构，其主要业务涵盖了多个关键领域，以促进国际货币体系的稳定和经济增长。以下是 IMF 主要业务的详细阐述。

1）外汇资金融通

贷款发放：IMF 最主要的业务之一是向成员国提供外汇资金的融通服务。当成员国面临国际收支困难时，可以向 IMF 申请贷款，以缓解短期性经常收支不均衡的问题。

贷款条件与限制：成员国可借用的资金最高限额为其在 IMF 中的份额的两倍，但在一年内，实际借用的资金不能超过其份额的 25%。后来，随着时间和经济形势的变化，IMF 逐渐放宽了对成员国资金使用的限制，以更灵活地应对各种实际需求。

贷款目的：这些贷款旨在帮助成员国克服国际收支逆差，稳定货币汇率，并促进经济的持续增长。

2）汇率监管

历史背景：在布雷顿森林体系下，成员国调整汇率需要得到 IMF 的批准。然而，随着浮动汇率制的普及，这一要求已不复存在。

当前职能：尽管汇率调整不再需要 IMF 的批准，但 IMF 仍保留着对成员国汇率政策的全面监督权。这包括对各国汇率政策的评估，特别是对那些经济实力强大、其经济政策对全球经济有重大影响的国家。

监督方式：IMF 通过多边和个别两种方式进行汇率监督。多边监督涉及分析工业化国家国际收支和汇率政策的相互作用，以及这些政策如何促进健康的世界经济环境。多边监督以执行董事会和理事会临时委员会提出的《世界经济展望》为依据，强调对国际货币制度有重要影响的国家的政策协调和发展。个别监督则侧重于检查成员国的汇率政策是否符合 IMF 协定第四条规定的义务，并要求成员国及时通知 IMF 其汇率安排的变化。

3）磋商与协调

年度磋商：IMF 原则上每年与各成员国进行一次经济和金融形势的磋商，以评估其经济政策的效果和经济发展状况。

目的与意义：这种磋商不仅有助于 IMF 履行监督成员国汇率政策的责任，还能使 IMF 更深入地了解成员国的经济动态和政策措施，从而能够更迅速地处理成员国申请贷款的要求。同时，磋商也为成员国提供了一个与国际社会交流经验、分享信息的平台，促进了全球经济的协调与合作。

综上所述，IMF 的主要业务涵盖了外汇资金的融通、汇率监管以及磋商与协调等多个方面，这些业务共同构成了 IMF 维护全球经济和金融稳定、促进经济增长的重要基石。

11.2.2　国际货币基金组织的贷款

1. 贷款的特点

贷款作为 IMF 的一项重要业务，具有其独特的特点，这些特点不仅反映了 IMF 作为国际金融机构的运作方式，也体现了其对成员国经济稳定与发展的支持方式。

1）贷款对象的特定性

贷款的对象仅限于成员国政府，IMF 只与成员国的财政部、中央银行、外汇平准基金组织或其他类似的财政机构进行业务往来。这一特点确保了 IMF 贷款的专属性，即只有 IMF 的成员国政府才有资格获得其提供的贷款支持，从而加强了成员国与 IMF 之间的紧密联系和合作。

2）贷款用途的限定性

贷款的用途仅限于解决国际收支暂时不平衡，尤其是经常项目收支发生的不平衡。近年来，IMF 也增设了支持经济结构调整与经济改革的贷款。这一特点确保了 IMF 贷款资金的专款专用，即贷款资金主要用于解决成员国的国际收支问题，有助于维护全球经济的稳定和平衡。同时，支持经济结构调整与经济改革的贷款也体现了 IMF 对成员国经济可持续发展的关注和支持。

3）贷款规模的关联性

贷款的规模与成员国缴纳的份额成正比关系，成员国缴纳的份额越多，则可以从 IMF 获得更多的贷款。这一特点体现了 IMF 贷款制度的公平性和合理性，即成员国在享受贷款权利的同时，也需要承担相应的义务和责任。通过缴纳份额，成员国不仅为 IMF 提供了必要的资金支持，也为自己在需要时获得贷款支持奠定了基础。

4）贷款的条件性

IMF 在向成员国提供贷款时都附加了相应的条件，这些条件旨在确保贷款的使用与可维持的国际收支前景相结合，同时保护 IMF 的流动性并有助于调整贷款国的经济状况。贷款的条件性是 IMF 贷款制度的重要组成部分，它有助于确保贷款资金的有效利用和还款安全。通过附加条件，IMF 可以引导贷款国采取有利于经济稳定和发展的政策措施，从而增强其还款能力和国际竞争力。然而，贷款的条件性也是 IMF 在行使其职能过程中引发争议的问题之一，因为不同国家对于贷款条件的接受程度可能存在差异。

5）贷款方式的独特性

除了某些专项贷款外，借款国在获得贷款时需要用本国货币购买等值的外币或特别提款权（SDR），这一过程通常称为提款；在偿还贷款时则要用外汇或 SDR 换回本国货币，这一过程称为购回。贷款本息均以 SDR 为计算单位，且提用各类贷款均需一次性交付 0.5% 的手续费。这一独特的贷款方式体现了 IMF 贷款制度的灵活性和创新性。通过使用 SDR 作为计算单位和交易媒介，IMF 可以更加便捷地进行跨国资金流动和货币兑换。同时，一次性支付的手续费也有助于 IMF 维持其运营成本和提供持续的服务支持。

2. 贷款的种类

自 20 世纪 50 年代开始，IMF 贷款种类逐渐增加，发展至今已经有多种类型贷款。

1）普通贷款（基本信用贷款）

特点：IMF 最基本的贷款形式，用于满足成员国短期的国际收支失衡。

期限与利率：期限通常不超过五年，利率随贷款期限递增。

分档政策：贷款分为储备部分和信用部分，后者再细分为四个档次，每档贷款条件宽严不同。

2）补偿与应急贷款

前身：出口波动补偿贷款，设立于 1963 年。

用途：针对出口收入下降或谷物进口支出增加导致的临时性国际收支困难，贷款额各为其份额的 83%，两者同时借取则不得超过份额的 105%。

贷款条件：需证明出口收入下降或谷物进口支出增加是暂时且不可控的，同时需与 IMF 合作执行调整计划。

3）缓冲库存贷款

设立时间：1969 年 5 月。

目的：帮助初级产品出口国建立缓冲库存以稳定价格。

贷款条件：适用于锡、可可、糖、橡胶等初级产品，贷款额度可达成员国份额的 45%，贷款期限为 3~5 年。

4）中期贷款（展期贷款）

设立时间：1974 年 9 月。

目的：解决成员国长期结构性国际收支赤字，而且其资金需求量比普通贷款所能借取的贷款额度要大。

贷款条件：确认国际收支困难的确需要长期贷款解决，申请国须提供详细的经济政策目标和实施计划，以及在 12 个月内准备实施的有关政策措施的详细说明，并且在以后 12

个月内都要向 IMF 提供有关工作进展的详细说明,以及今后为实现计划目标将采取的措施;贷款根据实际情况分期发放。如果借款国不能达到 IMF 的要求,贷款可以停止发放。最高贷款额度可达成员国份额的 140%,期限为 4~10 年,备用安排期限为 3 年。此项贷款与普通贷款两项总额不得超过借款国份额的 165%。

5)补充贷款

设立时间:1977 年 8 月。

资金来源:石油输出国提供 48 亿和其他七国提供 52 亿,总计 100 亿美元资金。

用途:为国际收支严重赤字的国家提供额外贷款支持。

贷款条件:当成员国已用尽普通贷款的高档信用部分且仍需大额长期资金时,可申请。贷款期限为 3~7 年,每年偿还一次,利率前三年相当于 IMF 付给资金提供国的利率。借款额可达成员国份额的 140%。

6)信托基金贷款

设立时间:1976 年。

资金来源:IMF 出售黄金所获利润。

用途:按优惠条件向低收入发展中国家提供贷款。

贷款条件:1973 年人均国民收入低于 300SDR 的国家,共有 61 个国家具备条件,它们可享用自 1976 年 7 月 1 日起两年期的第一期贷款。1975 年人均收入低于 520 美元的国家,IMF 确定了 59 个,可享用自 1978 年 7 月 1 日起两年期的第二期贷款。须经 IMF 审核申请贷款国的国际收支、外汇储备以及其他发展情况,证实确有资金需要,并有调整国际收支的适当计划。

7)临时性信用贷款

特点:根据特殊需要设立的特别贷款项目,资金来源于 IMF 临时借入。

8)结构调整贷款

设立时间:1986 年 3 月。

资金来源:信托基金贷款偿还的本息。

贷款条件:针对需要经济结构调整的国家,贷款利率低(1.5%),期限为 5~10 年。1987 年 12 月设立扩大的结构调整贷款,贷款最高额度为份额的 250%。

9)制度转型贷款

目的:帮助东欧国家克服从计划经济向市场经济转变过程中的国际收支困难。

这些贷款种类共同构成了 IMF 支持成员国经济稳定和发展的重要金融工具,通过灵活的贷款条件和多样化的贷款类型,IMF 能够在全球范围内有效应对各种经济挑战。

11.2.3 国际货币基金组织的作用

IMF 自成立以来,在全球经济舞台上扮演了至关重要的角色,其贡献不仅体现在维护国际货币体系的稳定上,还深刻影响了国际贸易的繁荣和世界经济的整体发展。

1. 实现了以固定汇率为基础的国际货币体系

固定汇率制的作用:一是稳定。IMF 成立初期推行的以美元为中心的固定汇率制,通过设定各国货币与美元之间的固定比价，减少了汇率波动带来的不确定性，为国际贸易和投资提供了稳定的汇率环境。二是便利。固定汇率制简化了国际结算程序，降低了交易成本，促进了国际贸易的增长。企业和个人可以更加准确地预测汇率变动，从而做出更为合理的经济决策。三是支持经济复苏。在战后经济复兴阶段，固定汇率制为各国经济的恢复和增长提供了有力支持，促进了全球经济的快速复苏。

尽管布雷顿森林体系最终崩溃，但 IMF 在随后对浮动汇率制的管理和监督中发挥了重要作用。通过加强成员国之间的沟通与协调，IMF 在一定程度上缓解了汇率波动对国际经济体系的冲击，维护了国际货币体系的相对稳定。

2. 暂时缓解了国际收支困难

IMF 提供的多种类型贷款，如普通贷款、补偿与应急贷款、缓冲库存贷款等，为成员国在面对国际收支危机时提供了及时的资金支持。这些贷款不仅帮助成员国缓解了短期内的资金压力，还为其调整经济结构和改善国际收支赢得了宝贵的时间。

在历史关键时刻，如 1991 年英国货币危机、1994 年墨西哥金融危机以及 1997 年东南亚金融危机中，IMF 的紧急援助有效遏制了危机的进一步蔓延，减轻了受援国的经济损失。通过提供贷款和技术援助，IMF 还帮助成员国加强了其财政和货币政策的制定和执行能力，促进了其经济的可持续发展。

3. 维持了世界货币体系的正常运转

IMF 作为国际货币体系的核心机构之一，通过定期召开会议、发布政策报告等方式，加强了成员国之间的沟通与协调。这种协调机制有助于解决各国在货币政策、汇率制度等方面的分歧和矛盾，从而维护世界货币体系的正常运转。IMF 还通过提供政策建议和技术支持，帮助成员国完善其金融体系和监管框架，提高了全球金融体系的整体稳健性。在 IMF 的推动下，世界范围内的商品、劳务和资本流通得以正常进行。这不仅促进了国际贸易和投资的繁荣，还加强了各国之间的经济联系和相互依赖程度，为全球经济的稳定增长奠定了坚实基础。

综上所述，IMF 在维护国际货币体系稳定、缓解成员国国际收支困难以及保障世界货币体系正常运转方面发挥了不可替代的作用。其存在和发展对于促进国际贸易和世界经济的繁荣具有深远的意义。

11.2.4　我国与国际货币基金组织的关系

中国自 1980 年恢复在 IMF 中的合法席位以来，与该组织的合作不断深化，这不仅促进了中国的经济发展，也提升了中国在国际金融舞台上的地位与影响力。以下是对这一历程及其影响的详细分析。

恢复合法席位的意义：第一，资金与技术援助。中国作为 IMF 成员，能够利用该组织提供的资金和技术援助，为经济建设拓宽筹资渠道，促进经济结构调整和体制改革。第二，扩大国际影响力。通过参与 IMF 的国际金融活动，中国增加了对外接触，提升了国际社会对中国的认知，增强了中国的政治影响力。第三，市场信息获取。IMF 作为一个国际金融组织，拥有丰富的市场信息和数据，中国通过与其合作能够更准确地把握国际市场动态，有利于对外贸易的开展。

中国恢复 IMF 席位后，先后于 1981 年和 1986 年借入 7.59 亿 SDR 和 5.98 亿 SDR 的贷款，用于弥补国际收支逆差，支持经济结构调整和经济体制改革。这些贷款的提前偿还体现了中国良好的信用记录和经济实力。随着中国经济的持续增长和外汇储备的增加，中国逐渐从借款国转变为净债权国，开始向 IMF 提供贷款支持，特别是针对重债穷国和亚洲金融危机中的受援国，展现了中国的国际责任感。1994 年，我国向 IMF 提供了 1 亿 SDR 的贷款，用于支持重债穷国的债务调整，同时还向该贷款的贴息账户捐款 1200 万 SDR。1999 年，我国又向国际货币基金组织捐助 1313 万 SDR，继续支持重债穷国减债计划。1997 年 7 月亚洲金融危机爆发后，我国政府积极参与了 IMF 向泰国提供一揽子援助，向泰国政府贷款 10 亿美元。在印度尼西亚金融危机爆发后，我国向 IMF 承诺向印尼政府提供 3 亿美元的二线资金支持。20 世纪 80 年代中期以后，由于国际收支状况的改善和外汇储备的增加，我国一直积极履行义务，用我国份额的一部分为其提供短期资金融通。在亚洲金融危机期间，我国用于该计划的份额余额超过 20 亿美元。可以说，中国为 IMF 的健康发展和维护发展中国家的利益发挥了积极影响。

近年来，IMF 与中国的合作不再局限于资金援助，而是向技术援助和人员培训等领域拓展。双方在统计、财政、税务、金融、外汇管理等方面的合作日益紧密，有助于提升中国的金融治理能力和国际竞争力。通过参与 IMF 的各项活动和会议，中国政府能够及时向国际社会阐述中国的立场和政策，为维护全球经济的稳定和发展贡献力量。同时，中国在 IMF 中的积极表现也提升了中国的国际声誉和影响力，为中国在国际金融领域发挥更大作用奠定了基础。

扩展阅读 11.2　阅读材料

总之，中国与 IMF 的合作历程是双方互利共赢的典范。未来，随着全球经济的不断发展和国际金融格局的深刻变化，中国将继续深化与 IMF 的合作，共同应对全球性挑战，推动构建更加公正合理的国际金融秩序。

即测即练题 11.2

案例讨论 11.2　2023 年 IMF 援助乌克兰与其经济改革

自学自测

扫描此码

11.3　世界银行集团

布雷顿森林会议于 1944 年 7 月达成了《国际复兴开发银行协定》，根据该协定，在 1945

年 12 月正式成立了国际复兴开发银行（IBRD），这个机构通常被称为"世界银行"，它是世界银行集团的核心机构。目前，世界银行集团由五个机构组成：国际复兴开发银行（IBRD）、国际开发协会（IDA）、国际金融公司（IFC）、多边投资担保机构（MIGA）和解决投资争端国际中心（ICSID）。

11.3.1　世界银行集团概述

1. 世界银行

世界银行（World bank），全称国际复兴开发银行（international bank for reconstruction and development，IBRD），是世界银行集团中成立最早、提供贷款最多的多边开发机构。它不是传统意义上的"银行"，而是一个联合国系统下的国际金融组织。

1）世界银行的宗旨

世界银行的宗旨是通过提供资金和技术援助，帮助发展中国家实现经济发展和社会进步，减少贫困。它主要通过提供贷款、担保、技术援助和政策建议等方式，支持成员国的基础设施建设、教育、卫生、农业等领域的发展。此外，为了保证上述宗旨的实现，世界银行还规定，银行及其官员不得干预成员国的政治，其一切决定也不应受有关成员国政治形势的影响，一切决定只应与经济方面的考虑有关。

2）世界银行的组织机构

（1）理事会：理事会是世界银行的最高决策机构，由各成员国选派 1 名理事和 1 名副理事组成，任期通常为 5 年，可连任。副理事只有在理事缺席时才有投票权。各成员国一般都委派财政部长、中央银行行长或其他地位相当的高级官员担任。理事会负责接受新成员国、决定银行资本增减、分配银行净收入等重大问题。理事会会议一般每年 9 月与 IMF 联合举行，并在必要时召开特别会议。传统上，年会在华盛顿举行两次之后，每三年在其他成员国举行，以反映世界银行集团的国际性。

（2）执行董事会：执行董事会负责世界银行的日常管理和决策执行。它由 24 名执行董事组成（包括行长和执行董事会主席），其中 5 名由持股量最大的国家（美国、日本、中国、德国和法国）指派，其余由其他成员国按地区分组选举产生。执行董事会的主要职责包括：根据业务需要随时召集会议；审议贷款和担保建议；审议行长提出的赠款和担保建议；决定指导总体业务的各项政策；在年会期间向理事会提交经审计的账户、行政预算、业务和政策的年度报告以及其他有关事务。

（3）行长：行长是世界银行的最高行政长官，由执行董事会选举产生，任期 5 年，可连任。行长负责世界银行的日常运营和高级职员的任免，但在执行董事会表决中无投票权，除非在双方票数相等时投决定性的一票。自世界银行成立以来，行长均由美国人担任。世界银行除在华盛顿设有总部外，在许多成员国设有办事处、派出机构和常驻代表。在总部内按地区和专业设有 50 个局和相当于局的机构，由副行长领导。

扩展阅读 11.3　世界银行重要事项的决定权

世界银行的成员国需认缴股份，股份分配基于成员国的经济和财政实力。每个成员国拥有一定数量的基本投票权（通常为 250 票或更多），并根据其认缴的股份数获得额外投票权（每认缴一股增加一定票数）。这种股份和投票权制度确保了成员国在决策过程中的相对权重与其经济实力相符。

3）世界银行的资金来源

世界银行的资金主要来自以下几个方面。

（1）成员国缴纳的股金。

法定股本：世界银行成立时设定的法定股本总额为 100 亿美元，分为 10 万股，每股 10 万美元。这是世界银行运营的基础资本。

缴纳方式：成员国认缴的股金分为两部分。首先是参加时应缴纳的 20%，其中 2% 必须用黄金或美元支付，这部分资金世界银行有权自由使用，无须成员国同意即可用于贷款。剩余的 18% 则用成员国的本国货币支付，使用这部分资金需要征得成员国的同意。剩余的 80% 是待缴股本，当世界银行需要偿还债务或满足其他资金需求时，会向成员国催缴。

（2）发行债券取得的借款。

主要筹资方式：由于实有资本有限且不能吸收短期存款，世界银行主要通过在各国和国际金融市场发行债券来筹集资金。债券发行已成为世界银行资金的主要来源，约占贷款总额的 80%。

借款政策：世界银行实行借款市场分散化政策，以避免对单一市场的过度依赖，从而确保资金来源的稳定性和多样性。

债券类型与发售对象：世界银行发行的债券包括 AAA 级债券和其他债券，主要面向养老基金、保险机构、公司、其他银行及个人等稳健投资者。世界银行发行债券的方式主要有两种：一是直接向成员国政府、政府机构或中央银行出售中短期债券；二是通过投资银行、商业银行等中间包销商向私人投资市场出售债券。用后一种方式出售的债券的比重正在不断提高。

贷款条件：世界银行对借款国的贷款利率通常反映其筹资成本，贷款期限一般为 15 至 20 年，并设有 3 至 5 年的宽限期，以减轻借款国在贷款初期的还款压力。

（3）留存的业务净收益和其他资金来源。

自 1947 年世界银行成立以来，除了初期的第一年因为各种原因出现小额亏损外，在后续的运营中每年都实现了盈余。这些盈余，即业务净收益，是世界银行收入减去运营成本和贷款损失后的净额。世界银行将历年积累的业务净收益中的大部分留作银行的储备金。储备金是银行财务稳健的重要保证，可以用于应对突发的金融风险、支持新的贷款项目或增强世界银行的资本实力。除了储备金外，世界银行还会将小部分业务净收益以赠款的形式拨给国际开发协会（IDA）。国际开发协会是世界银行集团内的一个机构，主要向最贫困的国家提供无息贷款和赠款，以帮助这些国家减轻贫困、促进发展。

世界银行还有两种辅助的资金来源：第一，借款国偿还的到期借款。借款国按照贷款协议约定的期限和条件，定期向世界银行偿还借款本金和利息。这些还款是世界银行资金来源的重要组成部分，有助于世界银行维持资金流动的稳定性和可持续性。当借款国偿还到期借款时，世界银行会将这些资金重新投入到新的贷款项目中，支持其他成员国的经济和社会发展。第二，贷款债权转让给私人投资者。为了进一步拓宽资金来源渠道和优化资产结构，世界银行有时会将部分贷款债权转让给私人投资者，主要是商业银行等金融机构。这种转让行为可以使世界银行快速回收资金，并用于新的贷款项目。同时，它也有助于分散世界银行的贷款风险，提高资产的流动性和安全性。需要注意的是，贷款债权的转让必须遵循严格的程序和规定，以确保交易的公平、公正和透明。

2. 国际开发协会

国际开发协会（international development association，IDA）是一个专门从事对欠发达的发展中国家提供长期和无息贷款的国际金融组织。世界银行的成员国均可成为 IDA 的成员国。在 1959 年 10 月 IMF 和世界银行年会上，通过了建立专门资助最不发达国家的 IDA 的决议，1960 年 9 月 24 日正式成立，并于 1961 年开始运作。

1）IDA 的宗旨

促进经济发展与提高生活水平、提供灵活且负担较轻的融资条件、满足发展需求并补充世界银行的活动、推动全球减贫事业。综上所述，IDA 的宗旨体现了其对全球减贫与发展事业的深刻理解和坚定承诺。通过提供灵活、优惠的融资条件，它致力于帮助世界上最不发达国家实现经济发展和社会进步，从而进一步推动全球减贫事业的深入发展。

2）IDA 的组织机构

IDA 作为世界银行集团的重要成员，其组织机构与世界银行有着紧密的联系和相似性。

（1）理事会。

地位与权力：理事会是 IDA 的最高权力机关，掌管一切权力。

成员构成：凡是世界银行成员国又是 IDA 成员国的国家，其指派的世界银行理事和副理事，依其职权，同时也是 IDA 的理事和副理事。副理事除在理事缺席外，无投票权。世界银行理事会主席同时也是 IDA 理事会的主席。

职责与运作：理事会每年召开年会一次，出席会议的法定人数应为过半数理事，并持有不少于 2/3 的总投票权。

理事会的职责：决定接纳新成员和决定接纳其入会的条件、批准追加认股和决定相关的规定和条件、暂时停止成员国资格、裁决因执行董事会对本协会条文解释产生的异议、决定永远停止的业务和分配其资产、决定净收益的分配等。

（2）执行董事会。

地位与职责：执行董事会是理事会下设的常设机构，负责组织领导协会的日常工作。执行董事负责处理日常业务，包括召集和主持会议、决策、管理高层和审批财务等。

成员构成与投票权：世界银行当选的执行董事，如果其所在国是 IDA 的成员国，则在 IDA 中也享有投票权。每位执行董事的投票权被视为一个单位。董事缺席时，由其指派的副董事全权代行其全部职权；但当董事出席时，副董事可参加会议，但无投票权。执行董事会议的法定人数应是过半数并行使至少 1/2 总投票权的董事。

（3）投票权分配。

IDA 的投票权分配与其成员国的认缴股本成正比。成立初期，每个成员国有 500 票基本投票权，每新认缴 5000 美元增加一票。后来，各成员国基本票调整为 3850 票，增加认缴再按规定增加票数。美国由于认缴股本最高，因此所占投票权也最大。

（4）决策原则。

除另有特殊规定外，IDA 的一切事务均采取简单多数原则通过。

综上所述，IDA 的组织机构以理事会和执行董事会为核心，通过明确的职责划分和投票权分配机制，确保能够高效、有序地运作，并为其成员国提供必要的资金支持和技术援助。

3）IDA 的资金来源

（1）成员国认缴的股金。

法定资本：IDA 成立时的法定资本为 10 亿美元，这一资本构成了最初的资金基础。

成员国分组与缴纳方式：成员国按经济发展水平分为两组。第一组为工业发达国家或收入较高的国家，它们认缴的股金必须全部以黄金或可兑换货币缴纳。第二组为广大发展中国家，其认缴资本的 10% 必须以可兑换货币缴纳，其余 90% 可用本国货币缴纳。但 IDA 要动用这些国家的货币发放贷款时，应先征得各国的同意。

（2）成员国提供的补充资金。

资金补充机制：由于成员国认缴的股金有限，协会根据资金需求情况，可批准普遍增加认股额。自 1965 年以来，IDA 已多次进行资金补充，每三年补充一次，有近 40 个国家参与捐款。

主要捐款国：美国、英国、德国、日本、法国等发达国家在捐款中占比较大，但值得注意的是，一些曾是 IDA 借款国的发展中国家，如阿根廷、博茨瓦纳、巴西、匈牙利、韩国、俄罗斯、土耳其等，也多次捐款。此外，瑞士虽非协会成员国，但也提供捐赠和长期无息贷款。

认股灵活性：追加认股一经批准，成员国可认购一定数额的股份，以保持其相应的投票权，但并无必须认股的义务。

（3）世界银行的拨款。

无偿赠款：从 1964 年开始，世界银行每年将其净收益的一部分以无偿赠款形式转拨给IDA，作为其重要资金来源之一。

（4）协会本身经营业务的盈余。

业务收益：IDA 通过发放开发信贷收取小比例的手续费及从投资收益中获得一定的业务收益。然而，由于协会提供的贷款条件极其优惠，这部分资金来源相对有限。

综上所述，IDA 的资金来源包括成员国认缴的股金及其提供的补充资金、世界银行的拨款以及自身经营业务的盈余。这些多元化的资金来源为 IDA 提供了稳定的资金支持，使其能够持续为最不发达国家提供必要的经济援助和发展支持。

3. 国际金融公司

国际金融公司（international finance corporation，IFC）作为世界银行的一个附属但法律上独立的国际金融机构，其独特性和重要性在于其专注于为发展中国家的私人企业提供金融支持，从而填补了世界银行和 IMF 在这一领域的空白。1951 年 3 月美国国际开发咨询局建议在世界银行下设国际金融公司，1956 年 7 月 24 日国际金融公司正式成立，世界银行的成员国均可成为该公司的成员国。

1）IFC 的宗旨

IFC 的宗旨体现了 IFC 促进发展中国家经济增长和社会进步的独特使命。《国际金融公司协定》明确指出，其目标是通过向发展中国家尤其是欠发达的成员国的生产性企业提供无须政府担保的贷款与投资，来鼓励国际私人资本的流入。这种支持有助于增强私人企业的活力，促进其技术创新、产业升级和就业创造，进而推动成员国经济的整体发展。

具体来说，IFC 的工作重点包括：①促进私人投资。通过提供融资支持，降低私人投资者在发展中国家面临的风险和不确定性，激发他们的投资热情。②支持企业成长。帮助中小企业和初创企业克服资金瓶颈，实现可持续发展。③推动技术创新。鼓励企业采用新技术、新工艺，提高生产效率和产品竞争力。④促进就业与减贫。通过支持企业扩张和产业升级，创造更多就业机会，减少贫困现象。

2）IFC 的组织机构

IFC 的组织机构设计既体现了与世界银行的紧密联系，又保持了其作为独立机构的自主性和灵活性。其主要机构包括理事会、执行董事会和办事机构。

（1）理事会：作为公司的最高权力机构，负责审议和批准公司的重大政策、财务计划和业务活动。理事会的成员通常来自世界银行的成员国，确保公司决策的广泛代表性和权威性。

（2）执行董事会：在理事会闭会期间，负责公司的日常管理和决策。执行董事会主席由世界银行行长兼任，这有助于加强两个机构之间的协调与合作。

（3）办事机构：IFC 设有独立的办事机构和工作人员，包括若干地区局、专业业务局和职能局。这些机构负责具体执行公司的政策和计划，为成员国提供高质量的金融服务。

值得注意的是，尽管 IFC 在某些方面与世界银行存在人员重叠和资源共享，但其在业务运营、资金管理和项目审批等方面具有完全的独立性。这种独立性确保了 IFC 能够根据市场需求和成员国实际情况灵活制定政策、调整策略，更有效地实现其宗旨和目标。

3）IFC 的资金来源

（1）成员国缴纳的股金。①法定资本：IFC 成立时的法定资本为 1 亿美元，分为 10 万股，每股 1000 美元，且这些股金必须以黄金或可兑换货币缴付。这一初始资本为公司的运营提供了坚实的基础。②增资：自成立以来，公司根据业务发展的需要进行了多次增资。各成员国应缴纳的股金数额与其在世界银行认缴的股金成正比，这既保证了成员国之间的公平性，也体现了成员国在公司中的相对地位和责任。

（2）发行债券。为了补充自有资本的不足，IFC 积极在国际资本市场上发行国际债券。这是公司借款的主要方式，约占借款总额的 80%。通过发行债券，公司能够吸引全球投资者的资金，为发展中国家的项目提供融资支持。

（3）借款。根据与 IFC 和世界银行签订的《贷款总协定》，IFC 能够以优惠条件从世界银行及成员国政府那里获得一定数量的贷款。这些贷款为公司提供了额外的资金来源，有助于增强其财务稳定性和流动性。近年来，IFC 已逐渐将筹资的重点放在国际金融市场，通过发行债券等方式筹集资金。同时，公司也适当限制从世界银行等机构的借款，以降低融资成本并提高资金使用效率。

（4）业务经营净收入。IFC 对贷款和投资业务管理得力，基本上每年都会有盈利。这些积累的净收益成为公司资金来源的一部分，有助于增强公司的资本实力和抗风险能力。通过有效的业务管理和风险控制，IFC 能够持续为发展中国家的私人企业提供优质的金融服务。

综上所述，IFC 的资金来源包括成员国缴纳的股金、发行债券、从世界银行及成员国政府借款以及业务经营净收入等多个方面。这些多元化的资金来源为公司提供了稳定的资金支持，使其能够持续为发展中国家的经济增长和社会进步做出贡献。

4. 多边投资担保机构

多边投资担保机构（multilateral investment guarantee agency，MIGA）成立于 1988 年，是世界银行集团里成立时间最晚的机构，1990 年签署第一笔担保合同。作为担保业务的一部分，MIGA 也帮助投资者和政府解决可能对其担保的投资项目造成不利影响的争端，防止潜在索赔要求升级，使项目得以继续。MIGA 还帮助各国制定和实施吸引和保持外国直接投资的战略，并以在线服务的形式免费提供有关投资商机、商业运营环境和政治风险担保的信息。

（1）MIGA 的宗旨。通过提供政治风险担保，为外国私人投资者在发展中国家进行投资时面临的政治风险提供保障。这些政治风险包括但不限于征收风险（即政府没收或国有化外国投资者的财产）、货币转移限制、政府违约（不履行合同义务）、战争和内乱等。此外，MIGA 还致力于促进成员国政府吸引外资的能力，通过提供投资促进服务、解决投资争端以及提供投资信息和咨询等方式，为外商直接投资流入发展中国家创造有利条件。

（2）MIGA 的组织机构。该机构内设理事会、董事会、总裁和工作人员。理事会作为最高权力机构，由每个成员国指派的理事和副理事组成，负责审议和决定 MIGA 的重大政策和事项。董事会负责日常管理和业务决策，至少由 12 名成员组成。董事会主席由世界银行行长兼任，但除特定情况外，不享有投票权。总裁由董事会主席提名并任命，负责执行董事会的决策，管理日常运营及职员的任免。工作人员支持总裁和董事会的工作，负责具体执行各项政策和计划。

（3）MIGA 提供担保的条件。为了确保担保的有效性和可持续性，MIGA 对符合担保条件的投资形式和投资人设定了一系列标准。投资形式主要包括股本、股东贷款以及由股本持有人提供的贷款。贷给不相关借款人的贷款在符合条件的情况下也可获得担保。此外，技术援助、管理合同、特许和许可协议等形式的投资，只要满足特定条件（如合同期限和投资报酬与项目运作结果挂钩），也可获得担保。投资人必须来自 MIGA 的某一成员国，而非准备投资的国家。公司或金融机构若在某成员国内成立并将主要经营地设在该国，或在该国进行商业运作，也符合资格要求。MIGA 在签发担保合同前，必须获得投资所在东道国的批准，以确保担保的合法性和有效性。

5. 解决投资争端国际中心

第二次世界大战以后，新独立的发展中国家纷纷对涉及重要自然资源和国民经济命脉的外资企业实行征收或国有化，引起了发达国家与发展中国家之间的矛盾和纠纷。为解决这类纠纷，1966 年 10 月世界银行根据《关于解决国家和他国国民之间投资争端公约》建立了一个专门处理国际投资争议的国际性常设仲裁机构——解决投资争端国际中心

（international centre for setllement of investment disputes，ICSID）。它是世界银行下属的一个独立机构。行政理事会由缔约国各派出代表 1 人组成。世界银行行长为行政理事会的主席，世界银行的秘书长作为法定代表和主要官员。ICSID 总部设在美国华盛顿。

（1）宗旨与职能：ICSID 的宗旨是通过调解和仲裁的方式，为国家与外国私人投资者之间的投资争议提供高效、公正的解决方案。这一职能的履行不仅有助于保护投资者的合法权益，也促进了东道国政府管理外资的透明度和可预测性。

（2）特殊法律地位：ICSID 在法律地位上独具特色，它拥有完全的国际法人资格，这意味着它具备独立的法律地位，能够以自己的名义进行法律行为，如缔结契约、取得和处理财产以及提起诉讼等。此外，在各缔约国境内执行职务时，ICSID 及其工作人员还享有公约所规定的豁免权和特权，这进一步保障了其独立性和公正性。

（3）工作程序：ICSID 的工作程序严谨而灵活。首先，它根据争端双方当事人之间的书面协议受理案件。在调解阶段，双方当事人可以从调解小组中或小组外选择独任调解人或调解委员会进行调解。若调解不成，当事人可选择进入仲裁程序，同样由双方当事人从仲裁小组中或小组外任命仲裁员组成仲裁庭进行仲裁。这种程序设置既尊重了当事人的意愿，又保证了争议解决的公正性和效率。

（4）裁决的效力与执行：ICSID 仲裁庭作出的裁决是终局的，对双方当事人具有法律约束力。更为重要的是，由于 ICSID 是世界银行下属的独立机构，其裁决在各缔约国境内通常能够得到承认和执行。这种跨国的承认与执行机制，为投资者提供了强有力的法律保障，也使得 ICSID 成为国际投资争议解决领域的重要机构。

11.3.2　世界银行集团的主要业务活动

1. 世界银行的主要业务活动

世界银行作为全球重要的多边开发机构，其核心使命是通过金融支持和知识分享，帮助发展中国家减少贫困、提高生活水平，并促进其可持续发展。其主要业务活动围绕贷款、政策咨询和技术援助三大支柱展开。其核心的贷款业务介绍如下。

（1）贷款条件。

对象限制：贷款主要面向成员国政府，或由成员国政府、中央银行担保的机构。

用途限定：贷款通常用于支持世界银行审定并批准的特定项目，特别是基础设施建设、农业和教育等，仅在特殊情况下考虑非项目贷款。

资金来源考量：在成员国确实无法以合理条件从其他渠道获得资金时，世界银行才会考虑提供贷款。

还款能力评估：贷款发放给具备偿还能力并能有效运用资金的成员国。

专款专用与监督：贷款必须专款专用，并接受世界银行在资金使用、工程进度、物资保管、工程管理等方面的全面监督。

（2）贷款特点。

长期性：贷款期限根据借款国的人均国民生产总值分组设定，将借款国分为 4 组，每组期限不一。第一组为 15 年，第二组为 17 年，第三、四组为最贫穷的成员国，期限为 20 年，并设有 3 年至 5 年的宽限期。

低利率：贷款利率参照资本市场利率制定，一般低于市场水平，采用浮动利率，每半年调整一次。

汇率风险：借款国需承担汇率变动的风险。

还款严格：贷款必须如期归还，不得拖欠或更改还款日期。

手续复杂：从项目提出到最终获得贷款，整个过程通常需要1年半到2年的时间。

政府导向与项目绑定：贷款主要发放给成员国政府，并与具体的工程和项目紧密相连。

（3）贷款的程序。第一，借款成员国提出项目融资设想，世界银行与借款国洽商，并进行实际考察；第二，双方选定具体贷款项目；第三，双方对贷款项目进行审查与评估；第四，双方就贷款项目进行谈判、签约；第五，贷款项目的执行与监督；第六，世界银行对贷款项目进行总结评价。

（4）贷款的种类。世界银行执行董事会按用途将贷款分为以下六类。

①项目贷款。这是世界银行传统的贷款业务，也是最重要的业务。世界银行贷款中约有90%属此类贷款。该贷款属于世界银行的一般性贷款，主要用于成员国的基础设施建设。

②非项目贷款。与具体工程和项目不直接相关，主要用于成员国进口物资、设备，应对突发事件或调整经济结构等。

③技术援助贷款。它包括两类：一是与项目结合的技术援助贷款，如对项目的可行性研究、规划、实施，项目机构的组织管理及人员培训等方面提供的贷款；二是不与特定项目相联系的技术援助贷款，也称"独立"技术援助贷款，主要用于资助为经济结构调整和人力资源开发而提供的专家服务。

④联合贷款。这是一种由世界银行牵头，联合其他贷款机构一起向借款国提供的项目融资。该贷款设立于20世纪70年代中期，主要有两种形式：一是世界银行与有关国家政府确定贷款项目后，即与其他贷款者签订联合贷款协议，而后它们各自按通常的贷款条件分别与借款国签订协议，各自提供融资；二是世界银行与其他借款者按商定的比例出资，由前者按贷款程序和商品、劳务的采购原则与借款国签订协议，提供融资。

⑤"第三窗口"贷款。它也称中间性贷款，是指在世界银行和IDA提供的两项贷款（世界银行的一般性贷款和IDA的优惠贷款）之外的另一种贷款。该贷款条件介于上述两种贷款之间，即比世界银行贷款条件宽松，但不如IDA贷款条件优惠，期限可长达25年，主要贷放给低收入的发展中国家。

⑥调整贷款。它包括结构调整贷款和部门调整贷款。结构调整贷款的目的在于：通过1～3年的时间促进借款国宏观或部门经济范围内政策的变化和机构的改革，有效地利用资源，5～10年内实现持久的国际收支平衡，维持经济的增长。结构调整问题主要是宏观经济问题和影响若干部门的重要问题，包括贸易政策（如关税改革、出口刺激、进口自由化等）、资金流通（如国家预算、利率、债务管理等）、资源有效利用（如公共投资计划、定价、刺激措施等）以及整个经济和特定部门的机构改革等。部门调整贷款的目的在于支持特定部门全面的政策改变与机构改革。

2. 国际开发协会的主要业务活动

IDA的主要业务活动是向欠发达的发展中国家的公共工程和发展项目同时提供技术援

助和进行经济调研。与世界银行的贷款不同的是，IDA 的贷款是优惠的无息贷款，只收取少量手续费和承诺费，而且期限也比世界银行贷款长，并有宽限期。IDA 的信贷主要用于经济收益率低、时间长但具有较好的社会效益的项目，主要包括教育、卫生、农业、环保、人口控制等领域。

（1）贷款条件：借款国的人均国民生产总值必须低于一定标准（如设定为 635 美元），以确保资金流向最贫困的国家；借款国需证明其无法通过传统融资渠道（如商业银行贷款）以合理的成本获得所需资金；所选项目必须能显著提升借款国的劳动生产率，并具备较高的社会效益，尽管其经济收益率可能相对较低；项目领域通常涵盖教育、卫生、农业、环保、人口控制等对国家长期发展至关重要的领域；尽管规定允许向私人企业贷款，但实际操作中，国际开发协会的贷款几乎全部直接贷给成员国政府，以确保资金的有效管理和使用。

（2）贷款特点：IDA 提供的贷款期限极长，最初可长达 50 年，并设有 10 年的宽限期，使借款国有足够的时间来发展经济并逐步偿还债务。近年来，根据借款国的不同情况，贷款期限被划分为 40 年和 35 年两种，但均包含 10 年宽限期。

（3）免收利息：与世界银行的贷款不同，IDA 的贷款在贷款期间内免收利息，仅象征性地收取 0.75% 的手续费，大大降低了借款国的融资成本。

（4）灵活的还款安排：在宽限期结束后，借款国可根据其经济状况分阶段偿还本金，初期还款压力较小，后期逐渐增加，以适应其经济增长和财政能力的变化。第一类国家在宽限期过后的两个 10 年每年还本 2%，以后 20 年每年还本 4%；第二类国家在第二个 10 年每年还本 2.5%，其后 15 年每年还本 5%。由于 IDA 的贷款基本上都是免息的，故称为软贷款，而条件较为严格的世界银行贷款，则称为硬贷款。

3. 国际金融公司的主要业务活动

IFC 的主要业务活动，是对成员国的私人企业或私人同政府合资经营的企业提供贷款或协助其筹措国内外资金。另外，还从事其他旨在促进私人企业效率和发展的活动，如提供项目技术援助和政策咨询以及一般的技术援助。IFC 目前是向发展中国家的私人企业提供资金的最大投资者。

1）贷款的政策

投资项目的经济贡献：IFC 向私人企业投资或贷款时，会考虑该项目是否能带动更多的其他投资者参与，从而增强所在国经济的活力。IFC 倾向于投资那些大部分资本由私人承担的企业，且这些企业在没有 IFC 参与的情况下难以获得必要的私人资本。为了鼓励其他私人部门的投资，IFC 对企业的投资入股一般要求不超过企业资本额的 25%，并且不参与企业的日常经营管理和投票决策。

盈利要求：IFC 的贷款和投资要求项目具有明确的盈利前景，资金的流动需遵循市场规律，不依赖政府担保。IFC 支持那些通过公平竞争获得利润的企业，反对市场扭曲如保护主义和补贴，以确保市场的公平性和效率。所资助的企业必须有利于所在国的经济和社会发展，以获得政府的支持和社会的认可。

补充私人投资：IFC 的业务在私人投资中起补充作用，旨在通过资助企业来支持私人投资者的参与，而非替代私人投资。公司不对那些认为可以在合理条件下获得足够私人资本的企业进行资助，确保资金的有效利用。贷款者所在成员国政府不反对该投资项目，且本国投资者必须在项目开始时就参与投资，以促进国内外资本的融合。

2）贷款对象

IFC 的贷款对象主要是亚洲、非洲和拉丁美洲地区的欠发达国家，资助部门主要集中在制造业、加工业、开采业、公用事业以及旅游业等关键领域。

直接贷款：贷款可以直接向成员国的私人企业发放，无须政府机构的担保，简化了贷款流程，提高了效率。

长期贷款：贷款期限较长，一般为 7~15 年，有时还可根据具体情况延长，以满足企业长期发展的资金需求。

利率设定：虽然 IFC 的贷款利率通常高于世界银行提供的贷款利率，但考虑到其提供的风险管理和技术支持等增值服务，这一利率水平是合理的。

4. 多边投资担保机构的主要业务活动

MIGA 的两项业务主要是承保非商业性风险、提供促进性和咨询性服务。这两个方面的活动共同构成了 MIGA 支持全球发展中国家吸引和保护外国直接投资的基石。

（1）承保非商业性风险。MIGA 的核心功能之一是为跨国投资提供政治风险保险，这些风险通常被称为非商业性风险，因为它们超出了正常商业运营的范围，包括但不限于战争、内乱、征用、汇兑限制和政府违约等。通过提供此类保险，MIGA 鼓励资本流向那些因政治和经济存在不确定性而面临高风险的发展中国家。

合格投资的标准：为了确保保险的有效性并防止不必要的损失，MIGA 对"合格投资"设定了严格的标准。这些标准包括投资的形式（如股权、中长期贷款等）、投资的执行时间（必须在申请注册后开始）、投资对东道国发展的贡献、符合东道国法律及政策，以及东道国对投资的公正和平等待遇和法律保护。

东道国条件：MIGA 的承保还取决于东道国的资格，即必须是发展中国家同意 MIGA 承保其境内特定投资的风险，并对担保的投资给予公正和平等待遇及法律保护。

（2）提供促进性和咨询性服务。除了保险业务外，MIGA 还致力于通过一系列促进性和咨询性服务，帮助发展中成员国改善其投资环境，吸引更多的外国私人直接投资。第一，投资促进会议。组织国际会议、研讨会和讲习班，为各国政府、投资者和其他利益相关方提供一个交流经验、分享最佳实践和探索合作机会的平台。第二，执行发展计划。协助成员国制定和执行旨在改善投资环境的国家发展计划，包括政策改革、机构建设和技术援助等方面。第三，外国投资政策圆桌会议。促进政府、私营部门和民间社会之间的对话，就外国投资政策进行协商和讨论，以达成更加开放、透明和有利于发展的政策框架。第四，外国直接投资法律框架咨询服务。为成员国提供法律框架的审查和评估服务，帮助它们识别并消除可能阻碍外国直接投资的法律和政策障碍。

5. 解决投资争端国际中心的主要业务活动

ICSID 是根据《关于解决国家和他国国民之间投资争端公约》设立的世界银行下属机构，用于解决外国投资者与东道国政府之间的投资争端。

业务活动目的与宗旨：ICSID 的主要目的是为外国投资者和东道国政府之间的投资争端提供国际解决途径，避免投资者只能依赖东道国国内司法程序可能带来的不公平和不确定性。

机构角色：ICSID 本身并不直接进行调解或仲裁，而是作为一个管理和服务机构，为调解委员会或国际仲裁庭的设立和运作提供必要的支持和便利。

受理范围：ICSID 可以受理的争端仅限于一缔约国政府（东道国）与另一缔约国国民（外国投资者）之间因国际投资直接引起的法律争端。对于具有东道国国籍但实质上由外国投资者控制的法人，经双方同意，也可视为外国投资者。

调解程序：在调解过程中，调解员会努力促进双方达成和解，但调解员的建议并不具有法律约束力，仅供当事人参考。

仲裁程序：仲裁是更具正式性和约束力的程序。仲裁庭作出的裁决是终局的，对双方均有约束力，且通常可以在多个司法管辖区得到承认和执行。

中立性与专业性：ICSID 的调解员和仲裁员均来自不同国家，具有高度的专业性和独立性，能够确保争端解决的公正性和效率。

ICSID 的设立对于促进国际投资流动、保护外国投资者权益以及维护国际投资环境的稳定性和可预测性具有重要意义。它为投资者和东道国政府提供了一个相对独立和公正的争端解决机制，有助于减少投资争端对国际经济关系的不利影响。总之，ICSID 通过其调解和仲裁业务活动，为国际投资争端的解决提供了重要的国际途径，促进了国际投资合作与交流的健康发展。

11.3.3　我国与世界银行集团的关系

我国于 1981 年 5 月 11 日正式恢复在世界银行的合法地位，从此以后，我国与世界银行集团的合作历程展现了一个从初步接触到深度合作、从规模扩大到质量提升的显著发展过程。这不仅体现了我国在国际金融体系中地位的提升，也成为世界银行集团与成员国开展成功合作的典范。

世界银行对我国的贷款支持不仅规模庞大，而且覆盖领域广泛，从交通、城市发展、农村发展到能源、人类发展等多个关键领域。这种支持不仅促进了我国基础设施的改善和经济发展的加速，还带来了先进的项目评估、管理和建设经验，为我国的现代化建设提供了宝贵的借鉴。截至 2007 年 6 月 30 日，世界银行对中国的贷款总承诺额累计近 422 亿美元，共支持了 284 个项目。根据最新公开信息，世界银行对中国的贷款规模在近年呈现结构性调整，根据财政部国际财金合作司发布的数据，截至 2023 年 12 月 31 日，世界银行对中国的贷款累计承诺额为 1851.16 亿美元（含世界银行、亚开行等国际金融组织），累计提款额 1522.47 亿美元，债务余额 534.13 亿美元（已提取未归还部分），支持项目 3885 个，覆盖大气污染防治、乡村振兴、交通、教育、医疗等领域。

扩展阅读 11.4　我国与世界银行集团的关系

与其他援助机构建立合作伙伴关系在世界银行的中国业务规

划中日益重要。如英国国际发展部提供了至关重要的资金以及项目设计知识和专长，在项目筹备、联合融资和开展分析咨询工作中与世界银行的援助紧密结合，共同发挥了作用。鉴于中国已于1999年7月1日从国际开发协会毕业，不能再从世界银行获得优惠贷款，这种合作伙伴关系就显得尤为重要。2007年（2006年7月1日—2007年6月30日期间），世界银行向中国提供贷款16.4亿多美元，支持了四川城市环境治理项目、福建公路部门投资项目、广西综合林业发展与保护项目、第三国家铁路项目、山东环境二期项目、陕西安康公路发展项目、广东珠江三角洲城市环境项目二期、西部省份农村供水、环境卫生和健康促进项目。根据最新公开信息，世界银行在中国的业务规划与合作伙伴关系在2025年呈现出新的发展趋势，主要表现在合作伙伴关系的深化。2024年12月，全球生态系统与转型中心成立，标志着中国与世界银行合作从传统贷款向技术合作、知识转移转型，适应中国"毕业"后新合作框架。在2007年之前，英国国际发展部（DFID）通过联合融资、项目设计等方式与世界银行紧密合作，如今仍通过"中英通"机制、绿色主权债券等深化与中国在可持续金融领域的合作。目前，中国通过亚投行、金砖银行等机构拓展合作，减少对世界银行传统贷款的依赖。世界银行也与亚投行联合增加融资项目，例如气候变化适应项目、区域互联互通计划。

扩展阅读 11.5　非洲开发银行

即测即练题 11.3

案例讨论 11.3　世界银行支持非洲基础设施建设——肯尼亚的案例

自学自测　扫描此码

11.4　区域性国际金融组织

国际金融组织作为国际金融管理和国际金融活动的超国家性质的组织，除了前面介绍的全球性组织以外，还有许多是区域性的。区域性国际金融组织在国际金融领域扮演着重要角色，它们不仅有助于抵制超级大国对国际金融事务的过度控制，还促进了本区域内各国的经济合作与发展。区域性国际金融组织主要有：国际清算银行、亚洲开发银行、欧洲投资银行、泛美开发银行、非洲开发银行。

11.4.1　国际清算银行

国际清算银行（bank for international settlements，BIS）是英、法、德、意、比、日等

国的中央银行与代表美国银行界利益的摩根银行、纽约和芝加哥的花旗银行组成的银团,根据海牙国际协定于 1930 年 5 月共同组建。BIS 最初创办的目的是处理第一次世界大战后德国的赔偿支付及其有关清算等业务问题。二战后,它成为经济合作与发展组织成员国之间的结算机构,该行的宗旨也逐渐转变为促进各国中央银行之间的合作,为国际金融业务提供便利,并接受委托或作为代理人办理国际清算业务等。BIS 不是政府间的金融决策机构,亦非发展援助机构,实际上是西方国家中央银行的银行。

1. 国际清算银行的宗旨

BIS 的宗旨是促进各国中央银行之间的合作,为国际金融活动提供更多的便利,并在国际金融清算中充当受托人或代理人。它是各国"中央银行的银行",向各国中央银行并通过中央银行向整个国际金融体系提供一系列高度专业化的服务,办理多种国际清算业务。它提供的服务包括但不限于国际清算、黄金和货币交易、政策协调与对话等,这些都有助于增强各国中央银行之间的互信与合作,共同应对国际金融市场的挑战和机遇。

此外,BIS 还定期举办中央银行行长会议等高级别活动,为其成员国中央银行提供了一个交流思想、分享经验、协调政策的平台。这些活动不仅促进了中央银行之间的合作与沟通,也提高了各国央行对国际金融形势的敏锐洞察力和应对能力。随着国际金融市场一体化的不断深入,BIS 的作用和影响力也日益凸显。它将继续发挥其独特优势,为各国中央银行和国际金融体系提供更加全面、高效、专业的服务,共同推动国际金融合作与发展。

2. 国际清算银行的组织机构

国际清算银行作为股份制形式的金融组织,其组织结构严谨且层次分明,从而确保其高效运作和决策的科学性。

BIS 组织机构由股东大会、董事会和经理部组成。股东大会是国际清算银行的最高权力机构,负责审议和决定银行的重大事项,由认缴该行股份的各国中央银行代表组成,这些代表代表各自国家的中央银行行使股东权利。股东投票权的多少由其持有的股份决定,体现了"一股一票"的原则。董事会由 13 名成员组成,董事长(兼行长)由董事会选举产生,具体任期根据银行章程或相关规定执行。董事会每月召开一次会议,审查 BIS 的日常业务,并对重大事项进行决策,负责 BIS 的日常管理和政策制定。经理部有总经理和副总经理,下设 4 个业务机构,即银行部、货币经济部、秘书处和法律处,负责执行董事会制定的政策和计划,确保银行的日常运营。

3. 国际清算银行的资金来源

(1)成员国缴纳的股金。BIS 在建立时,其法定资本设定为 5 亿金法郎,随后这一数额增至 15 亿金法郎,以应对日益增长的国际金融需求。这些资本被分为 60 万股,每股面值为 2500 金法郎,确保了股份的均匀分配和管理的便利性。虽然存在 14% 的私人持股,但这些私人股东并不享有参与股东大会的权利,也没有投票权。根据 BIS 章程,所有的投票权和代表权均归属于各国的中央银行,这体现了 BIS 作为各国中央银行之间合作平台的性质。

(2)借款。为了弥补自有资金的不足或应对特定的资金需求,BIS 会向各成员国的中央银行借款。这种借款方式不仅为银行提供了额外的资金流动性，还加强了与各成员国中央银行之间的金融联系和合作。

（3）吸收存款。BIS 接受来自各国中央银行的黄金存款以及商业银行的存款。这些存款不仅为银行提供了稳定的资金来源，还反映了国际社会对 BIS 的信任和认可。特别是黄金存款，作为传统上最为稳定的储备资产之一，进一步增强了银行的资金实力和信誉。

4. 国际清算银行的主要业务活动

（1）处理国际清算事务。自第二次世界大战后，BIS 便成为多个国际机构如欧洲经济合作组织、欧洲支付同盟、欧洲煤钢联营、黄金总库、欧洲货币合作基金等的金融业务代理人。其核心职能是承担大量的国际结算业务，为各国之间的金融交易提供清算和结算服务，确保国际金融交易的顺畅进行。

（2）办理或代理有关银行业务。二战后，BIS 不断拓展其业务范围，目前可从事的业务包括接受成员国中央银行的黄金或货币存款，买卖黄金和货币，买卖可供上市的证券，向成员国中央银行贷款或存款等。尽管业务范围广泛，但 BIS 不得向政府提供贷款或以其名义开设往来账户，这一规定确保了 BIS 在业务操作中的独立性和专业性。目前，世界上很多中央银行在 BIS 存有黄金和硬通货，并获取相应的利息，这进一步巩固了其在全球金融体系中的地位。

（3）定期举办中央银行行长会议。BIS 于每月的第一个周末在巴塞尔举行西方主要国家中央银行的行长会议，这一制度为各国中央银行提供了一个重要的交流平台。会议主要商讨有关国际金融问题，协调有关国家的金融政策，促进各国中央银行的合作。这种定期的交流与合作机制对于维护国际金融稳定、推动国际金融合作具有重要意义。

我国于 1984 年与 BIS 建立了业务联系，此后，每年都派代表团以客户身份参加该行年会。1996 年 9 月 9 日，BIS 通过一项协议，接纳中国、巴西、印度、韩国、墨西哥、俄罗斯、沙特阿拉伯、新加坡和中国香港地区的中央银行或货币当局为该行的新成员。我国加入 BIS，标志着我国的经济实力和金融成就得到了国际社会的认可，同时也有助于我国与 BIS 及其他国家和地区的中央银行进一步增进了解，扩大合作，提高管理与监督水平。

11.4.2 亚洲开发银行

亚洲开发银行（简称"亚行"）（Asian development bank，ADB）是根据联合国亚洲及太平洋经济社会委员会会议的协议，于 1966 年 11 月正式成立的，同年 12 月开始营业，总部设在菲律宾首都马尼拉。亚行初建时有 34 个成员国，目前其成员已达 69 个，凡是亚洲及远东经济委员会的会员或准会员，亚太地区其他国家以及该地区以外的联合国及所属机构的成员，均可参加亚行。

1. 亚洲开发银行的宗旨

亚行的宗旨是专注于亚太地区的发展需求，通过提供一系列金融服务和技术支持，促进该区域的经济增长和社会进步。具体而言，其宗旨包括以下几个方面：

（1）提供项目贷款和技术援助。亚行向亚太地区的发展中国家或地区提供长期低息贷款，用于支持基础设施建设、环境保护、教育、卫生、减贫等关键领域的发展项目。同时，也提供技术援助，包括专家咨询、培训、研究等，帮助成员国提高项目执行效率和管理能力。

（2）协调经济政策。亚行致力于帮助协调成员国或地区成员在经济、贸易和发展方面的政策，以促进区域内的经济一体化和合作。通过政策对话、研究分析和经验分享，亚行帮助成员国制定和实施更加协调、有效的经济政策。

（3）促进区域合作。亚行与联合国及其专门机构、其他多边开发银行、私营部门和非政府组织等保持密切合作，共同推动亚太地区的经济发展和合作。这种合作有助于汇聚各方资源和力量，形成合力，共同应对区域发展面临的挑战。

（4）可持续发展。亚行在提供贷款和技术援助时，特别注重项目的可持续性和环境友好性。它鼓励成员国采用低碳、环保、高效的技术和管理模式，推动绿色经济和可持续发展。

2. 亚洲开发银行的组织机构

亚行作为股份制企业性质的金融机构，其组织机构体现了现代公司治理的原则。

（1）理事会：理事会是亚行的最高权力与决策机构，由每个成员国指派一名理事和一名副理事组成。理事会负责审议和批准亚行的重大政策、贷款项目、预算和财务报告等事项。每年举行一次年会，以讨论和决定重要议题。

（2）董事会：董事会是理事会的执行机构，负责处理亚行的日常事务。董事会由理事会选举产生的 12 名执行董事组成，其中包括来自成员国的代表和亚行行长（兼任董事会主席）。董事会负责监督亚行业务的执行情况，制定和实施具体政策，并向理事会报告工作。亚行行长是亚行的最高行政负责人和合法代表，由董事会主席兼任。亚行总部设在菲律宾首都马尼拉，负责亚行的业务经营和日常管理。总部下设多个职能部门，如农业和乡村发展部、基本建设部、工业和开发银行部、预算部、人事管理部等，分别负责不同领域的业务和政策制定。

（3）其他机构：亚行还设有多个专门委员会和咨询机构，如审计委员会、技术援助咨询委员会等，以提供专业意见和建议，支持亚行的决策和业务活动。这些机构由来自不同领域的专家组成，具有高度的专业性和独立性。

3. 亚洲开发银行的资金来源

（1）普通资金。它是亚行业务活动的最主要资金来源，由股本、借款、普通储备金、特别储备金、净收益和预缴股本等组成。这部分资金通常用于亚行的硬贷款。

①股本。亚行建立时法定股本为 10 亿美元，分为 10 万股，每股面值 1 万美元，每个成员国或地区成员都须认购股本。新加入的成员国或地区成员的认缴股本由亚洲开发银行理事会确定。首批股本分为实缴股本和待缴股本，两者各占一半。实缴部分股本分五次缴纳，每次交 20%。待缴部分只有当亚行对外借款以增加其普通资本或为此类资本做担保而产生债务时才催交。成员国或地区成员支付催交股本可选择黄金、可兑换货币或亚行偿债时需要的货币支付。日本和美国是亚洲开发银行最大的出资者，认缴股本分别占亚行总股本的 15% 和 14.8%。我国占第三位，占总股本的 7.1%。

②借款。随着亚行业务的扩展，其开始通过国际金融市场借款以补充自有资本。亚行主要通过发行债券的方式在国际资本市场上融资，同时也与各国政府、中央银行及其他金

融机构直接安排债券销售，或直接从商业银行贷款。

③普通储备金。按照亚行的有关规定，理事会将其净收益的一部分作为普通储备金。

④特别储备金。对 1984 年以前发放的贷款，亚行除收取利息和承诺费以外，还收取一定数量的佣金以留作特别储备金，以增强其财务稳定性和应对风险的能力。

⑤净收益。亚行通过提供贷款和其他金融服务所获得的利息、承诺费及其他费用收入，扣除运营成本后的净收益也是其资金来源之一。

⑥预缴股本。成员国在法定认缴日期之前提前缴纳的股本部分，也称为预缴股本，这有助于亚行在早期阶段就拥有较为充足的资金储备。

（2）开发基金。亚洲开发银行开发基金（Asian development fund，ADF）成立于 1974 年 6 月，旨在通过向亚太地区最贫困或最脆弱的成员国提供优惠贷款，支持其经济和社会发展。ADF 的资金主要来自亚行发达成员国或地区成员的捐赠。此外，亚行理事会还规定从各成员国或地区成员缴纳的未核销实缴股本中拨出 10%作为 ADF 的一部分。此外，亚行还通过其他渠道获得赠款，以充实 ADF 的资金池。ADF 提供的优惠贷款通常具有较长的偿还期、较低的利率和较宽松的贷款条件，以减轻贫困国家的债务负担，并促进其在基础设施、教育、卫生等领域的投资和发展。

（3）技术援助特别基金。亚行认为，除了提供资金支持外，提升发展中国家的人力资源素质和加强其执行机构的能力也是推动其经济和社会发展的关键。因此，亚行于 1967 年设立了技术援助特别基金（technical assistance special fund，TASF）。TASF 的资金主要来自赠款。此外，根据理事会 1986 年 10 月 1 日的会议决定，在为 ADF 增资 36 亿美元时，将其中的 2%拨给 TASF，以进一步增强其资金实力。TASF 主要用于支持亚行向发展中国家提供的技术援助项目，包括专家咨询、培训、研究、政策制定和执行机构建设等方面。这些项目旨在帮助发展中国家提高项目管理能力、技术水平和政策执行效率，从而推动其经济和社会发展的可持续性。

（4）日本特别基金。在 1987 年举行的亚行第 20 届年会上，日本政府表示愿出资建立一个特别基金。理事会于 1988 年 3 月 10 日决定成立日本特别基金。以赠款的形式，主要用于资助在成员国或地区成员的公营、私营部门中进行的技术援助活动；通过单独或联合的股本投资，支持私营部门的开发项目；以单独或联合赠款的形式，对亚行向公营部门开发项目进行贷款的技术援助部分予以资助。

4. 亚洲开发银行的主要业务活动

（1）提供贷款。亚行的贷款按方式可分为：项目贷款、规划贷款、部门贷款、开发金融机构贷款、综合项目贷款、特别项目贷款及私营部门的贷款等。

①项目贷款是亚行传统和主要贷款方式，从亚行一开业就开展了项目贷款，直至今天。亚行章程规定，亚行经营的原则主要是为具体的项目提供资金。这些项目可以是一个国家发展规划的一部分，也可以是一个地区发展规划的一部分。

②规划贷款是对某一个需要优先发展的部门或其附属部门提供资金。目的是使这些部门通过进口生产原料、设备和零部件，扩大现有生产能力，使其结构更趋合理化、现代化。目前，规划贷款的限额为亚行年度贷款总额 15%左右。

③部门贷款是对与项目有关的投资进行援助的一种形式。部门贷款的目的是满足所选择的部门资本投资的需要，提高该部门执行机构的技术管理水平，并保证支持该部门发展的金融及其他政策的进一步完善。到目前为止，亚行已批准为几个部门或其分部门提供部门贷款，如为灌溉、乡村发展、供水和排污、高速公路、教育等提供部门贷款。

④开发金融机构贷款（中间转贷）。通过成员国的开发性金融机构进行间接贷款，以促进私营工业的发展。通过中间转贷，亚行成功地推动了新企业的发展，扩大了现有企业的经营范围，并且帮助企业实现设备的现代化，从而更充分利用其生产能力。发展中成员的重要开发性金融机构是亚行这种贷款的承办单位。

⑤综合项目贷款是对较小的借款成员如南太平洋的一些岛国采用的一种灵活的贷款办法。这些国家的项目规模较小，借款数额不大，为了便于贷款，就把一些小项目捆绑在一起作为一个综合项目履行贷款手续。它是项目贷款的一种。

⑥特别项目贷款是由亚行提供贷款的项目在执行过程中遇到未曾预料的困难，如缺乏配套资金等，使项目继续执行受到阻碍，为解决这一困难，由亚行提供一笔特别项目执行援助贷款，以使该项目得以继续执行。

⑦私营部门的贷款是为了有效地利用资源，加速发展中成员国经济的发展，亚行积极采取的对私营部门的援助。它的作用就是促进私营部门经济发展，并向获利较多的项目提供资金，同时促使国内外资金流向这些项目。

（2）联合融资。亚行与一个或一个以上的区外金融机构或国际机构合作，共同为成员国的某一开发项目提供融资。该项业务始办于1970年，这种合作模式有助于扩大资金来源，分散风险，并提高项目的成功率。联合融资的类型包括平行融资、共同融资、伞形或后备融资、窗口融资和参与性融资等。

（3）股权投资。亚行通过购买私人企业或私人开发金融机构的股票，对发展中国家的私人企业进行融资。亚行于1983年起开办此项投资业务，这种投资方式旨在促进私营企业的发展，引导国内外资金流向有潜力的项目，并为企业利用国内外投资提供便利。

（4）技术援助。亚行在项目筹备、执行等不同阶段向成员国提供技术援助，以提高其开发和完成项目的能力。技术援助分为项目准备技术援助、项目执行技术援助、咨询性技术援助和区域活动技术援助等。这些援助通常以贷款、赠款或联合融资的方式提供，旨在帮助成员国克服技术和管理上的障碍，确保项目的顺利实施。

11.4.3　欧洲投资银行

欧洲投资银行（European investment bank，EIB）作为欧洲经济共同体（现欧盟）内部的一个重要金融机构，总行设在卢森堡，自1958年成立以来，一直在推动欧洲经济的平衡与稳定发展方面发挥着关键作用。

1. 欧洲投资银行的组织机构

欧洲投资银行是股份制企业性质的金融机构。董事会作为最高权力机构，由成员国财政部长或其代表组成，负责制定银行的总方针政策和战略规划。董事长职位由成员国轮流担任，体现了平等与共享的领导权。理事会负责具体业务的决策，如批准贷款项目、确定贷款条件及利率等，确保银行资金的有效利用。管理委员会负责日常业务的管理与执行，包括贷款发放、风险管理及财务监督等，确保银行运营的顺畅与高效。审计委员会负责监督银行的财务状况和会计记录，确保财务信息的真实性和合规性，维护银行的信誉和透明度。

2. 欧洲投资银行的资金来源

（1）成员国认缴的股本金。这是银行成立之初的基础资本，为银行提供了稳定的资金来源。初创时法定资本为 10 亿欧洲记账单位，随着银行的发展，这一数额有所调整。

（2）借款。通过在国际金融市场上发行债券筹集资金，是欧洲投资银行主要的资金来源渠道。这种方式能够吸引全球投资者的参与，扩大资金来源的多样性，并降低对单一资金来源的依赖。

3. 欧洲投资银行的主要业务活动

欧洲投资银行的主要业务活动包括：在工业、能源和基础设施等方面促进地区平衡发展的投资项目，提供贷款或贷款担保；促进成员国或欧洲投资银行感兴趣的事业的发展；促进企业现代化。其中，提供贷款是该行的主要业务，包括两种形式：一是普通贷款，即运用法定资本和借入资金办理的贷款，主要向欧洲投资银行成员国政府（州）、私人企业发放，贷款期限可达 20 年；二是特别贷款，即向欧洲投资银行以外的国家和地区提供的优惠贷款，主要根据 EIB 的援助计划，向同欧洲保持较密切联系的非洲国家及其他发展中国家提供，贷款收取较低利息或不计利息。

11.4.4 其他区域性国际金融组织

1. 泛美开发银行

泛美开发银行（Inter-American development bank，IDB）成立于 1959 年，由 20 个拉丁美洲国家和美国共同签署协定建立，1960 年 10 月 1 日银行正式开业。行址设在华盛顿，旨在通过集中美洲内外的资金，向成员国政府及公私团体提供贷款和技术援助，以促进拉丁美洲国家的经济发展和经济合作。

（1）董事会：泛美开发银行的最高机构，由所有成员国各派 1 名董事和 1 名副董事组成，任期 5 年，每年开 1 次会，负责讨论银行的重大方针政策问题。

（2）执行理事会：执行机构，负责领导银行的日常业务工作。执行理事会正副职除美国和加拿大两国单独选派外，其他国家由数国组成一组选派理事和副理事。

（3）行长：由董事会选出，同时也是执行理事会主席，任期 5 年，负责领导银行整体运营。执行理事会根据行长推荐，选派银行副行长，协助行长工作。

（4）贷款业务：①普通业务贷款。针对政府和公私机构的经济项目，期限一般为 10～25 年，需用所贷货币偿还。②特种业务基金贷款。条件较宽、利率较低、期限较长（多为 10～30 年），可全部或部分用本国货币偿还。③社会进步信托基金。用于资助拉美国家的社会发展和低收入地区的住房建筑、卫生设施、土地和乡村开发、高等教育和医疗等方面。④其他基金的贷款也各有侧重。

（5）资金来源：参加泛美开发银行的工业发达和比较发达的国家，在银行业务活动中

扩展阅读 11.6 世界银行对中国的近期贷款情况

主要是提供资金，它们得到的好处是通过资本输出加强对拉丁美洲各国的商品和劳务的出口。

2. 非洲开发银行

1963 年 7 月，非洲高级官员及专家会议和非洲国家部长级会议在喀土穆召开，通过了建立非洲开发银行（African development bank，AFDB）的协议。1964 年，非洲开发银行正式成立。1966 年 7 月 1 日开业。总部设在科特迪瓦的经济中心阿比让。2002 年，因政局不稳，临时搬迁至突尼斯至今。非洲开发银行是非洲最大的地区性政府间开发金融机构，其宗旨是促进非洲地区成员的经济发展与社会进步。

（1）理事会：最高决策机构，由各成员国委派的理事（通常为财政和经济部长）组成，每年举行一次会议，必要时可举行特别会议，讨论制定银行的业务方针和政策，决定重大事项。理事会年会负责选举行长和秘书长。

（2）董事会：由理事会选举产生，是银行的执行机构，负责制定各项业务政策，共有 18 名执行董事，其中非洲以外国家占 6 名，任期 3 年，一般每月举行两次会议。

（3）资金来源：主要来自成员国的认缴，截至 2023 年 10 月，核定资本相当于 2080 亿美元，实收资本相当于 729.4 亿美元，其中非洲国家的资本额占比超 2/3，确保了非洲国家在银行中的领导地位。

即测即练题 11.4

案例讨论 11.4　亚洲开发银行在菲律宾的扶贫项目

自学自测

扫描此码

复习思考题

1. IMF 成立的背景是什么？其主要职能有哪些？

2. 世界银行与 IMF 的区别是什么？两者在国际金融体系中的作用如何互补？

3. 解释世界银行的结构主要包括哪些机构？它们各自的职能是什么？

4. 国际金融组织如何帮助发展中国家解决经济和金融问题？举例说明。

5. IMF 的特别提款权（SDR）是什么？它在国际货币体系中的作用和意义是什么？

6. 解释 IMF 在全球金融危机中的角色。2008 年金融危机爆发时，IMF 和世界银行采取了哪些措施来应对危机？

7. 亚洲开发银行（ADB）的成立背景和使命是什么？它如何促进亚洲地区的经济发展？

8. 国际清算银行（BIS）在全球金融稳定方面起到什么作用？它与其他国际金融组织有何区别？

9. IMF 对成员国的贷款条件通常包括哪些要求？这种贷款机制的优缺点是什么？

10. 世界银行如何通过提供技术援助和资金支持，帮助各国实施可持续发展项目？

11. IMF 和世界银行的治理结构是如何设置的？成员国如何参与决策？

12. 当前国际金融组织面临哪些挑战？如何改进这些机构以应对全球金融变革？

13. 如何看待国际金融组织对主权债务危机的干预？IMF 的贷款条件是否过于苛刻？

14. 国际金融组织的融资模式是如何运作的？它们如何利用资本市场筹集资金？

15. 国际金融组织如何推动全球金融监管合作？举例说明它们在提升金融市场透明度和稳定性方面所做的努力。

第12章

个人外汇买卖

本章学习目标

本章主要介绍个人外汇买卖的相关知识。通过本章学习，要求学生：

1. 了解个人外汇买卖的交易方式、流程以及我国主要商业银行个人外汇买卖规定；
2. 了解个人外汇买卖业务的概念和特点，以及从事个人外汇交易的益处；
3. 掌握个人外汇买卖业务的几种交易方式；
4. 了解目前我国开设外汇宝业务的主要银行的交易规则。

引导案例

2023年中国工商银行推出个人外汇自动化交易平台

2023年，中国工商银行（ICBC）为了顺应金融科技的发展趋势，正式推出了首个个人外汇自动化交易平台——"智汇外汇"。该平台的推出不仅代表了中国工商银行在外汇交易领域的创新突破，也标志着中国银行业在外汇市场智能化和自动化方面迈出了重要步伐。

"智汇外汇"平台运用了先进的人工智能（AI）技术和机器学习算法，为个人投资者提供了全自动化的外汇交易服务。与传统的手动交易模式不同，平台能够基于大数据分析和实时市场信息，自动识别并执行交易策略。通过深度学习和模式识别技术，平台可以不断优化交易决策，最大限度地提高投资回报率。同时，平台还能实时监测全球外汇市场的动态变化，确保投资者能够对市场波动快速反应，抓住潜在的投资机会。

该平台最大的特点之一就是能够有效提升交易效率。在外汇市场，尤其是对于个人投资者而言，快速的市场反应和精准的交易执行至关重要。外汇市场的波动性较大，投资者常常面临错过良机或因市场波动过大导致的损失。"智汇外汇"平台通过全自动化交易，消除了人为操作的滞后和错误，大大提高了交易执行的时效性，确保投资者能够在最佳时机进行买卖。

此外，"智汇外汇"平台还通过智能化的风险管理功能，帮助投资者更好地控制交易风险。平台提供了多种风险控制工具，例如止损、止盈、资金管理策略等，投资者可以根据自身的风险偏好设置合理的交易参数，避免因市场波动过大而造成不必要的损失。这使得个人投资者，即便在面对复杂多变的外汇市场时，也能够做出更加稳健的投资决策。

资料来源：王晓峰. 外汇交易科技创新与市场发展趋势分析[J]. 金融科技与外汇交易，2023，12(2)：56-60.

12.1　个人外汇买卖业务

12.1.1　个人外汇买卖业务概述

1. 个人外汇买卖业务的定义

1）个人实盘外汇买卖业务的定义

个人实盘外汇买卖，俗称"外汇宝"，是指个人客户通过银行柜台或电子金融服务渠道，使用自有外汇资金进行的不同货币之间的兑换交易。这种交易要求客户必须拥有足够的外汇资金来覆盖交易金额，不允许透支。

特点：①全额交易。客户应缴足交易货币的金额，无杠杆效应。②低风险。由于不使用杠杆，客户的风险相对较低，仅限于投入的资金。③无手续费。虽然银行在买卖价格上会有差异，但通常不另外收取手续费。

政策限制：在我国，目前只允许进行实盘外汇买卖，这有助于保护个人投资者免受高风险交易的影响。

2）个人虚盘外汇买卖业务的定义

个人虚盘外汇买卖，也称为保证金交易或外汇杠杆交易，是指投资者在银行缴纳一定比例的保证金后，利用杠杆效应放大交易金额进行外汇买卖。这意味着投资者可以用较小的资金量控制较大的交易头寸。

特点：①杠杆效应。通过缴纳保证金，投资者可以放大交易金额，增加盈利或亏损的潜力。②高风险。由于杠杆的存在，即使是小幅度的市场波动也可能有较大的盈亏。③可能的手续费。除了买卖价差外，某些平台可能会收取额外的手续费或佣金。

政策限制：在我国，由于虚盘外汇买卖涉及较高的风险，目前政策上不允许个人直接进行此类交易。这有助于保护个人投资者，避免其因缺乏足够的风险管理经验而遭受重大损失。

综上所述，个人实盘外汇买卖（外汇宝）是一种相对安全、低风险的外汇交易方式，适合大多数普通投资者。而个人虚盘外汇买卖虽然可能带来更高的收益，但也伴随着更高的风险，并且在我国受到政策限制。因此，在进行外汇交易时，投资者应根据自己的风险承受能力和投资目标选择合适的交易方式。

2. 个人实盘外汇买卖业务的特点

1）个人实盘外汇买卖可交易的货币种类

目前，已开办个人实盘外汇买卖的各银行及分支行可交易的外汇（或外币）的种类略有不同，但基本上包括美元、欧元、日元、英镑、瑞士法郎、港币、澳大利亚元等主要货币，部分银行还包括加拿大元、新加坡元等货币。

客户可以通过个人实盘外汇买卖进行以下两类交易：

第一，直接盘交易。主要涉及美元与其他货币之间的交易，如美元兑欧元、美元兑日元、英镑兑美元等。部分银行还提供美元与其他非主流货币之间的交易，如美元兑加拿大元、美元兑新加坡元等。

第二，交叉盘交易。涉及非美元货币之间的直接交易，如英镑兑日元、澳大利亚元兑日元等。这类交易在国际市场上称为交叉盘交易，因为它们绕过了美元作为中介货币。

由于人民币目前尚不是完全可自由兑换货币，因此它不能直接参与个人实盘外汇买卖。这意味着，如果客户只有人民币而没有外币，他们将无法进行此类交易。这一限制是基于国家外汇管理的相关规定，旨在维护国家金融稳定和促进国际收支平衡。

在个人外汇买卖业务中，现钞和现汇（外汇存款）之间不能直接互换。现钞通常指的是客户手中的纸币和硬币，而现汇则是指银行账户中的外汇存款。根据国家外汇管理的规定，现钞不能随意换成现汇，因为这两种外汇形式在流通性、使用范围和风险管理方面存在差异。因此，在进行个人外汇买卖时，应遵循钞变钞、汇变汇的原则。

2）个人实盘外汇买卖的报价

（1）报价机制。银行在进行个人实盘外汇买卖时，会根据国际外汇市场的实时行情，遵循国际惯例进行报价。这些报价由基准价格和买卖差价两部分构成。基准价格是银行根据市场情况确定的中间价，而买卖差价则是银行为了覆盖交易成本、风险和利润而设定的差价。客户买入外汇时，价格是基准价格减去买卖差价（即买价）；客户卖出外汇时，价格是基准价格加上买卖差价（即卖价）。

（2）标准货币。在个人实盘外汇买卖中，通常会有一种或几种货币被作为标准货币来报价。例如，英镑、澳元和欧元对美元报价时，英镑、澳元和欧元就是标准货币；而当其他货币对美元报价时，美元则成为标准货币。这种报价方式有助于简化交易流程，方便投资者理解和操作。

（3）风险与机遇并存。由于外汇市场受到国际政治、经济因素以及各种突发事件的影响，汇率波动往往非常剧烈。这种波动性既为投资者提供了潜在的盈利机会，也带来了相应的风险。因此，客户在进行个人实盘外汇买卖时，必须充分认识到风险与机遇并存，做好风险管理，避免盲目投资。

（4）外币现钞与外汇买卖价格的区别。外币现钞与外汇存款（现汇）在支付和流通性上存在显著差异。外币现钞只有运送到外国才能起到支付作用，而运送过程中银行需要承担运费、保费和利息等费用。因此，银行在进行外汇买卖时，通常会对现钞和现汇设定不同的价格。一般来说，现钞的买入价会低于现汇的买入价，而现钞的卖出价则会高于现汇的卖出价。这种价格差异反映了银行在处理现钞时所承担的额外成本和风险。

综上所述，银行个人实盘外汇买卖是一个复杂而充满挑战的领域，投资者需要充分了解市场情况、报价机制、风险与机遇以及标准货币等概念，才能做出明智的投资决策。

3）个人实盘外汇买卖交易金额的规定

第一，最低交易金额。柜台交易的最低金额一般为 100 美元，为了吸引客户并提供更多优惠，部分银行已将最低交易金额降低至 50 美元或更低。相较于柜台交易，电话交易与自助交易的最低金额可能略有提高。具体提高的幅度因银行而异。

第二，最高交易限额。无论是柜台交易、电话交易还是自助交易，大多数银行对个人实盘外汇买卖没有设定明确的最高交易限额。然而，实际交易中可能受到客户账户余额、银行风险控制政策以及市场条件等多种因素的限制。

第三，大额交易优惠。根据国际市场惯例，银行对大额交易实行一定点数优惠。这意味着在大额交易中，银行会缩小买入和卖出的价差，从而为客户提供更优惠的交易条件。实行大额优惠的具体条件由各银行及分行根据自身情况而定。客户在进行大额交易前，应咨询相关银行以了解具体的优惠政策和条件。

第四，其他注意事项。客户在进行个人实盘外汇买卖时，应充分了解交易规则、风险及费用等相关信息，并根据自身风险承受能力和投资目标进行合理规划。考虑到外汇市场的波动性和风险性，建议客户在进行交易时保持谨慎态度，并适时关注市场动态和银行政策变化。

4）个人实盘外汇买卖成交方式

市价交易和委托交易是外汇市场中常见的两种成交方式，它们各自具有不同的特点和优势。

市价交易（时价交易）是最直接、最简单的交易方式。投资者根据银行当前提供的即时报价进行买卖，无须等待或设定特定的价格条件。这种交易方式的优势在于成交迅速，投资者可以立即完成交易并锁定当前的汇率水平。缺点在于，由于汇率波动，投资者可能无法获得最优的成交价格，特别是在市场波动较大的时候。

委托交易（挂盘交易）允许投资者预先设定希望成交的汇率水平，并将交易指令提交给银行。当市场汇率达到或触及投资者设定的水平时，银行的交易系统会自动执行交易。这种方式的优势在于，投资者可以更加灵活地控制交易时机和价格，尤其是在市场波动较大时，有助于捕捉到更为有利的交易机会。此外，委托交易还能够帮助投资者在市场趋势不明确时保持冷静，避免因冲动交易而造成的损失。

个人实盘外汇买卖一旦成交，其交易细节（如汇价水平、交易金额、交易币种等）即具有法律效力，对交易双方均有约束力。这意味着交易双方必须按照成交条件履行各自的义务，不得反悔或撤销交易。这种约束力保证了外汇市场的稳定性和可预测性。

在外汇市场中，汇率波动是常态。当市场汇率向不利于投资者的方向变化时，投资者可能面临较大的汇率波动风险。为了防止损失进一步扩大，投资者可以采取止损操作。止损是指投资者在交易前设定的一个最大可接受亏损点位，当汇率触及该点位时，投资者的头寸将自动平仓，从而限制潜在损失。止损操作是风险管理的重要工具之一，有助于投资者在不利的市场条件下保护自己的投资资金。

5）个人实盘外汇买卖的清算方式

个人实盘外汇买卖的清算方式是 T+0。客户进行柜台交易，及时完成货币互换。客户进行电话交易或自助交易，在完成一笔交易之后，银行计算机系统立即自动完成资金交割。如果行情动荡，投资者可以在一天之内抓住多次获利机会。

6）交易服务时间

各银行根据不同的情况，营业时间有所不同，最长交易时间为每天 18 个小时，涵盖主要国际金融市场交易时间。

如果客户进行柜台交易或自助交易，交易时间仅限银行正常工作日的工作时间，一般为 9：00—18：00（有的银行可延长至 21：00），公休日、法定节假日及国际市场休市不办理此项业务。如果客户进行电话交易、网上交易、手机交易，交易时间为周一至周六，公休日、法定节假日及国际市场休市不办理此项业务。

12.1.2 参与外汇买卖的益处

个人实盘外汇买卖业务与传统的储蓄业务不同。传统的储蓄业务是一种存取性业务，以赚取利息为目的；个人实盘外汇买卖是一种买卖性业务，以赚取汇率差额为主要目的。同时，客户还可以通过该业务把自己持有的外币转为更有升值潜力或利息较高的外币，以赚取汇率波动的差价或更高的利息收入。参与外汇实盘交易，可以获得以下好处。

1. 保值

保值是投资者在进行资产配置时的一个重要目标，旨在通过合理的投资策略抵御市场波动带来的风险，确保资产价值在一定时期内相对稳定。在外汇市场中，投资者可以通过多种策略实现保值目的，如外汇组合保值，利用外汇市场波动性较低的特点来分散投资、降低风险，制定合适的保值策略等。

2. 套利

扩展阅读 12.1 境内外人民币汇率创年内新低跨境汇差套利交易活跃

投资者在进行外汇交易时，确实可以利用不同货币之间的利率差异来增加存款的利息收入。这种策略通常称为"货币套利"或"利差交易"。其基本原理是，投资者将手中持有的存款利率较低的外币，通过外汇市场转换为另一种存款利率较高的外币，并存入该外币的银行账户中，以获取更高的利息收益。

3. 增值

投资者可以利用外汇市场汇率的频繁波动，通过买卖获取汇差收益。套汇的基本原则是低买高卖。例如：原有 10000 美元，在美元兑港元升至 7.80 时买入 78000 港元，在美元兑港元跌至 7.75 时卖出港元，换回 10065 美元，这相当于在港币汇率低时买进、汇率高时卖出。这样买卖一个回合可以赚取 65 美元的汇差收益。

12.1.3 个人外汇买卖业务的交易方式

1. 柜台交易

柜台交易作为个人实盘外汇买卖的一种重要方式，为投资者提供了一个直观、便捷的交易渠道。对于初涉外汇市场的投资者而言，柜台交易具有其独特的优势，如固定交易场所与投资氛围、便捷的操作流程、专业的服务与支持、安全的交易环境。

2. 电话交易

电话交易作为一种便捷的个人外汇买卖方式，为投资者提供了灵活、高效的交易渠道。特别是对于工作繁忙、时间紧张的白领投资者而言，电话交易凭借其成交迅速、可异地操作的特点，成了他们进行外汇交易的首选。

以中国银行为例，办理电话交易相对简单快捷。投资者首先在中国银行办理活期一本通及长城借记卡，存入一定金额的外币作为交易资金。随后，持有效身份证件前往中国银行任何一个网点，填写相关申请表并签署协议。这些申请材料将与活期一本通及长城借记卡一起提交给柜面服务人员。在完成这些步骤后，投资者需要自行输入 6 位数字作为账户密码，该密码将用于后续的电话交易验证。一旦密码设置成功，电话交易账户即已开通。

在成功开通电话交易账户后，投资者即可使用电话进行交易。只需拨通中国银行提供的交易电话，并按照电话语音提示输入正确的账号和密码进行验证。验证通过后，投资者即可进入交易系统，根据市场情况和自身需求进行外汇买卖操作。电话交易系统通常会提供实时的市场行情信息、交易指令输入以及成交确认等功能，确保投资者能够迅速、准确地完成交易。

3. 自助交易

自助交易是银行为投资者提供的一种便捷、高效的外汇买卖方式，它允许投资者在银行营业时间内，通过营业厅内的个人理财终端自行完成交易。以下以中国银行为例，对自助交易流程及相关特点进行详细介绍。

（1）办理流程。①准备资料：投资者需先办理中国银行活期一本通及长城借记卡，并存入一定金额的外币作为交易资金。②申请开户：持有效身份证件，前往中国银行任一网点提出申请。填写相关申请表并签署协议，同时提交活期一本通及长城借记卡。③设置密码：在柜面服务人员的协助下，投资者自行输入 6 位数字作为账户密码。该密码将用于后续自助交易的身份验证。④账户开通：完成上述步骤后，自助交易账户即开通。投资者可以在银行营业时间内，通过营业厅内的个人理财终端进行交易。

（2）交易操作。①登录系统：使用自助交易设备时，投资者需输入正确的密码进行登录。②浏览信息：自助交易系统提供丰富的市场信息和技术图表，投资者可以根据这些信息做出交易决策。③下达指令：在确认交易意向后，投资者可以通过自助交易设备下达买卖指令。系统会根据当前的市场价格执行交易。④确认交易：交易完成后，系统会显示交易结果。投资者需要仔细核对交易信息，确保交易的准确性。

（3）自助交易特点。①信息丰富：自助交易系统提供多种技术图表和市场信息，有助于投资者做出更明智的交易决策。②操作便捷：投资者无须依赖银行柜台或电话交易系统，可以在银行营业时间内随时进行交易。③适合有经验的投资者：由于自助交易系统提供的信息较为专业，因此更适合具有一定外汇交易经验的投资者使用。

（4）注意事项。①保护个人信息：在办理开户和交易过程中，投资者应妥善保管个人信息和账户密码，避免泄露给他人。②关注市场动态：外汇市场波动较大，投资者应密切关注市场动态和交易风险，谨慎做出交易决策。③遵守银行规定：在使用自助交易系统时，投资者应遵守银行的相关规定和操作流程，确保交易的合法性和合规性。

4. 网上交易

网上交易作为现代金融服务的重要组成部分，为投资者提供了更加便捷、高效的外汇买卖渠道。通过登录各大银行网站进行签约，并在获得认证后，客户可以随时随地通过网上银行进行个人外汇买卖业务的操作。

以中国银行为例，其签约流程如下。

（1）登录银行网站。中国银行客户首先需要访问中国银行的官方网站，并找到个人外汇买卖或网上银行的入口。

（2）填写个人信息。在签约过程中，客户需要填写有效的个人信息，包括姓名、年龄、证件类型、证件号码、账号、账号所在分行等。这些信息将用于验证客户的身份和资格。

（3）设置密码。客户需要设置登录密码和交易密码。登录密码用于登录网上银行系统，而交易密码则用于进行外汇买卖等交易操作。

（4）获取认证。完成信息填写和密码设置后，客户需要提交申请并等待银行审核。审核通过后，客户将获得网上银行系统的认证资格。

（5）下载证书。银行会向客户提供证书下载站点的 URL，客户需要下载并安装数字证书，以确保交易的安全性。

中国银行个人外汇买卖网上交易系统提供了丰富的交易功能，包括：

（1）实时交易。客户可以根据当前的市场价格立即进行外汇买卖操作。

（2）委托交易。客户可以设定买入或卖出的价格和数量，当市场价格达到设定条件时，系统将自动执行交易。

（3）委托撤单。如果客户需要取消之前设定的委托交易，可以通过该功能进行撤单操作。

（4）委托查询。客户可以查询单笔或明细的委托交易记录，了解委托状态和执行情况。

（5）成交查询。客户可以查询单笔或明细的成交记录，了解交易结果和盈亏情况。

（6）账户余额查询。客户可以随时查询外汇账户的余额信息。

（7）账户明细查询。客户可以查询外汇账户的详细交易记录，包括交易时间、交易金额、交易类型等。

（8）牌价查询。客户可以查询各种外汇的实时和历史牌价信息。

（9）汇率走势图。系统提供汇率走势图，帮助客户分析市场趋势和制定交易策略。

5. 手机交易

为了方便客户随时随地进行外汇买卖交易及查询，银行（如中国建设银行等）与中国移动、中国联通等通信公司合作开发了手机交易服务。客户在购买了移动或联通公司的 STK 卡后，只需在银行完成相应的签约手续，即可通过手机进行个人外汇买卖交易及查询。这种交易方式按短信收费，成本相对较低，且操作灵活便捷。

6. 智能化 App

1）MetaTrader 5（MT5）

作为行业标杆，MT5 在 2025 版中强化了 AI 交易功能，其特点主要如下：

（1）智能算法交易。新增"策略市场"模块，内置 100 多位专家顾问（EA），支持机器学习策略自动优化。

（2）多资产集成。整合股票、加密货币与外汇交易于同一界面，支持跨市场套利组合。

（3）深度分析套件。实时情绪分析：通过 NLP 技术抓取全球财经新闻，生成市场情绪指数；预测工具：基于 LSTM 神经网络提供汇率波动概率预测；性能升级：执行速度较 MT4 提升 40%，支持微服务架构扩展。

2）TradingView（2025 专业版）

社交交易领域的创新者，2025 年完成 B 轮融资，其特点主要如下：

（1）增强现实交易。AR 图表叠加：通过手机摄像头扫描现实物体触发交易信号（如扫描财经杂志封面弹出相关股票分析）；虚拟交易室：支持手势操作下单（画"↑"买入，画"↓"卖出）。

（2）策略构建器 2.0。可视化编程界面：拖曳式指标组合工具（如将 RSI 与 MACD 交叉信号自动生成交易信号）；代码交易：支持 Pine Script 5.0 版本，可创建自定义预警条件。

（3）社区驱动洞察。专家直播间：支持实时弹幕交流，重要数据发布时在线人数破万；策略订阅：热门策略订阅量超 10 万，提供收益分成模式。

3）eToro（新一代社交交易）

刚完成 6.0 版本迭代，强化 AI 辅助交易，其特点主要如下：

（1）智能模仿系统。AI 策略分析：自动拆解明星交易员策略，生成可复制的投资组合；风险评分：交易策略风险等级按 1～100 分评级，自动过滤高风险操作。

（2）合规性升级。区块链存证：交易记录实时上链，符合 MiCA II 监管要求；双因素认证：新增生物特征识别登录方式。

4）OANDA fxTrade（2025 机构版）

专注机构级交易工具个人化，其特点主要如下：

（1）量化分析套件。Python API：支持机器学习模型部署（如 LSTM 神经网络预测汇率趋势）；策略回测引擎：提供 20 年历史数据（1999—2019 年 tick 级数据需付费解锁）。

（2）执行优化。智能订单路由：自动选择流动性最佳的银行报价；闪电交易模式：从点击到成交平均耗时 8 毫秒。

（3）监管合规。GDPR 合规仪表板：实时显示数据使用合规状态；交易审计日志：自动保存记录 5 年以上。

5）新兴平台 FXGO

由高盛系团队打造，2025 年新晋黑马，其特点主要如下：

（1）全景交易屏。三屏联动界面：走势图+新闻流+社交信号；语音指令：支持自然语言下单（如"买入欧元兑美元 1 手，止损 1.0820"）。

（2）智能保证金管理。动态杠杆算法：根据波动率自动调整杠杆（平静期 200 倍，波动期 50 倍）；爆仓预测：提前 3 小时预警保证金不足。

12.1.4　个人外汇买卖业务的交易过程

1. 客户交易流程

为了能够具体准确地说明交易流程，我们以中国银行为例。

（1）开户。原已在中国银行开立外汇存款账户的个人客户凭有效单据可申办个人外币买卖业务，未开立账户的须持有关开户要求文件到中国银行开立账户后方可申办。

（2）委托。客户通过柜台、电话、手机、自助终端、网上等方式向中国银行提出个人外汇买卖交易委托申请，中国银行现行交易主机自动判断客户账户中是否有足额委托卖出币种，同时根据市场牌价判断客户委托交易价格是否满足成交条件。

（3）成交。如果在有效交易时间内不能满足成交条件，则客户的委托在委托有效期结束时自动撤单。如果客户委托交易在有效期内实现最终成交，则中国银行将与客户进行实时资金清算。

（4）交割。在起息日，客户与中国银行办理资金交割。

2. 个人实盘外汇买卖的注意事项

（1）外汇汇率的波动性与风险。外汇市场是一个高度动态和复杂的市场，汇率的变动受到多种因素的影响，包括但不限于经济数据、政治事件、货币政策等。因此，外汇汇率的变幻莫测是外汇交易的一个显著特征。这意味着从事"外汇宝"业务的交易者需要具备敏锐的市场洞察力和判断力，以便在市场波动中捕捉机会并管理风险。交易者应当明确，任何投资决策都可能带来利润或损失，因此自行决策并承担相应风险是外汇交易的基本原则。

（2）银行报价与交易流程。在银行为客户办理外汇买卖成交手续时，由于汇率的实时变动性，确实可能出现银行报价与客户申请书所填写的汇率不一致的情况。为了保障交易的公平性和准确性，如果客户接受新的价格并希望继续交易，通常需要重新填写申请书，并以新的汇率进行交易。这一流程确保了交易的透明度和客户对交易条件的充分知情。

（3）交易成交的认定与证实。交易成交的认定以银行经办人员按客户申请书内容输入计算机并打印出个人外汇买卖证实书为准。这不仅是交易完成的法律凭证，也是客户核实交易内容的重要依据。客户在接到外汇买卖证实书时，应仔细核对交易内容是否与个人申请内容一致，以便及时发现问题并寻求解决方案。这种核实机制有助于减少因信息不一致而产生的纠纷和误解。

（4）银行责任与免责条款。银行在办理外汇买卖交易时，会尽力确保交易的顺利进行和信息的准确传递。然而，市场突变或其他无法防范的因素（如系统故障、网络中断等），有时可能导致交易中断或无法完成。在这种情况下，银行通常会根据事先约定的免责条款来处理。这些条款旨在明确银行在特定情况下的责任限制和免责范围，以保护银行的合法权益并维护市场的公平和稳定。

综上所述，"外汇宝"业务为交易者提供了参与外汇市场的机会，但同时也伴随着一定的风险和挑战。交易者应当充分了解这些风险并采取相应的风险管理措施，同时遵守银行的交易流程和规定以确保交易的顺利进行。

即测即练题 12.1

案例讨论 12.1 10 起非法买卖外汇用于境外赌博案公布：最高罚 410 万元，纳入征信

自学自测 扫描此码

12.2 我国银行个人外汇买卖业务介绍

12.2.1 中国银行个人实盘外汇买卖交易规则

中国银行上海市分行个人实盘外汇买卖、黄金买卖交易章程

第一章 总则

为维护中国银行上海市分行个人实盘外汇买卖、个人实盘黄金买卖交易双方的合法权益，明确双方权利义务，特制定《中国银行上海市分行个人实盘外汇买卖、个人实盘黄金买卖交易章程》。本章程中所称的"银行"指中国银行上海市分行，"客户"指本着"自主选择、自担风险"的原则与中国银行上海市分行做个人实盘外汇买卖、个人实盘黄金买卖交易的客户。

第一条 产品定义

个人实盘外汇买卖业务（以下简称"外汇宝"），是指个人客户通过柜面服务人员或其他电子金融服务方式，进行的不可透支的可自由兑换外汇（或外币）间的即期交易。

个人实盘黄金买卖业务（以下简称"黄金宝"），是指个人客户通过柜面服务人员或其他电子银行渠道，进行的不可透支的美元对外币金（目前外币金交易暂不开放）或人民币对本币金的即期交易。客户不可提取实物金，银行也不计付利息。

第二章 业务开办

第二条 客户在申请及使用中国银行上海市分行提供的外汇宝及黄金宝交易服务时需具有完全民事行为能力，并承诺遵守国家关于个人外汇买卖和个人黄金买卖交易的法律法规、行政规章及中国银行上海市分行有关外币储蓄的相关规定。

第三条 客户可持本人实名制有效身份证件及在银行各联网网点开立的个人存款账户（包括活期一本通存折、定期一本通存折、借记卡、定期存单）或本外币现钞以柜台交易方式办理外汇宝或黄金宝交易。需要通过电子银行渠道进行个人实盘外汇买卖和个人实盘黄金买卖的客户，必须另外申请相应的开通手续，方可取得交易资格。

第四条 客户办理外汇宝及黄金宝业务时必须遵守本章程的规定，若通过电子银行渠道进行交易，还需遵守《中国银行股份有限公司上海市分行电子银行章程》的规定。当客户实际办理外汇宝或黄金宝业务时，视为客户本人接受并同意遵守本交易章程。

第三章 交易及报价

第五条 交易方式

目前外汇宝及黄金宝交易方式包括：柜台交易和电子银行渠道交易。其中，电子银行渠道交易包括电话银行、自助终端、网上银行和手机银行。

①柜台交易是指客户在银行营业时间，通过银行柜面服务人员进行的交易。

②电话银行交易是指在开通电话银行服务功能后，客户在规定的交易时间内，通过银行电话自助交易系统，根据语音提示自行按键操作进行的交易。

③自助终端交易是指客户使用设置在自助银行中的自助终端，实现与银行的个人实盘

外汇买卖及个人实盘黄金买卖交易系统联接所进行的交易。

④网上银行交易是指客户利用个人电脑，通过互联网网络的方式，与银行的个人实盘外汇买卖及个人实盘黄金买卖交易系统联接所进行的交易。

⑤手机银行交易是指客户利用移动电话，通过移动运营商网络与银行的个人实盘外汇买卖及个人实盘黄金买卖交易系统联接在移动终端界面所进行的交易。

第六条　时价交易和委托交易

时价交易是指按照银行的报价即时成交，委托交易是指客户委托银行在委托有效期内按照客户指定的价格成交。委托交易的成交价只是成交时交易系统自动取到的优于客户委托价的时价，而并非当时市场的最优价。

柜台交易方式目前只办理时价交易。电子银行渠道交易可办理时价交易和委托交易。

第七条　外汇宝可以持活期一本通、定期一本通或借记卡进行交易，黄金宝目前仅可持活期一本通或借记卡进行交易。

第八条　交易货币

外汇宝可交易的币种包括美元、港币、欧元、日元、英镑、瑞士法郎、加拿大元、新加坡元、澳大利亚元、挪威克朗。具体货币对以中国银行报价为准。其中挪威克朗仅适用于柜台交易。

黄金宝可做美元对外币金和人民币对本币金的买卖。

第九条　报价方式

外汇宝业务实行钞汇同价，其报价有四种，即现钞买入价、现钞卖出价、现汇买入价、现汇卖出价。客户卖出货币是现钞的，买入货币仍为现钞；客户卖出货币是现汇的，买入货币仍为现汇。

黄金宝报价包括本币金和外币金的买入价和卖出价。客户以美元现汇买入的外币金，卖出后仍得到美元现汇；客户以美元现钞买入的外币金，卖出后仍得到美元现钞。

对于大额的外汇宝和黄金宝交易，银行可以在现有报价的基础上进行适当优惠，时价交易和委托交易均可享受大额点差优惠。其中，时价交易采取的是"时价优惠"的方式，即在系统实时报价的基础上对于大额交易给予一定的点差优惠；委托交易采用"先优惠再到价"方式，即在实时报价的基础上优惠适当点差后如果达到客户的委托价格，则系统自动成交。优惠金额档次和优惠幅度请咨询中国银行客户服务中心。

第十条　交易单位

通过柜台进行的外汇宝交易暂无起点金额限制，通过电子银行渠道进行的单笔交易的起点金额为 100 美元或等值外币。

本币金单笔交易起点金额为 10 克，递增幅度为 1 克；外币金单笔交易起点金额为 1 盎司，递增幅度为 0.1 盎司。

第十一条　交易时间

外汇宝和黄金宝业务非柜台交易时间为北京时间周一上午 8 点至周六凌晨 3 点，其中每个工作日凌晨 3 点至 4 点为系统批处理时间，暂停交易。遇国内外相关国际金融市场休市，暂停交易。遇特殊情况（如系统切换、自然灾害及其他不可抗力）必须暂停交易，银行将通过电话银行语音提示和网上银行公告等渠道及时通知客户。

客户委托交易的有效期最长可达 23 小时（批处理时间除外），其有效期截止时间为最近一个交易日的凌晨 3 点。

第十二条 外汇宝交易及黄金宝交易均采用实时交割的方式。

第十三条 外汇宝交易及黄金宝交易不另外收取手续费。

第四章 风险提示

第十四条 汇率风险

银行根据国际外汇市场即时行情进行报价。因受国际上各种政治、经济因素，以及各种突发事件的影响，汇价经常处于波动之中，客户应充分认识外汇投资的风险，并愿意承担由此带来的一切责任。

第十五条 系统风险

通信线路故障或相关系统发生异常时，银行有权暂停交易；非人为因素或其他不可抗力因素导致系统故障、市场异常报价造成成交汇价大幅偏离市场汇价，银行方面有权取消交易或按照与客户商定的正常价格补做交易。银行不对客户的预期收益承担任何经济或法律责任。

第十六条 所有客户的交易记录以银行电脑记载的记录为准。为确保数据清算，银行每日在某个相对固定的时间进行系统切换，称为"日切"。日切将不会影响正常交易。每日日切后，系统日期将自动更新为下一日，客户交易记录也以系统日期为准。

第十七条 客户在通过柜面进行交易时，需填写"中国银行个人实盘外汇买卖凭条"，银行报价后，客户在规定的时间内签字确认后方能成交，超过等待时间交易自动取消。

第十八条 定期一本通满 60 笔后，客户必须到银行网点办理换折手续后方可继续进行外汇宝交易，否则客户委托的外汇宝交易即使在委托期内达到了委托价格也无法成交。

第五章 特别说明

第十九条 本章程自 2006 年 7 月 1 日起执行。

第二十条 本章程如有变更，银行将及时通过网站或其他适当方式进行公告，而不再以电话或信函的方式单独通知客户。

12.2.2 交通银行个人实盘外汇买卖交易规则

（一）交通银行个人外汇买卖（实盘）交易守则

第一条 个人外汇买卖（实盘）交易，是指个人客户在银行规定的交易时间内，通过银行指定柜台的服务人员或其他自助交易方式进行不同币种之间的外币兑换并同时完成资金的交割。

第二条 银行在规定的交易时间内根据国际外汇市场即时行情公布个人外汇买卖报价，按公布的买卖报价和客户指定的买卖币种受理客户的买卖申请。国际外汇市场行情受政治、经济等各种因素及突发事件的影响，经常处于剧烈的波动之中，机遇与风险共存，客户应充分认识到"外汇宝"投资的风险，对自己的投资行为承担一切后果和责任。

第三条 客户同意严格按照银行制定的《交通银行个人外汇买卖（实盘）电话、柜面、网上银行、自助终端、手机银行操作手册》正确操作。在进行自助终端和手机银行操作时，客户是掌握操作方法并看清屏幕提示后完成的；若因客户操作错误造成损失，该损失由客户自行承担。在进行电话交易操作时，客户是在听清语音报价和提示后完成的，因客户操作失误造成的损失由客户自行承担。在登录网上银行交易系统前，客户已仔细阅读并接受《交通银行网上银行服务协议》，在进行网上交易操作时，客户是掌握操作方法并看清屏幕提示后完成的；因客户操作错误造成的损失，由客户自行承担。

第四条 客户同意其通过银行的个人外汇买卖（实盘）交易系统进行的柜面交易、电话交易、网上交易、手机银行和自助终端交易是否成交（包括即时交易和挂盘交易），及成交的币种、金额、汇率等，以银行电脑记录和交易证实书为准。客户若对交易产生质疑，应于交易当日起三个工作日内凭传真或打印交易证实书向银行查询，否则视为客户无异议。

第五条 客户同意非银行过错的原因，包括因通信线路、银行电脑系统发生故障或其他非人力所能控制的意外情况，导致交易中断、暂停、异常或出现交易价格背离国际外汇市场即时汇价的错误交易，银行有权声明交易作废并撤销交易，银行不承担任何经济责任和法律责任，客户给予充分谅解，并同意不因此进行任何索赔。

第六条 客户同意对自己开立的借记卡、一本通账户及设定的密码负责；凡通过密码实现的交易，无论通过电话、网上银行或自助终端均视为客户真实意思表示；凡因客户将密码泄露或被他人窃取所造成的一切后果由客户自行承担。

第七条 客户同意个人外汇买卖（实盘）交易价格以银行电脑系统报价为准，客户从其他渠道所得报价（如寻呼台、互联网、资讯公司等）均为参考报价。

第八条 客户已经知悉银行外汇宝交易的签约按照渠道交易方式签约，客户按照在申请书选择的交易渠道进行签约，未选择签约的交易方式（即交易渠道，除柜面外）默认为关闭。

第九条 个人外汇买卖的交易方式包括即时交易和挂盘交易。外汇买卖即时交易是指按银行公布的买卖报价，当即完成客户提出的买卖申请的交易方式。外汇买卖挂盘交易是指由客户指定买卖币种、交易金额及成交价格，银行按价格优先、时间优先的原则受理客户指令，一旦银行报价达到或优于客户指定的价格即执行客户指令，实际的成交价为客户指定价格。

第十条 客户进行个人外汇买卖交易前，必须先到交通银行开立外币储蓄存款账户，并按银行要求签署并提交相应申请书，经审核批准并开通交易后，客户即可进行个人外汇买卖交易。

第十一条 个人外汇买卖交易的币种为银行的外币储蓄币种，目前为美元、日元、港币、英镑、欧元、瑞士法郎、加拿大元和澳大利亚元。

第十二条 银行个人外汇买卖报价为 8 个币种间的即时买入价和卖出价，其中包括 7 对直盘报价和 21 对交叉盘报价，客户应看清报价后再进行交易。

第十三条 银行根据客户交易金额的大小给予优惠，即单笔交易金额达到一定金额的美元后，缩小买卖价差，非美元货币按当时的银行牌价折算。

第十四条 买卖币种用交易代码方式表示，交易代码由四位数组成，前二位为客户卖出币种，后二位为客户买入币种。

第十五条 由客户自己操作的电话交易或者自助交易是否成交，成交的币种、金额、汇率等均以银行电脑自动记载的成交记录为准。

第十六条 本总则及《交通银行个人外汇买卖（实盘）网上银行交易守则》《交通银行个人外汇买卖（实盘）电话交易守则》《交通银行个人外汇买卖（实盘）自助交易守则》由交通银行负责解释和修订。

第十七条 客户在提出买卖申请之前，应仔细阅读本总则及其附件（《交通银行个人外汇买卖（实盘）网上银行交易守则》《交通银行个人外汇买卖（实盘）电话交易守则》《交通银行个人外汇买卖（实盘）自助交易守则》），并充分理解其中的含义。本总则未规定事宜，以附件守则规定为准。

第十八条 银行有权修订本总则及《交通银行个人外汇买卖（实盘）网上银行交易守则》《交通银行个人外汇买卖（实盘）电话交易守则》《交通银行个人外汇买卖（实盘）自助交易守则》，并于执行前三天在银行营业网点和网站上公告，自正式执行之日起对所有与银行办理个人外汇买卖（实盘）交易的客户生效。

（二）交通银行个人外汇买卖（实盘）网上交易守则

第一条 个人外汇买卖网上交易是指客户登录交通银行个人外汇买卖网站进行相关的外汇买卖交易。

第二条 交通银行个人外汇买卖网站地址为：www.95559.com.cn。

第三条 客户进行个人外汇买卖网上交易前，必须凭有效身份证件到银行外汇业务网点办理开户手续，选择网上银行渠道进行签约后，方可进行网上银行的操作。

第四条 客户在进入交通银行个人外汇买卖网上交易系统前，需仔细阅读并接受《交通银行个人外汇买卖（实盘）网上交易守则》。

第五条 客户持有的太平洋借记卡的查询密码是其使用银行网上外汇宝服务的密码。凡掌握密码而实现的交易，均视作客户本人所为。

第六条 客户进行个人外汇买卖网上交易，必须熟知《交通银行个人外汇买卖（实盘）网上交易操作手册》，并严格按此《操作手册》使用网上交易系统。若因个人操作失误而造成的损失，由客户自行承担。

第七条 客户指定的交易指令只在银行规定的交易时间段内有效，已成交的交易指令不得撤销，逾时未成交的挂盘交易指令自动撤销（客户交易时间以银行交易系统时间为准）。在我国法定节假日和国际主要金融市场休市期间，银行交易时间将会调整，届时以银行的公告为准。

第八条 由客户自己操作的网上交易是否成交，及成交的币种、金额、汇率等均以银行交易系统自动记载的记录为准。客户若对交易产生质疑，应于交易当日起三个工作日内凭传真或柜面打印的成交明细向银行查询，否则视为本人无异议。

第九条 客户在使用交通银行网上个人外汇买卖交易系统时打印的交易记录，仅供客户参考，不能作为法律依据。

（三）交通银行个人外汇买卖（实盘）电话交易守则

第一条 个人外汇买卖电话交易是指个人客户在银行规定的交易时间内，通过银行的个人外汇买卖电话交易系统，进行不同币种间的外币兑换。

第二条 个人外汇买卖电话交易方式为即时交易和挂盘交易。

第三条　客户指定的交易指令只在银行规定的交易时间段内有效，已成交的交易指令不得撤销，逾时未成交的挂盘交易指令自动撤销（客户交易时间以银行交易系统时间为准）。在我国法定节假日和国际主要金融市场休市期间，银行交易时间将会调整，届时以银行的公告为准。

第四条　客户进行个人外汇买卖电话交易前，必须凭有效身份证件到银行外汇业务网点办理开户手续，并按银行要求签署并提交相应申请书。银行接受客户申请，为客户开通电话交易后，客户方可进行电话银行的操作。

第五条　电话交易密码由客户自行设定六位不全为零的阿拉伯数字组成。客户可随时通过银行的个人外汇买卖电话交易系统修改密码。凡掌握密码而实现的交易，均视作客户本人所为。

第六条　客户进行个人外汇买卖电话交易，必须熟知《交通银行个人外汇买卖（实盘）电话交易操作指南》，并严格按此《操作指南》使用电话交易系统。若因个人操作失误而造成的损失，由客户自行承担。

第七条　个人外汇买卖电话交易必须符合银行规定的起点金额要求。

第八条　客户用交易代码指定卖出币种和买入币种，交易代码由四位数组成，前二位为客户卖出币种，后二位为客户买入币种。

第九条　某一笔存款挂盘成功后，除非客户撤销挂盘或挂盘交易已成交，否则不得再次进行挂盘。

第十条　电话交易完成后，客户可以通过银行的电话交易系统进行账户查询。客户若对成交记录有疑问，可向银行查询。

第十一条　由客户自己操作的电话交易是否成交，及成交的币种、金额、汇率等均以银行交易系统自动记载的记录为准。

（四）交通银行个人外汇买卖（实盘）自助交易守则

第一条　个人外汇买卖自助交易是指个人客户在银行规定的交易时间内，通过银行提供的多媒体终端，进行的个人外汇买卖交易。

第二条　个人外汇买卖自助交易方式为即时交易和挂盘交易。

第三条　客户指定的交易指令只在银行规定的交易时间段内有效，已成交的交易指令不得撤销，逾时未成交的挂单交易指令自动撤销（客户交易时间以银行交易系统时间为准）。在我国法定节假日和国际主要金融市场休市期间，银行交易时间将会调整，届时以银行的公告为准。

第四条　自助交易密码由客户自行设定六位不全为零的阿拉伯数字组成。客户可随时通过银行的个人外汇买卖自助交易系统修改密码。凡掌握密码而实现的交易，均视作客户本人所为。

第五条　客户进行个人外汇买卖自助交易，必须熟知《交通银行个人外汇买卖（实盘）自助交易操作指南》，并严格按此《操作指南》使用自助交易系统。若因个人操作失误而造成的损失，由客户自行承担。

第六条　个人外汇买卖自助交易必须符合银行规定的起点金额要求。

第七条　某一笔存款挂盘成功后，除非客户撤销挂盘或挂盘交易已成交，否则不得再次进行挂盘。

第八条　无论自助线路因何原因中断，断线前未完成的自助服务自动失效，断线前已完成的自助服务依旧有效。

第九条　由客户自己操作的自助交易是否成交，及成交的币种、金额、汇率等均以银行交易系统自动记载的记录为准。

第十条　自助交易完成后，客户可以通过银行的自助交易系统进行账户查询。客户若对成交记录有疑问，可向银行查询。

第十一条　为了保证客户资金的安全，请每次使用完自助终端后务必将其退至主菜单下。

12.2.3　招商银行个人实盘外汇买卖交易规则

招商银行外汇买卖交易规程

第一条　招商银行个人实盘外汇买卖业务，是指招商银行接受客户通过招商银行电话银行、柜台、自助终端、网上银行等方式提交的委托交易指令，按照招商银行根据国际市场汇率制定的交易汇率进行即期外汇买卖并通过"一卡通"完成资金交割的业务。

第二条　招商银行根据国际外汇市场即时行情进行报价。因受国际上各种政治、经济因素，以及各种突发事件的影响，汇价经常处于上下波动之中，客户应充分认识外汇投资的风险，并愿意承担由此带来的一切责任。

第三条　办理招商银行个人实盘外汇买卖业务的客户，须到招商银行指定网点申请开立个人外汇买卖功能，填写《招商银行个人实盘外汇买卖功能申请表》，并出示本人"一卡通"和有效身份证明，以上资料经银行确认无误后，再与银行签署《招商银行个人实盘外汇买卖协议书》。客户也可通过招商银行网上个人银行专业版进行功能申请。

第四条　个人实盘外汇买卖资金的管理

1. 招商银行个人实盘外汇买卖业务通过"一卡通"内的外汇买卖专户（简称专户）进行交易资金的管理和清算。

2. 客户开通外汇买卖功能后，须将资金由一卡通活期账户转入外汇买卖专用账户后即可进行交易委托。

3. 专户分为现钞专户和现汇专户，专户的现钞存款按照招商银行公布的现汇价格进行交易，但仍按现钞存款进行管理。

4. 专户活期存款可以直接转为专户定期存款，到期本息自动转存。

5. 专户定期存款可以全部或部分提前支取，提前支取在当次存期内只限一次。

第五条　密码管理

1. 个人外汇买卖业务使用与"一卡通"相同的查询密码。

2. 办理个人外汇买卖专户资金转账业务，使用与"一卡通"相同的取款密码。

3. 交易委托使用交易密码，交易密码的初始值与取款密码相同，客户可自行修改交易密码，交易密码遗忘可凭取款密码进行重置。客户在进行查询、委托及资金转账时，必须输入正确的密码。凡因客户自身泄露密码而造成损失，由客户自行负责。

第六条　招商银行个人外汇买卖的交易币种为美元、港币、欧元、日元、英镑、瑞士法郎、加拿大元、新加坡元、澳大利亚元。

第七条　招商银行个人外汇买卖交易委托的起点金额为 100 美元或等值外币（如有变动，以当地招商银行公布为准）。

第八条　招商银行个人外汇买卖的交易时间从北京时间星期一早晨8点至星期六凌晨5点（美国夏令时则为4点），客户预留的委托指令，其有效时间从当日早晨8点至次日早晨8点，即每日早晨8点（周六为5点，美国实行夏令时则为4点），所有未成交的交易委托将被撤销。如有变动，以当地招商银行公布为准。

第九条　招商银行的交易系统提供网上银行、自助终端、电话银行、掌上银行、手机银行（限挂盘委托）、柜台委托（限即时委托和挂盘委托）6种交易方式。

第十条　招商银行的外汇报价均为现汇交易价，共包括36种汇率。其中基准汇率8种，交叉汇率28种。所有报价组合标识在前的货币为报价式中的基础货币，标识在后的货币为报价式中的非基础货币。银行报价中的买入价即为银行买入基础货币卖出非基础货币的汇价，银行的卖出价即为银行卖出基础货币买入非基础货币的汇价。报价中除日元/港币报价的基础货币以100为单位外，其余报价的基础货币以1为单位。

第十一条　招商银行对大额交易可提供优惠报价，具体报价以招商银行交易系统公布为准。

第十二条　因国际市场汇价波动频繁，当招商银行公布的买卖差价小于国际市场汇率的买卖差价时，招商银行保留调整报价的权利；当国际市场汇率出现异常波动时，招商银行保留暂停交易的权利。

第十三条　委托指令

招商银行个人实盘外汇买卖交易系统提供6种委托指令：

1. 即时委托：以立即有效的价格完成交易的买卖指令，成交汇率为市场当前汇率。

实例：如果您在买入欧元卖出美元的即时委托时，市场汇价是0.9835/55，那么即时委托就以0.9855的价格买入欧元卖出美元。

2. 挂盘委托：当市场汇率达到指定价位时按客户指定价格完成交易的买卖指令。挂盘委托的价格通常高于买卖货币当前的市价。

实例：如果您持有一笔欧元头寸（以0.9855的价格买入），希望在汇价0.9915时卖出欧元，您可以通过招商银行的系统提交挂盘委托，当市场汇价达到0.9915时（等于或大于0.9915），您的委托成交并为您带来至少60点的利润。

3. 止损委托：当市场汇率达到并跌破指定价位时按客户指定价完成交易的买卖指令。止损委托的价格通常低于买卖货币当前的市价。

实例：如果您持有一笔欧元头寸（以0.9855的价格买入），当前汇价0.9835/0.9855，为防止欧元贬值可能带来的损失，此时您可通过招商银行的交易系统提交一个止损委托的交易指令，比如，您可将止损委托设定为以0.9825的价格卖出欧元，这样在欧元下跌时，您最多损失30点。

4. 二选一委托：二选一委托由挂盘委托和止损委托两部分组成，即该委托可以同时预设挂盘价和止损价，俗称天地价。一旦市场汇率达到指定价位（挂盘价或止损价），委托的部分将被执行（挂盘或止损），同时，剩余部分的委托将被取消（止损或挂盘）。

实例：如果您持有一笔欧元头寸（以 0.9855 的价格买入），此时您希望同时投放一份挂盘委托和一份止损委托，以保护您的利润并控制欧元下跌的损失，那么您可通过招商银行的交易系统投放一份二选一委托的交易指令。如果您的二选一委托挂盘汇率为 0.9915，而二选一委托的止损汇率为 0.9825，一旦市场汇率达到 0.9915，那么系统将为您在 0.9915 卖出欧元，同时止损汇率被撤销；反之，如果欧元跌至 0.9825，则系统将按止损价卖出欧元，同时挂盘汇率被撤销。

5. 追加委托：追加委托是一种假设完成委托，在与其相关联的原委托成交后随即生效并投放市场。其交易方向与原委托的交易方向相反，卖出金额为原委托的买入金额。原委托可以是挂盘委托、止损委托或二选一委托，追加的委托也可以是挂盘委托、止损委托或二选一委托。

实例：当前汇价 EUR/USD＝0.9835/55，根据预测，针对欧元的操作策略为在 0.9840～0.9860 买入欧元，目标位 0.9915，止损位 0.9810。您可以通过招商银行的交易系统投放一个二选一委托买入欧元，挂盘价 0.9840，止损价 0.9860；同时追加一个二选一委托卖出欧元，挂盘价 0.9915，止损价 0.9810，以实现利润或及时止损。

6. 撤单委托：是撤销委托的指令。对未成交的委托以及未生效的追加委托，您可以提交撤单委托指令。

第十四条 客户的委托在成交折算时，除日元保留整数位、港币保留一位小数外，其余币种均保留两位小数。

第十五条 所有客户的委托是否成交，成交的时间、币种、汇率、金额等均以招商银行电脑记载的记录为准。

第十六条 凡遇我国法定节假日和国际上主要金融市场假日，招商银行个人外汇买卖系统休市；因通信线路故障或其他不可抗力因素，招商银行有权暂停交易，且无需承担任何责任。

第十七条 招商银行柜台目前暂时只提供美元、港币等部分交易货币（具体以当地招商银行公布为准）的现钞服务，客户提取其他币种的现钞时则必须先兑换成招商银行提供现钞服务的币种后方可提现。

第十八条 客户在取消"一卡通"的外汇买卖功能时，必须先撤销所有未成交委托，再依次关闭所有外汇买卖专户。关户时银行自动结清专户利息并按原币种代扣利息所得税，并将扣税后的本息之和转回一卡通活期账户。如果在关户时发生货币兑换，兑换汇率以银行当时报价为准。

第十九条 客户在进行个人外汇买卖委托时，须熟知本交易规程，并严格按其操作，若因输入或操作失误而造成损失应由客户自行承担。

第二十条 招商银行对本规程拥有最终解释权。当招商银行对本规程之条款进行必要修改或补充时，一经公布立即生效。

即测即练题 12.2

案例讨论 12.2 招商银行个人
外汇买卖业务创新与风险管理

自学自测 扫描此码

复习思考题

1. 个人实盘外汇买卖与个人虚盘外汇买卖有什么主要区别？简要阐述两者的特点及政策限制。

2. 个人实盘外汇买卖中，现钞和现汇的区别是什么？简述其操作限制和原因。

3. 个人实盘外汇买卖中，最低交易金额通常是多少？这一规定对客户有何影响？

4. 市价交易与委托交易有什么主要区别？在什么情况下投资者会选择委托交易？

5. 外汇市场的开放时间对投资者有哪些潜在的交易机会和风险？

6. 在外汇市场中，如何通过外汇交易实现资产的保值与增值？分析不同策略的效果。

7. 柜台交易与电话交易相比，有哪些优势和劣势？在什么情境下，投资者更倾向于选择电话交易？

8. 在进行个人外汇买卖时，客户的交易委托需要满足哪些条件才能成功成交？

9. 外汇汇率波动的复杂性和不确定性给投资者带来了哪些风险？如何保持稳健的投资策略？

10. 中国银行与交通银行的个人外汇买卖业务有何相似与差异？试从交易方式、交易品种、交易渠道等角度进行对比。

11. 在交通银行的外汇买卖中，客户在交易前需要做哪些准备工作？

12. 中国银行的外汇宝业务如何报价？现汇与现钞报价有何区别？举例说明。

13. 招商银行的外汇买卖采用的是哪些交易渠道？分别说明每种渠道的操作特点。

14. 交通银行在客户操作失误时的责任归属是什么？具体说明该银行的风险免责条款。

15. 电子银行渠道交易与传统柜台交易在技术支持上有何不同？如何保证交易的实时性和安全性？

16. 在银行交易系统中出现错误或异常时，银行如何确保交易的公正性？

参 考 文 献

[1] 李翠君. 国际金融实务[M]. 6 版. 重庆：重庆大学出版社, 2022.

[2] 韩汉君. 金融创新与金融中心建设[M]. 上海：上海交通大学出版社, 2021.

[3] 孟昊, 郭红. 国际金融理论与实务[M]. 4 版. 北京：人民邮电出版社, 2020.

[4] 曹远征. 失衡与重塑[M]. 北京：中国人民大学出版社, 2024.

[5] 李国安. 全球金融治理困境及其破解[M]. 北京：北京大学出版社, 2021.

[6] 温树英. 国际金融监管改革中的消费者保护法律问题研究[M]. 北京：中国人民大学出版社, 2019.

[7] 郭娜, 张骏, 申琳. 内生性金融风险还是输入性金融风险：中国金融市场风险溯源[J]. 国际金融研究, 2024(07): 3-14.

[8] 胡晓炼. 改进国际金融体系, 增强金融系统稳定性[J]. 清华金融评论, 2024(06): 53-54.

[9] 陈曦. 全球金融架构改革前景展望[J]. 中国金融, 2024(07): 77-78.

[10] 吴晓求, 方明浩, 何青, 等. 资本市场成长的逻辑：金融脱媒与科技进步[J]. 财贸经济, 2023, 44(05): 5-21.

[11] 侯俊军, 岳有福, 叶家柏. 供需双循环测度与中国经济平稳增长[J]. 统计研究, 2023, 40(03): 3-17.

[12] 陆岷峰, 施志晖. 金融强国战略下推动人民币数字化与国际化的策略[J]. 农村金融研究, 2023(12): 11-19.

[13] 马新彬. 建立金融风险监测预警体系的国际经验[J]. 中国金融, 2023(04): 25-26.

[14] 赵骁, 金灿荣. 国际金融体系的结构特征与金融安全治理[J]. 福建师范大学学报：哲学社会科学版, 2023(01): 57-67.

[15] 魏天磊. "双循环"新发展格局中的金融高质量开放及风险防范[J]. 金融理论与实践, 2023(03): 24-34.

[16] 马慜. 上海市政协副主席：肖贵玉. 推动金融高质量发展是开放与发展的必由之路[N]. 上海证券报, 2024-12- 23(006).

[17] 郑青亭. G20 峰会彰显"全球南方"贡献 中方"八项行动"支持全球发展[N]. 21 世纪经济报道, 2024-11-21(005).

[18] 秦燕玲. 从"类信贷"转向"买设备"金融租赁巧助大小产业谋发展[N]. 证券时报, 2024-11-22(A06).

[19] 马梅若. 跨境人民币业务服务实体经济能力持续提升[N]. 金融时报, 2024-10-08(002).

[20] 齐琦. 从上海看全球：数字金融重塑国际贸易新格局[N]. 第一财经日报, 2024-11-06(A05).

[21] 卓泳. 提升国际金融中心地位 大力发展国际科创中心[N]. 证券时报, 2024-10-17(A02).

[22] TURNER H E ,WHEATLEY M C. Cost–benefit analysis of international financial reporting standard and Russian accounting standard integration: what does comparability cost?[J]. Journal of risk and financial management, 2024, 17(07): 287-287.

[23] DEBORAH T, JEKATERINA S, BENJAMIN G, et al. The impact of national and international financial crises on mental health and well-being: a systematic review.[J]. Journal of mental health, 2023, 31-38.

教师服务

感谢您选用清华大学出版社的教材！为了更好地服务教学，我们为授课教师提供本书的教学辅助资源，以及本学科重点教材信息。请您扫码获取。

>> 教辅获取

本书教辅资源，授课教师扫码获取

105159

>> 样书赠送

财政与金融类重点教材，教师扫码获取样书

清华大学出版社

E-mail: tupfuwu@163.com
电话：010-83470332 / 83470142
地址：北京市海淀区双清路学研大厦 B 座 509

网址：https://www.tup.com.cn
传真：8610-83470107
邮编：100084